メンタルヘルスの法律問題

企業対応の実務

ロア・ユナイテッド法律事務所 編

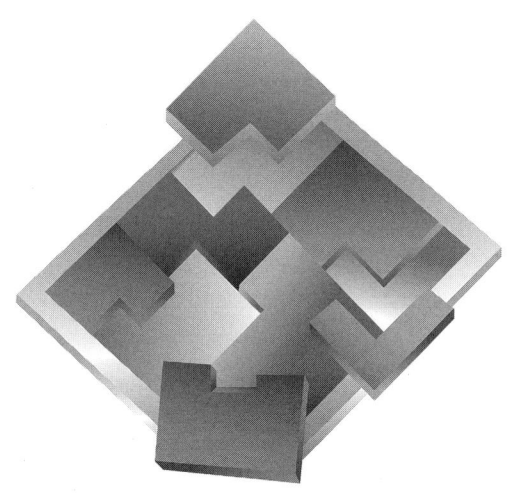

青林書院

はしがき

　近年，過重労働・長時間労働がストレス要因となり，メンタル不調者が続出し，過労疾病，過労死，過労自殺につながることも多いことから，職場のメンタルヘルス不調者対策が深刻な問題となっている。
　例えば，厚生労働省が平成23年9月1日，平成22年の労働安全衛生基本調査の結果を発表したところによれば，過去1年間にメンタルヘルス上の理由で1か月以上休業した労働者がいる事業所の割合は7.3％で，1,000人以上規模の事業所では89.1％，500～999人規模の事業所では76.1％にのぼる。
　また，平成24年11月8日に日本生産性本部「メンタル・ヘルス研究所」が公表した「メンタルヘルスの取り組み」に関する企業アンケート調査結果によれば，上場企業では，「最近3年間における『心の病』」が「増加傾向」と回答した企業は37.6％と，前回調査（平成22年）の44.6％から減少し，半数を下回った。「横ばい」と回答した企業は51.4％と，前回調査の45.4％から増加し，過去6年間の結果をみると，「増加傾向」に歯止めがかかったものの減少傾向は微増にとどまっている。
　しかも，独立行政法人労働政策研究・研修機構が平成25年6月24日に公表した「メンタルヘルス，私傷病などの治療と職業生活の両立支援に関する調査」調査結果によれば，過去3年間で半数の企業に休職者が発生しており，復職率は約5割にとどまり，同期間の病気休職制度利用者の退職率の平均値は37.8％である（そのうち疾病別の退職率の平均値をみると，「がん」（42.7％）がもっとも高く，次いで，「メンタルヘルス」（42.3％），「脳血管疾患」（41.6％）などとなっている）。メンタルヘルスによる退職率と再発の状況をみると，再発の割合が高くなるほど退職率も高くなっている。
　こうした状況の中で，精神障害等による労災請求件数は，平成17年度656件から平成24年度の1,257件，労災支給決定件数は平成17年度の127

件から平成24年度の475件へと増え，前年度比で150件の増となり，過去最多となっている。

　これらの現実への対応として，平成18年4月に施行された「改正労働安全衛生法」及び同年6月に成立した「自殺対策基本法」により，従業員に対するメンタルヘルス対策が企業の努力義務から管理責任に変わったことに加え，自殺者が14年連続3万人を超える深刻な状況に鑑み，平成25年3月には厚労省がパワーハラスメントを定義し，組織的にパワハラの予防・解決に向けた提言やハンドブックが示され，さらには健康診断時のメンタルチェックの導入が検討されており（この改正をねらった改正安衛法案は平成24年国会で廃案となったが，与野党合意で提案された同法案は，今後多少の修正のうえ再提案されることが予想されている），加えて，平成25年8月8日，厚生労働省は，若者の「使い捨て」が疑われる企業（いわゆるブラック企業）等が，社会で大きな問題となっていることを受け，①長時間労働の抑制に向けた集中的な取組み，②9月1日に行われた全国一斉の電話相談をはじめとする相談対応（9月1日，全国より1,044件の相談が寄せられ，相談内容で最も多かったものは，「賃金不払残業」に関するもので560件，次いで「長時間労働・過重労働」が416件，「パワーハラスメント」が163件であった。詳細は厚労省HP参照），③職場のパワーハラスメントの予防・解決の推進——を柱に，対策を強化し，重大・悪質な違反が確認された企業等については送検し，公表していくことを表明しており，これら一連の企業の安全衛生管理義務が強化される流れのなか，企業の抱える法的リスクはますます大きくなっている。

　本書は，企業の健康配慮義務違反が問われ，後回しにできない重要な課題であるメンタルヘルス不調をめぐる健康診断，休職，休職時の留意点，復職支援策，軽減業務への異動，健康情報の管理等の問題について，関連法令・行政指針・通達を整理し，企業の法的リスクとその予防策・対応策を示し，さらには民事賠償責任を問われ訴訟となった場合の対処の仕方について，豊富な判例・裁判例をもとに詳しい解説を行い，企業（使用者側）が，どのようにメンタル不調をめぐる法的問題を解決すればよいかについて，その法的根拠と実務上のノウハウを示すことを目指している。

はしがき

　法律実務家にとって，メンタルヘルス問題を取り扱ううえでのマニュアルとなるのはもちろん，司法書士，社会保険労務士や企業の担当者等にとっても役立つ一冊である。

　なお，本書は，編者代表による章立て，テーマ等の調整はなされているが，各執筆者は，自説を述べるのではなく，判例を中心に，でき得る限り客観的に，前述の目的をねらって各自が独自に執筆した。したがって，各所で示されている見解は各担当執筆者の個人の責任において示されたもので，著者全員の統一見解でも，編者たるロア・ユナイテッド法律事務所の見解というものではないこと，そのため，最低限の調整はしたものの，各所での各人の説明と利用者の便宜のためリファーには留意したが，強いて各項目相互間の解説につき若干の，重複・矛盾にも調整を行っていないことをお断りしておく。

　本書が，人事・労務に関係し，あるいは，これに興味ある方々にいささかでもお役に立ち，各企業と従業員全体が，良い意味での日本的経営の根幹である人本主義の理念のもとに，公正かつ規律ある企業文化を形成され，もって，正に，職場での安全，生命と健康という，根源的な問題につき，企業の発展と従業員の福祉を向上させることに寄与できれば筆者一同の望外の喜びとするところである。

　最後に，本書の企画，刊行全般について，㈱青林書院編集部長島晴美様，当事務所の担当の能千晴をはじめとする皆さんに色々とお骨折り頂いたことに御礼申し上げる。

　平成26年1月

　　　　　　　　　　　　　編者代表　ロア・ユナイテッド法律事務所
　　　　　　　　　　　　　　　代表パートナー弁護士　岩　出　　誠

■凡　例■

1. 用字・用語等
　本書の用字・用語は，原則として常用漢字，現代仮名づかいによったが，法令に基づく用法，及び判例，文献等の引用文は原文どおりとした。

2. 関係法令
　関係法令は，原則として平成25年12月末現在のものによった。

3. 法令の引用表示
　本文の解説中における法令条項は，原則としてフルネームで引用したが，法令名が長いもので通称があるものについては通称を用いた。
　カッコ内における法令条項のうち主要な法令名は，「主要法令等略語」によった。

4. 判例の引用表示
　本文解説中における判例の引用は，原則として次のように行った。その際に用いた略語は「判例集等略語」によった。
　〔例〕
　　　平成12年3月24日最高裁判所判決，最高裁判所民事判例集54巻3号1155頁
　　　　→　最判平成12・3・24民集54巻3号1155頁
　　　平成9年9月26日東京高等裁判所判決，労働判例724号13頁
　　　　→　東京高判平成9・9・26労判724号13頁

5. 文献の引用表示
　本文解説中に引用した文献について，頻出する文献は略語を用いて引用し，その際に用いた略語は「主要文献略語」によった。
　それ以外のものについては，著者（執筆者）及び編者・監修者の姓名，『書名』（「論文名」，巻数又は号数（掲載誌とその巻又は号），発行所，刊行年，引用（参照）頁を掲記した。

主要法令等略語

- 安衛法　労働安全衛生法
- 安衛則　労働安全衛生規則
- 育児介護休業法　育児休業，介護休業等育児又は家族介護を行う労働者の福祉に関する法律
- 育児介護休業則　育児休業，介護休業等育児又は家族介護を行う労働者の福祉に関する法律施行規則
- 行訴法　行政事件訴訟法
- 均等法　雇用の分野における男女の均等な機会及び待遇の確保等に関する法律
- 個人情報保護法　個人情報の保護に関する法律
- 情報公開法　行政機関の保有する情報の公開に関する法律
- 職安法　職業安定法
- 民訴法　民事訴訟法
- 民調法　民事調停法
- 民調則　民事調停規則
- 労基法　労働基準法
- 労基則　労働基準法施行規則
- 労契法　労契約法
- 労災則　労働者災害補償保険法施行規則
- 労災保険法　労働者災害補償保険法
- 労審法　労働審判法
- 労審則　労働審判規則
- 労働保険徴収法　労働保険の保険料の徴収等に関する法律

判例集等略語

- 大　大審院
- 最　最高裁判所
- 最大　最高裁判所大法廷
- 高　高等裁判所
- 地　地方裁判所

凡　　例

支　　支部
判　　判決
決　　決定
民集　　大審院民事判例集，最高裁判所民事判例集
裁判集民事　　最高裁判所裁判集民事
労民集　　労働関係民事裁判例集
金判　　金融・商事判例
判タ　　判例タイムズ
判時　　判例時報
労経速　　労働経済判例速報
労判　　労働判例

主要文献略語

荒木・労働法　→　荒木尚志『労働法〔第2版〕』(有斐閣，平成25年)

岩出・健康管理　→　岩出誠『社員の健康管理と使用者責任―健康診断，私傷病・メンタルヘルス，過労死・過労自殺をめぐる法律問題とその対応』(労働調査会，平成16年)

岩出・講義(上)・(下)　→　岩出誠『実務労働法講義〔第3版〕上巻・下巻』(民事法研究会，平成22年)

基コメ労基法・労契法　→　西谷敏＝野田進＝和田肇編『新基本法コンメンタール・労働基準法・労働契約法』(日本評論社，平成24年)

白石・労働関係訴訟　→　白石哲編著『裁判実務シリーズ1労働関係訴訟』(商事法務，平成24年)

菅野　→　菅野和夫『労働法〔第10版〕』(弘文堂，平成24年)

土田・労契法　→　土田道夫『労働契約法』(有斐閣，平成20年)

東弁・実務　→　東京弁護士会労働法制特別委員会編『新労働事件実務マニュアル』(ぎょうせい，平成20年)

水町・労働法　→　水町勇一郎『労働法〔第4版〕』(有斐閣，平成24年)

主要雑誌等略語

季労　　季刊労働法

ジュリ　　ジュリスト
法協　　法学協会雑誌

通達等略語

平成6・1・4基発1号とあるのは，通達の示された年月日，発局及び発課，整理番号を示す。

基安労発　　厚生労働省労働基準局安全衛生部労働衛生課長通達
基収　　　　各都道府県労働局長からの法令の解釈に疑義についての問合せに対する厚生労働省労働基準局長による回答
基発　　　　厚生労働省労働基準局長から各都道府県労働局長宛ての通達
基労補発　　厚生労働省労働基準局労災補償部補償課長通達
人企　　　　人事院事務総長通知，人事院事務総局人材局長通知
職発　　　　厚生労働省職業安定局長名の通達
発基　　　　厚生労働省事務次官から各都道府県労働局長宛ての通達

■編集代表者・執筆者紹介■

〈編集代表者紹介〉

岩　出　　誠（いわで　まこと）
弁護士（ロア・ユナイテッド法律事務所代表パートナー）
　　元厚生労働省労働政策審議会労働条件分科会公益代表委員
　　千葉大学大学院専門法務研究科（法科大学院）客員教授（労働法）
　　青山学院大学客員教授（労働法）
　　首都大学東京法科大学院講師（労働法）
　　千葉県ハラスメント委員会委員（仮称）
　　東京地方裁判所調停委員
〔略歴〕
　　昭和 26 年　　千葉県柏市出身
　　昭和 44 年　　都立日比谷高校卒業
　　昭和 48 年　　千葉大学人文学部法経学科（法律専攻）を卒業
　　　　　　　　東京大学大学院法学政治学研究科入学（労働法専攻）
　　　　　　　　司法試験合格
　　昭和 50 年　　同研究科を修了
　　昭和 52 年　　山本栄則法律事務所に入所
　　昭和 56 年　　飯田・岩出特許法律事務所を開設
　　昭和 60 年　　千葉大学法学部非常勤講師に就任（～昭和 64 年）
　　昭和 61 年　　岩出綜合法律事務所を開設
　　平成　3 年　　千葉工業大学工業経営学科講師に就任（～平成 6 年）
　　平成　4 年　　労働省労働基準局「社内預金制度のあり方に関する専門家会議」専門委員に就任
　　平成　6 年　　東京地方裁判所鑑定委員（借地借家臨時処理）に就任
　　平成　8 年　　労働省労働基準局退職金問題研究会専門委員に就任
　　平成 10 年　　柏市男女共同参画推進審議会会長に就任（～平成 14 年）
　　　　　　　　東京簡易裁判所民事調停委員に就任
　　平成 13 年　　厚生労働省労働政策審議会労働条件分科会会員に就任（～平成 19 年 4 月）

	ロア・ユナイテッド法律事務所に改組（代表パートナー）
平成14年	流山市男女共同参画審議会委員に就任
平成17年	青山学院大学大学院ビジネス法務専攻講師（労働法）に就任
平成18年	首都大学東京法科大学院講師（労働法）に就任
	青山学院大学客員教授に就任
平成19年	千葉大学大学院専門法務研究科講師（労働法）に就任
	人事院職員福祉局補償課精神疾患等認定基準研究会委員に就任
平成20年	千葉大学大学院千葉大学大学院専門法務研究科（法科大学院）（労働法）に就任
平成22年	東京地方裁判所調停委員に就任
	国土交通省『建設弘済会等に係る事業譲渡手法等の課題検討チーム』アドバイザリースタッフに就任
	厚生労働省『外ぼう障害に係る障害等級の見直しに関する専門検討会』専門委員に就任
平成23年	人事院職員福祉局補償課精神疾患等認定基準研究会委員に就任

〔主な著書〕

『新労働事件実務マニュアル〔第3版〕』（共著，ぎょうせい，2014年），『事例で学ぶ 労働問題対応のための民法基礎講座』（共著，日本法令，2014年），『Q&A 現代型労働紛争の法律と実務』（共著，日本加除出版，2013年），『民事調停の実務』（共著，青林書院，2013年），『Q&A 労働法実務シリーズ／7 雇用機会均等法・育児介護休業法〔第2版〕』（監修，中央経済社，2013年），『Q&A 人事労務リスクマネジメント実務全書』（編著，民事法研究会，2013年），『新版・労働関係法改正にともなう就業規則変更の実務』（編著，清文社，2013年），『平成24年改正労働法の企業対応—派遣法，労働契約法，高年齢者雇用安定法改正の実務留意点』（中央経済社，2013年），『変貌する有期労働契約法制と企業の実務対応』（編著，日本法令，2013年），『労政時報相談室Q&A精選100』（編著，労務行政，2012年），『人事労務担当者の疑問に応える 平成24年改正 改正労働者派遣法』（第一法規，2012年），『実務解説労働争訟手続法』（青林書院，2012年），『実務不法行為法講義〔第2版〕』（共著，民事法研究会，2012年），『時間外労働と残業代請求をめぐる諸問題』（産労総合研究所，2011年），『判例にみる労務トラブル解決のための方法・文例〔第2版〕』（編著，中央経済社，2011年），『労災民事訴訟の実務』（ぎょうせい，2011年），『ケーススタディ 労働審判』（共著，法律情報出版，2010

年),『【新版】新・労働法実務相談』(共著,労務行政, 2010年),『新労働事件 実務マニュアル〔第2版〕』(ぎょうせい, 2010年),『実務 労働法講義(上・下)〔第3版〕』(民事法研究会, 2010年),『人事労務担当者の疑問に応える 平成22年施行 改正労働基準法』(編著,第一法規, 2010年),『論点・争点 現代労働法〔改訂増補版〕』(編著,民事法研究会, 2008年),『Q&A 労働契約法と改正パート労働法等のポイント』(編著,新日本法規, 2008年),『労働契約法・改正労基法の個別論点整理と企業の実務対応』(日本法令, 2007年),『個人情報保護法と人事・労務管理』(共著,全国労働基準関係団体連合会, 2005年),『注釈労働基準法(上・下)』(共著,有斐閣, 2003年),『改正労働法への対応と就業規則改訂の実務』(日本法令, 1999年),『会社分割における労働契約継承法の実務Q&A』(共著,日本法令, 2000年),『働く人のための法律相談』(編著,青林書院, 1996年),『労使関係の法律相談〔第3版〕』(共著,有斐閣, 1999年),『注釈労働時間法』(共著,有斐閣, 1990年),『注釈労働組合法(上・下)』(共著,有斐閣, 1980年(上), 1982年(下)),ほか多数

〔主な論文〕

「精神的不調のため欠勤する労働者への対応」ジュリスト1451号116頁,「高年法に基づく再雇用制度での違法な採用拒否の効果」ジュリスト1436号119頁,「偽装請負的態様で就労中の派遣労働者の過労自殺と企業責任」ジュリスト1414号250頁,「会社分割に伴う労働契約承継手続と同手続違反の効果」商事法務1915号4頁,「ファーストフード店長の管理監督者該当性」ジュリスト1363号136頁,「健康配慮義務を踏まえた労働者の処遇・休職・解雇」日本労働法学会誌109号51頁,「情報の管理—労働者の守秘義務,職務著作等の知的財産権問題を中心として」21世紀の労働法4巻114頁,「従業員の健康管理をめぐる法的諸問題」日本労働研究雑誌441号12頁,「脳・心臓疾患等の労災認定基準改正の与える影響」ジュリスト1069号47頁,「雇用・就職情報誌への法的規制をめぐる諸問題」ジュリスト850号82頁,ほか多数

〔事務所所在地〕

ロア・ユナイテッド法律事務所

〒105-0001　東京都港区虎ノ門1-1-23 虎ノ門東宝ビル9階
TEL:03-3592-1791(代)　Fax:03-3592-1793　URL:wwwloi.gr.jp

●メルマガ登録のお勧め●
ロア・ユナイテッド法律事務所では，本書におけるメンタルヘルスのみならず，人事労務全般に亘る諸問題について，メルマガ登録をしていただいた方に，原則隔月開催の人事労務セミナーのご案内を含めて，毎月メルマガを発信させていただいております。登録用頁を現在工事中ですが，当面は下記アドレスからお申し込みをお待ちしております。
info@loi.minato.tokyo.jp

〈執筆者紹介〉（執筆順）

岩 出 　 誠
【第1部総論，第2部第2章Ⅰ担当】
（略歴等前掲参照）

岩 出 　 亮（いわで　りょう）
【第1部職場復帰のための対策，メンタルヘルス対策チェックリスト担当】
パラリーガル（ロア・ユナイテッド法律事務所）
〔主要著書・論文〕
　　『Q&A　人事・労務リスクマネジメント実務全書』（ロア・ユナイテッド法律事務所編，民事法研究会，2013年），『Q&A　労働法実務シリーズ／7　雇用機会均等法・育児介護休業法〔第2版〕』（共著，中央経済社，2013年）

竹 花 　 元（たけはな　はじめ）
【第2部第1章Ⅰ，第2章Ⅲ担当】
弁護士（ロア・ユナイテッド法律事務所）
　　労働法制特別委員会，消費者問題特別委員会，医療過誤法部（いずれも東京弁護士会）
〔主要著書・論文〕
　　著書は，『Q&A　人事・労務リスクマネジメント実務全書』（ロア・ユナイテッド法律事務所編，民事法研究会，2013年），『労災民事訴訟の実務』（ロア・ユナイテッド法律事務所編，ぎょうせい，2011年），『未払い残業代をめぐる法律と実務』（共著，日本加除出版，2011年）ほか多数，論文は，『労政時

報』,『ビジネスガイド』等に多数掲載

木原　康雄（きはら　やすお）
【第2部第1章Ⅱ・Ⅵ, 第2章Ⅳ担当】
弁護士（ロア・ユナイテッド法律事務所パートナー）
〔主要著書・論文〕
　『事例で学ぶ　労働問題対応のための民法基礎講座』（ロア・ユナイテッド法律事務所編, 日本法令, 2014年）,『Q&A　人事・労務リスクマネジメント実務全書』（ロア・ユナイテッド法律事務所編, 民事法研究会, 2013年）,『変貌する有期労働契約法制と企業の実務対応』（共著, 日本法令, 2013年）,『人材サービスの実務』（共著, 第一法規, 2013年）, ほか多数

鈴木　みなみ（すずき　みなみ）
【第2部第1章Ⅲ担当】
弁護士（ロア・ユナイテッド法律事務所）
〔主要著書・論文〕
　『Q&A　人事・労務リスクマネジメント実務全書』（ロア・ユナイテッド法律事務所編, 民事法研究会, 2013年）,『変貌する有期労働契約法制と企業の実務対応』（共著, 日本法令, 2013年）,『Q&A　労働法実務シリーズ／7雇用機会均等法・育児介護休業法〔第2版〕』（共著, 中央経済社, 2013年）,『解雇事例をめぐる弁護士業務ガイド』（共著, 三協法規, 2013年）, ほか多数

鳥井　玲子（とりい　れいこ）
【第2部第1章Ⅳ・Ⅴ担当】
特定社会保険労務士（ロア・ユナイテッド法律事務所パートナー）
〔主要著書・論文〕
　『Q&A　人事・労務リスクマネジメント実務全書』（ロア・ユナイテッド法律事務所編, 民事法研究会, 2013年）,『変貌する有期労働契約法制と企業の実務対応』（共著, 日本法令, 2013年）,『Q&A　労働法実務シリーズ／7雇用機会均等法・育児介護休業法〔第2版〕』（共著, 中央経済社, 2013年）,『解雇事例をめぐる弁護士業務ガイド』（共著, 三協法規, 2013年）,『新版・労働関係法改正にともなう就業規則変更の実務』（共著, 清文社, 2013年）, ほか多数

難波　知子（なんば　ともこ）
【第2部第1章Ⅶ担当】
弁護士（ロア・ユナイテッド法律事務所）
〔主要著書・論文〕
　　著書は，『事例で学ぶ　労働問題対応のための民法基礎講座』（ロア・ユナイテッド法律事務所編，日本法令，2014年），『Q&A　人事・労務リスクマネジメント実務全書』（ロア・ユナイテッド法律事務所編，民事法研究会，2013年），『変貌する有期労働契約法制と企業の実務対応』（共著，日本法令，2013年），『新版・労働関係法改正にともなう就業規則変更の実務』（共著，清文社，2013年），『実務解説　労働争訟手続法』（ロア・ユナイテッド法律事務所編，青林書院，2012年）ほか多数，論文は，『ビジネスガイド』，『労政時報』，『労務事情』等に多数掲載

岩野　高明（いわの　たかあき）
【第2部第1章Ⅷ，資料「メンタルヘルスに関する裁判例」担当】
弁護士（ロア・ユナイテッド法律事務所）
〔主要著書・論文〕
　　『事例で学ぶ　労働問題対応のための民法基礎講座』（ロア・ユナイテッド法律事務所編，日本法令，2014年），『Q&A　労働法実務シリーズ／7雇用機会均等法・育児介護休業法〔第2版〕』（共著，中央経済社，2013年），『実務解説　労働争訟手続法』（ロア・ユナイテッド法律事務所編，青林書院，2012年），『労災民事訴訟の実務』（ロア・ユナイテッド法律事務所編，ぎょうせい，2011年），『論点・争点　現代労働法〔改訂増補版〕』（共著，民事法研究会，2008年），ほか多数

中村　博（なかむら　ひろし）
【第2部第1章Ⅸ，第2章Ⅱ担当】
弁護士（ロア・ユナイテッド法律事務所パートナー）
　　港区人権擁護委員
〔主要著書・論文〕
　　著書は，『Q&A　労働法実務シリーズ／7雇用機会均等法・育児介護休業法〔第2版〕』（共著，中央経済社，2013年），『事例で学ぶ　労働問題対応のための民法基礎講座』（ロア・ユナイテッド法律事務所編，日本法令，2014年）ほ

編集代表者・執筆者紹介

か多数，論文は，「民法改正と労働関係への影響（今これが知りたいQ&A）」『人事労務のQ&A』2013年6月号6頁，「『抵当権』『根抵当権』のことがよくわかるQ&A」『企業実務』725号76頁，「社内コンプライアンスと就業規則」『JA金融法務』509号14頁，ほか多数

村木 高志（むらき　たかし）
【第2部第2章V担当】
弁護士（ロア・ユナイテッド法律事務所パートナー）
〔主要著書・論文〕
『新版・労働関係法改正にともなう就業規則変更の実務』（共著，清文社，2013年），『Q&A 人事・労務リスクマネジメント実務全書』（ロア・ユナイテッド法律事務所編，民事法研究会，2013年），『労政時報相談室Q&A精選100』（編著，労務行政，2012年），『実務解説 労働争訟手続法』（ロア・ユナイテッド法律事務所編，青林書院，2012年），『労災民事訴訟の実務』（ロア・ユナイテッド法律事務所編，ぎょうせい，2011年），ほか多数

石居 茜（いしい　あかね）
【第2部第2章Ⅵ担当】
弁護士（ロア・ユナイテッド法律事務所）
〔主要著書・論文〕
著作は，『事例で学ぶ 労働問題対応のための民法基礎講座』（ロア・ユナイテッド法律事務所編，日本法令，2014年），『Q&A 労働法実務シリーズ／7 雇用機会均等法・育児介護休業法〔第2版〕』（共著，中央経済社，2013年），『Q&A 人事・労務リスクマネジメント実務全書』（ロア・ユナイテッド法律事務所編，民事法研究会，2013年），『人材サービスの実務』（共著，第一法規，2013年），『実務解説 労働争訟手続法』（ロア・ユナイテッド法律事務所編，青林書院，2012年），『労災民事訴訟の実務』（ロア・ユナイテッド法律事務所編，ぎょうせい，2011年），『人事労務担当者の疑問に応える平成22年施行の改正労働基準法』（第一法規，共著，2010年），『論点・争点 現代労働法〔改訂増補版〕』（編著，民事法研究会，2008年），『Q&A労働契約法の解説』（ロア・ユナイテッド法律事務所編，ぎょうせい，2008年），『会社と社員の法律相談』（共著，学陽書房，2005年），ほか多数

目　次

■目　次■

第1部　総　論

〔岩　出　　誠〕

I　メンタルヘルスの意義 ──────────────────── 3
II　メンタルヘルスへの注目の背景と現状 ──────────── 3
　1　メンタルヘルスへの注目の背景等 ………………………………… 3
　2　職場におけるメンタルヘルスの現状等 …………………………… 4
III　労働契約法上の安全配慮義務 ───────────────── 6
　1　労働契約法上の「安全配慮義務」の内容 ………………………… 6
　2　使用者の安全配慮義務の明文化の趣旨 …………………………… 7
　3　労働契約法の基礎となった最高裁判例法理上の安全配慮義務の概要 …… 8
　4　安全配慮義務・健康配慮義務と労働安全衛生法上の安全管理義務との
　　　関係 ………………………………………………………………… 9
　5　労働者の安全配慮義務・自己健康管理義務 ……………………… 10
IV　健康診断と健康配慮義務 ─────────────────── 12
　1　健康診断に関する法的根拠──健康管理義務と健康配慮義務 …… 12
　2　健康配慮義務の内容 ………………………………………………… 13
　3　健康配慮義務の高度化 ……………………………………………… 14
V　労働安全衛生法によるメンタルヘルス健康管理義務の強化 ─── 15
　1　平成24年改正法案上程までの状況 ………………………………… 15
　2　平成24年改正法案上程による新たな規制の模索 ………………… 20
　3　精神的な状況を把握するための検査等と面接指導への勧奨態勢整備 … 24
　4　精神的健康の状況を把握するための検査等と面接指導，健診後措置指
　　　針によるメンタルヘルス ………………………………………… 26
　5　面接指導による業務軽減措置と不利益取扱い禁止 ……………… 26
　6　面接指導時・健康診断時の処遇面での法的関係 ………………… 27

Ⅵ 精神状況の検査及び健康診断等における労働者の個人情報等の取扱い────────28
　1 使用者の健康診断，精神的な状況を把握するための検査実施義務の内容──プライバシーへの一定の制約，使用者の健康診断実施義務の内容 ……… 28
　2 使用者の過重労働への面接指導へ向けての勧奨態勢とプライバシー … 29
Ⅶ 健康配慮義務の履行としての業務の軽減としてなされる休業・休職と賃金請求権，損害賠償請求────────30
　1 企業側に健康配慮義務違反がある場合 ………………………………… 30
　2 企業側に健康配慮義務違反がない場合 ………………………………… 32
Ⅷ メンタル不調者・精神疾患者への懲戒処分と解雇────────33
Ⅸ 心の健康問題により休業した労働者の職場復帰支援の手引きとその意義────────36
職場復帰のための対策────────37
〔岩　出　　　亮〕
　1 はじめに ………………………………………………………………… 37
　2 職場復帰支援の流れ …………………………………………………… 37
　3 職場復帰支援の各ステップ …………………………………………… 39
　4 プライバシーの保護 …………………………………………………… 46
　5 その他職場復帰支援に関して検討・留意すべき事項 ……………… 47
メンタルヘルス対策チェックリスト────────54
〔岩　出　　　亮〕

第 2 部　各　　論

〔第 1 章　労働関係の展開段階ごとのメンタルヘルス Q&A〕

Ⅰ 募集・採用段階におけるメンタルにおける法律問題と実務的対応策────────61

目　次

〔竹　花　　元〕

Q1　採用前のメンタル項目を含む健康診断を義務づけることの可否，採用決定における採用前健康診断を利用することの可否 …………… 61
　　採用前に応募者を会社の指定する医師に受診させて，メンタル項目を含む，健康診断を実施することを検討しているのですが，問題がありますか。また，採用前に行った健康診断の結果を考慮して，採否を決定することには問題がありますか。

Q2　採用面接で既往歴の申告を求めたり，本人から申告書を提出させたりすることは可能か …………………………………………………… 65
　　採用面接で本人の病歴を尋ねたり，あるいは，採用の課程で健康状態の自己申告書を提出させたりすることができますか。また，どのような項目であれば申告を求めても問題がないですか。

Q3　労働者の健診結果・病気を理由とする内定の取り消しは可能か …… 71
　　内定を出した学生に健康診断の結果，当社の業務にとって致命的な問題があることが判明しました。このような場合，この学生の内定を取り消すことができますか。

Q4　内定時の健診結果を雇入れ時の健診として取り扱ってよいか ……… 74
　　内定時に行った健康診断を法定の雇入れ時の健康診断として取り扱うことはできますか。

Q5　雇入れ時の健康診断を労働者負担にすることは可能か ……………… 75
　　雇入れ時の健康診断の費用を労働者の負担とすることはできますか。

Q6　雇入れ時の健診項目を増やすことは可能か …………………………… 76
　　雇入れ時の健康診断の項目を増やすことはできますか。また，その際に何か留意すべき点はありますか。

Q7　雇入れ時の健診結果や病気を理由に試用期間中の社員の本採用を拒否することは可能か ……………………………………………………… 78
　　試用期間中の社員が雇入れ時の健康診断の結果，当社の業務に耐えられない健康状態であることが判明しました。この場合，試用期間満了により労働契約を終了することができますか。

Ⅱ　労働時間管理とメンタルヘルス上の法律問題と実務対応 ──── 82

〔木　原　康　雄〕

Q1　労働時間規制の意味とは──〔電通事件〕最高裁判決の示す健康配慮
　　義務の内容 ··· 82
　　労働者の労働時間を管理するために注意すべき点はどのようなこと
ですか。

Q2　変形労働時間制と健康配慮 ··· 88
　　変形労働時間制を導入する場合に注意すべき点はどのようなことで
すか。
■就業規則規定例（1箇月単位の変形労働時間制）　　91
■労使協定規定例（1箇月単位の変形労働時間制）　　92
■1箇月単位の変形労働時間制の協定届の記入例　　95
■就業規則規定例（1年単位の変形労働時間制）　　97
■労使協定規定例（1年単位の変形労働時間制）　　98
■1年単位の変形労働時間制の協定届の記入例　　100
■就業規則規定例（1週間単位の非定型的変形労働時間制）　　106
■労使協定規定例（1週間単位の非定型的変形労働時間制）　　106
■1週間単位の非定型的変形労働時間制に関する協定届の記入例　　107

Q3　フレックスタイムと健康配慮 ·· 110
　　フレックスタイム制が適用される労働者についても，労働時間を管
理しなければならないですか。
■就業規則規定例（フレックスタイム制）　　112
■労使協定規定例（フレックスタイム制）　　113

Q4　休憩時間・休日と健康配慮 ·· 120
　　休憩時間と休日に関して，労働者の健康保持の観点から注意すべき
点はどのようなことですか。
■完全週休2日制を採用する場合の就業規則規定例　　121

Q5　時間外・休日・深夜労働と健康配慮 ································ 127
　　時間外・休日・深夜労働に就かせる場合，労働者の健康確保のため
に講じるべき措置はどのようなものですか。

Q6　事業場外労働のみなし労働時間制と健康配慮 ··················· 135
　　事業場外労働のみなし労働時間制を適用する場合，労働者の健康保
持のために注意すべき点はどのようなことですか。
■就業規則規定例　　136

目　次

■労使協定規定例　136
Q7　裁量労働制と健康配慮 …………………………………………… 145
　　裁量労働制が適用される労働者についても，労働時間を管理しなければならないですか。
■決議例（企画業務型裁量労働制）　147
■企画業務型裁量労働制に関する決議届　150
■企画業務型裁量労働制に関する報告　151
■就業規則規定例（企画業務型裁量労働制）　152
■就業規則規定例（専門業務型裁量労働制）　152
■労使協定規定例（専門業務型裁量労働制）　153
■専門業務型裁量労働制に関する協定届（記載例）　156
Q8　年次有給休暇と健康配慮 ………………………………………… 162
　　労働者がメンタル不調にならないよう，年次有給休暇に関して事業主が配慮しなければならないのは，どのようなことですか。
■就業規則のモデル例（年次有給休暇）　165
■労使協定のモデル例（年次有給休暇）　165
■時間単位年休の労使協定規定例　169
■時間単位年休の就業規則規定例　169
Q9　管理監督者と健康配慮 …………………………………………… 171
　　管理監督者に関しては，労働時間の制限は不要ですか。

Ⅲ　人事異動とメンタルヘルス上の法律問題と実務対応 ────── 174
〔鈴木　みなみ〕

Q1　会社が配転命令を行使する場合にメンタルヘルス問題で注意すべき点（配転・転勤と健康配慮）………………………………………… 174
　　従業員を転勤させる場合に，会社は，従業員のメンタルヘルス問題についてどこまで配慮すべきですか。また，配慮しなかった場合の会社の責任はどのようなものですか。
Q2　出向した従業員が出向を理由にメンタルヘルス不調を訴えてきた場合の出向元の責任（出向と健康配慮）………………………………… 181
　　出向した従業員が，出向中にうつ病になったと主張してきましたが，出向元は労災等の責任を負いますか。

Q3　転籍した従業員が労災を訴えてきた場合の転籍元の責任（転籍と健康配慮）……………………………………………………………… 184
　　転籍して別会社に移った社員が，転籍してうつ病になったと訴えてきましたが，転籍元として責任を問われることがありますか。

Q4　昇進等の際にメンタルヘルスの問題で注意すべき点（昇進と健康配慮）…………………………………………………………………… 186
　　ある従業員を現在の職から管理職に昇進させようと考えていますが，メンタルヘルスの問題を配慮する必要はありますか。

Q5　健康配慮としての降格・降級と希望降格制度 ………………… 188
　　従業員の健康配慮として，降格や降級をすることはできますか。また，従業員が降格等を希望した場合の制度（希望降格制度）とはどのようなものですか。

Q6　海外出張・海外赴任における会社の健康配慮 ………………… 193
　　従業員を海外出張や海外赴任させる場合，会社の健康配慮義務の具体的内容は何ですか。

Q7　研修・社員教育における会社の健康配慮義務 ………………… 196
　　研修や社員教育を命じる際，会社は従業員の健康に配慮する義務を負いますか。

Q8　私傷病を理由とした職種変更の申出や転勤命令拒否は認められるか ……………………………………………………………………… 199
　　従業員が会社に対し，私傷病を理由に，現在の職種ができないため，他の職種に変更するよう申し出た場合，会社は受け入れなければならないですか。また，従業員が私傷病を理由に転勤命令を拒否した場合，会社は当該従業員を解雇することができますか。

Q9　私傷病を理由とした職位の引下げや職能資格制度等の降格は認められるか ……………………………………………………………… 202
　　私傷病を理由とした職位の引下げや職能資格制度等の降格は認められますか。

Ⅳ　職場環境・人間関係等の管理とメンタルヘルス上の法律問題と実務対応 ───────────────────────────── 204

〔鳥井　玲子〕

目次

Q1 物理的作業環境がメンタルヘルスに与える影響 ……………………… 204
　　物理的作業環境もメンタルヘルス不調の要因になると聞きましたが，具体的にどのようなものですか。また対策としてどのようなことがありますか。

Q2 パワハラがメンタルヘルスに与える影響 ……………………………… 207
　　パワーハラスメントとはどのようなものを指し，メンタルヘルス不調にどのような影響を与えるものですか。また，パワーハラスメントに関する裁判例の動向を教えてください。

Q3 セクハラがメンタルヘルスに与える影響 ……………………………… 211
　　セクシュアルハラスメントがメンタルヘルス不調にどのような影響を与えますか。また，労災認定における留意点は何ですか。

Ⅴ 健康診断及び面接指導等とメンタルヘルス上の法律問題と実務対応 ─── 214

〔鳥井　玲子〕

Q1 定期健診と特殊健診の受診命令をすることの可否 …………………… 214
　　就業規則上に健康診断の受診義務の定めがなくても定期健康診断や特殊健康診断を受診しない労働者に受診を命じることはできますか。

Q2 過重労働時に面接指導命令を行うことの可否 ………………………… 216
　　厚生労働省令で定める要件に該当する労働者が面接指導の申出を行わない場合，受診を命ずることはできますか。

Q3 健康診断や面接指導による業務軽減措置と不利益取扱い禁止 ……… 218
　　健康診断や面接指導の結果，業務軽減が必要と判断された従業員の配転等に関し，留意事項はありますか。

Q4 健康診断時・面接指導時の処遇と法的関係 …………………………… 220
　　健康診断や面接指導を受診する際の費用やその時間中の賃金について使用者に支払義務はありますか。

■健康診断，面接指導に関する就業規則規定例　221

Q5 法定外健診の受診命令を行うことの可否 ……………………………… 223
　　従業員の健康状態に不安がある場合，使用者は法定外の健康診断等の受診を命じることはできますか。その際，会社指定医の診断を受け

させることができますか。
Q6 労働安全衛生法の改正動向（メンタルヘルス対策）……………… 225
　　メンタルヘルス対策に関する労働安全衛生法の改正動向について教えてください。

Ⅵ 精神状況及び健康診断等における労働者の個人情報の取扱い ── 228
〔木原　康雄〕

Q1　健康情報と個人情報保護 ………………………………………… 228
　　労働者に健康診断を受診させる場合に，健康情報の取扱いについて留意すべき点は何ですか。

■従業者の個人情報管理規程　　232

Q2　健康情報とプライバシー ………………………………………… 239
　　人事担当部署は，健康診断の結果明らかとなった労働者の疾患の情報を，当該労働者の上司に伝えてよいですか。また，健康診断の結果，疾患が判明したものの，労働者が治療を受けない場合，家族に連絡し，疾患の存在を知らせてもよいですか。

Ⅶ 従業員がメンタルヘルス不調・精神疾患を発症した場合の実務対応 ──────────────────────── 245
〔難波　知子〕

Q1　業務災害の可能性への配慮と判断方法 ………………………… 245
　　従業員のメンタルヘルス不調に対して，会社はいかに配慮すべきですか。また，メンタルヘルス不調，精神疾患は，業務災害となり得るのですか。また，どのような判断基準で，業務災害と認定されているのですか。

Q2　平成23年に公表された新しい精神障害に係る労災認定基準の概要と留意点 ……………………………………………………… 252
　　平成23年12月26日付で，新しい精神障害に係る労災認定基準が公表されたと聞きましたが，その概要と留意点を教えてください。

Q3　業務起因性のない精神障害を発症した社員への対応 ………… 262
　　業務に関係のない精神障害の私傷病を発症した従業員に対しては，

目　　次

どのように対応すればよいのですか。
■会社指定の受診命令　270
■休職規定例　271
Ｑ４　精神疾患発症者についての対応の最高裁判例 …………………… 275
　　　精神疾患発症者を懲戒処分・解雇する際の留意点はどのような点ですか。また，近時の最高裁判例について解説してください。
Ｑ５　自殺を防ぐための対応策 ……………………………………………… 279
　　　従業員の自殺を防ぐために，企業はどのように対応すべきですか。
Ｑ６　業務災害を申請・認定された場合の対応策 ……………………… 285
　　　業務災害を申請・認定された場合にはどのような対応をすればよいですか。
■業務による心理的負荷評価表（「心理的負荷による精神障害の認定基準」　別表1）　294
■業務以外の心理的負荷評価表（「心理的負荷による精神障害の認定基準」　別表2）　302

Ⅷ　精神疾患の発症による私傷病休職・復職・退職等 ── 303

〔岩　野　高　明〕

Ｑ１　私傷病休職制度とは何か ……………………………………………… 303
　　　私傷病休職制度とはどのようなものですか。また，休職中の給与は支払われますか。
Ｑ２　断続的に欠勤する従業員に対し休職を命じることができるか ……… 306
　　　断続的に欠勤する従業員に対し，休職を命じることができますか。体調不良を理由に欠勤していますが，その申告に疑義がある場合にはどうしたらよいですか。
■就業規則規定例　308
■休職命令書　308
Ｑ３　メンタル不全が疑われる従業員に対し，受診を命じることができるか ……………………………………………………………………… 310
　　　メンタル不全が疑われる従業員に対し，受診を命じることができますか。また，従業員が受診命令に従わない場合にはどうしたらよいですか。

■就業規則規定例　311
Q4　休職期間中に病状を報告させることはできるか………………313
　　休職期間中に病状を報告させることはできますか。
■就業規則規定例　313
■病状報告命令書　314
Q5　復職を認める際の回復の程度……………………………………315
　　復職を認める際の回復の程度はどのように考えればよいですか。
Q6　会社が医師を指定すること・主治医の診療記録等の開示を求めることは可能か……………………………………………………………318
　　会社が，復職希望者に対して受診する医師を指定することは可能ですか。また，主治医の診療記録等の開示を求めることは可能ですか。
■就業規則規定例　319
■受診命令書　319
■就業規則規定例　321
■医療情報開示同意書　321
Q7　主治医と会社指定医の意見が食い違った場合……………………322
　　主治医と会社指定医の意見が食い違った場合はどうすればよいですか。
Q8　復職希望者が診療記録等の開示に応じない場合の対応・休職事由の存続／消滅の立証責任……………………………………………324
　　復職希望者が診療記録等の開示に応じない場合にはどうすればよいですか。また，復職の可否判断につき休職事由の存続／消滅の立証責任はどちらにありますか。
Q9　リハビリ出社・リハビリ出勤………………………………………328
　　リハビリ出社・リハビリ出勤とはどのような制度ですか。
Q10　復職時の業務軽減措置及びそれに伴う賃金減額措置……………330
　　復職時に業務軽減措置を講じる必要がありますか。また，それに伴い賃金を減額することはできますか。
■就業規則規定例　332
Q11　休職期間の通算制度及び休職期間の通算規定と就業規則の不利益変更……………………………………………………………………333
　　休職・復職を繰り返す者について，休職期間を通算することはでき

目 次

ますか。また，休職期間の通算規定を設けることは，就業規則の不利益変更にあたりますか。
■就業規則規定例　334
Q12　休職期間の満了に伴う自然退職規定・休職開始前や休職期間満了前の解雇の有効性 ……………………………………………………… 335
　休職期間の満了に伴う自然退職規定は有効ですか。また，休職開始前や休職期間満了前に解雇することは可能ですか。
■就業規則規定例　335
■就業規則規定例　337
Q13　うつ病等に罹患し，頻繁に欠勤している従業員に対して退職勧奨することは可能か ……………………………………………………… 338
　うつ病等の精神疾患が原因で，頻繁に欠勤している従業員に対し，退職勧奨することは可能でしょうか。
Q14　休職・復職に関し，会社がなすべき予防的措置 ……………… 340
　休職・復職に関し，会社がなすべき予防的措置とはどのようなものですか。

Ⅸ　過労自殺等が起きた場合の実務対応 ─── 340

〔中　村　　博〕

Q1　過労自殺の労災認定をめぐる問題 ………………………………… 342
　過労自殺案件の労災認定での留意点を教えてください。
Q2　労働者の健康に影響を及ぼす長時間労働 ………………………… 346
　業務における心理的負荷が強く労災認定と評価されるのはどの程度の時間外労働時間数が基準となりますか。
Q3　労働者の健康に影響を及ぼす職場のストレス要因（セクハラ，パワハラ等） ……………………………………………………………… 348
　最近，長時間労働以外にも精神疾患等の原因がクローズアップされていますが，どのような要因があげられますか。
Q4　基礎疾患のある労働者の過労死・過労自殺への対応 ………… 352
　被災労働者に基礎疾患が存在する場合，労災認定は認められないのですか。

Q5 メンタル不調・精神疾患再発への対応 ………………………………… 354
　　メンタル不調者が休職期間が満了するので，職場に復帰したいと申し出てきました。今後の労務管理上，留意すべき点を教えてください。
Q6 精神疾患で何度も休職を繰り返す社員の取扱い ……………………… 358
　　精神疾患で何度も休職を繰り返す社員の取扱いについて，留意すべき点を教えてください。

〔第2章　係争化した場合・紛争の段階ごと・紛争予防策のQ&A〕

Ⅰ　労災としての精神疾患，過労自殺等が起こった場合についての基礎 ──────────────────────────── 363

〔岩　出　誠〕

Q1 労災としての精神疾患，過労自殺等が起こった場合の責任類型 ……363
　　労災としての精神疾患の発症や過労自殺等が起こった場合には，どのような類型の責任が発生しますか。
Q2 労働基準法・労災保険法による労災補償 ……………………………… 365
　　労働基準法・労災保険法による労災補償はどのようになされていますか。
Q3 労働安全衛生法等の違反における制裁 ………………………………… 367
　　労災における労働安全衛生法等の違反に対して，行政処分・指導・是正勧告等による責任追及はどのようになされますか。また，刑事罰としてはどのような罰が課されますか。
Q4 労災における刑法上の業務上過失致死傷の罪 ………………………… 370
　　労災において，刑法上の業務上過失致死傷の罪が適用されることがありますか。
Q5 労災における被災労働者や遺族からの損害賠償請求 ………………… 372
　　労災において，被災労働者や遺族からの損害賠償請求はどのようになされますか。
Q6 労災における社会的責任，いわゆるIR面での留意点 ……………… 375
　　労災についての社会的責任や，いわゆるIR（Investor Relations：投

目　次

資家向け広報）面で留意すべき点を教えてください。

Ⅱ　労災認定をめぐる行政手続・訴訟等への事業主の参加 ──── 377
〔中　村　　　博〕
Q1　労災審査手続の内容と労災審査手続への事業主の参加の可否 ……… 377
　　労災審査手続に事業主が参加することはできますか。また，労災認定の審査手続についても教えてください。
Q2　労災保険給付・不支給・支給取消認定やその他労災審査手続等への事業主の情報提供等 …………………………………………………… 379
　　事業主が労災審査手続等へ情報提供することはできますか。
Q3　労災行政訴訟への事業主の参加をめぐる検討課題 ……………… 380
　　事業主が労災行政訴訟へ参加することは認められますか。

Ⅲ　精神疾患，過労自殺等への被災者側への実務対応上の留意点 ── 384
〔竹　花　　　元〕
Q1　精神疾患，過労自殺の労災認定申請への対応上の注意点 ………… 384
　　精神疾患や過労自殺を原因として，労働者本人又は遺族により労災申請がなされた場合，事業者としてどのような対応をとる必要がありますか。また，その際の注意点として，どのようなことがありますか。
Q2　過労死等の労災認定行政訴訟への補助参加の当否・要否の検討 …… 388
　　労働者が労基署を被告として提起した労災認定行政訴訟に，使用者が関与して，労災認定を否定するための訴訟活動をすることができますか。
Q3　労災認定への協力以外の免責による確認書取得等への工夫 ………… 390
　　過労自殺等をした遺族との関係で，見舞金の支払を前提に，遺族が損害賠償を求めないことを約束してもらうことで，労災認定に協力することはできますか。また，その際の留意点があれば教えてください。
Q4　弁護士会への弁護士法23条の2による照会請求 …………………… 392
　　弁護士会照会により，労基署に対して，労災認定のために使った資料の提供を受けることができますか。

■弁護士会照会申出書　393

Q5　精神疾患，過労自殺に関する労災民事訴訟に関する示談 …………… 394
　　精神疾患や過労自殺をした労働者や遺族との交渉において，早期に示談を締結する必要性についてどのように考えればよいですか。また，示談をするとして，解決のために支払う金額はどの程度が妥当であると考えられますか。
■労災民事賠償に関する示談書　397

Ⅳ　裁判所における労災民事賠償請求事件処理における留意点 ── 399
〔木原　康雄〕
Q1　簡裁の労使関係調停とその利用上の実務的留意点 ………………… 399
　　労災民事賠償請求事件において，簡易裁判所の調停手続を利用することはできますか。
■労災民事賠償に関する調停申立書　403
Q2　労働審判制度とその利用上の実務的留意点 ………………………… 407
　　労働審判手続はどのように行われますか。また，利用する際の留意点を教えてください。
■労災民事賠償に関する労働審判手続申立書　417
■労災民事賠償に関する労働審判手続・答弁書　422
Q3　文書提出命令とその利用上の実務的留意点 ………………………… 425
　　文書提出命令においては，どのようなことが審理されますか。また，判断の実例を教えてください。
■労災民事賠償に関する文書提出命令申立書　436
Q4　和解について ……………………………………………………………… 439
　　労災民事賠償請求事件において，訴訟上の和解を行う場合の留意点は何ですか。
■労災民事賠償請求に関する和解調書　442

Ⅴ　過労自殺等への民事損害賠償の算定 ───────────── 443
〔村木　高志〕
Q1　民事上の損害賠償責任 ………………………………………………… 443
　　過労自殺等の労災が起こって労災保険からの給付が行われている場

合でも，使用者はさらに損害賠償責任を負いますか。また，責任を負
　　うとしたら，どのような損害を賠償する必要がありますか。
　Q2　積極損害 ·· 445
　　使用者が民事上の損害賠償責任を負う積極損害には，具体的にどの
　　ようなものがありますか。
　Q3　後遺障害逸失利益 ·· 447
　　メンタルヘルスを理由とする労働災害によって従業員に後遺障害が
　　発生した場合にも，使用者は民事上の損害賠償責任を負いますか。こ
　　の場合，逸失利益はどのように算定されますか。
　Q4　死亡逸失利益 ·· 449
　　過労自殺によって労働者が死亡した場合，逸失利益はどのように算
　　定しますか。
　Q5　休業損害 ·· 450
　　使用者は，労災保険から休業補償給付を受けている労働者に対して，
　　さらに休業損害を支払う必要がありますか。
　Q6　慰謝料（死亡・後遺障害・入通院） ·· 451
　　使用者が支払うべき慰謝料にはどのような種類がありますか。また，
　　その算定方法はどのような基準が用いられますか。
　Q7　過失相殺・損益相殺 ·· 453
　　損害賠償額について過失相殺や損益相殺がされる場合，具体的な金
　　額の算定の際に，その先後関係はどうなりますか。
　Q8　寄与度減額（心因的要因・既往症等） ··· 455
　　メンタルヘルスを原因とする過労自殺等のケースで，労働者の心因
　　的要因や既往症がある場合に，これらを考慮して損害賠償額が減額さ
　　れることはありますか。また，この問題について裁判所はどのような
　　立場をとっていますか。
　■労働能力喪失率表　458

Ⅵ　過労自殺等への労災保険給付と損害賠償の調整と紛争発生予防措置 ──────────────────────────464

〔石　居　茜〕

31

Q1 賠償額から控除される保険給付——労災保険による補償される損害の範囲 …………………………………………………………………… 464
　過労死や過労自殺が起きて，遺族から損害賠償請求された場合，遺族が既に労災保険から給付を受けていた場合には，損害賠償額から控除することはできますか。

Q2 将来給付分は非控除 ……………………………………………… 465
　過労死や過労自殺した従業員の遺族が遺族補償年金を受けている場合，既に支払われた遺族年金だけでなく，将来給付される遺族年金も，会社が支払うべき損害賠償額から控除することはできますか。

Q3 使用者による損害賠償義務の履行と国に対する未支給の労災保険金の代位請求 …………………………………………………………… 467
　会社は，遺族に損害賠償した後，遺族が国に対して有する労災保険給付の受給権について，遺族に代位して国に請求することはできますか。

Q4 特別支給金の非控除 ……………………………………………… 468
　遺族が給付を受けている労災保険給付の遺族特別支給金についても，会社が支払うべき損害賠償額から控除することはできますか。

Q5 上積み補償制度の意義と必要性 ………………………………… 469
　労災の上積み補償制度が必要であるとよく聞きますが，なぜ必要なのですか。

Q6 上積み補償制度と労災保険給付との関係 ……………………… 471
　上積み補償制度を設けた場合，労災保険給付との関係はどのようになりますか。

Q7 上積み補償制度と損害賠償との関係 …………………………… 472
　上積み補償制度を設け制度により遺族に給付した場合，遺族から損害賠償請求に際し，上積み補償制度によって給付した分は損害額から控除できますか。

Q8 上積み補償の原資としての保険利用上の諸問題 ……………… 474
　上積み補償制度を設けるにあたって保険を利用する場合，どのような点に注意する必要がありますか。

■上積み補償規程例　475

Q9 上積み補償制度と死亡退職金との調整 ………………………… 480

目　次

　　会社が加入する保険を死亡退職金の原資として考えていますが，上積み補償制度の支払原資にもしたい場合，どのような規程を作る必要がありますか。

■退職金規程　481

Q10　上積み補償制度と弔慰金・見舞金との調整……………………483
　　弔慰金・見舞金について，会社が加入する保険を原資として考えており，上積み補償制度の支払原資にもしたい場合，どのような規程を作る必要がありますか。

〔資料　メンタルヘルスに関する裁判例〕

●労働者の業務負荷に関する使用者の安全配慮義務，及び過失相殺の可否
　①〔電通事件〕最判平成12・3・24　487
●精神疾患に関する業務起因性判断
　②〔さいたま労基署長（日研化学）事件〕東京高判平成19・10・11　490
●業務上の傷病と民法536条2項の適用の有無
　③〔東芝（うつ病・解雇）事件〕東京高判平成23・2・23　494
●受診命令の可否
　④〔電電公社帯広事件〕最判昭和61・3・13　496
●復職可能判断の基準
　⑤〔片山組事件〕最判平成10・4・9　498
●精神疾患が疑われる従業員への対処
　⑥〔日本ヒューレット・パッカード事件〕最判平成24・4・27　500
●復職の可否に関する立証責任
　⑦〔国（在日米軍従業員・解雇）事件〕東京地判平成23・2・9　502

　　事項索引………………………………………………………………507
　　判例索引………………………………………………………………513

第1部

総論

Ⅰ　メンタルヘルスの意義

　メンタルヘルスという用語自体を定義する法令はない。しかし，人事労務管理の実務や後述Ⅴの厚労省の様々な指針や通達等には頻繁に現れる用語となっている。メンタルヘルス自体は，文字どおり，「心の健康」，特にその「心の健康管理問題」を指して用いられ，「メンタルヘルスケア」などとして用いられていることもある。いずれにせよ，身体の健康管理と同様に，予防や治療だけでなく，その健康を高めてよりよい心の状態をつくることをめざす考え方である（以下につき，岩出・講義（下）891 頁以下参照）。

Ⅱ　メンタルヘスへの注目の背景と現状

1　メンタルヘスへの注目の背景等

　メンタルヘルスが注目され，法的にも大きな問題となった背景には，現代の社会や職場ではストレスも多く，心が不健康な状態に陥る可能性が高まっていることがある。
　例えば，厚労省が平成 25 年 9 月 19 日に公表した「平成 24 年労働者健康状況調査」によれば，働く人の 60.9％が「現在の仕事や職業生活に関することで強い不安，悩み，ストレスとなっていると感じる事柄がある」と回答しており，また，「はしがき」でも触れたが，平成 24 年 11 月 8 日に日本生産性本部メンタル・ヘルス研究所が公表した「メンタルヘルスの取り組み」に関するアンケート結果は以下のとおりである。

「最近3年間における『心の病』」が「増加傾向」と回答した企業は37.6％（前回〔2010年〕調査：44.6％），「横ばい」と回答した企業は51.4％（前回調査：45.4％）であった。過去6年間の調査結果をみると，心の病の「増加傾向」は減少してきたが，「減少傾向」は微増にとどまっており，「心の病」増加に歯止めの傾向が進む一方で，依然として増加傾向の企業も多いことがわかる。

また，「心の病」が最も多い年齢層についての結果をみると，30代と40代が最も多い年齢層であった。傾向としては，30代の割合が減少し（前回調査58.2％→今回調査34.9％），「40代」の割合が36.2％（前回調査：22.3％）に増加，10代から20代の割合も2割近くに増加している（前回調査13.9％→今回調査18.8％）。

メンタル不調が高じて適応できない人が出た場合にはできるだけ早く適応状態に戻すようにすることが大切であるが，より根本的に，働きがい・生きがいのある職場をめざして組織の健康度を向上させていくことがメンタルヘルス活動の重要な目的といえる（メンタルヘルスの現状については，社会経済生産性本部メンタルヘルス研究所編『産業人メンタルヘルス白書2011年版』〔社会経済生産性本部メンタルヘルス研究所，平成23年〕等参照）。

2　職場におけるメンタルヘルスの現状等

(1)　労働者の状況等

さらに労働者の状況等をみるに，厚労省の労働者健康状況調査（平成24年）によると，「現在の仕事や職業生活に関することで強い不安，悩み，ストレスとなっていると感じる事柄がある」とする労働者の割合は60.9％（平成19年調査58.0％）にも上り，また，「過去1年間にメンタルヘルス不調により連続1か月以上休業又は退職した労働者がいる」とする事業所の割合は8.1％（平成23年調査9.0％）となっている。

他方で，我が国の自殺をめぐる状況をみると，自殺者数は平成10年から14年連続で3万人台の高水準で推移しており（ただし，平成24年の自殺者数は15年ぶりに3万人を下回った），人口10万人当たりの自殺による死亡率（自殺死

Ⅱ　メンタルヘスへの注目の背景と現状

亡率）も欧米の先進国と比較して突出して高い水準にあるなど極めて深刻な事態となっている（警察庁統計〔平成24年〕によると，我が国全体の自殺者は，平成10年以降14年連続して3万人を超えている）。また，（特定非営利活動法人）自殺対策支援センターライフリンクがホームページ上で公表している「自殺実態白書2013」によると，以下のとおり，配置転換や職場のいじめが自殺するまでの経路の出発点となっている。

---

① 配置転換→過労＋職場の人間関係→うつ病→自殺
② 職場のいじめ→うつ病→自殺
（「→」は連鎖を，「＋」は問題が新たに加わってきたことを示す）

こうした状況の中で，精神障害等による労災請求件数は，平成17年度656件から平成24年度1,257件，労災支給決定件数は平成17年度127件から平成24年度の475件（過去最多）へと急増している。この要因としては，うつ病等に対する国民の理解が浸透したこと，厳しい経済情勢や職場環境の変化等が影響を与えていることが考えられる。このほか，職場における心理的負荷が原因でメンタルヘルス不調に至り自殺したなどとして，企業に高額な賠償が命じられた民事裁判例も少なくない（〔電通事件〕最判平成12・3・24民集54巻3号1155頁・労判779号13頁・判タ1028号80頁，〔システムコンサルタント事件〕最決平成12・10・13労判791号6頁，〔関西医科大学研修医（過労死損害賠償）事件〕大阪高判平成16・7・15労判879号22頁，〔グルメ杵屋事件〕大阪地判平成21・12・21労判1003号16頁・判時2089号98頁，〔南大阪マイホームサービス（急性心臓死損害賠償）事件〕大阪地判平成15・4・4労判854号64頁・判タ1162号201頁・判時1835号138頁，〔オタフクソース事件〕広島地判平成12・5・18労判783号15頁・判タ1035号285頁等）。

(2) EAP等の利用と受講義務

なお，メンタルヘルスをめぐって飛び交う人事労務用語に，EAPがある。

第1部　総　　論

Employee Assistance Program の略語で，「従業員支援プログラム」などの訳語もあるが，メンタル面から社員を支援するプログラムであって，近年増えてきた職場の複雑な人間関係などに起因するうつ病などを回避させるために企業が外部団体と契約して社員の心の健康をサポートするシステムについて使われる場合が多い。法的には，労働者が，かかる外部 EAP を受ける義務があるかなどが議論され得るが，この点は，当該 EAP 機関が，社会的信用度が保障されたものであり，後述 **V**1(2)(a)の面接指導義務が発生する段階における予防的見地からの受講命令は，後述第2部第1章 **V Q5** の法定外健診受診義務とほぼ同様の判断基準でその是非が判断されるものと解される。

Ⅲ　労働契約法上の安全配慮義務

1　労働契約法上の「安全配慮義務」の内容

企業が従業員のメンタルヘルスに関してなすべき配慮をし，様々な措置をとるべき法的根拠を探るならば，それは，安全配慮義務の発現である健康配慮義務に基づくものと解される。そこで，まず，安全配慮義務の内容を確認しておく。

労働契約法5条は，「使用者は，労働契約に伴い，労働者がその生命，身体等の安全を確保しつつ労働することができるよう，必要な配慮をするものとする。」と使用者の安全配慮義務を定めている（以下につき，岩出・講義(下) 863頁以下参照）。

労働契約法施行通達（平成20・1・23基発0123004号）によれば，以下のとおりその内容が解説されている。

① 本条〔労契法5条〕は，使用者は，労働契約に基づいてその本来の債務として賃金支払義務を負うほか，労働契約に特段の根拠規定がなくと

も，労働契約上の付随的義務として当然に安全配慮義務を負うことを規定したものであること。
② 本条〔労契法5条〕の「労働契約に伴い」は，労働契約に特段の根拠規定がなくとも，労働契約上の付随的義務として当然に，使用者は安全配慮義務を負うことを明らかにしたものであること。
③ 本条〔労契法5条〕の「生命，身体等の安全」には，心身の健康も含まれるものであること。
④ 本条〔労契法5条〕の「必要な配慮」とは，一律に定まるものではなく，使用者に特定の措置を求めるものではないが，労働者の職種，労務内容，労務提供場所等の具体的な状況に応じて，必要な配慮をすることが求められるものであること。なお，労働安全衛生法（昭和47年法律第57号）をはじめとする労働安全衛生関係法令においては，事業主の講ずべき具体的な措置が規定されているところであり，これらは当然に遵守されなければならないものであること。

2 使用者の安全配慮義務の明文化の趣旨

労働契約法5条で立法上明文化された安全配慮義務は，それが労働契約に基づく使用者の付随的義務であることについては，最高裁判例上確立している（例えば，菅野467頁以下参照）。しかし，労働契約法施行通達も指摘しているように，「判例において，労働契約の内容として具体的に定めずとも，労働契約に伴い信義則上当然に，使用者は，労働者を危険から保護するよう配慮すべき安全配慮義務を負っているものとされているが，これは，民法等の規定からは明らかになっていない」うえ，一般の労使に対して十分に周知されているとはいいがたく，労働契約から使用者側に付随的に課される安全配慮義務に基づく措置を講じないことにより債務不履行責任を追及され，事後的に不測の事態が生ずるおそれがある（例えば，〔川義事件〕最判昭和59・4・10民集38巻6号557頁・労判429号12頁・判タ526号117頁においては，のぞき窓，インターホン，防犯チェーン等の盗賊防止のための物的措置，宿直員の増員などの措置を講じてさえいれば，使用者の責任が問われることはなかった。近時の〔リサイクルショップ損

害賠償請求控訴事件〕東京高判平成 18・5・10 判タ 1213 号 178 頁・判時 1941 号 168 頁もショップ店における夜間店舗荒らしについて安全配慮義務違反を認めた）。

したがって，使用者が安全配慮義務を負うことを周知する必要があり，労働契約法において，労働契約関係に入った使用者が安全配慮義務を負うという一般的なルールを，判例法理にのっとってルール化することにしたものである。なお，使用者の安全配慮義務の具体的内容は，「労働者の職種，労務内容，労務提供場所等安全配慮義務が問題となる当該具体的状況等によって異なるべき」（前掲〔川義事件〕最判昭和 59・4・10）であり，個別の事案によって適切な範囲で義務を果たすことになる。

3 労働契約法の基礎となった最高裁判例法理上の安全配慮義務の概要

最高裁判例法理においては，「雇傭契約は，労働者の労務提供と使用者の報酬支払をその基本内容とする双務有償契約であるが，通常の場合，労働者は，使用者の指定した場所に配置され，使用者の供給する設備，器具等を用いて労務の提供を行うものであるから，使用者は，右の報酬支払義務にとどまらず，労働者が労務提供のため設置する場所，設備もしくは器具等を使用し又は使用者の指示のもとに労務を提供する過程において，労働者の生命及び身体等を危険から保護するよう配慮すべき義務（以下「安全配慮義務」という。）を負っているものと解するのが相当である。」として，使用者の安全配慮義務が認められている（前掲〔川義事件〕最判昭和 59・4・10）。

ちなみに，安全配慮義務違反に基づく損害賠償請求における同義務違反（過失）の主張立証責任については，使用者が労働者に対して負担する安全配慮義務に違反し，労働者の生命，健康等を侵害し，同人に損害を与えたことを理由として損害賠償を請求する訴訟において，同「義務の内容を特定し，かつ，義務違反に該当する事実を主張・立証する責任は，……義務違反を主張する原告にある」と解されている（〔航空自衛隊芦屋分遣隊事件〕最判昭和 56・2・16 民集 35 巻 1 号 56 頁・判タ 440 号 93 頁・判時 996 号 47 頁）。この作業は，実質的に，不法行為法上の過失（条理上の注意義違反）の主張・立証作業と同じこ

とになる。したがって，少なくとも，労災民事賠償請求の法的構成において，過失の主張立証責任の難易度は，安全配慮義務違反による債務不履行責任による構成と不法行為による構成とでは，実質的差異はないことになる。

4 安全配慮義務・健康配慮義務と労働安全衛生法上の安全管理義務との関係

(1) 安全配慮義務と労働安全衛生法上の安全管理義務との関係

　安全配慮義務と労働安全衛生法上の安全管理義務とはどういう関係にあるのか。労働安全衛生法は，「快適な職場環境の形成の促進」を目的として掲げており，労働者が作業に従事するにあたっての安全・衛生に留意すること及び，労働者が生活時間の多くを過ごす職場について，疲労やストレスを感じることが少ない快適な職場環境としていくことが法の趣旨である。これに対して，前掲〔川義事件〕最判昭和59・4・10において，使用者の安全配慮義務とされた「のぞき窓，インターホン，防犯チェーン等の盗賊防止のための物的措置，宿直員の増員などの措置」は，一般的な防犯の類の義務であり，労働安全衛生法上使用者が負う義務とはしがたいものである。このように，労働安全衛生法上の安全管理義務は作業環境や職場環境に主眼をおくものであり，使用者が労働契約に基づく付随的な義務として負う安全配慮義務はより広い射程をもつと考えられている。

(2) 健康配慮義務と労働安全衛生法上の安全管理義務との関係

　判例法理上の安全配慮義務の一発現たる健康配慮義務の内容をみても，両者の関係は実質的には相当の範囲で重なっている。すなわち，裁判例においても，労働契約上の信義則上の義務の一環たる安全配慮義務の具体的態様として，労働安全衛生法上の健康管理義務を踏まえて，当該職種等の就労条件についての具体的な法規制，現実の労働環境，当該従業員の素因・基礎疾病や発症している疾病の内容と程度に応じて，個別具体的に，特定業務の軽減ないし免除措置を講ずるなどして就労環境を整備すること，そして健康管理の面においても，従業員の健康への一定の配慮ないし把握を行うことなど，

相当広範かつ高度な健康配慮義務を措定し、〔電通事件〕最判平成 12・3・24（民集 54 巻 3 号 1155 頁・労判 779 号 13 頁・判タ 1028 号 80 頁）は、「労働者が労働日に長時間にわたり業務に従事する状況が継続するなどして、疲労や心理的負荷等が過度に蓄積すると、労働者の心身の健康を損なう危険のあることは、周知のところである。労働基準法は、労働時間に関する制限を定め、労働安全衛生法 65 条の 3 は、作業の内容等を特に限定することなく、同法所定の事業者は労働者の健康に配慮して労働者の従事する作業を適切に管理するように努めるべき旨を定めているが、それは、右のような危険が発生するのを防止することをも目的とするものと解される。これらのことからすれば、使用者は、その雇用する労働者に従事させる業務を定めてこれを管理するに際し、業務の遂行に伴う疲労や心理的負荷等が過度に蓄積して労働者の心身の健康を損なうことがないよう注意する義務を負う」と判示している。

5　労働者の安全配慮義務・自己健康管理義務

　労働者の安全配慮義務・自己健康管理義務については、平成 18 年厚労省労働政策審議会労働条件分科会の審議では、使用者側から、労働者側の健康保持義務についても併せて規定すべきではないかとの指摘が一貫してなされていたが（平成 18 年 12 月 27 日付労働条件分科会最終報告に使用者側意見として付記されている）、この点につき、筆者は、現在の判例・裁判例や労働安全衛生法等の解釈から（過労死の業務上認定が否定された要素として自己健康管理義務違反が重視されたと解される最近の裁判例として、〔国・三田労基署長（インターモーダルエンジニアリング）事件〕東京地判平成 20・1・29 労判 950 号 98 頁、〔国・さいたま労基署長（上尾中央総合病院）事件〕東京地判平成 20・5・12 労判 963 号 98 頁、〔松本労働基準監督署長事件〕長野地判平成 19・3・30 労時 2021 号 134 頁・労経速 2011 号 25 頁〔なお、〔同控訴事件〕東京高判平成 20・5・22 労判 968 号 58 頁・判時 2021 号 116 頁にて逆転判決となっている〕、〔亀戸労基署長（千代田梱包）事件〕東京地判平成 20・5・19 労経速 2022 号 26 頁〔なお、〔同控訴事件〕東京高判平成 20・11・12 労経速 2022 号 13 頁で逆転した〕）、労働者の安全配慮義務が理論上存在するとの立場をとるもので、改めて労働者の健康保持義務を明文化する必要があるのかについて、将来に課

Ⅲ　労働契約法上の安全配慮義務

題を残したものと考えている。

　すなわち，「労働者の心の健康の保持増進のための指針について」（以下，「健康保持指針」という）（平成 18・3・31 基発 0331001 号）でのセルフケアや，〔大建工業事件〕大阪地決平成 15・4・16（労判 849 号 35 頁）で休職期間満了前後の勤務状態の不良と健康状態の把握への協力拒否等を踏まえ普通解雇が認められた例，〔国（在日米軍従業員・解雇）事件〕東京地判平成 23・2・9（労判 1052 号 89 頁・判タ 1366 号 177 頁）で復職を求める労働者が訴訟の段階でカルテの証拠化を拒否し，労働者が立証責任を負う傷病休暇の休職理由が解消していることの立証を尽くしていないとして休職期間満了による退職を認めた例などからは，復職可能性における医学的判断への労働者の協力義務，メンタルヘルス面での自己健康管理義務が認められるものと解される（詳細は，岩出誠「労働者の『自己健康管理義務』と企業が労務管理上注意すべきポイント」ビジネスガイド 662 号（平成 19 年）7 頁以下参照）。このような意味での自己健康管理義務は，〔帯広電報電話局事件〕最判昭和 61・3・13（労判 470 号 6 頁・裁判集民事 147 号 237 頁）のような健康管理規程などがあればそこから導かれ，それがなくとも，労働安全衛生法 4 条の労働者の労災防止協力努力義務，66 条 5 項の健康診断受診義務，66 条の 7 第 2 項の健康保持努力義務，66 条の 8 第 2 項の面接指導受容義務，69 条 2 項の労働者の健康保持増進努力義務や，健康保持指針でのセルフケア義務等を踏まえて，過失相殺の事情たる配慮義務的なものとして，労働契約の信義則上の健康配慮義務の一環として，「自己健康管理義務」が導かれ得るものと解される。

　判例法理上も，安全配慮義務を認めた，〔自衛隊車両整備工場事件〕最判昭和 50・2・25（民集 29 巻 2 号 143 頁・判時 767 号 11 頁）は，「安全配慮義務は，……当該法律関係の付随義務として当事者の一方又は双方が相手方に対して信義則上負う義務として一般的に認められるべきもの」として，明確に労使双方の義務としてそれを構成していたことからも法的に導かれるものと解される。さらには，一連の過労死・過労自殺等に対する損害賠償請求で認められる過失相殺の大きな要素として（最近でも，〔オーク建設（損害賠償請求控訴）事件〕広島高判平成 21・6・5 労判 1990 号 100 頁・判時 2068 号 85 頁では，過重な労働に

11

第1部 総　論

より労働者が急性心不全で死亡した場合の損害賠償の請求において，本人の生活上の不摂生に係る過失相殺・素因減額につき，50％を相当とした第1審の判断を変更して30％が相当であるとされ，〔グルメ杵屋事件〕大阪地判平成21・12・21労判1003号16頁・判時2089号98頁では，店長として業務に従事していた従業員が急性心筋梗塞により死亡した事案において，本人が，店長として自らの業務量を適正なものとし，休息や休日を十分にとって疲労の回復に努めるべきであり，また企業に対して従業員の不足や自己の勤務状況を申告するなどして業務軽減のための措置を採るよう求めるべきであったとして，店長として業務に従事していた従業員の損害額の算定にあたり，2割の過失相殺が認められ，〔康正産業事件〕鹿児島地判平成22・2・16労判1004号77頁・判タ1322号95頁・判時2078号89頁では，就寝中に心室細動を発症し，低酸素脳症となった飲食店支配人に対する会社の安全配慮義務違反が認められたが，原告の健康管理上の不備による2割の過失相殺が認められている），実質的に自己健康管理義務が大きな影響を与えていることも（岩出・講義(下)959頁，後述第2部第2章 **V Q7**，**Q8** 参照），自己健康管理義務の存在理由を基礎づけるものと解される。そしてその違反の存否・履行状況は，損害賠償請求等における過失相殺にとどまらず，休職期間満了時における雇用関係の終了の場面でも大きな影響を与えているものと解される（岩出・講義(上)613頁参照）。人事院HP掲載の「職員が分限事由に該当する可能性のある場合の対応措置について」（分限免職指針。平成18・10・13人企1626号）も，それらの裁判例を踏まえ，同旨を示している（分限免職指針は，「分限処分に当たっての留意点等について」〔平成21・3・18人企-536号〕公表により廃止）。

Ⅳ　健康診断と健康配慮義務

1　健康診断に関する法的根拠――健康管理義務と健康配慮義務

労働安全衛生法による健康管理義務は（労働安全衛生法の全体的規制の概要に

Ⅳ 健康診断と健康配慮義務

ついては，菅野 401 頁以下，土田・労契法 453 頁以下等参照），民事上の安全配慮義務の下位概念でありその健康管理面における具体的一内容としての健康配慮義務とは，法理論的には，別の次元の問題である（例えば，小畑史子「労働安全衛生法規の法的性質(1)」法協 112 巻 2 号（平成 7 年）212 頁，荒木・労働法 216 頁等参照）。しかし，実務的には，次の 2 と Ⅴ を対照すれば明らかなように，具体的な各義務内容の重複性に照らし，両者の内容の総体を一括して，健康配慮義務と総称しておく（健康配慮義務については，渡辺章「健康配慮義務に関する一考察」花見忠先生古稀記念『労働関係法の国際的潮流』（信山社，平成 12 年）75 頁以下等参照。なお，土田・労契法 479 頁はこの概念を実益に乏しいとして不要とするが，休職等の処遇問題，本書が取り上げているメンタルヘルス，後述第 2 部第 2 章 ⅠQ1，Ⅴ，Ⅵ の過労自殺死等をはじめとした，健康配慮義務を上記のように解することは，今や定着した概念といってよいだろう。菅野 527 頁，水町・労働法 316 頁等参照）。

2　健康配慮義務の内容

健康配慮義務については，古くから裁判例において，労働契約上の信義則上の義務の一環たる安全配慮義務の具体的態様として，労働安全衛生法上の健康管理義務を踏まえて，当該職種等の就労条件についての具体的な法規制，現実の労働環境，当該従業員の素因・基礎疾病や発症している疾病の内容と程度に応じて，特定業務の軽減ないし免除措置を講ずるなどして就労環境を整備すること，そして健康管理の面においても，従業員の健康に一定の配慮ないし把握を行うことなど，相当広範かつ高度な健康配慮義務を措定していたが（例えば，〔大阪府立中宮病院松心園事件〕大阪地判昭和 55・2・18 労判 338 号 57 頁・判タ 422 号 136 頁・判時 981 号 103 頁は，「労働基準法及び同法付属関連法令の趣旨に基づき，労働契約上その被用者に対し」負担する義務と明示している），最高裁が，前掲〔電通事件〕最判平成 12・3・24 で，前述のとおり，「使用者は，その雇用する労働者に従事させる業務を定めてこれを管理するに際し，業務の遂行に伴う疲労や心理的負荷等が過度に蓄積して労働者の心身の健康を損なうことがないよう注意する義務を負う」と判示し（水町・労働法 316 頁も，同判旨を健康配慮義務の内容として引用している），健康配慮義務が，労働安全衛生

第1部 総　論

法や労働基準法の規制を包含するものであることが明言されている。

3　健康配慮義務の高度化

　企業が従業員に対してなす法定内外の健康診断の充実により（安衛法66条以下，安衛則43条以下），生活習慣病，精神疾患を含む様々な傷病が事前にチェックされるケースが増えている（後述Ⅴのとおり，平成17年改正労働安全衛生法により，メンタルヘルス面を含めた過重労働による健康障害防止対策の強化が図られている）。他方，法令・判例により企業に課される健康配慮義務は，結果債務（事故発生防止への手段を尽くすべき義務たる「配慮債務」に対比して用いられる講学上の概念で，「事故」発生自体を防ぐ義務であり，これに近い典型例が商法577条，590条の運送契約上の損害賠償責任であるが，事故発生という結果が出れば責任発生となるものである。用語の区分や学説と判例の相違につき，土田・労契法467頁参照）に近づきつつあるといわざるを得ないまでに高度化されてきており，企業が労災認定や損害賠償責任を回避するためには（健康配慮義務が尽くされていたとされる稀有な例として，〔富国生命事件〕東京地八王子支判平成12・11・9労判805号95頁，〔富士電機E＆C事件〕名古屋地判平成18・1・18労判918号65頁等），診断結果のみならず，普段の業務遂行上から知り得た従業員の健康に関する情報に基づき相応な配慮をなさなければならない（例えば，〔石川島興業事件〕神戸地姫路支判平成7・7・31労判688号59頁・判タ958号200頁は，従業員の健康状態の異常に関する認識は，同僚を通じても知り得るとして，積極的な予見義務を課し，〔NTT東日本北海道支店事件〕札幌高判平成18・7・20労判922号5頁は，陳旧性心筋梗塞の既往症があり，合併症として高脂血症に罹患していたＡの，研修から帰宅後の墓参り時の死亡につき，研修に参加させないか，あるいは仮にさせるにしても，一人部屋をあてがうなど十二分な配慮をする必要があったなどとし，最近の〔日本ヒューレット・パッカード事件〕最判平成24・4・27労判1055号5頁・判タ1376号127頁・判時2159号142頁は，医学的専門的所見なしに「被害妄想など何らかの精神的な不調」があり，「精神的な不調のために欠勤を続けている」と断定し，「精神科医による健康診断を実施するなどした上で……その診断結果等に応じて，必要な場合は治療を勧めた上で休職等の処分を検討し，その後の経過を見るなどの対応を採るべき」としてメンタルヘルス不調者に対する健康配慮義務上での

積極的な予見義務を課している)。

さらに,それらの健康に関する情報の管理・開示につき,プライバシー侵害の問題も提起されている。

V 労働安全衛生法によるメンタルヘルス健康管理義務の強化

1 平成24年改正法案上程までの状況

(1) 平成17年改正法施行前の状況

労働安全衛生法等によるメンタルヘルスに関する法規整については,平成17年改正労働安全衛生法の施行までは,実定法上の根拠なく,厚労省の様々な指針やガイドラインに基づく通達による行政指導として実施されていた。かかる事情から,同改正法施行前の労働安全衛生法上のメンタルヘルスに関する同法上の健康管理義務の存在を否定した例もある(前掲〔富士電機E&C事件〕名古屋地判平成18・1・18では,労働安全衛生法66条の2,労働安全衛生規則44条1項について,精神的疾患に関する事項についてまで医師の意見を聴くべき義務を負うということはできず,平成17年改正前労働安全衛生法66条の3第1項所定の,事業者が負う就業場所の変更,作業の転換,労働時間の短縮等の措置を講ずるべき義務も精神疾患に関する事項には当然に適用されるものではないとされた)。

(2) 平成17年改正法施行による新たな規整

平成17年改正により,労働安全衛生法自体にメンタルヘルスに関する明文の言及はないが,同法の過重労働対策の面接指導や定期健康診断についても,次のように,メンタルヘルスを踏まえた対応がなされるようになった。

(a) **面接指導におけるメンタルヘルス上の諸施策**

例えば,労働安全衛生法及び労働安全衛生規則により,「医師による面接

第1部 総　　論

指導」の内容については，従前の過重労働の発生の場合に関する旧「過重労働による健康障害防止のための総合対策」（平成14・2・12基発0212001号）を立法化し，メンタルヘルスを含んだ対応とされている。すなわち，平成17年改正に関する通達（平成18・2・24基発0224003号。以下，「改正労働安全衛生法基本通達」という）においても，「一定時間を超える長時間労働を行った労働者に対する医師による面接指導の導入等により過重労働・メンタルヘルス対策の充実を図る」べく，「面接指導の実施の際には，うつ病等のストレスが関係する精神疾患等の発症を予防するためにメンタルヘルス面にも配慮すること。」が指摘され，面接指導の結果について，「(イ)特にメンタルヘルス不調に関し，面接指導を受けた結果として，事業者が労働者に対して不利益な取扱いをすることがあってはならないこと。／(ウ)事業者は，面接指導により労働者のメンタルヘルス不調を把握した場合は，必要に応じ精神科医等と連携を図りつつ対応することが適当であること。」が指摘されている。さらに，「過重労働による健康障害防止のための総合対策について」（平成18・3・17基発0317008号）でも，「面接指導等により労働者のメンタルヘルス不調が把握された場合は，面接指導を行った医師，産業医等の助言を得ながら必要に応じ精神科医等と連携を図りつつ対応するものとする。」と再論されている。

(b)　安全衛生委員会の付議事項でのメンタルヘルスへの諸施策

労働安全衛生法，労働安全衛生規則では，メンタルヘルスにつき，安全衛生委員会での付議事項等についても，新たな規制を加えている（改正労働安全衛生法基本通達）。

(3)　面接指導への勧奨態勢の整備による事実上の義務化

労働安全衛生規則では，面接指導は，「月100時間を超える時間外労働を行わせた場合」において（安衛則52条の2），「労働者が申し出たものについて」と制限され（安衛則52条の3第1項），通達，指針の整理がなされ，明文上では，一見すると，事業主の義務が軽減されているようにみえる。しかし，実際上は，労働安全衛生法66条の9の適用等により，各種の面接指導への産業医による申出の勧奨等が求められ，実際の事業主の義務には大きな軽減

Ⅴ　労働安全衛生法によるメンタルヘルス健康管理義務の強化

はないものと解される。少なくとも、過重労働発生時の健康配慮義務が、平成17年改正法によって軽減されたと解することできない。例えば、面接指導の実施法方法につき、改正労働安全衛生法基本通達が指摘しているように、面接指導を受けさせる態勢の整備が図られている。

(4)　健診後措置指針等によるメンタルヘルス
　(a)　健診後措置指針の概要
　平成17年改正を踏まえた「健康診断結果に基づき事業者が講ずべき措置に関する指針」（平成8・10・1労働省公示1号、改正・平成12・3・31労働省公示2号、平成17年改正を踏まえた改正・平成17・3・31厚労省公示5号、最終改正平成20・1・31。以下、「健診後措置指針」という）では、例えば、「健康診断の結果のみでは労働者の身体的又は精神的状態を判断するための情報が十分でない場合は、労働者との面接の機会を提供することが適当である。また、過去に実施された労働安全衛生法第66条の8及び第66条の9の規定に基づく医師による面接指導等の結果に関する情報を提供することも考えられる。」などのメンタルヘルスに関する指摘が挿入されている。

　なお、労働安全衛生法において、事業者は、健康診断の項目に異常の所見があると診断された労働者について、当該労働者の健康を保持するために必要な措置について医師の意見を聴取し、当該意見を勘案し、その必要があると認めるときは、労働者の実情を考慮して、就業場所の変更、作業の転換、労働時間の短縮等の措置を講じるとされている。

　(b)　就業上の措置
　前述の健診後措置指針では、医師の意見聴取に際し、健康診断の結果のみでは労働者の身体的又は精神的状態を判断するための情報が十分でない場合は、事業者は意見を聴く医師に対し労働者との面接の機会を提供することが適当であるとされている。なお、産業医の選任の義務のある事業場においては、産業医が労働者個人ごとの健康状態や作業内容、作業環境について把握し得る立場にあることから、事業者は産業医から意見を聴くことが適当であるとされている。逆にいえば、推奨されるのみで義務づけはなされていない。

(c) 保健指導

労働安全衛生法においては，事業者は，健康診断の結果，特に，健康の保持に努める必要があると認める労働者に対して，医師又は保健師による保健指導を行うよう努めなければならないとされている（安衛法66条の7第1項）。

また，事業場に所属する保健師の多くが，メンタルヘルス教育やメンタルヘルス不調者への対応の職務にも関わっている。

(5) メンタルヘルスへの現行法規制の概要とその限界
　　——一般定期健康診断におけるメンタルヘルスに関連した取組みの現状

(a) 現行の健康診断項目

労働安全衛生法66条1項に基づく一般定期健康診断には「自覚症状及び他覚症状の有無の検査」などの項目が規定されており（安衛則44条），「自覚症状及び他覚症状の有無の検査」にはメンタルヘルス不調から生じる症状も含む場合がある。しかし，その具体的な手法は医師の判断に委ねられている。なお，その他の項目においては，メンタルヘルスに関連した事項は規定されていない。

(b) 一般定期健康診断の機会を活用した労働者のストレスの程度等の把握と職場環境の改善の事例

先進的な企業においては次のような取組みが行われている。

① 一般定期健康診断に併せて，ストレスの程度等の把握を実施することに同意した労働者を対象にストレス調査を行い，労働者個人のみに当該調査の結果を通知して個人の健康管理に役立たせるとともに，リスクの高い労働者に対して専門家による面談を行い，事業者に対しては当該事業場全体の状況及び職場環境の改善方法を示している事例

② 一般定期健康診断に併せて，ストレスの程度等の把握を実施することに同意した労働者を対象にストレス調査を行い，産業医等の産業保健スタッフによる面談や医療機関への受診勧奨等必要な指導等を実施し，事業者は個人の情報を入手できない仕組みとしている事例

こうした事例においては，労働者の同意を得て調査を実施し，専門的知識

を有する者による面談が行われており，労使が協力して職場環境改善のための適切な対応が実施できる体制がとられている。

(6) メンタルヘルス不調等に対応している人材・体制等の現状

　平成25年9月19日公表の労働者健康状況調査報告（平成24年）によると，メンタルヘルス対策に取り組んでいない事業所の割合は約5割，その最大の理由は「必要を感じていない（51.0％）」であり，また「専門スタッフがいない（22.4％）」の割合も高くなっており，人材の確保が重要な課題となっている。

　メンタルヘルス対策に取り組んでいる事業所のうち，メンタルヘルスの専門スタッフがいるとした事業所は約6割であり，その内訳は，「産業医」が67.4％，「衛生管理者又は衛生推進者等」が46％となっている。

　嘱託産業医において専門としている診療科は，内科22.1％，整形外科7.1％，外科6％というように内科が大部分を占め精神科は少数である。医療施設に従事する医師（平成24年医師・歯科医師・薬剤師調査）は約30万人であり，このうち，精神科は約5％，心療内科は約0.3％などとなっている。

　また，産業保健スタッフの資質の向上のためにメンタルヘルスに関する研修が様々な団体等で行われている。

(7) メンタルヘルスに関する調査票

　メンタルヘルスに関する調査票には，厚労省が作成した「職業性ストレス簡易調査票」があるが，うつ病等の早期発見を目的としたものではなく，自覚症状に早期に気づくこと，職場環境を含めストレスの要因を総合的に把握すること等により，メンタルヘルス不調の発生防止（一次予防）に活用することを目的として作成されている。このほか「うつ対策推進方策マニュアル調査票」，「セスディー（CES－D）」，「一般健康調査票（GHQ－12）」などはメンタルヘルス不調のスクリーニングに一定の精度を有していると評価されているが，調査票で陽性となった者にはメンタルヘルス不調でない者が多く含まれること，また，適切な対応が行われない場合には，十分な効果が期待で

きないことに留意すべきである。

2 平成24年改正法案上程による新たな規制の模索

　メンタルヘルスに関する法規制をも一定程度射程に入れた平成17年改正労働安全衛生法の施行後も，3万人を超す自殺者数に好転はなく（ただしようやく，平成24年は3万人を切った），業務に起因するとした精神障害についての労災申請は急増し続け，メンタルヘルスをめぐる状況はより深刻化していた。そこで，厚労省は，平成22年5月31日から，「職場におけるメンタルヘルス対策検討会」において，「定期健康診断において，労働者が不利益を被らないよう配慮しつつ，効果的にメンタルヘルス不調者を把握する方法」として定期健康診断項目にメンタルヘルス事項を追加することも視野に入れて検討を続けていたところ（厚労省は，平成22年10月15日から「精神障害の労災認定の基準に関する専門検討会」での検討も始め，既に，平成23年12月26日「心的負荷による精神障害の労災認定基準」平成23・12・26基発1226第1号が公表されている。後述第2部第1章ⅦQ6参照），平成22年9月7日，同検討会の報告が，「職場におけるメンタルヘルス対策検討会報告書」（以下，「検討会報告書」という）として示され（検討会報告書に関する詳細な紹介・分析については，検討会委員である三柴丈典『安衛法改正の展望——メンタルヘルス対策検討会報告を受けて』（労働調査会，平成23年）1頁以下参照），これを受け，平成22年12月22日，労働政策審議会安全衛生分科会は「今後の職場における安全衛生対策について（報告）」をまとめ，他の「機械譲渡時における機械の危険情報の提供のあり方等に関する検討会」，「職場における化学物質管理の今後のあり方に関する検討会」，「職場における受動喫煙防止対策に関する検討会」，「職場における受動喫煙防止対策基準検討委員会（中央労働災害防止協会）」，「ストレス確認項目及び判定基準の設定に関する調査研究委員会（労働安全衛生総合研究所）」，「事業場における産業保健活動の拡充に関する検討会」の報告書の内容も併せて，相当の修正（圧縮）を加えられながらも，同日，同審議会から，労働安全衛生法令の改正を含む建議がなされ，既に一部だがこれを受け，平成23年4月1日から改正労働安全衛生規則15条の2の施行がなされている（平成23・3・

Ⅴ　労働安全衛生法によるメンタルヘルス健康管理義務の強化

■職場におけるメンタルヘルス対策検討会報告書概要

検討の背景

○「自殺・うつ病等対策プロジェクトチーム報告」（H22.5厚生労働省）において，職場におけるメンタルヘルス対策が重点の1つとされ，メンタルヘルス不調者の把握と把握後の適切な対応について検討することとされた。
○新成長戦略（平成22年6月18日閣議決定）において，2020年までの目標として「メンタルヘルスに関する措置を受けられる職場の割合100％」が掲げられた。

職場のメンタルヘルスの現状と課題

○年間3万人を超える自殺者のうち，28％が「被雇用者・勤め人」となっており，「勤務問題」を自殺の原因の一つとする者は約2,500人となっている（H21）。
○精神障害等による労災認定件数は，127件（H17）から234件（H21）に増加している。
○メンタルヘルス対策に取り組んでいる事業所の割合は34％に留まっている（H19）。
○メンタルヘルス不調には，特に医療関係者以外の者に知られたくないという要素があり，個人情報の保護に慎重な対応が必要とされる。

メンタルヘルス対策の基本的な方向

メンタルヘルス不調に影響を与える職場におけるストレス等の要因について，早期に適切な対応を実施するため，労働者の気づきを促すとともに，職場環境の改善につなげる新たな枠組みを導入することが適当。その際，次の方針に基づき対応することが必要。

- 労働者のプライバシーが保護されること
- 事業者にとって容易に導入でき，また，労働者にとって安心して参加できること
- 労働者が，健康の保持に必要な措置を超えて，人事，処遇等で不利益を被らないこと
- 必要な場合には専門家につなぐことができること，職場においてメンタルヘルス不調の正しい知識の普及が図られること等

具体的な枠組み

1　一般定期健康診断に併せて医師が労働者のストレスに関連する症状・不調

　　　　　　　　　第 1 部　総　　論

>　　を確認，必要と認められるものについて医師による面接を受けられるしくみ
>　　の導入
>　　　一般定期健康診断の実施に併せて，ストレスに起因する身体的・心理的な
>　　症状・不調などについて医師が確認し，医師が必要と認める場合には，労働
>　　者が医師の面接を受けられるようにする。
>　2　医師は労働者のストレスに関連する症状・不調の状況，面接の要否等につ
>　　いて事業者に通知しない
>　　　個人情報の保護の観点から，労働者のストレスに関連する症状・不調の状
>　　況及び面接の要否等については事業者に伝わらないようにする。
>　3　医師による面接の結果，必要な場合には労働者の同意を得て事業者に意見
>　　を提出
>　　　面接を行った医師は，労働者のストレスの状況などから必要と認める場合
>　　には，労働者の同意を得た上で，事業者に対し時間外労働の制限，作業の転
>　　換等について意見を述べるものとする。
>　4　健康保持に必要な措置を超えて人事・処遇等において不利益な取扱いを行
>　　ってはならない
>　　　事業者が医師の意見を勘案し，時間外労働の制限等の措置を講じる場合に
>　　は，①医師の意見の具体的内容によるものとすること，②労働者の了解を得
>　　るための話合いを実施すること，③医師の意見の内容を労働者に明示するこ
>　　ととする。
>　　　また，事業者は健康確保に必要な措置を超えた不利益な取扱いを行っては
>　　ならないこととする。

（出所）　厚労省HP。

31基発0330第11号。厚労省HP参照）。

　かくて，上記建議を踏まえて，平成23年12月2日改正労働安全衛生法案が第180回国会に上程されたが，同法案は，結局廃案となった。

　第183回通常国会への再提出は見送られたが，その後，労働政策審議会安全衛生分科会では，今後の労働安全衛生対策について，平成25年6月から同年12月まで，9回にわたり検討を行い，同月24日に建議「今後の労働安全衛生対策について」を取りまとめた。これを踏まえた法律案要綱は，平成26年2月労働政策審議会からおおむね妥当との答申が行われ，厚労省では，この答申を踏まえて法律案を作成し，今期通常国会への提出の準備を進めて

V　労働安全衛生法によるメンタルヘルス健康管理義務の強化

いる。

　労働政策審議会建議「今後の労働安全衛生対策について」は，平成22年の労働政策審議会の建議に基づく労働安全衛生法改正法案が衆議院解散により廃案となったことを踏まえ，この法案に盛り込まれていた「メンタルヘルス対策」「受動喫煙防止対策」「型式検定等の対象器具の追加」のほか，平成25年度を初年度とする第12次労働災害防止計画で検討することとされた事項も含めて，安全衛生分科会で検討を行った結果に基づくものである。

　建議の主なポイントは，以下のとおりである。

　第12次労働災害防止計画に基づいて新たに検討した主な事項としては，①化学物質管理のあり方，②企業単位で安全・健康に対する意識変革を促進する仕組み等が挙げられている。①については，一定の危険性・有害性が確認されている化学物質対策について，リスクアセスメント（危険性・有害性の調査）を事業者に実施させることが適当，②については，重大な労働災害を繰り返す企業に対し，厚生労働大臣が改善計画の作成などを指示し，従わない場合は勧告や，企業名の公表を行う制度などを設けることが適当としている。廃案となった法案に盛り込まれていた主な事項としては，①職場におけるメンタルヘルス対策と②職場における受動喫煙防止対策が挙げられている。①については，廃案となった法案を踏まえつつ，事業者が医師又は保健師によるストレスの状況を把握するための検査や労働者の申出に応じて医師による面接指導などを行い，必要な措置を講じることなどの取組みを事業者に実施させることが適当としている。②については，廃案となった法案を踏まえつつ，全面禁煙や空間分煙を事業者の義務とした場合，国の支援策がなくなり，取組みが進まなくなるおそれがあるとの意見が出されたことや，対策に取り組んでいる事業場が増加していることも勘案し，法案の内容を検討することが適当としている。

　そして，「労働安全衛生法の一部を改正する法律案要綱」（「今後の労働安全衛生対策について」を踏まえたもの）における「メンタルヘルス対策の充実・強化」についての概要は，以下のとおりである。

　①　労働者の心理的な負担の程度を把握するための，医師又は保健師によ

る検査（ストレスチェック）の実施が事業者に義務づけられる（労働者は，この検査を受けなければならない）。
② 検査を受けた労働者の同意を得ないまま，医師又は保健師から検査結果が事業者に提供されることはない。
③ 事業者は，検査結果を通知された労働者の希望に応じて医師による面接指導を実施し，その結果，医師の意見を聴いたうえで，必要な場合には，作業の転換，労働時間の短縮その他の適切な就業上の措置を講じなければならない（医師等の意見は衛生委員会又は安全衛生委員会等への報告が必要となる）。
④ 事業者は，面接指導の結果を記録しておかなければならない。

企業としてはこれまでのメンタルヘルス対策に加えて，今後の改正内容にそった新しい運用ルールを就業規則等に規定するなどの対応が必要となる。

平成26年3月9日時点では，平成26年改正労働安全衛生法の改正法律案要綱までしか開示されていないが，法文化された場合のメンタルヘルス部分の条項はおおむね平成24年改正法案と変わらないことが予想されるので，以下，暫定的代替的に紹介しておく。

3 精神的な状況を把握するための検査等と面接指導への勧奨態勢の整備

平成24年改正法案における「精神的健康の状況を把握するための検査等」に関しては，以下のような内容となっていた。

しかし，平成24年改正法案66条の10第1項に，「厚生労働省令で定めるところにより，医師又は保健師による精神的健康の状況を把握するための検査」とあるので，具体的な検査の内容は，厚生労働省令（労働安全衛生規則）で定められることになる。厚生労働省令は，法律が成立した後に制定され，このほか，指針や通達が出れば，具体的な解釈などが示され，それによって，具体的運用などが明確になってくると同時に，平成17年改正時にもあったように，現在想定されている内容が変わってくる可能性がある。

したがって，現段階では，具体的にどのような内容の検査や面接指導が法

V　労働安全衛生法によるメンタルヘルス健康管理義務の強化

■平成24年労働安全衛生法改正法案66条の10の内容

(精神的健康の状況を把握するための検査等)　第66条の10
1　事業者は，労働者に対し，厚生労働省令で定めるところにより，医師又は保健師による精神的健康の状況を把握するための検査を行わなければならない。
2　労働者は，前項の規定により事業者が行う検査を受けなければならない。
3　事業者は，第1項の規定により行う検査を受けた労働者に対し，厚生労働省令で定めるところにより，当該検査を行った医師又は保健師から当該検査の結果が通知されるようにしなければならない。
　　この場合において，当該医師又は保健師は，あらかじめ当該検査を受けた労働者の同意を得ないで，当該労働者の検査の結果を事業者に提供してはならない。
4　事業者は，前項の規定による通知を受けた労働者であって，精神的健康の状況が労働者の健康の保持を考慮して厚生労働省令で定める要件に該当するものが医師による面接指導を受けることを希望する旨を申し出たときは，当該申出をした労働者に対し，厚生労働省令で定めるところにより，医師による面接指導を行わなければならない。この場合において，事業者は，労働者が当該申出をしたことを理由として，当該労働者に対し，不利益な取扱いをしてはならない。
5　事業者は，厚生労働省令で定めるところにより，前項の規定による面接指導の結果を記録しておかなければならない。
6　事業者は，第4項の規定による面接指導の結果に基づき，当該労働者の健康を保持するために必要な措置について，厚生労働省令で定めるところにより，医師の意見を聴かなければならない。
7　事業者は，前項の規定による医師の意見を勘案し，その必要があると認めるときは，当該労働者の実情を考慮して，就業場所の変更，作業の転換，労働時間の短縮，深夜業の回数の減少等の措置を講ずるほか，当該医師の意見の衛生委員会若しくは安全衛生委員会又は労働時間等設定改善委員会への報告その他の適切な措置を講じなければならない。
8　厚生労働大臣は，前項の規定により事業者が講ずべき措置の適切かつ有効な実施を図るため必要な指針を公表するものとする。
9　厚生労働大臣は，前項の指針を公表した場合において必要があると認めるときは，事業者又はその団体に対し，当該指針に関し必要な指導等を行うことができる。

令や指針等に則しているのかは明らかにはなっていない。

4 精神的健康の状況を把握するための検査等と面接指導，健診後措置指針によるメンタルヘルス

当初は，定期健康診断での検査を義務づける構想があったが，平成 24 年改正法案では採用されなかった。

また，一般定期健康診断におけるメンタルヘルス関連の検診項目を追加すること（一般定期健康診断時に「自覚症状及び他覚症状の有無の検査」も併せて実施）に関しては，検討会報告書（平成 22 年 9 月 7 日）に，一般定期健康診断の機会を利用した労働者のストレス程度等の把握と職場環境の改善についての取組みを，先進的な企業の取組事例として挙げ，さらに，労働政策審議会安全衛生分科会配布資料「今後の職場における安全衛生対策について」では，多くの企業で取り組まれているメンタルヘルス対策の事例を十分に配慮したうえで，制度設計をすべきであるとしていた。

厚労省担当課への電話問い合わせ時においても，一般定期健康診断におけるメンタルヘルス関連の検診項目を追加することは，企業が取り組みやすい事例であり，法律上義務としているわけではないとの回答であった。実際，平成 24 年改正法案にも定められていないので，この点が明確に定められるとすれば，厚生労働省令や指針等となると思われる。

5 面接指導による業務軽減措置と不利益取扱い禁止

(1) 面接指導の申出やその結果の措置たる健康配慮義務の履行としての業務の軽減と処遇

面接指導の申出やその結果の措置たる健康配慮義務の履行としての業務の軽減としてなされる降格・降給が上記面接指導を理由とする不利益取扱い禁止に抵触するだろうか。今後，平成 24 年改正法案に代わる改正法が施行されるまでに厚労省から，改正労働安全衛生規則や改正指針等が示されるだろうが，この場合は，申出やその結果自体を理由とするのではなく，その結果示された医師の指導に沿う健康配慮義務の履行としてなされる限り抵触はな

いものと解され，かかる措置に関する人事・給与・健康管理等の諸規程を整備することが望まれる（岩出・講義(下)1088頁以下参照）。

(2) 健診後措置指針での解雇回避義務

　心の健康問題には，これ自体に対する誤解や偏見等解決すべき問題が存在しており，うつ病であることがわかった途端に解雇される事例もみられている。

　このため，「健診後措置指針」において，事業者は就業上の措置を決定する場合には，あらかじめ当該労働者の意見を聴き，十分な話合いを通じてその労働者の了解が得られるよう努めること，また，健康の保持に必要な措置を超えた措置を講ずるべきではなく，医師等の意見を理由に，安易に解雇等をすることは避けるべきことを規定している。

6　面接指導時・健康診断時の処遇面での法的関係

　派生的な問題だが，面接指導の指導時間と賃金の関係については，法的には，本来，休日等の付与義務も費用の負担もないと解される。しかし，現行の面接指導の枠組みが適用されるものと予想される（岩出・講義(下)877頁参照）。すなわち，定期健康診断等により探知された事由に基づく面接指導に関しては，面接指導費用は企業が負担すべきとし，賃金は，有給が望ましいであろう。しかし，それ以外の場合や，産業医からの面接指導でない場合，企業指定医師以外の面接指導については，一定の措置義務はあるとしても，給与等につきどのような取扱いをするかは裁量の余地があり，労使自治に任されていると解される。

第1部 総　論

Ⅵ 精神状況の検査及び健康診断等における労働者の個人情報等の取扱い

1 使用者の健康診断,精神的な状況を把握するための検査実施義務の内容——プライバシーへの一定の制約,使用者の健康診断実施義務の内容

(1) 健康診断における労働者の個人情報等の取扱い

　労働者の健康情報の取扱いは,労働安全衛生法104条において,健康診断等の事務に従事した者は,その実施に関して知り得た労働者の秘密を漏らしてはならないとされており,刑法及び保健師助産師看護師法においても,医師,保健師等に守秘義務が課されている（刑法134条1項,保健師助産師看護士法42条の2）。

　また,「雇用管理に関する個人情報のうち健康情報を取り扱うに当たっての留意事項について」（平成16・10・29基発1029009号）においては,健康診断の結果のうち診断名,検査値等のいわゆる生データの取扱いについて,産業医や保健師等の看護職員に行わせることが望ましいこと,産業保健業務従事者以外の者に健康情報を取り扱わせる場合は,利用目的の達成に必要な範囲に限定されるよう,必要に応じて健康情報を適切に加工したうえで提供する等の措置を講ずることなどとされている。さらに,「労働者の心の健康の保持増進のための指針について」（平成18・3・31基発0331001号）においては,産業医が労働者の個人情報を事業者等に提供する場合には,提供する情報の範囲と提供先を必要最小限とすること,提供する場合は情報を適切に加工することなどを求めている。

　労働者にあっては家庭の問題等を原因とするメンタルヘルス不調等,特に医療関係者以外の者には知られたくない事項もあり,その取扱いは慎重にすべきものと考えられる。

　また,うつ病のスクリーニングが職場で実施されることを希望する労働者

Ⅵ　精神状況の検査及び健康診断等における労働者の個人情報等の取扱い

は約5割，また，うつ病のスクリーニングで重要な点として，医師や看護師以外の者に自分の書いた内容が見られないことを挙げる労働者は約6割との調査結果もある（平成22年6月7日厚労省第2回職場におけるメンタルヘルス対策検討会資料・川上憲人「職場におけるうつ病等のスクリーニングのための調査法とその利用について」厚労省HP掲載）。これは，上述のように法令等により健康情報の保護が行われているものの，スクリーニングの結果が事業者に知られ，不利益を被ることに不安を感じる労働者がいることの現れと考えられる。

(2)　平成24年改正法案における個人情報の取扱い

　平成24改正法案では，医師又は保健師（ストレスに関連する症状・不調の確認を行った医師又は保健師）は，個人情報の保護の観点から労働者のストレスに関連する症状・不調の状況及び面接指導の要否等について事業者には伝えないことになっていた。

　すなわち，平成24年改正法案66条の10第3項では，「事業者は，第1項の規定により行う検査を受けた労働者に対し，厚生労働省令で定めるところにより，当該検査を行った医師又は保健師から当該検査の結果が通知されるようにしなければならない。／この場合において，当該医師又は保健師は，あらかじめ当該検査を受けた労働者の同意を得ないで，当該労働者の検査の結果を事業者に提供してはならない。」と定めていた。

2　使用者の過重労働への面接指導へ向けての勧奨態勢とプライバシー

　平成24年改正法案66条の10第3項では，「あらかじめ当該検査を受けた労働者の同意」があれば事業者による検査情報の把握は可能となっており，この同意は，個別同意に限らず，労働契約法7条又は10条の合理性を有する就業規則の諸規定の整備により同意に代替できるものと解される。

　すなわち，諸規定の整備により，使用者は労働者に対して，過重労働がある場合や平成24年改正法案66条の10第3項により把握した検査結果を踏まえて，面接指導を勧奨し，さらには面接指導受容命令を発する態勢をとる

ことができ，逆に，労働者には，面接指導の受容義務を負担することがあると解される。また，労働者のストレスに関連する症状・不調が，面接指導の結果，職場での職務の変更や軽減等の措置や，注視が必要な状況に至れば，現行の健診後の措置におけるのと同様，その健康配慮義務履行の諸措置を円滑かつ実効性をもたせるための必要性を合理性の重要な要素として（労契法7条），その諸措置の目的遂行に必要な範囲での健康情報開示が，個人の同意，又は，これに代替する諸規定の整備により可能になると解される（岩出・講義(下)884頁以下参照）。

Ⅶ 健康配慮義務の履行としての業務の軽減としてなされる休業・休職と賃金請求権（民法536条2項の帰責事由），損害賠償請求

1 企業側に健康配慮義務違反がある場合

　企業の健康配慮義務違反があり，その結果，労働者に健康障害が発生し，休業や休職をすることとなった場合，通常は，後述第2部第2章Ⅰ，Ⅲの労災保険の適用で処理されるであろう。しかし，労災保険があっても，①被災労働者は，企業に対して損害賠償請求や，②民法536条2項に基づく全額の賃金請求を求めることができる場合がある。

　企業に，前述Ⅳの健康配慮義務違反がある場合，不法行為又は債務不履行責任が発生し，労災保険給付でカバーされない休業損害については，労働者側に過失相殺事由あればその軽重に応じて減額され得るものの，企業には民法上の損害賠償義務があり，被災労働者は企業に対して民法上の損害賠償請求ができる構造になっている。このため，企業としては，労災たる健康障害発生の場合，常に，この賠償請求を受けるリスクがある。

　ただし，労災認定されたことが当然に労災事故そのものの存在や使用者の賠償責任を肯定することに直結するものではない（例えば，〔ユニプラ事件〕東

Ⅶ 健康配慮義務の履行としての業務の軽減としてなされる休業・休職と賃金請求権（民法536条2項の帰責事由），損害賠償請求

京高判平成22・10・13労経速2087号28頁では，労基署事務官による調査結果は控訴人の申告に基づくものであり，控訴人の両膝痛の症状が工場での作業後に発生したことを裏づけるにとどまり，控訴人が労災認定を受けたことをもって本件事故が発生したとはいえないとした例で，労災認定がされながら労災事故そのものの証明はなしとされている）。

注目すべきは，最近，有力学説において，労災民事賠償事件の賃金全額の請求原因として，民法536条2項「債権者の責めに帰すべき事由によって債務を履行することができなくなったときは，債務者は，反対給付を受ける権利を失わない。」の帰責事由（債権者の責めに帰すべき事由）が，①の場合の過失・帰責事由と変わらないとして，同項に基づく請求を認める見解が示され（谷口知平＝五十嵐清編『新版注釈民法⑬〔補訂版〕』（有斐閣，平成18年）684頁〔甲斐道太郎〕，明確には土田・労契法217頁，同旨，荒木・労働法111頁。これに対して，従前の学説は，同項が適用されるのは，労働者が債務の本旨に従った通常の労務の提供の意思と能力の存在を前提としているとして，その適用は認めていなかった。例えば，菅野280頁，北岡大介「メンタルヘルス休職者に対する休職期間満了を理由とした解雇と労基法19条」労旬1705号（平成21年）45頁以下参照），これを認める高裁判例が現れたことである（〔東芝深谷工場事件〕東京高判平成23・2・23労判1022号5頁・判時2129号121頁・労経速2101号3頁，〔アイフル（旧ライフ）事件〕大阪高判平成24・12・13労判1072号55頁。地裁レベルでは，〔前記東芝事件〕（原審）東京地判平成20・4・22労判965号5頁，〔新聞輸送事件〕東京地判昭和57・12・24労民集33巻6号1160頁・労判403号68頁・判時1071号142頁。同項の適用を否定するのが〔アジア航測事件〕大阪地判平成13・11・9労判821号45頁，〔学校法人専修大学事件〕東京地判平成24・9・28労判1062号5頁），今後の推移が注目される。

なぜなら，これを認めた場合，過失相殺が労働基準法24条の関係で認められないばかりか労働基準法76条や労災保険法14条の適用の余地がなくなり（水町勇一郎「労使が読み解く労働判例⑷うつ病で休職している労働者の解雇と使用者の責任」季労229号（平成22年）129頁もこれを指摘する。この点で，労災保険制度の趣旨・沿革にも造詣の深い西村健一郎教授が同「判例評釈」平成21年度重判解〔ジュリ1398号〕261頁において民法536条2項の適用を無批判に支持するのには意外な感がある），労災補償制度を設けた趣旨や，使用者の保険利益を喪失させる解釈と

して重大な疑問があるからである。もし、かかる解釈が定着するような事態を迎えた場合には、労働基準法、労災保険法につき、賃金支払の場合の使用者の国に対する労災保険給付相当額の求償を認めるような調整につき、立法的対応が必要であろう（なぜなら、同様な問題といえる、企業が損害賠償義務を履行した場合に、将来給付分が控除されないとしたら、その将来給付分は、本来、企業が賠償しなければ国から被災者や遺族に対して支払われたはずのものであるとして、企業が、被災者側に支払った将来給付分の損害賠償金について、本来保険給付がなされるべきものを国に代わって立替払いしたとして代位請求した事案について、〔三共自動車事件〕最判平成元・4・27民集43巻4号278頁・労判542号6頁・判タ697号177頁は、労働者の業務上の災害に関して損害賠償債務を負担した使用者は、賠償された損害に対応する労災保険法に基づく保険金給付請求権を代位取得しないと判示している。そこで、立法的な解決が求められるのである）。

また、企業としても、民法536条2項の任意規定的性格も踏まえて、労災による不就労につき賃金を支払わない旨の給与規定を整備する必要があろう。

2 企業側に健康配慮義務違反がない場合

企業側に健康配慮義務違反がない場合、労働契約の債務の本旨に従った履行ができない程度の健康障害による休業は、いわゆる私傷病による休業とされる。この場合、原則として、労働者は企業に対する賃金請求権を有しない（例外は、〔片山組事件〕最判平成10・4・9労判736号15頁・判タ972号122頁・判時1639号130頁が問題とした不完全な履行への受領義務がある場合だが、この点は後述第2部第1章ⅧQ5参照）。ただし、遅刻・早退・欠勤等につき月例給与からの減額を行わないいわゆる完全月給制の場合は労働契約上の賃金請求権があることなる。しかし、その休業が長期に及ぶ場合は、多くの企業では、解雇猶予措置としての私傷病休職制度の適用を受けることになる（後述第2部第1章ⅧQ1, Q2参照）。

なお、私傷病欠勤につき、企業から賃金が支払われない場合、健康保険の傷病手当を請求することにより、最長で1年半の間支給されることになる。

Ⅷ メンタル不調者・精神疾患者への懲戒処分と解雇

　精神疾患に起因する無断欠勤の懲戒処分をめぐる従前の裁判例を概観すると（石井妙子「時言―精神疾患に起因する無断欠勤と懲戒処分」労経速2148号（平成24年）2頁，裁判例におけるメンタルヘルスと雇用保障・解雇に関する健康配慮義務の影響の動向全般については，岩出・講義(上)613頁以下参照），以下のとおりとなっている。

　処分無効例としては，まず，〔大分県警事件〕大分地判平成8・6・3（判タ911号96頁・判時1586号142頁）では，同僚宅でけん銃を発射したことを理由になされた警察官に対する懲戒免職処分について，心神喪失の状態にあり責任能力がなかったため懲戒処分を科すことができないとされた。

　〔国・気象庁気象衛星センター事件〕大阪地判平成21・5・25（労判991号101頁）でも，失踪による無断欠勤は統合失調症の罹患を契機とするものであり，管理職もその認識ないし認識の可能性があったこと，懲戒免職は不利益の程度が著しいこと等を踏まえると，懲戒免職処分は社会通念上著しく妥当を欠き，裁量権を逸脱し濫用したものであるとされた。

　裁判例の傾向としては，正当な理由のない欠勤，無断欠勤も，それが疾病に起因するということであれば，重い懲戒処分をする前に，まずは受診・治療の道を探るべきであるといえよう。

　この点につき，前掲〔日本ヒューレット・パッカード事件〕最判平成24・4・27は，精神的な不調のために欠勤を続けている労働者に対して，使用者としては，精神科医による健康診断を実施するなどしたうえで，その診断結果等に応じて，必要な場合は治療を勧めたうえで，休職等の処分を検討し，その後の経過を見るなどの対応を採るべきであり，このような対応を採ることなく，労働者の出勤しない理由が，存在しない事実に基づくものであることから直ちにその欠勤を正当な理由なく無断でなされたものとして，論

第1部 総　論

旨退職の懲戒処分の措置をとることは，適切な対応とはいいがたいとして論旨退職処分を無効としている。

　例外は，周囲に危害を加えるなどといったケースであり，責任能力がある限りは，直ちに懲戒解雇もあり得ると考えるが，少なくとも欠勤については使用者側の配慮を求めているものと解される。

　ただし，このような場合でも，裁判例は，懲戒解雇には慎重で，実務も，普通解雇を選択することで解雇を有効としている実態がある。最近の，〔X株式会社事件〕東京地判平成23・1・25（労経速2104号22頁）でも，奇矯かつ非常識な言動を繰り返す等を理由とする従業員の解雇が有効とされた例だが，原告の言動は，精神疾患（特に躁状態）の悪化の影響下にあるものと考えられ，いずれも社内のもので会社の対外的信用を害する結果を招いたわけではないことから，会社は一般的には相当程度慎重な対応をすべきであったとされたが，原告の言動は奇矯かつ非常識なものであり，これに直面した会社において，原告が会社の秩序を遵守し，協調性を維持することを期待することはもはや不可能であり，信頼関係を修復することも不可能であると考えたのもやむを得ず，原告が将来にわたりこのような言動を重ねるようでは対外的信用を害する結果を招くおそれがあることから，原告は本件解雇当時，従業員として勤務させることが不適格であったもの（就業規則62条9号）と認められるとされ，解雇は，客観的に合理的な理由を欠き，社会通念上相当であると認められない場合（労契法16条）には当たらず，権利濫用により無効とはされないとされた。

　もっとも，受診を促しても，本人がこれに応じないことがある。就業規則に根拠規定があれば，受診命令も可能であり（前掲〔帯広電報電話局事件〕最判昭和61・3・13），かかる規定がなくても，裁判例は，合理的な理由があれば法定外受診義務を認めている（〔京セラ事件〕東京高判昭和61・11・13労判487号66頁・判タ634号131頁・判時1216号137頁，〔空港グランドサービス日航事件〕東京地判平成3・3・22労判586号19頁・判タ760号173頁・判時1382号29頁）。前掲〔日本ヒューレット・パッカード事件〕最判平成24・4・27も，就業規則に「臨時に健康診断を行うことができる」旨の規定があるとして，これにより

Ⅷ　メンタル不調者・精神疾患患者への懲戒処分と解雇

精神科を受診させることを考えていたが，受診命令を出しても，本人が応じなければ，無理やりの受診はさせられないとしている。受診に応じない場合の対応については，次の裁判例が参考となる。実際，多くの企業では，このような慎重な対応をしている。

〔麻布税務署事件〕東京地判平成3・4・26（労判594号117頁）は，上司等の再三の出勤命令や健康診断受診命令等にまったく応じず，156日間に及ぶ欠勤を続けたことから，「適格性欠如」で分限免職（懲戒処分ではなく民間企業の普通解雇）をして認められている。

〔新城中学校事件〕青森地判平成4・12・15（労判625号26頁）は，欠勤を続ける教員に対し，面接を求めても出頭しないので，自宅を訪問し，いくら呼んでも応答しないので，このまま引き続き欠勤を続けた場合は懲戒処分又は分限処分になることもあり得る旨並びに，仮に，欠勤が健康上の理由による場合は専門医の診断を受けること，そして，心身に異常ありと診断された場合は，特別休暇を取得することや休職により治療に専念することができる旨を記載した文書を差し置いてくるという対応をしている。本人がそのまま欠勤を続けため，「勤務実績不良」で分限免職（普通解雇）をし，認められている。

また，〔日本ヒューレット・パッカード事件〕（第1審）東京地判平成24・7・18（労経速2154号3頁）では，パワハラによるうつ病の悪化を訴えていたにもかかわらず，原告のうつ症状について，被告に産業医の受診をすすめる等何らかの義務を負わせる程度に重かったということは困難として，原告の在職中の言動が独自の思い込みに基づき他者に攻撃的・非常識であったこと，会社の指導・指示及び調査などが合理的であったなどとして，解雇を有効としている。

第1部 総　論

IX 心の健康問題により休業した労働者の職場復帰支援の手引きとその意義

　メンタルヘルス不調により休職となった労働者の復職時の軽減業務による職場復帰援助措置義務の程度・内容につき，厚労省は，メンタルヘルスの復職に関しては，平成17年改正労働安全衛生法施行前から，法令の確たる根拠はなく，平成16年10月14日「心の健康問題により休業した労働者の職場復帰支援の手引き」(最終改正平成24年7月)(厚労省HP掲載)を公表し，これを遵守することを指導している。その内容は問題点をかなり網羅的に論じている。同手引きは，基本的には，健康配慮義務に関する従前の判例法理を踏まえており，単にメンタルヘルスのみならず，他の脳心・内臓疾患等の身体的症状がある休職者にとって私傷病での復職プログラムを作成するための手引きにもなるものと考えるが，いずれの場合も，かかる措置の義務の程度内容や処遇等をめぐり，未解明な問題も多い (当面，岩出・講義(下)1088頁以下参照。個々の問題については，**第2部**以下参照)。なお，同手引きには，法令や裁判例が求めているより高度の健康配慮を求めている事項も多く，この手引き違反が直ちに健康配慮義務違反とは解されないが，リスクマネジメント上は，リスク回避のため斟酌されるべきは当然である。

■岩　出　　誠■

職場復帰のための対策

1 はじめに

職場復帰のための対策については，厚労省より平成16年10月に「心の健康問題により休業した労働者の職場復帰支援の手引き」（以下，「手引き」という）が公表され，心の健康問題により休業した労働者の職場復帰支援のための事業場向けマニュアルとして活用されてきた。その後，随時改訂をし，平成24年7月に再度改訂がなされた。ここでは，この手引きに即しつつ，判例をまじえ，メンタルヘルスにおける職場復帰策を検討していく。

2 職場復帰支援の流れ

手引きによる職場復帰支援の流れは，病気休業開始から職場復帰後のフォローアップまでの次の5つのステップからなっている（■図　職場復帰支援の流れ参照）。事業者は手引きを参考にしながら，個々の事業場の実態に即した職場復帰支援プログラムを策定することが重要である。

■図　職場復帰支援の流れ

▲ 第1ステップ ▲

病気休業開始及び休業中のケア	☑
ア　病気休業開始時の労働者からの診断書（病気休業診断書）の提出	☐
イ　管理監督者によるケア及び事業場内産業保健スタッフ等によるケア	☐
ウ　病気休業期間中の労働者の安心感の醸成のための対応	☐
エ　その他	☐

↓

▲ 第2ステップ ▲

主治医による職場復帰可能の判断	☑

第1部 総　論

ア　労働者からの職場復帰の意思表示と職場復帰可能の判断が記された診断書の提出	☐
イ　産業医等による精査	☐
ウ　主治医への情報提供	☐

↓

◢ 第3ステップ ◣

職場復帰の可否の判断及び職場復帰支援プランの作成	☑
ア　情報の収集と評価	☐
(ｱ)　労働者の職場復帰に対する意思の確認	☐
(ｲ)　産業医等による主治医からの意見収集	☐
(ｳ)　労働者の状態等の評価	☐
(ｴ)　職場環境等の評価	☐
(ｵ)　その他	☐
イ　職場復帰の可否についての判断	☐
ウ　職場復帰支援プランの作成	☐
(ｱ)　職場復帰日	☐
(ｲ)　管理監督者による就業上の配慮	☐
(ｳ)　人事労務管理上の対応等	☐
(ｴ)　産業医等による医学的見地からみた意見	☐
(ｵ)　フォローアップ	☐
(ｶ)　その他	☐

↓

◢ 第4ステップ ◣

最終的な職場復帰の決定	☑
ア　労働者の状態の最終確認	☐
イ　就業上の配慮等に関する意見書の作成	☐
ウ　事業者による最終的な職場復帰の決定	☐
エ　その他	☐

↓

職場復帰

↓

第5ステップ

職場復帰後のフォローアップ	☑
ア 疾患の再燃・再発,新しい問題の発生等の有無の確認	☐
イ 勤務状況及び業務遂行能力の評価	☐
ウ 職場復帰支援プランの実施状況の確認	☐
エ 治療状況の確認	☐
オ 職場復帰支援プランの評価と見直し	☐
カ 職場環境等の改善等	☐
キ 管理監督者,同僚等への配慮等	☐

(参照) 厚労省「心の健康問題により休業した労働者の職場復帰の手引き」の周知における留意事項について（基労発0760号第1号）。

3 職場復帰支援の各ステップ

(1) 病気休業開始及び休業中のケア 第1ステップ

(a) **病気休業開始時の労働者からの診断書（病気休業診断書）の提出**

病気休業の開始においては，主治医によって作成された診断書を労働者より管理監督者等に提出してもらう。診断書には病気休業を必要とする旨のほか，職場復帰の準備を計画的に行えるよう，必要な療養期間の見込みについて明記してもらうことが望ましい。

(b) **管理監督者によるケア及び事業場内産業保健スタッフ等によるケア**

管理監督者等は，病気休業診断書が提出されたことを，人事労務管理スタッフ及び事業場内産業保健スタッフに連絡する。休業を開始する労働者に対しては，療養に専念できるよう安心させると同時に，休業中の事務手続や職場復帰支援の手順についての説明を行う。

管理監督者及び事業場内産業保健スタッフ等は，必要な連絡事項及び職場復帰支援のためにあらかじめ検討が必要な事項について労働者に連絡を取る。場合によっては労働者の同意を得たうえで主治医と連絡を取ることも必要となる。

(c) **病気休業期間中の労働者の安心感の醸成のための対応**

病気休業期間中においても，本人が安心して療養できるようにするために

は，休業中の経済的・将来的な不安を軽減するための配慮を行うことが重要である。

(d) その他

以下の場合については，労働基準法や労働契約法等の関係法令上の制約に留意のうえ，労使の十分な協議によって決定するとともに，あらかじめ就業規則等に定め周知しておくことが望ましい。

① 私傷病による休業の最長（保障）期間，クーリング期間（休業の最長（保障）期間を定めている場合で，いったん職場復帰してから再び同一理由で休業するときに，休業期間に前回の休業期間を算入しないために必要な，職場復帰から新たな休業までの期間）等を定める場合

② 休業期間の最長（保障）期間満了後に雇用契約の解除を行う場合

(2) 主治医による職場復帰可能の判断 ◢ 第2ステップ ◢

(a) 概要

休業中の労働者から職場復帰の意思が伝えられると，事業者は労働者に対して主治医による職場復帰可能の判断が記された診断書（復職診断書）を提出するよう伝える。診断書には就業上の配慮に関する主治医の具体的な意見を含めてもらうことが望ましい。

ただし現状では，主治医による診断書の内容は，病状の回復程度によって職場復帰の可能性を判断していることが多く，それはただちにその職場で求められる業務遂行能力まで回復しているか否かの判断とは限らないことにも留意すべきである。また，労働者や家族の希望が含まれている場合もある。そのため，主治医の判断と職場で必要とされる業務遂行能力の内容等について，産業医等が精査したうえで採るべき対応について判断し，意見を述べることが重要となる。

(b) 関連判例

(ｱ) 主治医と産業医との判断が分かれた場合，どちらを優先するか

（〔カントラ事件〕大阪高判平成14・6・19労判839号47頁）

労働者が主治医の「疲労の残らない仕事から開始」すれば復帰できるとし

た診断をもとに復職を求めたが，会社は，産業医が「就業不可」と診断したため，復職を拒否した事案である。判旨では，主治医と産業医の判断が異なる場合，産業医の診断を重視して復職を認めなかったことは不当ではないと判断した。

　(イ)　主治医とは別に，会社の指定医を受診するよう指示したが拒否された（〔京セラ事件〕東京高判昭和 61・11・13 労判 487 号 66 頁）

　会社が労働者の提出した主治医の診断書とは別に，会社の指定する医師の診断を受けるように指示したが，労働者はこれに応じなかったために，復職を拒否した事案である。判旨では，就業規則等に指定医受診に関する規定はないが，業務起因性の判断に当たって新たに専門医の診断を求めることは合理的であるとして，会社の受診指示，労働者の受診義務を認め，受診しなかった労働者の復職を認めなかったことは不当ではないと判断した。

　(ウ)　期間満了時における診断書の未提出（〔日本瓦斯（日本瓦斯運輸整備）事件〕東京地判平成 19・3・30 労判 942 号 52 頁）

　3 度休職の更新をし，9 か月休職した従業員が，4 回目の休職の期間満了時に，診断書を提出しなかったため，期間満了をもって退職扱いした事案である。判旨は，求められた診断書を提出せず，体調も依然と変化がないと回答したのであるから，休職期間を延長しなかったことは不当ではなく，退職を有効と判断した。

(3)　職場復帰の可否の判断及び職場復帰支援プランの作成

≫ 第 3 ステップ ≪

　安全でスムーズな職場復帰を支援するためには，最終的な職場復帰決定の手続の前に，必要な情報の収集と評価を行ったうえで職場復帰の可否を適切に判断し，さらに職場復帰支援プランを準備しておくことが必要である。このプロセスは，手引きで示す職場復帰支援の手続において中心的な役割を果たすものであり，事業場内産業保健スタッフ等を中心に，管理監督者，当該労働者の間で十分に話し合い，よく連携しながら進めていく必要がある。

第1部　総　　論

(a)　情報の収集と評価

職場復帰の可否については，労働者及び関係者から必要な情報を適切に収集し，様々な視点から評価を行いながら総合的に判断することが大切である。家族を含めた第三者からの個人情報の収集については，労働者のプライバシーに十分配慮することが重要なポイントとなる。

(b)　職場復帰の可否についての判断

(a)の「情報の収集と評価」の結果をもとに，復帰後に求められる業務が可能かどうかについて，主治医の判断やこれに対する産業医等の医学的な考え方も考慮して判断を行う。この判断は，事業場内産業保健スタッフ等を中心に行われるが，職場環境等に関する事項については，管理監督者等の意見を十分に考慮しながら総合的に行われなければならない。

(c)　職場復帰支援プランの作成

職場復帰が可能と判断された場合には，職場復帰支援プランを作成する。通常，元の就業状態に戻すまでにはいくつかの段階を設定しながら経過をみる。職場復帰支援プランの作成にあたってはそれぞれの段階に応じた内容及び期間の設定を行う必要がある。また，各段階ごとに求められる水準（例えば，定時勤務が可能，職場内での仕事に関する意思疎通が可能，顧客との折衝が可能など）も明記する。

労働者には，きちんとした計画に基づき着実に職場復帰を進めることが，職場復帰後に長期に安定して働けるようになることにつながることの十分な理解を促す。また，本人の希望のみによって職場復帰支援プランを決定することが円滑な職場復帰につながるとは限らないことに留意し，主治医の判断等に対する産業医等の医学的な意見を踏まえたうえで，総合的に判断して決定するよう気をつける必要がある。

(4)　最終的な職場復帰の決定　第4ステップ

職場復帰の可否についての判断及び職場復帰支援プランの作成を経て，事業者としての最終的な職場復帰の決定を行う。また，職場復帰の可否の決定に当たっては，労働者にとってもきわめて重要なものであり，また，私法

(契約法)上の制約を受けることにも留意のうえ，社内手続に従い，適正に行われるべきである。

この際，産業医等が選任されている事業場においては，産業医等が職場復帰に関する意見及び就業上の配慮等についてとりまとめた「職場復帰に関する意見書」等をもとに関係者間で内容を確認しながら手続を進めていくことが望ましい。

(a) 労働者の状態の最終確認

疾患の再燃・再発の有無，回復過程における症状の動揺の様子等について最終的な確認を行う。

(b) 就業上の配慮等に関する意見書の作成

産業医等は，就業に関する最終的な措置等をとりまとめて，「職場復帰に関する意見書」等を作成する。

(c) 事業者による最終的な職場復帰の決定

上記(c)の「職場復帰に関する意見書」等で示された内容について管理監督者，人事労務管理スタッフの確認を経たうえで，事業者による最終的な職場復帰の決定を行い，労働者に対して通知するとともに，就業上の配慮の内容についても併せて通知する。管理監督者，事業場内産業保健スタッフ等は，「職場復帰に関する意見書」等の写しを保管し，その内容を確認しながら，それぞれの実施事項を，責任をもって遂行するようにする。なお，職場復帰支援として実施する就業上の配慮は，当該労働者の健康を保持し，円滑な職場復帰を目的とするものであるので，この目的に必要な内容を超えた措置を講ずるべきではない。

(5) 職場復帰後のフォローアップ 第5ステップ

(a) 概　　要

心の健康問題には様々な要因が複雑に重なり合っていることが多いため，職場復帰の可否の判断や職場復帰支援プランの作成には多くの不確定要素が含まれることが少なくない。また，たとえ周到に職場復帰の準備を行ったとしても，実際には様々な事情から当初の計画どおりに職場復帰が進まないこ

ともある。そのため職場復帰支援においては，職場復帰後の経過観察とプランの見直しも重要となってくる。

職場復帰後は，管理監督者による観察と支援のほか，事業場内産業保健スタッフ等による定期的又は就業上の配慮の更新時期等に合わせたフォローアップを実施する必要がある。フォローアップのための面談においては，下記の(ア)から(キ)までに示す事項を中心に労働者及び職場の状況につき労働者本人及び管理監督者から話を聞き，適宜職場復帰支援プランの評価や見直しを行っていく。

さらに，本人の就労意識の確保のためにも，あらかじめ，フォローアップには期間の目安を定め，その期間内に通常のペースに戻すように目標を立てること，また，その期間は，主治医と連携を図ることにより，病態や病状に応じて，柔軟に定めることが望ましい。なお，心の健康問題は再燃・再発することも少なくないため，フォローアップ期間を終えた後も，再発の予防のため，就業上の配慮についての慎重な対応（職場や仕事の変更等）や，メンタルヘルス対策の重要性が高いことに留意すべきである。

　(ア) 疾患の再燃・再発，新しい問題の発生等の有無の確認

フォローアップにおいては，疾患の再燃・再発についての早期の気づきと迅速な対応が不可欠である。事業場内産業保健スタッフ等と管理監督者は，労働者の状態の変化について適切なタイミングで対応できるよう日頃から連携を図っておく必要がある。

　(イ) 勤務状況及び業務遂行能力の評価

職場復帰の様子を評価するのに重要な視点であり，労働者の意見だけでなく管理監督者からの意見も合わせて客観的な評価を行う必要がある。

　(ウ) 職場復帰支援プランの実施状況の確認

職場復帰支援プランが計画どおりに実施されているかについての確認を行う。予定どおり実施されていない場合には，関係者間で再調整を図る必要がある。

　(エ) 治療状況の確認

通院状況や，治療の自己中断等をしていないか，また現在の病状や，今後

の見通しについての主治医の意見を労働者から聞き，必要に応じて労働者の同意を得たうえで主治医との情報交換を行う。

　その場合には，主治医から就業上の配慮についての見直しのための意見を，治癒又は就業上の配慮が解除されるまで，提出してもらうことが望ましい。

　(オ) 職場復帰支援プランの評価と見直し

　様々な視点から現行の職場復帰支援プランについての評価を行う。何らかの問題が生じた場合には，関係者間で連携しながら職場復帰支援プランの変更を行う必要がある。

　(カ) 職場環境等の改善等

　職場復帰する労働者が，よりストレスを感じることの少ない職場づくりを目指して作業環境，作業方法などの物理的な環境のみならず，労働時間管理（長時間労働や突発的な時間外労働の発生等），人事労務管理（人材の能力・適性・人間関係等を考えた人材配置等），仕事の方法（サポート体制・裁量権の程度等）等，労働者のメンタルヘルスに影響を与え得る職場環境等の評価と改善を検討することも望まれる。また，これら職場環境等の評価と改善は，管理監督者や同僚等の心の健康の保持増進にとっても重要である。

　(キ) 管理監督者，同僚等への配慮等

　職場復帰する労働者への配慮や支援を行う管理監督者や同僚等に，過度の負担がかかることがないように配慮することが望ましい。

(b) 関連判例

　(ア) 復帰後に疾患が再発し，再度欠勤した場合（〔K社事件〕東京地判平成17・2・18労判892号80頁）

　躁うつ病で約7か月休職後に復職した社員が，復職後再び躁状態とみられる症状が再発し，社外にも影響が及ぶようになったため，当該社員を解雇した事案である。判旨は，①会社の就業規則には同一理由の再度の休職が予定されていること，②休職期間が最大2年であるところ，前回の休職期間が約7か月にすぎないことからすると，治療の効果が期待できるのであれば，会社において再度の休職を検討する必要があるとして，解雇を無効とした。

(イ) 職務軽減措置のための配転の効力（〔鳥取県・米子市（中学校教諭）事件〕鳥取地判平成16・3・30労判877号74頁）

　うつ状態による病気休暇・休職後に復職した教員を，職務軽減のため中学校本校から分教室に配転したところ病気が悪化したという事案である。判旨は，配転は医師の見解を聞く等をしないまま命じられたものであり，病状に十分に配慮したものとはいえないとして配転を命じた校長に不法行為責任を認めた。

4　プライバシーの保護

　職場復帰支援において扱われる労働者の健康情報等のほとんどが，労働者のプライバシーに関わるものである。労働者の健康情報等は個人情報の中でも特に機微な情報であり，厳格に保護されるべきものである。とりわけメンタルヘルスに関する健康情報等は慎重な取扱いが必要である。また，周囲の「気づき情報」は，当該提供者にとっても個人情報であり慎重な取扱いが必要となる。事業者は労働者の健康情報等を適正に取り扱い，労働者のプライバシーの保護を図らなければならない。

(1)　情報の収集と労働者の同意等

　職場復帰支援において取り扱う労働者の健康情報等の内容は必要最小限とし，職場復帰支援と事業者の安全配慮義務の履行を目的とした内容に限定すべきである。労働者の健康情報等を主治医や家族から収集するに際しては，あらかじめ，利用目的とその必要性を明らかにして本人の承諾を得るとともに，これらの情報は労働者本人から提出を受けることが望ましい。

(2)　情報の集約・整理

　労働者の健康情報等についてはそれを取り扱う者とその権限を明確にし，職場復帰支援に関わる者がそれぞれの責務を遂行するうえで必要な範囲の情報に限定して取り扱うことを原則とすべきである。

(3) 情報の漏洩等の防止

健康情報等については，労働者等の安全や健康への配慮等，相当な目的がある場合に活用されるべきである。この点については，個々のケースに照らし，その利用の必要性と情報漏洩等の防止の要請を比較して，適切な判断がなされる必要がある。特に産業医に対して，非専属である場合を含め，情報提供が行われないために，必要な職務が行われなくなるようなことがないよう留意する必要がある。

(4) 情報の取扱いルールの策定

事業者は，職場復帰支援プログラムに関する規程及び体制の整備を図るにあたって，健康情報等の取扱いに関して，衛生委員会等の審議を踏まえて一定のルールを策定するとともに，関連する文書の書式，取扱い，保管方法等について定めるとともに関係者に周知しておく必要がある。

(5) 個人情報の保護に関する法令・指針等の遵守

個人情報の保護，個人情報の適正な取扱い，健康情報を取り扱うにあたっての留意事項等に関しては，個人情報の保護に関する法律や，「雇用管理に関する個人情報の適正な取扱いを確保するために事業者が講ずべき措置に関する指針」など同法に基づく告示等が制定されている。また，労働者の健康情報の保護に関して，「雇用管理に関する個人情報のうち健康情報を取り扱うに当たっての留意事項について」などが示されている。事業者はこれらの趣旨及び内容を十分に理解し，これらを遵守し，労働者の健康情報の適正な取扱いを図らなければならない。

5 その他職場復帰支援に関して検討・留意すべき事項

(1) 職場復帰可否の判断基準

(a) 概　要

職場復帰可否について定型的な判断基準を示すことは困難であり，個々のケースに応じて総合的な判断を行わなければならない。労働者の業務遂行能

第 1 部　総　　論

力が職場復帰時には未だ病前のレベルまでは完全に改善していないことも考慮したうえで，職場の受け入れ制度や態勢と組み合わせながら判断する。

　職場復帰判断基準の例として，労働者が職場復帰に対して十分な意欲を示し，通勤時間帯に一人で安全に通勤ができること，会社が設定している勤務日に勤務時間の就労が継続して可能であること，業務に必要な作業（読書，コンピュータ作業，軽度の運動等）をこなすことができること，作業等による疲労が翌日までに十分回復していること等のほか，適切な睡眠覚醒リズムが整っていること，昼間の眠気がないこと，業務遂行に必要な注意力・集中力が回復していること等があげられよう。

　次項に掲げる試し出勤制度等が整備されている場合や，事業場外の職場復帰支援サービス等が利用可能な場合には，これらを利用することにより，より実際的な判断が可能となることが多い。

　ただし，疾病のり患を理由に休職した労働者の職場復帰の可否に関しては，様々な判例が出されている。このため，トラブルを防止するためにも，法律の専門家等と相談し，適切な対応を図ることが求められる。なお，これらの判例の中には，労働者と職種を限定した雇用契約を結んでいる場合と，職種を限定しない契約を結んでいる場合とで，異なった判断をしているものがある。

　その中でも，〔片山組事件〕（最判平成 10・4・9 労判 736 号 15 頁。以下，「〔片山組事件〕最高裁判決」ともいう）の影響は絶大で，少なくとも，職種の限定なく採用し，配転可能な部署をもつ一定以上の規模をもつ企業においては，本人が軽減業務での復職を求める以上，以上の基準に従った復職の可否が判断されることになり，私傷病休職後の復職の可能性は極めて高くなった（岩出・講義(上) 605 頁以下参照）。逆に，職種の限定ある場合には，当該職種への復職が可能となるまでは休職を継続させることができる。このため，復職をめぐるトラブルが，多発化している。

　しかし，〔片山組事件〕最高裁判決の過剰な労働者保護については，復職の可否を厳格に解する裁判例が現れた。〔独立法人 N 事件〕（東京地判平成 16・3・26 労判 876 号 56 頁）は，私傷病からの復職が認められるためには，休

職の原因となった私傷病の治癒が必要であり，治癒とは，原則として従前の職務を通常の程度に行える健康状態に回復したことをいうところ，復職にあたって検討すべき従前の職務とは，原告が休職前に担当していた職務を基準とするのではなく，被告の当該職員が本来通常行うべき職務を基準とすべきであるとしたうえで，医師の診断書では，「通常業務は可能である」とされていても，その実態は，休職前の軽減措置中の業務を基準としており，当面6か月は折衝，判断といった要素がない単純作業をさしており，これでは既に2年6月に及ぶ実質的な休職期間の延長であるうえ，6か月後に十分に職務に耐えられる保障もないとされ解雇有効とした（〔西濃シェンカー事件〕東京地判平成22・3・18労判1011号73頁も同旨）。

(b) **関連判例——復職の際の配置換えの検討**

(ア) 職種無限定型

① 〔東海旅客鉄道事件〕大阪地判平成11・10・4（労判771号25頁）

脳内出血で倒れ病気休職中であった従業員が，復職の意思表示をしていが，3年の休職期間満了により退職となった事案である。判旨は，復職可否の判断においては，職種・業務内容に限定がない雇用契約の場合は，休職前の業務について労務の提供が十全にはできないとしても，諸事情を考慮して，配置替え等により現実に配置可能な業務があればその業務を指示すべきとして，当該従業員の配置換えは可能であったと判断し，退職は無効とした。

② 〔全日空事件〕大阪高判平成13・3・14（労判809号61頁）

3か月以上の有給の復帰訓練の末の解雇の事案である。判旨は，休業又は休職からの復職後，直ちに従前の業務に復帰できない場合でも，比較的短期間で復帰可能な場合には，短期間の復帰準備時間の提供などが信義則上求められ，このような信義則上の手続をとらずに解雇することはできないとした。

③ 〔キヤノンソフト情報システム事件〕大阪地判平成20・1・25（労判960号49頁）

〔片山組事件〕最高裁判決と同旨を論じ，自律神経失調症等を理由に休職

第1部　総　論

した労働者に対する休職期間満了による解雇を無効とした。

　(イ)　職種限定型

①〔神奈川都市交通事件〕最判平成20・1・24（労判953号5頁）

　Xが就業規則の定めに従い平成12年3月28日にY社指定医による治癒の診断を受けて試乗勤務を経た後の同年4月15日まで，Y社がXのタクシー乗務への復職を認めなかったことには正当な理由があり，この間，Y社が，職種をタクシー乗務員として採用されたXからの事務職としての就労申入れを受け入れるべき義務があったとはいえないから，Xの休業は，使用者の責めに帰すべき事由によるものではないことが明らかとされた。

②〔伊藤忠商事事件〕東京地判平成25・1・31（労経速2185号3頁）

　躁うつ病（双極性障害）に罹患し休職した従業員が，復職希望を認められず，休職期間満了により退職となった事案である。判旨は，従業員の「総合職」として債務の本旨に従って労務提供できる程度に回復してはいないとして，退職を有効と認めた。

(2)　試し出勤制度等（リハビリ勤務制度）

　(a)　概　要

　社内制度として，正式な職場復帰の決定の前に，以下の①から③までの例に示すような試し出勤制度等を設けている場合，より早い段階で職場復帰の試みを開始することができ，早期の復帰に結びつけることが期待できる。また，長期に休業している労働者にとっては，就業に関する不安の緩和に寄与するとともに，労働者自身が実際の職場において自分自身及び職場の状況を確認しながら復帰の準備を行うことができるため，より高い職場復帰率をもたらすことが期待される。

　①　模擬出勤：職場復帰前に，通常の勤務時間と同様な時間帯において，短時間又は通常の勤務時間で，デイケア等で模擬的な軽作業やグループミーティング等を行ったり，図書館などで時間を過ごす。

　②　通勤訓練：職場復帰前に，労働者の自宅から職場の近くまで通常の出勤経路で移動を行い，そのまま又は職場付近で一定時間を過ごした後に

帰宅する。
③　試し出勤：職場復帰前に，職場復帰の判断等を目的として，本来の職場などに試験的に一定期間継続して出勤する。

ただし，この制度の導入にあたっては，この間の処遇や災害が発生した場合の対応，人事労務管理上の位置づけ等について，あらかじめ労使間で十分に検討しておくとともに，一定のルールを定めておく必要がある。なお，作業について使用者が指示を与えたり，作業内容が業務（職務）にあたる場合などには，労働基準法等が適用される場合がある（災害が発生した場合は労災保険給付が支給される場合がある）ことや賃金等について合理的な処遇を行うべきことに留意する必要がある。

(b)　**関連判例**

　㋐　リハビリ勤務措置を講ずる義務の有無

①〔光洋運輸事件〕名古屋地判平成元・7・28（労判567号64頁）

業務上の負傷による疾病等のためトラック運転業務に従事し得ない状態にあった従業員を即時解雇した事案である。判旨は，解雇を有効としたうえで，傍論だが，リハビリ勤務等の措置を行うことは望ましいが，あくまで行政指導等の施策を定めたものであって，使用者と労働者の関係を直接的に拘束する性質のものではなく，個別的状況に応じて行われるべきものであるとして，措置の義務を否定した。

②〔学校法人専修大学事件〕東京地判平成24・9・28（労判1062号5頁）

業務上災害により療養中の職員を，大学が打切補償を支払って解雇した事案である。判旨は，解雇を無効としたうえで，職員が求めたリハビリ就労につき，労働者による労務提供それ自体を直接目的とする行為であるか大いに疑問であるうえ，復職可能とする客観的な資料も提出されていなかったから，労働者の要求に応じるべき法的義務を負っていたものとは解されないとした。

　㋑　リハビリ勤務従事者の休職期間満了

①〔西濃シェンカー事件〕東京地判平成22・3・18（労判1011号73頁）

休職期間延長中のリハビリ勤務後，延長期間満了により退職となった事案

である。判旨は，退職取扱いの時点において，従前の通常業務を遂行できる程度に回復していないことは明らかであるとして，退職が無効であるとはいえないとした。

(3) 職場復帰後における就業上の配慮等
 (a) 「まずは元の職場への復帰」の原則
  職場復帰に関しては「まずは元の職場への復帰」を原則とし，今後配置転換や異動が必要と思われる事例においても，まずは元の慣れた職場で，ある程度のペースがつかめるまで業務負担を軽減しながら経過を観察し，そのうえで配置転換や異動を考慮した方がよい場合が多いと考えられる。
  ただし，これはあくまでも原則であり，異動等を誘因として発症したケースにおいては，現在の新しい職場にうまく適応できなかった結果である可能性が高いため，適応できていた以前の職場に戻すか，又は他の適応可能と思われる職場への異動を積極的に考慮した方がよい場合がある。
 (b) **職場復帰後における就業上の配慮**
  数か月にわたって休業していた労働者に，いきなり発病前と同じ質，量の仕事を期待することには無理がある。また，うつ病などでは，回復過程においても状態に波があることも事実である。
  このため，職場復帰後は就業時間を短縮したり，労働負荷を軽減したりするなどして，段階的に元へ戻す等の配慮は重要な対策となる。

(4) 職場復帰に関する判定委員会（いわゆる復職判定委員会等）の設置
  職場復帰に関する判定委員会（いわゆる復職判定委員会等）が設置されている場合，職場復帰支援の手続を組織的に行える等の利点がある。ただし，委員会決議についての責任の所在の明確化，迅速な委員会開催のための工夫，身体疾患における判定手続と異なることについての問題点等について十分に検討しておく必要がある。

(5) 事業場外資源の活用等

　職場復帰支援における専門的な助言や指導を必要とする場合には，それぞれの役割に応じた事業場外資源を活用することが望ましい。専門的な人材の確保が困難な場合等には，地域産業保健センター，都道府県産業保健推進センター，中央労働災害防止協会，労災病院勤労者メンタルヘルスセンター，精神保健福祉センター，保健所等の事業場外資源の支援を受ける等，その活用を図ることが有効である。

　また，公的な事業場外資源による職場復帰支援サービスの例として，地域障害者職業センターが行う「職場復帰支援（リワーク支援）事業」があり，職場復帰後の事業場等への公的な支援の例として，リワーク支援終了後のフォローアップや「職場適応援助者（ジョブコーチ）による支援事業」（障害者が職場に適応できるよう，障害者職業カウンセラーが策定した支援計画に基づきジョブコーチが職場に出向いて直接支援を行う事業）などがある。

(6) その他

　第3ステップ以降は，心の健康問題による休業者で，医学的に業務に復帰するのに問題がない程度に回復した労働者を対象としたものである。この適用が困難な場合には，主治医との連携のうえで，地域障害者職業センター等の外部の専門機関が行う職業リハビリテーションサービス等の支援制度の活用について検討することが考えられる。

　なお，職業リハビリテーションや，地域保健における医療リハビリテーション（デイケアなど）を利用する場合には，それらが何を目的としているか見極めたうえで，それらが事業場の目的に適していることを確認することが重要である。

■岩　出　　亮■

第1部 総　論

メンタルヘルス対策チェックリスト

＊点検主体別

対　　策	具体策	☑
《セルフケア》		
労働者に対する定期的教育研修	労働者に対して、メンタルヘルスに関する研修会を行っているか	☐
ストレスチェックの実施	全従業員を対象にストレスチェックを実施しているか	☐
自発的な相談のすすめ	労働者が自発的に相談を受けられるような体制をとっているか	☐
《ラインによるケア》		
管理監督者に対する定期的教育研修	管理監督者に対して、メンタルヘルスに関する研修会を行っているか	☐
日常的な相談	管理監督者が、日常的に労働者からの自発的な相談に対応しているか	☐
職場環境に関するアンケートの実施	作業内容や労働時間、人間関係等の職場環境についてアンケートを実施しているか	☐
外部への相談・受診のすすめ	個別の配慮が必要であると感じた労働者に対し、事業場内産業保健スタッフや事業場外資源への相談や受診をすすめているか	☐
《事業場内産業保健スタッフによるケア》		
メンタルヘルス推進担当者の選任	事業場内メンタルヘルス対策を組織的に推進するための責任者として、メンタルヘルス推進担当者を選任しているか	☐
衛生委員会の設置	衛生に関することを調査審議し、事業者に意見を述べるため、衛生委員会を設置しているか	☐

メンタルヘルス対策チェックリスト

「心の健康づくり計画」の策定	衛生委員会において「心の健康づくり計画」を策定しているか	☐
メンタルヘルス対策の周知	衛生委員会において調査審議された事業場におけるメンタルヘルス対策について労働者へ周知がなされているか	☐
事業場内のメンタルヘルス相談窓口の設置	事業場内にメンタルヘルス不調者の相談窓口を設けているか	☐
産業医等の導入	産業医等を選任し，事業場における労働者の健康管理等を行っているか	☐
長時間労働者に対する面接指導	長時間労働者に対して，法律で義務づけられているものだけでなく，医師による面接指導を実施しているか	☐
《事業場外資源によるケア》		
事業場外のメンタルヘルス相談体制の整備	メンタルヘルス不調者に対し，事業場外の医療機関やカウンセラー等に直接電話・メール・面談等で相談できる体制を整備しているか	☐
事業場外資源の活用	事業場外のメンタルヘルスに関し専門的知識を有する機関を活用できる体制になっているか	☐
《その他のケア》		
事業場における現状の把握	事業場におけるメンタルヘルス不調による休業者の有無，人数や休業日数等の現状を把握しているか	☐
職場復帰支援プログラムの作成	メンタルヘルス不調で休職後，復職するための支援プログラムを作成しているか	☐
労働時間の適正化	時間外労働時間が長時間にならないように，残業時間の目標数値化や裁量労働制適用労働者や管理監督者も含めた労働者の過重労働に配慮しているか	☐
個人情報保護に対する配慮	個人の病気に関する情報を扱っており，その機密管理に十分に配慮しているか	☐

第1部 総　論

勤務形態の柔軟化	ワーク・ライフ・バランスに配慮し，短時間制社員制度や在宅勤務制度を導入しているか	□
セクハラ・パワハラ規程の整備	メンタルヘルスの原因の一つであるハラスメント問題に対応する防止・事後対応を含めた規程・体制が整備されているか	□
年次有給休暇の取得促進	年次有給休暇を取得しやすい職場環境をつくっているか，また計画的付与により年次有給休暇の取得促進を図っているか	□
リフレッシュ休暇の導入	所定の年次有給休暇とは別に，入社後一定程度経過した従業員にまとまった長期の連続休暇を与える制度を導入しているか	□
イントラ・冊子による情報提供	社内イントラネットや冊子等を活用して，メンタルヘルスに関する情報を従業員に提供しているか	□
従業員の家族への情報提供	従業員への家族に対し，メンタルヘルスの情報提供をし，従業員がメンタルヘルス不調になった場合のサポートをできる体制を整えているか	□

（参考資料）　下光輝一ほか「職場環境等の改善等によるメンタルヘルス対策に関する研究」（厚生労働省科学研究費補助金労働安全衛生総合研究事業）（2005）の研究の一環として開発された，アクションチェックリスト作成ワーキンググループ「職場環境等改善のためのヒント集（メンタルヘルスアクションチェックリスト）」を参考に作成した。

■岩　出　　亮■

第2部

各 論

第1章

労働関係の展開段階ごとのメンタルヘルスQ&A

Ⅰ 募集・採用段階におけるメンタルにおける法律問題と実務的対応策　**Q1**

Ⅰ 募集・採用段階におけるメンタルにおける法律問題と実務的対応策

1 採用前のメンタル項目を含む健康診断を義務づけることの可否，採用決定における採用前健康診断を利用することの可否

Q 採用前に応募者を会社の指定する医師に受診させて，メンタル項目を含む，健康診断を実施することを検討しているのですが，問題がありますか。また，採用前に行った健康診断の結果を考慮して，採否を決定することには問題がありますか。

A 合理的・客観的に必要性が認められない採用前の健康診断を実施することは，就職差別に繋がるおそれがある。その結果を採否に際して考慮することは，業務との合理的関連性がある場合に限られると考えるべきであろう。特にメンタル項目を含む健康診断は，センシティブな情報を事前に開示することに繋がるので，避けた方が適切である。

〔 解　説 〕

1　基本的な考え方

本設問は業務上の必要性・合理性と健康情報に関するプライバシーの保護との調整の問題であると考えることができる。

第 2 部 各　論
第 1 章　労働関係の展開段階ごとのメンタルヘルス Q & A

(1) 企業の採用の自由

　現在の判例によれば，労働者の採用にあたり，使用者は，①雇入れ人数決定の自由（採用人数を何人にするかの自由），②募集方法の自由（採用方法を縁故によるか公募とするかなどの自由），③選択の自由（採否の基準を学歴，経験，身体的能力等のどこにおくかの自由），④契約締結の自由（適当な人物がいても最終的に採否を決定する自由）を内容とする採用の自由があるとされている。そして，このことから，採用候補者の身元等の調査についても自由であると考えられている（〔三菱樹脂事件〕最大判昭和 48・12・12 民集 27 巻 11 号 1536 頁・判タ 302 号 112 頁・判時 724 号 18 頁）。

(2) 採用の自由の限界

　判例も，まったくの無制限の採用の自由を企業に与えてはおらず，「採用の自由」といえども，「法律その他による特別の制限」に服するもので一定の限界がある（前掲〔三菱樹脂事件〕最大判昭和 48・12・12）。具体的には，現在では，採用の自由に対する法令の明文上明らかな規制としては，雇用機会均等法による男女差別の禁止（均等法 5 条）がある。その他，争いがあるが，労働組合員であることを理由とする採用拒否も不当労働行為（差別的取扱い及び支配介入）として違法とされる（〔中労委（青山会）事件〕東京地判平成 13・4・12 労判 805 号 51 頁・判時 1754 号 160 頁，**Q7** 参照）。

　また，職業安定法は採用時の候補者の情報収集について，事業主は「それぞれ，その業務に関し，求職者，募集に応じて労働者になろうとする者又は供給される労働者の個人情報（以下この条において「求職者等の個人情報」という。）を収集し，保管し，又は使用するに当っては，その業務の目的の達成に必要な範囲内で求職者等の個人情報を収集し，並びに当該収集の目的の範囲内でこれを保管し，及び使用しなければならない。ただし，本人の同意がある場合その他正当な事由がある場合は，この限りでない。」（職安法 5 条の 4 第 1 項）と定めている。

　職業安定法 5 条の 4 の文理解釈からすれば，まず，「本人の同意がある場合」があれば，センシティブ情報（例えば，病歴や出身地）も含めて取得可能

Ⅰ　募集・採用段階におけるメンタルにおける法律問題と実務的対応策　**Q1**

となる。ただし，その同意は真に任意な同意かが問われる。まずは，拒否の自由を明記した同意書の下で情報を求めるなどの整備が必要であるが，それですべてが解決するわけではない。

次の「正当な事由がある場合」も同様である。その正当な事由としては，例えば公共交通機関の運転手等の精神障害などが想定されている。

この中で，健康に関連する情報については，厚労省の「職場におけるエイズ問題に関するガイドラインについて」（平成7・2・20基発75号。以下，「エイズ指針」という）では，「事業者は，労働者の採用選考を行うに当たって，HIV検査を行わない」としてHIV感染の検査もその感染を理由とする採用拒否もしてはならないとしている。

前述したように採用の自由には，その当否はともあれ，思想・信条による採用差別まで最高裁が認め，当然に，採用基準としての健康・体力を認めているものとされていたことからは疑問は残るが（岩出誠『社内トラブル「もしものとき」の救急事典』（明日香出版社，平成5年）192頁参照），エイズ指針によれば，企業はHIV感染者の採用を拒否できないことになる。

その他，厚労省が公表している「公正な採用基準について」，「公正な採用基準チェックポイント」によれば，合理的・客観的に必要性が認められない採用時の健康診断の実施は就職差別に繋がるおそれがあるとして採用選考時には配慮するように求めている。

(3)　考　え　方

以上をまとめると，企業には採用の自由がある一方，メンタルを含む健康状態に関する情報がプライバシーの領域に含まれることから，採用選考時に候補者の健康状態に関する情報をどの程度収集することができるかについては，HIVのように特別に禁止がなされている場合は例外として，一般的には，業務上の必要性・合理性と健康情報に関するプライバシーの保護との調整の問題と考えることができる。

2　具体的な対応

(1) 面接の段階で（精神面も含めた）健康状態をどこまで質問してよいか

　業務上の適性や職務遂行能力を判断するために必要な範囲であれば，面接時に尋ねることも可能であると考えられる。ただし，厚労省の採用のためのチェックポイント等に照らすと一律に診断書（例えば，うつ病でないことの診断書）の提出までも求めることは回避した方が無難であると考える。

　具体的に，どのような質問であれば許容範囲内であるかは，職業上の必要性など業種により異なり，一概に線引きすることは困難である。

(2) 選考の過程で，本人に病歴を提出させてもよいか，よい場合はどの程度まで許されるか

　業務上の適性や職務遂行能力を判断するために必要な範囲で，既往症や病歴の申告を求めること自体は問題ないと考えられる。

　ただし，前述のとおり，一律に診断書の提出を求めることは回避することが無難であろう。

(3) うつ病までいかず，うつ状態というような場合でも，それを理由に不合格にしてよいか

　採用の自由の範囲内なので，企業の判断で不合格にすること自体は可能であろうが，「うつ状態であることを理由にして」となると問題が生じる。

　うつ状態の結果，顧客や取引先の対応，適切な業務遂行等との関連で職務に具体的な支障が生じると判断される状況であってはじめてそれを理由に不採用とすることができる可能性が出てくる。

Ⅰ　募集・採用段階におけるメンタルにおける法律問題と実務的対応策　**Q2**

2　採用面接で既往歴の申告を求めたり，本人から申告書を提出させたりすることは可能か

Q　採用面接で本人の病歴を尋ねたり，あるいは，採用の過程で健康状態の自己申告書を提出させたりすることができますか。また，どのような項目であれば申告を求めても問題がないですか。

A　既往歴について本人に自己申告書類を書かせる，もしくは面接で本人に直接聞く方法に関しては，合理的な理由がある場合で本人の自発的な情報の提供の限度（本人の同意の下）で許されると考えられる。

［解　説］

1　問題が生じ得る場面

(1)　プライバシー侵害との関係について

　まず，判例では，企業者は，契約締結の自由を有し，労働者を雇用するにあたり，いかなる者を雇い入れるか，いかなる条件でこれを雇うかについて，法律その他による特別の制限がない限り，原則として自由にこれを決定することができるとされている（〔三菱樹脂事件〕最大判昭和48・12・12民集27巻11号1536頁・判タ302号112頁・判時724号18頁）。

　しかし，現在では，応募者の人権やプライバシーにかかわるような態様での調査や応募者の職業上の能力や技能，適格性に関係のない調査については，慎重な対応が求められている。応募者に対する調査に関しては，社会通念上妥当な方法で行われることが必要で，応募者の人格やプライバシーなどの侵害になるような態様での調査は，事案によっては不法行為にもなり得る。最近の裁判例では，応募者本人の同意を得ないで行ったHIV抗体検査

第2部 各　論
第1章　労働関係の展開段階ごとのメンタルヘルスＱ＆Ａ

（〔東京都（警察学校・警察病院 HIV 検査）事件〕東京地判平成 15・5・28 労判 852 号 11 頁・判タ 1136 号 114 頁）や，本人の同意を得ないで行った B 型肝炎ウィルス感染検査（〔B 金融公庫事件〕東京地判平成 15・6・20 労判 854 号 5 頁）が，プライバシー侵害の違法行為とされている。

　したがって，採用選考にあたって，応募者からの情報収集の程度については，会社側の「採用の自由」と，応募者の「人格やプライバシーの侵害」とのバランスが問題となる。

　なお，採用選考時の応募者からの情報収集に関しては，厚労省は，就職の機会均等を確保するために，就職差別を防止する観点から採用選考時に不適正な応募書類を使用しないように，また，本籍・出生地，家族，住宅状況，生活環境・家庭環境に関すること（本人に責任のない事項）や，宗教，支持政党，人生観，生活信条，尊敬する人物，思想，労働組合・学生運動など社会運動，購読新聞・雑誌・愛読書などに関すること（本来自由であるべき事項）のような適性と能力に関係のない事項を応募用紙等に記載させたり面接で尋ねて把握することや，身元調査や合理的・客観的に必要が認められない採用選考時の健康診断を実施することは，「就職差別につながるおそれ」があるとして，採用選考時に配慮すべき事項にあげて，企業に注意を促している（「採用のためのチェックポイント」参照 http://www2.mhlw.go.jp/topics/topics/saiyo/saiyo.htm）。

　また，職業安定法 5 条の 3 で定義した，「公共職業安定所等」について，同条の 4 は「公共職業安定所等は，それぞれ，その業務に関し，求職者，募集に応じて労働者になろうとする者又は供給される労働者の個人情報（以下この条において「求職者等の個人情報」という。）を収集し，保管し，又は使用するに当たっては，その業務の目的の達成に必要な範囲内で求職者等の個人情報を収集し，並びに当該収集の目的の範囲内でこれを保管し，及び使用しなければならない。ただし，本人の同意がある場合その他正当な事由がある場合は，この限りでない。」と定めているが，「その業務の目的の達成に必要な範囲内で求職者等の個人情報を収集」の概念自体が曖昧であり，しかも，最高裁判決が（前掲〔三菱樹脂事件〕最大判昭和 48・12・12），採用の自由の

Ⅰ　募集・採用段階におけるメンタルにおける法律問題と実務的対応策　**Q2**

観点から，思想・学生運動歴まで調査しても違法とはいえないとしていること，さらに，続くただし書においては，「ただし，本人の同意がある場合その他正当な事由がある場合は，この限りでない。」としていることから，法的には，本人の同意がある場合には，その情報収集が制限されるものとは，解されないであろう。そうであれば，使用者が，採用選考中にメンタル面での確認ができる手立てとして，本人の同意なく強制的に個人情報を収集したという根拠がなければ，行政指導は難しいものと考えられる。また，使用者が，採用選考中に自己申告書類を任意で書かせるとしており，本人が拒否をすればそれ以上の強制はないこと，また，面接の中でも，これらの質問への回答を強制していない場合には，応募者からの情報収集の程度としては問題にならないと考える。

(2)　個人情報保護法との関係について
　(a)　**個人情報保護法による個人情報取得に関する原則的取扱い**

　まずは，個人情報保護法17条より，偽りその他不正の手段により個人情報を取得してはならない。次に，本人から書面等により個人情報を取得する場合は，あらかじめ利用目的を明示する必要がある。一方，本人からの書面等以外の方法によって個人情報を取得する場合は，同法18条1項により，あらかじめ利用目的を公表するか，公表していない場合には，取得後速やかに利用目的を通知又は公表しなければならないとしている。

　さらに，個人情報の利用目的はできる限り特定される必要がある（個人情報保護法15条1項）。「雇用管理の分野における個人情報保護に関するガイドライン」（平成24・5・14厚労省告示357号）（以下，「雇用管理ガイドライン」という）においても「利用目的の特定に当たっては，事業者において雇用管理情報が最終的にどのような事業の用に供され，どのような目的で利用されるかが本人にとって一般的かつ合理的に想定できる程度に具体的であることが望ましく，個別具体的な利用目的を詳細に列挙するまでの必要はないものの，抽象的であっても雇用管理情報の取扱いが利用目的の達成に必要な範囲内か否かを実際に判断できる程度に明確にする」ことが要求されている。

第2部 各　　論
第1章 労働関係の展開段階ごとのメンタルヘルスQ&A

　さらには，2000（平成12）年に発表された旧労働省「労働者の個人情報保護に関する行動指針」（平成12・12・20 労働省告示。以下，「行動指針」という）においては，個人情報を本人から直接収集（取得）するとの原則を定めていた。行動指針は個人情報保護法との整合性がとれていない向きもあるが，本人以外からの収集を例外とすることで，より本人の意思を反映させようとしていた。
　以上によると，個人情報保護法は個人情報取得にあたっては，利用目的の通知が原則なのであり，少なくとも，本人のまったく預かり知らぬ状態で，その個人情報の取得等がなされることはかなり例外的な措置だと考えなければならない。
　この点，現在では，厚労省のホームページには，行動指針ではなく，雇用管理ガイドラインを参照すべきことが述べられている。しかし，行動指針にしか記載がない項目も多く，その内容は現在でも雇用管理上参考になる。
　そこで，以下で，性格検査に関する行動指針とその解説を引用しておく。メンタル健診とは異なるが，同種の性格をもつものとして参照すべきものと考える。

6．特定の収集方法
 (1) 使用者は，原則として，労働者に対し次に掲げる検査を行ってはならない。
　(イ) うそ発見器その他類似の真偽判定機器を用いた検査
　(ロ) HIV検査
　(ハ) 遺伝子診断
 (2) 使用者は，労働者に対し，性格検査その他類似の検査を行う場合には，事前にその目的，内容等を説明した上で，本人の明確な同意を得るものとする。
 (3) 使用者は，労働者に対するアルコール検査及び薬物検査については，原則として，特別な職業上の必要性があって，本人の明確な同意を得て行う場合を除き，行ってはならない。

Ⅰ 募集・採用段階におけるメンタルにおける法律問題と実務的対応策 **Q 2**

さらに，同指針の解説においても，下記のとおり，健康情報への配慮が示されている。

---

　(1)に掲げる諸検査については，雇用との関連性，検査結果の信頼性等において問題があり，誤解，偏見等に基づき労働者が思わぬ不利益，いわれのない差別を受けるおそれが高いと考えられることから，その実施を禁止することとした。

　なお，HIV 検査については，「職場におけるエイズ問題に関するガイドライン」（平成 7 年 2 月 20 日付け基発第 75 号，職発第 97 号）においても禁止とされている。

　(2)に掲げる性格検査等については，労働者の適切な配置，労働者に対する安全配慮義務の履行等の観点からその実施が必要とされるが，目的等があいまいな形で行われた場合には問題を生じることが考えられるので，労働者に対して，あらかじめ検査の目的，内容等を説明した上でその明確な同意を得て行うこととした。

　性格検査等については適正な手続きの下で行われる限りにおいては実施そのものを制限するものではないが，その結果は，労働者の人格そのものに関わる個人情報であるだけに，その実施に当たっては手続きの適正さを確保する必要性が高いと考えられるので，「明確な」同意を必要とすることとした。「明確な」同意とは，例えば文書への署名，押印等の明示的な方法による同意などが考えられる。

(b) **個人情報取得に関する例外的取扱い**

利用目的の通知・公表には，各種例外事由が設けられており，その一つとして，「利用目的を本人に通知し，又は公表することにより本人又は第三者の生命，身体，財産その他の権利利益を害するおそれがある場合」（個人情報保護法 18 条 4 項 1 号）がある。

行動指針においても，直接収集の例外として，「業務の性質上本人から収集したのでは業務の適正な実施に支障を生じ，その目的を達成することが困難であると認められる場合」等をあげていた。

69

第２部 各　論
第１章　労働関係の展開段階ごとのメンタルヘルスＱ＆Ａ

以上を踏まえると，個人情報保護法は，個人情報取得の原則的な取扱いとして，利用目的の通知をあげており，この原則や関係指針は守られなければならない。

2　結　論

以上の前提の下で，いずれにしても，既往歴の申告についてはプライバシー侵害との点でリスクがあることを踏まえた対応をとる必要がある。

すなわち，本人に自己申告書類を書かせる，もしくは面接で本人に直接聞く方法（アンケート方式を含む）に関しては，合理的な理由がある場合で本人の自発的な情報の提供の限度（本人の同意の下）で許されると考えるべきである。例えば，業務にまったく関係がないなど合理的理由がなく，本人が情報提供を拒否しているのに会社がそれを強要するなど，本人の自発的情報提供の範囲を超えて，会社が私生活上の情報開示を強制することはプライバシーの侵害にあたることになろう。

具体的な対応策としては，申告書（アンケート）に，例えば，「ご回答いただいた内容は採用・不採用の判断基準とはなりません。」などと明記する，また，健康状態についての申告欄は「実際の就業にあたって異常を来した場合に，当社が貴殿のご健康に配慮した対応をするために」申告を依頼するものである旨を明記する等の予防策を講じることが安全である。

I 募集・採用段階におけるメンタルにおける法律問題と実務的対応策 **Q3**

---

3 労働者の健診結果・病気を理由とする内定の取消しは可能か

Q 内定を出した学生に健康診断の結果，当社の業務にとって致命的な問題があることが判明しました。このような場合，この学生の内定を取り消すことができますか。

A 内定は，労働契約が成立しているため当然には取り消すことはできないが，判明した問題と会社の業務との関係によっては内定の取消しが認められる場合もある。

解 説

1 労働者の健康診断結果と内定の取消し

(1) 内定とは

　内定とは，例えば会社からの採用内定の通知がA学生のところに届いた時点で会社とA学生との間に「一定の条件付き」の労働契約が既に成立している状態と考えられている。契約が成立している以上，「一定の条件付き」の範囲による場合は別として，何らの理由なく一方的な内定の取消しはできないことになる。そこで，この「一定の条件付き」の内容だが，「就労又は労働契約の効力の発生始期付きで解約権留保付き」であるとされている（〔大日本印刷事件〕最判昭和54・7・20民集33巻5号582頁・労判323号19頁・判タ399号32頁，〔電電公社近畿電通局事件〕最判昭和55・5・30民集34巻3号464頁・労判342号16頁・判タ417号72頁）。つまり，大学や高校を卒業して，例えば働き始める時期である4月1日を「就労又は労働契約の効力の発生の始期」として，それまでに卒業できなかった場合や病気，けがなどにより正常な勤務

第2部 各　　論
第1章　労働関係の展開段階ごとのメンタルヘルスＱ＆Ａ

ができなくなった場合に「解約できることを条件としている」労働契約が成立したものとする考えである。

(2) 健診結果が解約事由になるか

ただし，合意されていればどのような解約事由でも認められるものではなく，「客観的に合理的と認められ社会通念上相当として是認することができるものに限られる」とされる。具体的には，上記にあげたような場合や，本人が学生時代に暴力的な刑事事件で逮捕されていたというような場合以外は，内定取消しは簡単には認められず，内定者がグルーミー（陰気）な印象で困るといった程度では取消しは困難である（前掲の〔大日本印刷事件〕最判昭和 54・7・20）。

現行法上「病毒伝ぱのおそれのある伝染性の疾病にかかった者」などに対してはあらかじめ産業医その他の医師の意見を聞いたうえで，就業を禁止しなければならないが，伝染予防の措置をした場合は就業禁止は不要とされている（安衛法 68 条，安衛則 61 条）。

つまり，就労始期において，就労を困難とさせる病状か否かが問題とされるのである。

この点で，HIV をみてみると少なくとも現在判明している HIV の感染経路と感染力（日常生活上の接触では感染しない）においては，感染者の血液が他者の体内に入るような作業があり得ない通常の事務所や工場の労働では，HIV 感染自体を理由とする就業制限は必要ないし，これを行えば違法となるであろう。

2　病気と労働契約の継続に関する参考裁判例

病歴詐称による解雇又は懲戒解雇については，その虚偽申告が職務遂行上，具体的な不適格性をもたらすと認められないと解雇又は懲戒解雇までは困難であると考えられる。

この点，労働者の適正な配置，人事管理等の企業秩序に混乱を生じ，使用者との信頼関係が破壊される結果，もはや企業と労働者間の雇用関係を継続

しがたいと認められるような重大な経歴詐称があった場合は、懲戒解雇もやむを得ないとされているが、その経歴詐称が事前に発覚したとすれば、使用者は労働契約を締結しなかったか、少なくも同一条件では労働契約を締結しなかったであろうと認められ、かつ、客観的にみても、そのように認めるのを相当とするような経歴詐称でないと懲戒解雇できないという考え方が一般的である。

裁判例をみても、〔サン石油（視力障害者解雇）事件〕札幌高判平成18・5・11（労判938号68頁）では、Xの視力障害は総合的な健康状態の善し悪しには直接には関係せず、持病ともいいがたく、Xの視力障害が具体的に重機運転手としての不適格性をもたらすとは認められないことにも照らすと、Xが視力障害のあることを告げずにY社に雇用されたことが就業規則61条（重要な経歴をいつわり、その他不正な方法を用いて任用されたことが判明したとき）の懲戒解雇事由及び普通解雇事由に該当するとまではいえないとされている。

第 2 部 各 論
第 1 章 労働関係の展開段階ごとのメンタルヘルス Q＆A

4 内定時の健診結果を雇入れ時の健診として取り扱ってよいか

Q 内定時に行った健康診断を法定の雇入れ時の健康診断として取り扱うことはできますか。

A 従前の健康診断を行ってから3か月以内であれば可能である。

解説

　労働安全衛生規則43条が雇入れ時の健康診断について規定している。

　そして，労働安全衛生規則43条ただし書が，「医師による健康診断を受けた後，3月を経過しない者を雇い入れる場合において，その者が当該健康診断の結果を証明する書面を提出したときは，当該健康診断の項目に相当する項目については，この限りでない。」として，雇入れ時の健康診断実施義務の例外を定めている。

　すなわち，内定時と採用時の時間の間隔が短く，採用時から3か月以内の労働者の提出した診断書であれば代用は可能である。

　ただし，最近の新卒採用における内定の前倒し現象の中では，実際には，新たな健診を実施すべき場合の方が多いであろう。

5 雇入れ時の健康診断を労働者負担にすることは可能か

Q 雇入れ時の健康診断の費用を労働者の負担とすることはできますか。

A 法定の健康診断は使用者が負担する必要がある。ただし，労働安全衛生規則43条ただし書により診断書を提出した場合は例外である。

解 説

　健康診断の費用負担について，労働安全衛生法には，使用者と労働者のどちらがその費用を負担すべきかまでは明記されていない。

　しかし，労働省通達「労働安全衛生法および同法施行令の施行について」（昭和47・9・18基発602号）において，法律で実施を義務づけている健康診断費用については「当然，事業主が負担」と明記されている（ただし，常時使用する労働者に限る）。

　よって，Q4のように労働者提出の診断書で代用が可能な場合以外は，企業の負担と指導されている（昭和47・9・18基発602号）。

第2部 各　論
第1章 労働関係の展開段階ごとのメンタルヘルスＱ＆Ａ

6 雇入れ時の健診項目を増やすことは可能か

Q 雇入れ時の健康診断の項目を増やすことはできますか。また，その際に何か留意すべき点はありますか。

A 合理的理由があれば，健診項目の追加は原則として問題ない。

解　説

　雇入れ時の健康診断の項目について，労働安全衛生規則43条は，①既往歴及び業務歴の調査，②自覚症状及び他覚症状の有無の検査，③身長，体重，腹囲，視力及び聴力（千ヘルツ及び4千ヘルツの音に係る聴力をいう。）の検査，④胸部エックス線検査，⑤血圧の測定，⑥血色素量及び赤血球数の検査（「貧血検査」），⑦血清グルタミックオキサロアセチックトランスアミナーゼ（GOT），血清グルタミックピルビックトランスアミナーゼ（GPT）及びガンマーグルタミルトランスペプチダーゼ（γ-GTP）の検査（「肝機能検査」），⑧低比重リポ蛋白コレステロール（LDLコレステロール），高比重リポ蛋白コレステロール（HDLコレステロール）及び血清トリグリセライドの量の検査（「血中脂質検査」），⑨血糖検査，⑩尿中の糖及び蛋白の有無の検査（「尿検査」），⑪心電図検査の11個を列挙している。

　しかし，雇入れ時健康診断の項目を増やすことは，**Q1**の「職場におけるエイズ問題に関するガイドライン」，**Q2**の「雇用管理の分野における個人情報の保護に関するガイドライン」等による指導に該当せず（HIV検査や，肝炎ウイルス検査等の禁止指導），安全衛生法70条の2や71条の2以下の健康増進義務等からも，業務の円滑な運営や従業員の健康維持の観点から，合理的理由がある限り適法と解される。

なお,「事業場における労働者の健康保持増進のための指針」(改定：平成19・11・30発表，公示4号。以下,「健康保持増進指針」という)によれば,「事業場において事業者が講ずるよう努めるべき労働者の健康の保持増進のための措置(以下「健康保持増進措置」という。)が適切かつ有効に実施されるため，当該措置の原則的な実施方法」について定めたものであり,「事業者は，健康保持増進措置の実施に当たっては，本指針に基づくとともに，各事業場の実態に即した形で取り組むことが望ましい。」とされている。

健康保持増進指針は，具体的な健診項目について言及するものではないが，事業者が講じるべき健康保持増進の内容として，健康測定・運動指導・メンタルヘルスケア・栄養指導・保健指導をあげ，それらの措置を行う際の留意点を述べている。

第2部 各　　論
第1章　労働関係の展開段階ごとのメンタルヘルスQ＆A

7　雇入れ時の健診結果や病気を理由に試用期間中の社員の本採用を拒否することは可能か

Q　試用期間中の社員が雇入れ時の健康診断の結果，当社の業務に耐えられない健康状態であることが判明しました。この場合，試用期間満了により労働契約を終了することができますか。

A　内定期間中には把握のしようがなかった事由が判明し，それを理由に本採用を拒否することに客観的・合理的理由と社会通念上の相当性が認められる場合は，労働契約を終了することができる。

──［解　説］──

1　試用期間

(1)　適格性身元調査補充期間と適性判定実験観察期間

　試用期間とは，①会社がその期間中の従業員の身元調査の補充（適格性身元調査補充期間）や，②その期間中の勤務状態の観察（適性判定実験観察期間）により，会社の職務についての適格性を調査し，それらにより適性がないと判断される場合には，本採用拒否ができるという解約権が付いた労働契約上の法的地位であるとされている（〔三菱樹脂事件〕最大判昭和48・12・12民集27巻11号1536頁・判タ302号112頁・判時724号18頁）。

(2)　試用期間は適性判定実験観察期間に限定されるか

　この点につき，有力学説は，①の適格性身元調査補充期間は内定段階で対応されるべきもので，試用期間の性格は，②の適性判定実験観察期間に限定して，本採用拒否の合理的理由の存否を判断すべきことを提唱している（菅野199頁，土田・労契法197頁）。

しかし、「新規学卒者の採用選考に関する企業の倫理憲章」の遵守が問題となるようなブランド大企業ならかかる解釈も妥当であろうが、そのような期間の余裕なく、端的にいえば、最近、頻発して問題となっている大企業の内定取消者を卒業直前に採用する場合などは、企業の規模を問わず、①の適格性身元調査は内定段階では対応不能である。一般的な中小企業において、内定から採用までの期間が短いことは、中途採用に限らず、新卒の場合でも、日常茶飯事である。

要は、一律に、試用期間を②の適性判定実験観察期間に限定することの現実的妥当性も論理的根拠もなく、①、②の双方の性格を有する試用期間につき、事案に応じて、内定期間の長さ、当該問題となった適格性に関する身元調査の難易度等に応じて、採否を総合的に判断するべきであると解する。

2　本採用拒否

(1)　労働契約法 16 条の適用

試用社員の本採用拒否についても、労働契約法 16 条に従い、解約権の具体的内容について、「客観的に合理的な理由」の存在を求め、試用社員が既に企業内にいったん入っている関係もあり、正社員に対してよりは緩かであるとしても（語学力などの点でAランク職員としての適格性なしとして、本採用拒否が有効とされた〔EC委員会事件〕東京高判昭和58・12・14労民集34巻5・6号922頁・判タ515号137頁、〔フジスタッフ事件〕東京地判平成18・1・27労経速1933号15頁は、当該雇用の派遣の趣旨や2日間の原告の勤務状況・態度（研修への遅刻や他社の派遣スタッフとの口論等）に鑑みると、会社が留保解約権の行使により原告の解雇に踏み切ったことには合理性が認められるとした例であるが、有期雇用の点で、本来は、労働契約法17条1項、民法628条が問題とされるべき事案であった）、内定の場合よりは厳しく判断される傾向にある。

(2)　本採用拒否無効例

実際には、本採用前の暴力的事件への関与の発覚や欠勤、遅刻等の勤務不良の程度が平均的な労働者より相当程度悪く改善の可能性が少ない場合や、

第2部 各　　論
第1章　労働関係の展開段階ごとのメンタルヘルスＱ＆Ａ

会社の業況の悪化等の理由なしには，本採用拒否が有効とされる可能性は低いであろう。
　この点，整理解雇の4要件（人員整理の必要性，解雇回避努力義務の履行，被解雇者選定の合理性，解雇手続の妥当性）に照らしても内定取消無効とした〔インフォミックス事件〕東京地決平成9・10・31（労判726号32頁・判タ964号150頁・判時1629号145頁）がある。近時の本採用拒否が無効とされた例として，〔ケイビィ事件〕大阪地判平成20・9・26（労経速2025号26頁）は，試用期間中に行われた解雇は，解雇権の濫用にあたるとして，会社に対し2か月分の給与相当額の支払を命じた例であるが，原告が採用内定を辞退した等の会社の主張を斥け，原告が，他の従業員との間で解雇せざるを得ないほどのトラブルを起こしていたこと等は認められないことや，会社代表者は，本件解雇当時，原告に対し整理解雇の必要性，規模，基準等について十分な説明を行っていないことが明らかであることから整理解雇として有効ではないといえ，本件解雇は，客観的に合理的な理由を欠き，解雇権の濫用であるとし，原告の雇用契約上の利益を侵害する不法行為に該当し，原告は本件解雇から約2か月後に転職していることが認められることから，原告が会社代表者の不法行為によって喪失した利益は，試用期間経過後の賃金の2か月分と認められた。また，〔ニュース証券事件〕東京地判平成21・1・30（労判980号18頁）では，試用期間満了前の解雇は無効であるが，他社に入社したことにより解雇を承認したと認められるとしているが，この点には疑問がある。この論理が通れば，解雇無効時の中間収入の控除の判例法理（解雇期間中に別収入を得ていた場合であっても平均賃金の6割までの部分からは控除できない）は不要となりかねないからである。

(3)　健康状態を理由とする本採用拒否
　本採用拒否についても，基本的には内定取消しとほぼ同じ枠組みで判断がなされると考える。
　ただし，内定中に知ることができるはずの健康状態が使用期間中に判明しても，そのことを理由に本採用を拒否することは困難である。一緒に働いて

Ⅰ 募集・採用段階におけるメンタルにおける法律問題と実務的対応策　**Q7**

はじめて判明した問題及び新たに発生した健康問題に限られるというべきである（内定取消しについての**Q3**参照）。

■竹　花　　元■

第2部 各　　論
第1章　労働関係の展開段階ごとのメンタルヘルスQ＆A

Ⅱ 労働時間管理とメンタルヘルス上の法律問題と実務対応

1 労働時間規制の意味とは──〔電通事件〕最高裁判決の示す健康配慮義務の内容

Q 労働者の労働時間を管理するために注意すべき点はどのようなことですか。

A 疲労・心理的負荷の過度の蓄積により労働者の心身の健康を損なうことがないよう，使用者には労働時間を管理すべき義務がある。労働時間の適正な管理のため，厚労省は基準を策定している。

［解　説］

1　労働時間規制

(1)　規制の内容

　労働基準法は，労働時間は1日8時間，週40時間までとし（労基法32条），週1回の休日を与えなければならないものとしている（労基法35条）。
　また，労働時間が6時間を超える場合は少なくとも45分間，8時間を超える場合は少なくとも1時間の休憩を与えなければならない（労基法34条1項）。
　そして，時間外及び休日労働については，事業場の過半数代表との労使協定（36協定）の締結・所轄労基署への届出を必要とする等の規制を行うとと

もに（労基法36条），時間外，休日及び深夜労働に対しては割増賃金を支払わなければならないものとしている（労基法37条）。

(2) 規制の目的

労働時間の規制の目的について，〔電通事件〕最判平成12・3・24（民集54巻3号1155頁・労判779号13頁・判タ1028号80頁）は，「労働者が労働日に長時間にわたり業務に従事する状況が継続するなどして，疲労や心理的負荷等が過度に蓄積すると，労働者の心身の健康を損なう危険のあることは，周知のところである。労働基準法は，労働時間に関する制限を定め，労働安全衛生法65条の3は，作業の内容等を特に限定することなく，同法所定の事業者は労働者の健康に配慮して労働者の従事する作業を適切に管理するように努めるべき旨を定めているが，それは，右のような危険が発生するのを防止することをも目的とするものと解される。」として，単に割増賃金の計算を開始する起算点としての時間数を定めているのではなく，長時間労働によって労働者が心身の健康を損なうことを防止することにもあると述べている。

2 労働時間を適正に把握すべき義務

〔電通事件〕最高裁判決は，上記に続けて，「これらのことからすれば，使用者は，その雇用する労働者に従事させる業務を定めてこれを管理するに際し，業務の遂行に伴う疲労や心理的負荷等が過度に蓄積して労働者の心身の健康を損なうことがないよう注意する義務を負う」と述べ，使用者が，労働者の労働時間を適正に把握して，その健康に配慮すべき義務を負うことを明らかにした。

また，使用者が労働時間を適正に把握すべき義務を負っていることは，使用者は賃金台帳に，労働日数，労働時間数，時間外・休日・深夜の各労働時間数を記入して（労基法108条，労基則54条），賃金算定を行う義務を負っていること，出勤簿，タイムカード等の労働時間を記録した書類について，労働関係に関する重要な書類として3年間の保存義務があること（労基法109条）からも明らかといえる。

3 労働時間を適正に把握する方法

　しかしながら，使用者がかかる義務を怠ってまったく労働時間を把握していなかったり，労働時間の把握に係る自己申告制（労働者が自己の労働時間を自主的に申告することにより労働時間を把握するもの）の不適正な運用により，割増賃金の未払いや，過重な長時間労働によって労働者が心身の健康を害する事態が発生している（前記の〔電通事件〕は，長時間労働によって労働者がうつ病を発症し，自殺に至ったという事案である）。

　そこで，厚労省は，労働時間の適切な管理を促進するため，「労働時間の適切な把握のために使用者が講ずべき措置に関する基準」（平成13・4・6基発339号）を策定している。

　上記基準の内容は，以下のとおりである。

(1) 適用範囲

　対象となる事業場は，労働基準法のうち労働時間に係る規定（労基法第4章）が適用されるすべての事業場である。

　また，管理監督者及びみなし労働時間制（事業場外労働みなし制〔労基法38条の2〕，裁量労働みなし制〔労基法38条の3・38条の4〕）が適用される労働者（事業場外労働を行う者にあっては，みなし労働時間制が適用される時間に限る）を除く，すべての労働者が対象となる。

　ただし，上記除外される労働者についても，健康確保を図る必要があることから，使用者において適正な労働時間管理を行う責務がある。

(2) 労働時間の適正な把握のために使用者が講ずべき措置

　(a) 始業・終業時刻の確認・記録

　使用者は，労働時間を適正に管理するため，労働者の労働日ごとの始業・終業時刻を確認し，これを記録する。

　(b) 始業・終業時刻の確認及び記録の原則的な方法

　使用者が始業・終業時刻を確認し，記録する方法としては，原則として次

のいずれかの方法による。

　㋐　**使用者が，自ら現認することにより確認し，記録すること**

　使用者自ら，あるいは労働時間管理を行う者が，直接始業・終業時刻を確認することである。なお，確認した始業・終業時刻については，該当労働者からも確認することが望ましい。

　㋑　**タイムカード，ICカード等の客観的な記録を基礎として現認し，記録すること**

　タイムカード，ICカード，IDカード，パソコン入力等の客観的な記録を基本情報とし，必要に応じて，例えば使用者の残業命令書及びこれに対する報告書など，使用者が労働者の労働時間を算出するために有している記録と突き合わせることにより確認し，記録することである。

　(c)　**自己申告制により始業・終業時刻の確認及び記録を行う場合の措置**

　上記(b)の方法によることなく，自己申告制により行わざるを得ない場合，以下の措置を講ずる。

　①　自己申告制を導入する前に，その対象となる労働者に対して，労働時間の実態を正しく記録し，適正に自己申告を行うことなどについて十分な説明を行うこと。

　なお，自己申告制の具体的内容や，適正な自己申告を行ったことにより不利益な取扱いが行われることがないこと等も説明する必要がある。

　②　自己申告により把握した労働時間が実際の労働時間と合致しているか否かについて，必要に応じて実態調査を実施すること。

　実態調査は，定期的に行うことが望ましい。また，自己申告制が適用されている労働者や労働組合等から，労働時間の把握が適正に行われていない旨の指摘がなされた場合などには，実態調査を行う必要がある。

　③　労働者の労働時間の適正な申告を阻害する目的で時間外労働時間数の上限を設定するなどの措置を講じないこと。また，時間外労働時間の削減のための社内通達や時間外労働手当の定額払等労働時間に係る事業場の措置が，労働者の労働時間の適正な申告を阻害する要因となっていないかについて確認するとともに，当該要因となっている場合において

第 2 部 各 論
第 1 章 労働関係の展開段階ごとのメンタルヘルス Q & A

は，改善のための措置を講ずること。

なお，職場単位ごとの割増賃金に係る予算枠や時間外労働の目安時間が設定されている場合において，その時間を超える時間外労働を行った際に賞与を減額するなど不利益な取扱いをすることも，労働時間の適正な申告を阻害する措置に該当する。

(d) 労働時間の記録に関する書類の保存

労働時間の記録に関する書類について，労働基準法 109 条に基づき，3 年間保存すること。

労働時間の記録に関する書類には，使用者が自ら始業・終業時刻を記録したもの，タイムカード等の記録，残業命令書及びその報告書，労働者が自ら労働時間を記録した報告書などが該当する。

なお，保存期間の 3 年間の起算点は，書類ごとに最後の記載がなされた日である。

(e) 労働時間を管理する者の職務

事業場において労務管理を行う部署の責任者は，当該事業場内における労働時間の適正な把握等労働時間管理の適正化に関する事項を管理し，労働時間管理上の問題点の把握及びその解消を図ること。

労務担当役員，労務部長，総務部長等労務管理を行う部署の責任者は，労働時間が適正に把握されているか，過重な長時間労働が行われていないか，労働時間管理上の問題点があればどのような措置を講ずべきかなどについて把握，検討する必要がある。

(f) 労働時間等設定改善委員会等の活用

事業場の労働時間管理の状況を踏まえ，必要に応じ労働時間等設定改善委員会等の労使協議組織を活用し，労働時間管理の現状を把握のうえ，労働時間管理上の問題点及びその解消策等の検討を行うこと。

①自己申告制により労働時間の管理が行われている場合や，②一つの事業場において複数の労働時間制度を採用しており，これに対応した労働時間の把握方法がそれぞれ定められている場合には，上記措置を講じる必要がある。

また，労働時間等設定改善委員会，安全・衛生委員会等の労使協議組織がない場合には，新たに設けることを検討する必要がある。

4　上司に対する教育研修の重要性

なお，実際に労働者の労働時間を把握し，過重な長時間労働が行われていないか，労働時間管理上の問題点がないかをチェックし改善する責任を負うのは，労務管理を行う部署の責任者と，より直接的には労働者の上司である。

もし上司が労働時間の適正な管理を怠り，そのために労働者が心身の健康を害した場合には，使用者たる会社だけでなく，当該上司らも損害賠償等の責任を負う（前記〔電通事件〕最高裁判決でも，上司らが，労働者の長時間労働及び健康状態の悪化を知りながら，労働時間を軽減させる具体的措置をとらなかったことにつき，民法709条の不法行為責任が成立するとされている）。

使用者は，労働者の心身の健康保持を十全なものにするため，上司らに対して，労働時間の適正な把握を実施するための教育研修を行う必要がある。

第 2 部　各　論
第 1 章　労働関係の展開段階ごとのメンタルヘルス Q & A

2　変形労働時間制（労基法32条の4等）と健康配慮

Q　変形労働時間制を導入する場合に注意すべき点はどのようなことですか。

A　変形労働時間制を利用すれば労働時間を弾力化することができるが，使用者には実労働時間の把握義務があり，また，労働者が長時間労働により心身の健康を害しないように配慮すべき義務がある。

解　説

1　変形労働時間制とは

　変形労働時間制とは，単位となるべき一定期間内において，所定労働時間を週あたり平均した時間が週の法定労働時間を超えない限り，一定期間内の一部の日又は週において所定労働時間が1日又は1週の法定労働時間を超えたとしても，法定労働時間を超えたとの取扱いをしないという制度である（村林俊行＝中田成徳編著『未払い残業代をめぐる法律と実務』（日本加除出版，平成23年）86頁）。

　変形労働時間制を導入して，労働時間を弾力化することにより，時期によって業務の繁閑がある業種においては，閑散期の所定労働時間を減少させるとともに，繁忙期の所定労働時間を増加させ，時間外労働が発生しないようにできる。また，休日も増加するので，結果的に年間労働時間が短縮され，労働者の健康保持にも役立つ制度といえる。

　平成23年3月に公表された「中小事業主に役立つ時間外労働削減の事例集」（厚生労働省委託事業，委託先：東京海上日動リスクコンサルティング株式会社）

(厚労省HP）でも，車両の製造を業とする会社が，製造工程に携わる労働者がグループ単位で製造工程を担っているという特殊性に鑑み，同じグループのメンバーが同じ時間に業務に取り組むことができるよう，1か月単位の変形労働時間制を導入し，上半期と，車両の製造や納品が集中する下半期の労働時間に変化をつけたところ，閑散期と繁忙期とで労働時間に変化をつけたメリハリのある働き方ができるようになった，労使とも明確な労働意識をもち，労働意欲が向上するとともに，効率性を重視するようになったとの事例が紹介されている。

厚労省の「平成25年就労条件総合調査」をみても，従業員1000人以上の企業のうち，変形労働時間制（1年単位，1か月単位，1週間単位の各変形労働時間制並びにフレックスタイム制）を採用している企業は全体の72.6％にのぼっており，非常に普及している制度であるといえる。

2 変形労働時間制における労働時間管理の重要性

変形労働時間制は，所定労働時間に変化をつけるだけである。労働時間を労働者の自主的決定に委ねるわけではないので，実労働時間の算定が必要である。したがって，変形労働時間制を採用しない場合と同様に，使用者には労働時間の把握義務がある。

もちろん，長時間労働により心身の健康を害する危険性があること，使用者が健康配慮義務（〔電通事件〕最判平成12・3・24民集54巻3号1155頁・労判779号13頁・判タ1028号80頁）を負うことは，変形労働時間制を採用した場合も変わらない。

さらに，変形労働時間制であっても，休憩・休日・深夜労働に関する規定（労基法34条・36条・37条）が適用され，3(4)，4(3)，5(4)のとおり，変形制の枠を超えた労働については時間外労働となる（労基法36条・37条）。

以上のことから，使用者は，変形労働時間制が適用される労働者に関しても，労働時間を適正に管理し，長時間労働によって労働者が心身の健康を損なうことを防止する必要がある。

労働時間の管理の方法，長時間労働を防止する方法については，Q1，

Q4, **Q5**, **Q8**を参照されたい。

　また，変形労働時間制は，1日又は1週の法定労働時間を超えて労働させる制度であるから，もともと長時間労働の危険をはらんでいる。そこで労働基準法は，過剰な長時間労働を防止し，労働者が健康を損なうことを防止するため，類型ごとに導入のための要件を定めている。

3　1か月単位の変形労働時間制

　変形労働時間制の基本的な形態は，1か月単位である。

　1か月単位の変形労働時間制とは，1か月以内の一定の期間を平均して1週間の労働時間が法定労働時間を超えない範囲において，当該変形労働時間においては，1日又は1週間の法定労働時間の規制にかかわらず，これを超えて労働させることができる制度である（労基法32条の2）（以下，「『1箇月単位の変形労働時間制』導入の手引き」参照）。

(1)　労使協定又は就業規則その他これに準ずるものによって定めること（労基法32条の2第1項）

　1か月単位の変形労働時間制を導入するには，まず，事業場の過半数代表との「労使協定」，又は，「就業規則その他これに準ずるもの」によって定めることが必要である。

　なお，労使協定で定めた場合，これだけでは労働者に変形労働時間制で労働すべきことを義務づけることができないので，別途，労働契約，就業規則又は労働協約で，この変形労働時間制の内容及びこれに従って労働するべきことを規定する必要がある。

　なお，「就業規則その他これに準ずるもの」については，常時10人以上の労働者を使用する事業場の場合には就業規則によるべきであり，それ以外の事業場の場合にのみ「これに準ずるもの」で定めることも許されるという意味に理解すべきである（村林＝中田編著・前掲書89頁）。

Ⅱ　労働時間管理とメンタルヘルス上の法律問題と実務対応　**Q2**

■就業規則規定例
1. 年間休日カレンダー方式

(労働時間及び休憩時間)
第○○条　所定労働時間は，毎月1日を起算日とする1箇月単位の変形労働時間制とし，1箇月を平均して1週間40時間内とする。
　2　各日の始業時刻，終業時刻及び休憩時間は，次のとおりとする。

始業時刻	終業時刻	休憩時間
午前9時	午後6時	正午から午後1時まで

(休日)
第○○条　休日は，前条の1箇月につき最低9日(ただし，1箇月の暦日数が28日の場合は8日とする。)とし，暦年毎に作成する年間休日カレンダーのとおりとする。
　2　以下の日は前項の休日とする。
　　①毎週日曜日　②第2・第4土曜日
　3　年間休日カレンダーは毎年12月中に各従業員に明示する。

2. 月間シフト表方式

(労働時間及び休憩時間)
第○○条　所定労働時間は，毎月1日を起算日とする1箇月単位の変形労働時間制とし，1箇月を平均して1週間40時間以内とする。
　2　各勤務シフトにおける各日の始業時刻と終業時刻及び休憩時間は，次のとおりとする。
　　　　A　始業　午前8時　終業　午後5時　休憩時間　午前11時30分より1時間
　　　　B　始業　午前9時30分　終業　午後6時30分　休憩時間　午後0時30分より1時間
　　　　C　始業　午前11時　終業　午後8時　休憩時間　午後1時より1時間
　3　各従業員の勤務シフトと休日の割り振りは，グループごとに毎起算日の1週間前までに決定して月間勤務シフト表を従業員に示す。
(休日)
第○○条　休日は，前条の1箇月につき最低9日(ただし，1箇月の暦日数が

28日の場合は8日とする。）とし，同条の月間勤務シフト表のとおりとする。

ただし，毎週日曜日は必ず休日とする。

■労使協定規定例

1箇月単位の変形労働時間制に関する労使協定

○○株式会社と従業員代表○○○○は，1箇月単位の変形労働時間制に関し，下記のとおり協定する。

記

(勤務時間)
第1条 所定労働時間は，1箇月単位の変形労働時間制によるものとし，1箇月を平均して週40時間を超えないものとする。

所定労働時間，始業・終業の時刻，休憩時間は次のとおりとする。

①毎月1日から24日まで
所定労働時間1日7時間（始業午前9時，終業午後5時，休憩正午から午後1時まで）

②毎月25日から月末まで
所定労働時間1日9時間（始業午前8時，終業午後6時，休憩正午から午後1時まで）

(起算日)
第2条 起算日は毎月1日とする。
(休日)
第3条 休日は毎週土曜日及び日曜日とする。
(対象となる従業員の範囲)
第4条 本協定による変形労働時間は，次のいずれかに該当する従業員を除き，全従業員に適用する。

① 18歳未満の年少者
② 妊娠中または産後1年を経過しない女性従業員のうち，本制度の適用免除を申し出た者
③ 育児や介護を行う従業員，職業訓練または教育を受ける従業員その他

特別の配慮を要する従業員に該当する者のうち，本制度の適用免除を申し出た者
（有効期間）
第5条　本協定の有効期間は平成○年1月1日から同年12月31日までとする。

平成○年12月27日

　　　　　　　　　　　　　　　　○○株式会社代表取締役○○○○印
　　　　　　　　　　　　　　　　従業員代表製造課○○○○印

（出所）　平成24年1月東京労働局労働基準部・労働基準監督署「『1箇月単位の変形労働時間制』導入の手引き」より。

(2)　就業規則等で以下の事項を定めること
 (a)　**変形労働時間制を採用する旨**
 (b)　**労働日，労働時間**

　変形期間における各日，各週の所定労働時間をあらかじめ具体的に定めておく必要がある。

　また，始業，終業時刻も具体的に定め，労働者に周知することが必要である（労基法89条1号・106条）。

　ただし，業務の性質・内容上，労働時間の特定が困難な場合には，シフトのパターンその他の基本的事項を就業規則で定めておき，各人の各日の労働時間については毎月ごとに勤務割表によって特定していくことは許される（昭和63・3・14基発150号）。

　なお，いったん特定した所定労働時間は，原則として変更できず，使用者が任意に変更できるような制度は許されない。この点につき，〔JR東日本横浜土木技術センター事件〕東京地判平成12・4・27（労判782号6頁・判タ1079号221頁・判時1723号23頁）は，就業規則の変更条項によって変更することは労働基準法32条の2に違反しないが，同条が労働者の生活設計への配慮も趣旨としていることに照らせば，変更条項は労働者が予測可能な程度に変更事由を具体的に定めることを要し，それを充たさない場合は同条違反として違法・無効となるとしている。

第2部 各　　論
第1章　労働関係の展開段階ごとのメンタルヘルスQ＆A

(c)　変形期間の所定労働時間

変形期間の所定労働時間の合計は，「1週間の法定労働時間×変形期間の暦日数（1箇月以内）÷7日（1週間）」の範囲内とする必要があり，1か月の労働時間の総枠は以下のとおりになる。

■変形期間の所定労働時間

1箇月の暦日数	労働時間の総枠
31日	177.1時間（194.8時間）
30日	171.4時間（188.5時間）
29日	165.7時間（182.2時間）
28日	160.0時間（176.0時間）

左の表は，小数点2位以下を切り捨ててあります。
括弧内は特例措置対象事業場（週44時間）の法定労働時間の総枠になります。

（出所）　平成24年1月東京労働局労働基準部・労働基準監督署「『1箇月単位の変形労働時間制』導入の手引き」より。

(d)　変形期間の起算日（労基則12条の2第1項）

変形期間の始期を明らかにしておく必要がある。

(3)　労使協定

労使協定を締結する場合には，①単位期間と起算日（労基則12条の2第1項），②対象となる労働者の範囲，③単位期間中の各日及び各週の労働時間，④協定の有効期間（労基則12条の2の2第1項）を定めたうえ，それを所轄労基署に届け出て（労基法32条の2第2項），かつ，労働者に周知すること（労基法106条）が必要である。

(4)　時間外労働

以下の時間については時間外労働となり，割増賃金を支払う必要がある。

(a)　1日の法定労働時間外労働

就業規則等で1日8時間を超える時間を定めた日はその時間，それ以外の日は8時間を超えて労働した時間。

Ⅱ 労働時間管理とメンタルヘルス上の法律問題と実務対応 **Q2**

■1箇月単位の変形労働時間制の協定届の記入例
様式第3号の2（第12条の2の2関係）

1箇月単位の変形労働時間制に関する協定届

事業の種類	事業の名称	事業の所在地（電話番号）	常時使用する労働者数
電気機械器具製造業	株式会社 時間工業	〒102-8306 東京都千代田区九段南○丁目○番○号 （03-0000-0000）	5人

業務の種類	該当労働者数 （満18歳未満の者）	変形期間 （起算日）	変形期間中の各日及び各週の 労働時間並びに所定休日	協定の有効期間
電子部品の組み立ての業務	3人	1箇月 （平成○○年4月1日）	9時間00分 （　時間　分）	別紙	平成○○年4月1日から1年間

労働時間が最も長い日の労働時間数 （満18歳未満の者）	労働時間が最も長い週の労働時間数 （満18歳未満の者）
9時間00分 （　時間　分）	42時間00分 （　時間　分）

協定の成立年月日　　平成○○年3月1日

協定の当事者である労働組合の名称又は労働者の過半数を代表する者の　職名　組み立て係
　　　　　　　　　　　　　　　　　　　　　　　　　　　　　　　　　氏名　東京　基津

協定の当事者（労働者の過半数を代表する者の場合）の選出方法　（　投票による選挙　）

平成　○○　年　3　月　10　日

使用者　職名　株式会社時間工業
　　　　氏名　代表取締役 時間 太郎　㊞

中央　　労働基準監督署長　殿

記載心得
1　法第60条第3項第2号の規定に基づき満18歳未満の者に変形労働時間制を適用する場合には「該当労働者数」、「労働時間が最も長い日の労働時間数」及び「労働時間が最も長い週の労働時間数」の各欄に括弧書きすること。
2　「変形期間」の欄には、当該労働時間制における通算の期間の単位を記入すること。
3　「変形期間中の各日及び各週の労働時間並びに所定休日」の欄中に当該事項を記入しきれない場合には、別紙に記載して添付すること。

（出所）平成24年1月東京労働局労働基準部・労働基準監督署「1箇月単位の変形労働時間制」導入の手引きより。

第2部　各　論
第1章　労働関係の展開段階ごとのメンタルヘルスQ＆A

(b)　1週の法定労働時間外労働

就業規則等で1週40時間を超える時間を定めた週はその時間，それ以外の週は1週40時間を超えて労働した時間（(a)で時間外労働となる時間を除く）。

(c)　単位期間の法定労働時間外労働

単位期間の法定労働時間総枠（1週間の法定労働時間×変形期間の暦日数（1箇月以内）÷7日（1週間））を超えて労働した時間（(a)又は(b)で時間外労働となる時間を除く）。

4　1年単位の変形労働時間制

1年の間に季節によって繁閑に差が生じる業種（デパート，結婚式場など）の場合には，1年単位の変形労働時間制の導入が考えられる。

1年単位の変形労働時間制とは，1か月を超え1年以内の一定期間を平均し1週間の労働時間を40時間以下の範囲内にした場合，特定の日や週について1日又は1週間の法定労働時間を超えて労働させることができる制度である（労基法32条の4）（平成21年3月東京労働局「1年単位の変形労働時間制導入の手引き」及び平成25年厚労省「1年単位の変形労働時間制」参照）。

1年単位の変形労働時間制の場合，単位期間が長いため，労働者の生活設計に大きな影響を与えることになり，また，所定労働時間が長期化して健康を害するおそれもある。そこで，労働基準法は，1年単位の変形労働時間制については，要件を厳格にしている。

なお，1年単位の変形労働時間制は，あらかじめ業務の繁閑を見込んで，それに合わせて労働時間を配分するものであるから，突発的なものを除いて，恒常的な時間外労働がないことを前提としている（平成6・1・4基発1号）。

Ⅱ　労働時間管理とメンタルヘルス上の法律問題と実務対応　**Q2**

■就業規則規定例
1. 就業規則の規定　例1　(次頁の労使協定に対応する規定例)

> 第○条　労使協定により1年単位の変形労働時間制を採用し，所定労働時間は対象期間を平均して1週40時間以内とする。ただし，1年単位の変形労働時間制が適用されない場合については1週40時間とする。
> 　2　1年単位の変形労働時間制の労働日ごとの所定労働時間，始業・終業時刻及び休憩時間は，次のとおりとする。
> 　　なお，年間における休日は，別途定める年間カレンダー表によるものとする。
>
> | 月 | 所定労働時間 | 始業時刻 | 終業時刻 | 休憩時間 |
> |---|---|---|---|---|
> | 4月～6月，7月～11月，1月～2月 | 7時間30分
(但し日曜日は6時間) | 午前9時 | 午後5時30分
(但し日曜日は午後4時) | 正午～午後1時 |
> | 12月，3月 | 8時間30分 | 午前8時30分 | 午後6時 | 同上 |
>
> 　3　第1項の対象期間は1年間とし，その起算日は毎年4月1日からとする。

2. 就業規則の規定　例2

> 第□条　労使協定により1年単位の変形労働時間制を採用し，所定労働時間は対象期間を平均して1週40時間以内とする。ただし，1年単位の変形労働時間制が適用されない場合については1週40時間とする。
> 　2　1日の所定労働時間は7時間45分とし，始業・終業時刻及び休憩時間は，次のとおりとする。
> 　　始業：8時15分　終業：17時　休憩時間：12時～13時
> 　3　第1項の対象期間は1年間とし，その起算日は毎年4月1日からとする。
> 第□条　休日は次のとおりとする。
> 　　(1)日曜日
> 　　(2)国民の祝日及び国民の休日
> 　　(3)第2，4土曜日
> 　　(4)年末年始　12月30日から1月3日

第2部 各　　論
第1章　労働関係の展開段階ごとのメンタルヘルスQ＆A

(5)夏季休日　8月12日から8月18日

■労使協定規定例
繁忙期に週48時間を超える所定労働時間を定める場合

1年単位の変形労働時間制に関する労使協定

　○○株式会社と従業員代表○○○○は，1年単位の変形労働時間制に関し，下記のとおり協定する。

記

(勤務時間)
第1条　所定労働時間は，1年単位の変形労働時間制によるものとし，1年を平均して週40時間を超えないものとする。
　2　1日の所定労働時間，始業・終業の時刻，休憩時間は次の通りとする。
　　①　12月，3月
　　　所定労働時間＝1日8時間30分
　　　(始業＝午前8時30分，終業＝午後6時，休憩＝正午〜午後1時)
　　②　前記①以外の期間 (4月，5月，6月，7月，8月，9月，10月，11月，1月，2月)
　　　所定労働時間＝1日7時間30分
　　　(但し，日曜日の所定労働時間は終業時刻を1時間30分くり上げ6時間とする。)
　　　(始業＝午前9時，終業＝午後5時30分，休憩＝正午〜午後1時)
(起算日)
第2条　対象期間の起算日は平成○年○月○日とする。
(休日)
第3条　休日は，別紙年間カレンダーの通りとする。
(特定期間)
第4条　特定期間は次の通りとする。
　　　7月4日〜7月17日
(対象となる従業員の範囲)
第5条　本協定による変形労働時間制は，次のいずれかに該当する従業員を

除き，全従業員に適用する。
一　18歳未満の年少者
二　妊娠中または産後1年を経過しない女性従業員のうち，本制度の適用免除を申し出た者
三　育児や介護を行う従業員，職業訓練または教育を受ける従業員その他特別の配慮を要する従業員に該当する者のうち，本制度の適用免除を申し出た者

(有効期間)
第6条　本協定の有効期間は起算日から1年間とする。

平成○年○月○日

　　　　　　　　　　　　　○○株式会社代表取締役　　○○○○印
　　　　　　　　　　　　　従業員代表製造第二課係長○○○○印

(出所)　平成21年3月東京労働局「1年単位の変形労働時間制導入の手引き」より。年間カレンダー掲載は省略した。

(1)　労使協定の締結

　1年単位の変形労働時間制の場合，1か月単位のものと異なり，就業規則だけで導入することはできず，過半数代表との労使協定を締結しなければならない（ただし，労働者に変形労働時間制での労働を義務づけるため，別途，労働契約，就業規則又は労働協約で，この変形労働時間制の内容及びこれに従って労働するべきことを規定する必要がある）。

　そして，労使協定において以下の項目を定めるとともに，所轄労基署に届け出る必要がある（以下につき，岩出・講義(上)362〜367頁，村林＝中田編著・前掲書94〜99頁，平成21年3月東京労働局「1年単位の変形労働時間制導入の手引き」参照）。

(a)　対象労働者の範囲

　1年単位の変形労働時間制により労働させる対象労働者を労使協定上明確にする必要がある。

　なお，勤務期間が対象期間に満たない中途採用者・中途退職者についても，賃金の清算を条件に，この制度の対象とすることが認められる（労基法

第2部 各 論
第1章 労働関係の展開段階ごとのメンタルヘルスQ＆A

■1年単位の変形労働時間制の協定届の記入例
様式第4号（12条の4第6項関係）
1年単位の変形労働時間制に関する協定届

事業の種類	事業の名称	事業の所在地（電話番号）	常時使用する労働者数
一般機械器具製造業	○○○○株式会社	○○区○○○町3-4-5（電話○○○○-○○○○）	150 人

該当労働者数（満18歳未満の者）	対象期間及び特定期間（起算日）	対象期間中の各週の各日及び所定休日の労働時間並びに所定休日	対象期間中の1週間の平均労働時間数	協定の有効期間
120 人	1年（平成○年○月○日） 特定期間 7月4日〜7月17	（別紙）	37 時間 20 分	平成○年○月○日 から1年間

労働時間が最も長い日の労働時間数（満18歳未満の者）	労働時間が最も長い週の労働時間数（満18歳未満の者）	対象期間中の総労働日数
8 時間 30 分 時間 分	51 時間 00 分 時間 分	251 日

労働時間が48時間を超える週の最長連続週数	3 週	対象期間中の最も長い連続労働日数	6 日間
対象期間中の労働時間が48時間を超える週数	7 週	特定期間中の最も長い連続労働日数	12 日間

旧協定 の 対 象 期 間	旧協定の労働時間が最も長い日の労働時間数	旧協定の対象期間中の総労働日数
1年	8 時間 48 分	252 日

協定の成立年月日 平成○年○月○日

協定の当事者である労働組合の名称又は労働者の過半数を代表する者の 職名 製造第二課 係長
氏名 ○○ ○○

協定の当事者（労働者の過半数を代表する者の場合）の選出方法（ 投票により選出 ）

使用者 職名 ○○○○株式会社 代表取締役社長
氏名 ○○ ○○ ㊞

平成○年○月○日

○○労働基準監督署長 殿

記載心得
1 法第32条の4第2項の規定に基づき満18歳未満の者に変形労働時間制を適用する場合は、該当労働者数、「労働時間が最も長い日の労働時間数」及び「労働時間が最も長い週の労働時間数」の各欄に（ ）内孤書きするとと。
2 「対象期間及び特定期間」の欄のうち、対象期間については当該変形労働時間制における時間通算の期間の単位を記入し、その起算日を括弧書きすること。
3 「対象期間中の各日及び各週の労働時間並びに所定休日」については、別紙に記載して添付すること。
4 「旧協定」とは、則第12条の4第3項に規定するものであること。

（出所）平成21年3月東京労働局「1年単位の変形労働時間制導入の手引き」より。

32条の4の2)。

すなわち，中途採用者・中途退職者などに実際に労働させた期間を平均して週40時間を超えた労働時間について，以下の計算式により労働基準法37条の規定の例による割増賃金を支払うことが必要である（なお，割増賃金の清算を行う時期は，中途採用者の場合は対象期間が終了した時点，中途退職者の場合は退職した時点である）。

<u>割増賃金を支払う時間 ＝ 実労働期間における実労働時間－実労働期間における法定労働時間の総枠（（実労働期間の暦日数÷7日）× 40時間）</u>

(b) **対象期間及び起算日**

対象期間は，1か月を超え1年以内の期間に限られる。

対象期間を具体的な期日ではなく期間で定める場合には，当該期間の起算日を定めることが必要である。

(c) **特定期間**

上記(b)の対象期間中の特に業務の繁忙な期間を特定期間として定めることができる（特定期間は，連続して労働させる日数の限度に関係する）。

なお，対象期間の相当部分を特定期間とすることは労働基準法の趣旨に反する。

また，対象期間中に特定期間を変更することは許されない（平成11・1・29基発45号）。

(d) **労働日及び労働日ごとの労働時間**

労働日及び労働日ごとの労働時間は，上記(b)の対象期間を平均し1週間あたりの労働時間が40時間を超えないよう，また，(2)の「労働日及び労働日ごとの労働時間に関する限度」に適合するよう設定しなければならない。

対象期間を通した所定労働時間の総枠は，次の計算式による。

<u>対象期間の所定労働時間総枠 ≦ 40時間 × 対象期間の暦日数÷7</u>

また，特定した労働日又は労働日ごとの労働時間を任意に変更することはできない（平成6・1・4基発1号）。

なお，労働日及び労働日ごとの労働時間は，上記(b)の対象期間中のすべて

第2部 各　論
第1章　労働関係の展開段階ごとのメンタルヘルスＱ＆Ａ

の労働日及び労働日ごとの労働時間をあらかじめ労使協定で定める方法と，対象期間を区切って定める方法がある。

　後者の場合，労使協定では，最初の期間についてのみ労働日及び労働日ごとの労働時間を特定し，その後の区分期間については労働日数と総労働時間を定める。その後，各区分期間の開始30日前までに，過半数代表の同意を得て，当該期間の労働日及び労働日ごとの労働時間（ただし，区分期間の総労働日と総労働時間の範囲内でなければならない）を書面により特定する必要がある（労基則12条の4第2項）。

■労働日と労働時間の特定

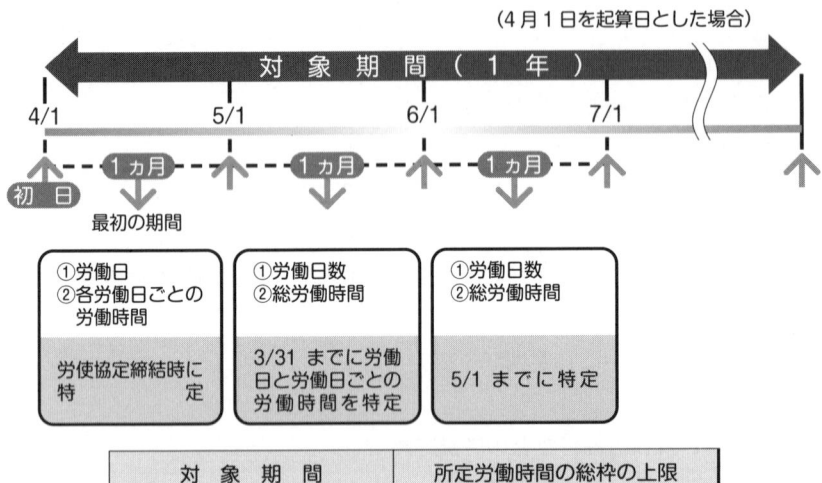

（4月1日を起算日とした場合）

対象期間	所定労働時間の総枠の上限
1年（365日の場合）	2,085.71時間
6箇月（183日の場合）	1,045.71時間
4箇月（122日の場合）	697.14時間
3箇月（92日の場合）	525.71時間

（出所）　平成21年3月東京労働局「1年単位の変形労働時間制導入の手引き」より。

(e) 労使協定の有効期間

労使協定そのものの有効期間は，上記(b)の対象期間より長い期間とする必要があるが，この制度を適切に運用するため，対象期間と同じ1年程度とすることが望ましい。

(2) 労働日及び労働日ごとの労働時間に関する限度
　(a) 対象期間における労働日数の限度（対象期間が3か月を超える場合に限る）

1年あたり280日が限度とされている。対象期間が1年未満の場合は，暦日数で按分することになる

　　280日×対象期間中の暦日数÷365日（1年365日の場合）

*端数を切り捨てる

ただし，既に3か月を超える対象期間を設定した事業場の労使協定が存在する場合，新たに労使協定を締結することで，1日の労働時間のうち最長のものが旧協定の最長時間もしくは9時間のいずれか長い方を超えるか，1週の労働時間のうち最長のものが，旧協定の最長時間もしくは48時間を超えるときは，新たな労使協定での労働日数は，旧協定で定める日数から1日を減じた日数，もしくは280日のいずれか少ない日数にしなければならない（労基則12条の4第3項ただし書）。

なお，対象期間が3か月以下の場合は，制限はない（週休制による休日日数を引いた313日が上限となる）。

　(b) 対象期間における1日及び1週間の労働時間の限度

1日10時間以内，1週52時間以内とされている（労基法32条の4第3項，労基則12条の4第4項）。

ただし，対象期間が3か月を超える場合には，次のいずれにも適合しなければならない（対象期間が3か月以下の場合は，制限はない）。

① 対象期間中に労働時間が48時間を超える週を連続させることができるのは，3週以内とすること。

② 対象期間を3か月ごとに区分した各期間において，労働時間が48時

第 2 部　各　論
第 1 章　労働関係の展開段階ごとのメンタルヘルス Q & A

間を超える週は，週の初日で数えて 3 回以内とすること。
　(c)　対象期間及び特定期間における連続して労働させる日数の限度
　対象期間における連続して労働させることができる日数の限度は，6 日である。
　特定期間の場合は，1 週間に 1 日の休日が確保できる日数（最長 12 日）となる。
　ただし，これを常態とすることは，連続労働日数を制限することとした趣旨に必ずしもそぐわないものであることに留意する必要がある（平成 6・1・4 基発 1 号）。

(3)　時間外労働
　(a)　時間外労働となる場合
　以下の時間については時間外労働となり，割増賃金を支払う必要がある。
　　(ア)　1 日の法定労働時間外労働
　労使協定で 1 日 8 時間を超える時間を定めた日はその時間，それ以外の日は 8 時間を超えて労働した時間。
　　(イ)　1 週の法定労働時間外労働
　労使協定で 1 週 40 時間を超える時間を定めた週はその時間，それ以外の週は 1 週 40 時間を超えて労働した時間（(ア)で時間外労働となる時間を除く）。
　　(ウ)　対象期間の法定労働時間外労働
　対象期間の法定労働時間総枠（40 時間 × 対象期間の暦日数 ÷ 7）を超えて労働した時間（(ア)又は(イ)で時間外労働となる時間を除く）。
　(b)　割増賃金の支払
　上記(ア)及び(イ)の場合は，通常の割増賃金と同様の支払期日において具体的な割増賃金の支払義務が発生する。
　これに対し，上記(ウ)の場合は，対象期間の全体が経過した後，割増賃金額が確定し，その期間終了後の賃金支払日に割増賃金の支払をすることになる。

(c) 時間外労働の限度

なお，平成10年の労働基準法改正に伴い，時間外労働の限度基準が制定され（平成10・12・28労告154号），対象期間が3か月を超える1年単位の変形労働時間制の場合，通常（年間360時間）よりも短い時間外限度基準（年間320時間）とされている。

5 1週間単位の変形労働時間制

1週間単位の変形労働時間制とは，日ごとの業務の繁閑の差が大きく，かつこれが定型的に予想することが困難な零細規模のサービス業の一部について，労使協定によって1週間単位の非定型的な変形労働時間制を認めたものである。

もっとも，実際上，この制度はあまり利用されていない（村林＝中田編著・前掲書99頁）。

(1) 適用事業

「日ごとの業務に著しい繁閑の差が生ずることが多く，かつ，これを予測した上で就業規則その他これに準ずるものにより各日の労働時間を特定することが困難であると認められる厚生労働省令で定める事業」で，「常時使用する労働者の数が厚生労働省令で定める数未満のもの」に適用される（労基法32条の5第1項）。

具体的には，小売業，旅館，料理店及び飲食店であって，常時30人未満の労働者を使用する事業がこれに該当する（労基則12条の5第21項・2項）。

(2) 要件

(a) 労使協定の締結（労基法32条の5第1項）

週の所定労働時間数を示し，1週間単位の非定型な変形労働時間制をとることを定めた労使協定を締結することが必要である（ただし，労働者に変形労働時間制での労働を義務づけるため，別途，労働契約，就業規則又は労働協約で，この変形労働時間制の内容及びこれに従って労働するべきことを規定する必要がある）。

第2部 各　論
第1章　労働関係の展開段階ごとのメンタルヘルスQ＆A

■就業規則規定例

第○条（1週間単位の非定型的変形労働時間制）
　1　労使協定により，1週間（毎日曜日から土曜日まで，以下同じ）の労働時間を40時間とし，1日の労働時間が10時間を超えない範囲内の労働時間とする，1週間単位の非定型的変形労働時間制を採用する。
　2　各1週間ごとの労働時間は，当該1週間の始まる前の金曜日までに，書面により従業員に通知する。
　3　緊急でやむを得ない事由がある場合には，前項の通知した労働時間を変更することがある。この場合，会社は，前項の通知した労働時間を変更しようとする日の前日までに，書面により従業員に通知する。

■労使協定規定例

1週間単位の非定型的変形労働時間制に関する労使協定

　○○株式会社と従業員代表○○○○は，1週間単位の非定型的変形労働時間制に関し，下記のとおり協定する。

記

（所定労働時間）
第1条　所定労働時間は，1週間（毎日曜日から土曜日まで，以下同じ）の労働時間を40時間とし，1日の労働時間が10時間を超えない範囲内の労働時間とする，1週間単位の非定型的変形労働時間制によるものとする。
（従業員への通知）
第2条　各1週間ごとの労働時間は，当該1週間の始まる前の金曜日までに，書面により従業員に通知する。
（所定労働時間の変更）
第3条　緊急でやむを得ない事由がある場合には，前項の通知した労働時間を変更することがある。この場合，会社は，前項の通知した労働時間を変更しようとする日の前日までに，書面により従業員に通知する。
（有効期間）
第4条　本協定の有効期間は締結日から1年間とする。

平成○年○月○日

　　　　　　　　　　　　　　　　　○○株式会社代表取締役○○○○印
　　　　　　　　　　　　　　　　　　　　　従業員代表○○○○印

Ⅱ 労働時間管理とメンタルヘルス上の法律問題と実務対応 **Q 2**

様式第5号（第12条の5第4項関係）

1週間単位の非定型的変形労働時間制に関する協定届

事業の種類	事業の名称	事業の所在地（電話番号）	常時使用する労働者数
旅館業	株式会社○○旅館	横浜市中区×-× ○○○（○○○）○○○○	25 人

業務の種類	該当労働者数 （満18歳以上の者）	1週間の所定労働時間	変形労働時間制による期間
食事調理, 宴会の給仕, その他の応接	男 10名 女 15名 計 25名	40時間	平成○年○月○日から 1年間

協定の成立年月日　　**平成**○**年**　○**月**　○**日**
協定の当事者である労働組合の名称又は労働者の過半数を代表する者の
　　　　　　　　　　　職　名　**調理担当**
　　　　　　　　　　　氏　名　**川崎太郎**　㊞
協定の当事者（労働者の過半数を代表する者の場合）の選出方法
（　　**挙手による信任**　　　　　　　　　　　　　　　　　　　）
　平成○**年**　○**月**　○**日**
　　　　　　　　　　使用者　職名　**代表取締役**
　　　　　　　　　　　　　　氏名　**横浜一郎**　　　　　㊞
　　○　○　労働基準監督署長殿

（出所）　神奈川労働局HPより。

第2部 各　論
第1章　労働関係の展開段階ごとのメンタルヘルスＱ＆Ａ

(b) **1週間の各労働時間をあらかじめ労働者に通知すること**（労基法32条の5第2項，労基則12条の5第3項）

1週間の各労働時間を，当該1週間が始まる前までに，書面で労働者に通知する必要がある。

ただし，緊急でやむを得ない事由がある場合には，使用者は，あらかじめ通知した労働時間を変更しようとする日の前日までに，書面により労働者に通知することにより，あらかじめ通知した労働時間を変更することができる。

(c) **所轄労基署に労使協定を届け出ること**（労基法32条の5第3項・32条の2第2項，労基則12条の5第4項）

(3) 対象期間における1日及び1週間の労働時間の限度

1日10時間まで労働させることができる（労基法32条の5第1項）。

ただし，1週40時間の枠組みは変わらず，時間外労働をさせる場合には，別途36協定を締結しなくてはならない。

(4) 時間外労働

以下の時間については時間外労働となり，割増賃金を支払う必要がある。

① 1日8時間以下の所定労働時間として通知した日の場合は，8時間を超える部分

② 1日8時間を超える所定労働時間として通知した日の場合は，通知した労働時間を超える部分

③ 1週40時間を超えた部分

Ⅱ 労働時間管理とメンタルヘルス上の法律問題と実務対応 **Q2**

■変形労働時間制の比較

	1か月単位の変形労働時間制	1年単位の変形労働時間制	1週間単位の変形労働時間制	フレックスタイム制
手続	労使協定又は就業規則	労使協定	労使協定	労使協定及び就業規則
週平均労働時間	法定労働時間	40時間	40時間	法定労働時間
労使協定の届出	必要	必要	必要	不要
労働時間の上限	なし	1日10時間 1週52時間	1日10時間	なし

（注） なお，いずれの制度でも，労働義務を課すために，労働協約，就業規則，個別契約で定めることを要する。

109

第2部 各　論
第1章　労働関係の展開段階ごとのメンタルヘルスQ＆A

3　フレックスタイム (労基法32条の3) と健康配慮

Q フレックスタイム制が適用される労働者についても，労働時間を管理しなければならないですか。

A フレックスタイム制により労働時間を労働者の自主的決定に委ねた結果，かえって長時間労働に陥る危険性もあるため，使用者は健康配慮義務の視点から，労働時間の管理が必要となる。

――――― 解　説 ―――――

1　フレックスタイム制とは

(1) 意　義

　フレックスタイム制とは，1か月以内の一定期間（清算期間）における総労働時間をあらかじめ定めておき，その枠内で，始業及び終業の時刻を労働者の自主的決定に委ねる労働時間制度をいう（労基法32条の3）。

　この制度は，労働時間の弾力化を図ることにより，労働者がその生活と業務の調和（ワーク・ライフ・バランス）を図りながら，効率的に働くことができるようにして，労働時間を短縮しようとするものといえる（なお，育児介護休業法上も，事業主が講ずべき，始業時刻変更等の措置の一環として，フレックスタイム制が組み込まれている〔育児介護休業法23条1項・2項，育児介護休業則34条1項・2項2号〕）。

　また，上記の労働時間短縮による健康保持だけでなく，労働者は通勤ラッシュ時間を避けて通勤することができるようになるので，むだな体力の消耗を避けることによる健康保持も期待することができる。

Ⅱ　労働時間管理とメンタルヘルス上の法律問題と実務対応　**Q3**

　厚労省の「平成25年就労条件総合調査」をみると，1000人以上の企業で変形労働時間制を採用している企業のうち28.2％の企業が利用しており，かなり普及している制度といえる。

　また，厚労省のHP上で導入事例も紹介されている。そこでは，「自分自身で始業や終業の時刻を決めることができる自由の部分と，自分自身で時間管理をしなければならないという責任を負うことにより，社員が仕事に対し，より積極的に取り組む意識をもってもらいたい」という意識改革と，仕事の効率化を図ることを目的としてフレックスタイム制を導入したところ，健康状態がよくなったなど社員の身体的・精神的な面での効果が目覚ましかったとされている。

(2)　要件等

　フレックスタイム制を導入するには，①就業規則等により始業及び終業の時刻を当該労働者の決定に委ねることを定めること，②当該事業場の過半数代表との間で，(i)フレックスタイム制を適用する労働者の範囲，(ii) 1か月以内の清算期間，(iii)清算期間における総労働時間，(iv)標準となる1日の労働時間の長さ（清算期間内における総労働時間を，その期間における所定労働日数で除したもの），コアタイムを定める場合にはその時間帯の開始及び終了の時刻，フレキシブルタイムに制限を設ける場合にはその時間帯の開始及び終了の時刻を定める労使協定を締結すること（ただし所轄労基署への届出は不要），③フレックスタイム制を実施する期間の起算日を就業規則又は労使協定で定めることが必要である（労基法32条の3，労基則12条の2第1項・12条の3）。

　上記①について，始業及び終業時刻の両方を労働者の決定に委ねることが必要であり，始業時刻又は終業時刻の一方についてのみ労働者の決定に委ねるのでは足りない（昭和63・1・1基発1号）。

　上記②(i)の労働者の範囲は，「全労働者」，「特定の職種の労働者」と定めたり，個人ごと，課ごと，グループごとに定めたりすることも自由である。

　上記②(ii)の清算期間については，労働基準法32条の3第2号は「1か月以内の期間」としているだけであるから，1か月単位のほか，例えば1週間

第2部 各　論
第1章　労働関係の展開段階ごとのメンタルヘルスＱ＆Ａ

■就業規則規定例
1. 労使協定を就業規則の一部とする場合

> 第10条　労使協定によりフレックスタイム制を適用する従業員の始業，終業時刻については，労使協定第○条で定める始業，終業の時間帯の範囲内において従業員が自由に決定できる。
> 　　　　フレックスタイム制に関する他の項目は，別添の労使協定を就業規則の一部として当該協定に定める内容による。

2. 労使協定とは別に就業規則を定める場合

> 第3章
> 第16条　フレックスタイム制の対象従業員は，研究開発部に勤務するものとする。
> 第17条　フレックスタイム制における勤務時間の清算の期間は，毎月1日から末日までの1箇月間とする。
> 第18条　清算期間における所定総労働時間は，160時間とする。
> 第19条　1日の標準となる労働時間は，7時間とする。
> 第20条　フレキシブルタイム，コアタイム及び休憩時間の時間帯は次のとおりとする。
> 　　　　始業時間帯　7時から10時まで
> 　　　　コアタイム　10時から15時まで
> 　　　　終業時間帯　15時から20時まで
> 　　　　休憩時間　　12時から13時まで
> 第21条　フレックスタイム制を適用することとした従業員の始業，終業時刻については，それぞれの時間帯において従業員が自主的に決定したところによる。
> 第22条　従業員は，所定総労働時間に対し著しい過不足時間が生じないように努めなければならない。やむを得ず過不足時間を生じる場合にも，その時間は1箇月20時間を超えないようにしなければならない。年次有給休暇は第19条の1日の標準となる労働時間労働したものとみなす。
> 　　2　所定総労働時間を超えた労働に対しては，賃金規定の定めるところにより時間外労働手当を支給する。

3 所定総労働時間に不足が生じた場合には，月間法定総労働時間から所定総労働時間を差し引いた範囲内の労働時間分を加算した労働時間を翌月の所定労働時間として清算することができる。

■労使協定規定例

フレックスタイム制に関する労使協定

　〇〇株式会社と〇〇労働組合とはフレックスタイム制に関し，次のとおり協定する。

記

(対象労働者)
第1条　対象労働者の範囲　本社研究開発部及び研究所の従業員とする。
(清算期間)
第2条　清算期間は毎年1月21日を起算日とし，毎月21日から翌月の20日までとする。
(清算期間における総労働時間)
第3条　総労働時間は1日7時間を基準とし，その時間に当該期間の就業規則に定める所定労働日数を乗じた時間とする。
(標準となる1日の労働時間の長さ)
第4条　標準労働時間は，1日7時間とし，有給休暇については7時間の労働とみなし取り扱う。
(コアタイム)
第5条　必ず労働しなければならない時間帯は10時から15時までとする。
(フレキシブルタイム)
第6条　従業員の選択により労働することができる時間帯は次のとおりとする。
　　　　開始　7時から10時まで　　終了　15時から21時まで
(休憩)
第7条　休憩時間は就業規則の定めるところ(12時から13時まで)による。
(労働時間の清算)
第8条　各清算期間終了時における労働時間の清算は，次の各号に定めると

第2部 各　論
第1章　労働関係の展開段階ごとのメンタルヘルスQ&A

ころによる。
1　第3条の総労働時間を超えて労働した場合には，賃金規定の定めるところにより時間外手当を支払う。
2　第3条の総労働時間に不足した場合には，当該時間について月間法定労働時間の範囲内で翌月分の労働時間で清算することができる。
3　所属長の承認を得て第6条に定める時間帯の前後に勤務した場合においても，本協定に定める労働時間として総労働時間に含めて取り扱う。
4　所属長の承認を得て休日に労働した場合には，賃金規定に定める休日労働手当を支払い，本協定上の取り扱いはしない。

(労働時間の管理)
第9条　フレックスタイム制の労働時間の管理は次のとおりとする。
1　従業員は自己の労働時間を個人別勤務票に記録して，所属長に提出しなければならない。
2　従業員は，月間総労働時間に著しい過不足が生じないようにしなければならない。
3　各人の月間総労働時間を30時間を超えて労働する必要がある場合，所定休日に労働する必要がある場合及び午後10時以降に労働する必要がある場合には，事前に所属長の承認を得なければならない。
4　従業員は，時間外・休日労働協定の範囲を超えて時間外労働及び休日労働をしてはならない。
5　遅刻・早退・欠勤に関する就業規則の定めは，第5条のコアタイムについてこれを適用する。

(有効期間)
第10条　本協定の有効期間は平成○年○月○日から平成○年○月○日までの1年とする。

平成○年○月○日

　　　　　　　　　　　　　　　　○○株式会社
　　　　　　　　　　　　　　　　代表取締役社長　　○○○○印
　　　　　　　　　　　　　　　　○○労働組合
　　　　　　　　　　　　　　　　執行委員長　　　　○○○○印

(出所)　「効率的な働き方に向けてフレックスタイム制の導入」厚労省HPより。

単位とすることも可能である。ただし、賃金の計算期間との関係で複雑になってしまうので、1か月単位とするのが一般的であるといえる。清算期間は、その長さと起算日について、「毎月1日から月末まで」などと具体的な定めが必要である。

上記②(iii)の総労働時間は、清算期間を平均し1週間の労働時間が法定労働時間の範囲内となるように定めなければならないが（「清算期間における総労働時間」≦40×清算期間の暦日数÷7＝「清算期間における法定労働時間の総枠」）、例えば「160時間」と各清算期間を通じて一律の時間を定める方法も、清算期間における所定労働日を定めたうえ、「所定労働日1日あたり7時間」という定めをする方法も、どちらも可能である（「効率的な働き方に向けてフレックスタイム制の導入」厚労省HP参照）。

(3) フレックスタイム制における時間外労働

フレックスタイム制の場合、時間外労働（労基法36条・37条）となるかどうかは、1日単位では判断せず（昭和63・1・1基発1号）、清算期間を単位としてのみ判断する。すなわち、「清算期間における法定労働時間の総枠」を超えた時間が、時間外労働時間となる。

(4) 清算期間中の実労働時間に過不足が生じた場合

「清算期間における総労働時間」として定められた時間に比べ、実労働時間の方が短かった（不足していた）場合、不足分に相当する賃金をカットして支払うこともできるが、賃金カットせず、次の清算期間に繰り越して清算する（次の清算期間中の労働時間に、不足分を上積みして労働させる）ことも、次の清算期間の実労働時間が「清算期間における法定労働時間の総枠」の範囲内であれば可能である。

これに対し、「清算期間における総労働時間」として定められた時間に比べ、実労働時間の方が長かった（超過していた）場合に、超過分を支払わず、次の「清算期間の総労働時間」を減らす方法により清算することは、その清算期間内における労働の対価の一部がその期間の賃金支払日に支払われない

ことになり，労働基準法 24 条に反し許されない（昭和 63・1・1 基発 1 号）。よって，超過分は，その清算期間内で清算されなければならない。

2　フレックスタイム制における労働時間管理の重要性

　フレックスタイム制においては，労働者が始業，終業時刻や各日の労働時間の長さを労働者が自主的に決定すること，換言すれば，労働者が自ら労働時間を管理することが前提となっている。

　しかしながら，フレックスタイム制の場合にも，使用者は労働時間の把握義務があり，各労働者の各日の労働時間をきちんと把握しなくてはならない（昭和 63・3・14 基発 150 号）。

　そもそも，長時間労働により心身の健康を害する危険性がある点では，フレックスタイム制が適用されない労働者と同様であり，むしろ，フレックスタイム制により時間配分を労働者に委ねた結果，長時間労働に陥る危険性もあるといえる。

　また，フレックスタイム制が適用されたからといって，使用者は健康配慮義務（〔電通事件〕最判平成 12・3・24 民集 54 巻 3 号 1155 頁・労判 779 号 13 頁・判タ 1028 号 80 頁）を免れるものではないので，長時間労働を放置し，労働者が心身の健康を害した場合には，使用者は損害賠償責任を負うことになる。

　さらに，フレックスタイム制であっても，休日・深夜労働に関する規定（労基法 36 条・37 条）が適用され，また，実際の労働時間が，清算期間における法定労働時間の総枠を超えている場合には，時間外労働の割増賃金（労基法 36 条・37 条）を支払わなければならない。

　以上のことから，使用者は，フレックスタイム制が適用される労働者に関しても，労働時間を適正に管理し，長時間労働によって労働者が心身の健康を損なうことを防止する必要がある。

3　労働時間の管理と労働者の健康確保の方法

　では，労働時間を適正に管理し，労働者の健康を確保するためには，どのような点に留意すべきだろうか。

(1) コアタイムの設置

まず，始業，終業時刻を完全に労働者に委ねておくと，始業時間がだんだんと遅くなり，結局，「標準となる1日の労働時間」勤務しようとすると，深夜労働（午後10時～午前5時〔労基法37条4項〕）となってしまうおそれがある。そこで，労働時間が深夜にならないよう，コアタイムを設けることが考えられる。

■フレックスタイム制モデル例

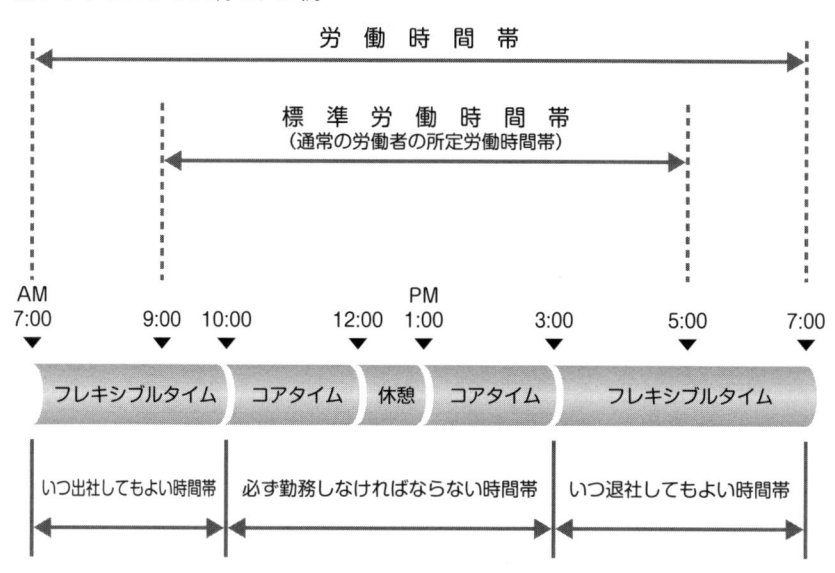

（出所）「効率的な働き方に向けてフレックスタイム制の導入」厚労省HPより。

また，深夜業を防止するため，就業規則等により，以下の定めをしておくことが考えられる（安西愈『改正労働時間法の法律実務〔第2版〕』（総合労働研究所，平成3年）306～307頁）。

① フレックスタイム制が適用される労働者であっても，深夜労働は行わないこと。

② フレックスタイムの開始・終了時刻を遵守し，当該開始時刻以前又は

終了時刻以後の労働は行わないこと。
③　深夜労働を行う必要がある場合には，所属長の承認を得ることとし，承認のない深夜労働は認めない。
④　承認なく深夜労働を行ったとしても，深夜割増賃金は支払わない。

(2) 休憩時間
　次に，上司の監督により，休憩時間をきちんととらせることである。
　休憩については，フレックスタイム制以外の労働者と変わらず，一斉付与の規定が適用される（昭和63・3・14基発150号。一斉休憩によらない休憩を設けるには労使協定の締結が必要である）。また，コアタイムを定めている場合には，当該コアタイム中に一斉休憩を付与するよう行政指導がなされている（昭和63・3・14基発150号）。
　休憩時間の長さについては，フレックスタイム制では，特定の日については実労働時間が1日8時間を超えることが当然の前提とされているので，就業規則には少なくとも60分の休憩時間を定めておくこと（労基法34条1項）が必要である（岩出・講義(上)373～374頁，安枝英䌹「フレックスタイムの導入と労基法上の諸問題」季労119号（昭和56年）35頁）。ただし，「労働者のその日働く時間に応じて，6時間未満の場合は0，6時間以上8時間未満の場合は45分，8時間以上の場合は1時間まで所定労働時間帯」といったフレックス式にすることも，労働基準法違反とはいえないものと考えられる（岩出・講義(上)374頁，安西・前掲書269頁）。
　なお，コアタイムを設定しなかったり，あるいは設定しても労働者が守らないで昼の休憩時間を過ぎて出勤したような場合，休憩時間をとらずに長時間労働をしてしまうおそれがある。このような場合に備え，就業規則上，「労働者が自主的に所定時間の休憩をとるべきこと」を定めておく（岩出・講義(上)374頁，安西・前掲書270頁）とともに，実際に休憩をとるよう，上司が監督・指導をする必要がある。

(3) 時間外労働時間の管理

さらに，労働時間を労働者の自主的決定に委ねた結果，時間外労働が多くなってしまうおそれがある。

そこで，就業規則等により，以下の定めをしておくことが考えられる（安西・前掲書304〜305頁，労働新聞2887号（平成24年）「実務相談室」）。

① 「清算期間における総労働時間」を超えて労働することのないように就業規則等で定めるとともに，毎月定期的に労働時間の状況と今後の見込み時間の報告を労働者に求める。

② 「清算期間における総労働時間」を超えて時間外労働を行う場合には所属長の承認を要するものとし，承認のない時間外労働は認めない。コアタイムを設けている企業では，「1か月の残労働日数×コアタイムの労働時間」を別に確保したうえで，時間外労働が発生する可能性がある場合には，所属長の承認を要するものとする。

③ あらかじめ「清算期間における総労働時間」を超えて労働する枠を定めておき，その範囲内で労働者に自主的に管理させ，それを超える場合には所属長の承認を要するものとする。

第 2 部　各　論
第 1 章　労働関係の展開段階ごとのメンタルヘルス Q&A

4 休憩時間（労基法34条）・休日（労基法35条）と健康配慮

Q 休憩時間と休日に関して，労働者の健康保持の観点から注意すべき点はどのようなことですか。

A 休憩時間は1日の労働時間の半分程度のところで与えるべきである。休日の曜日はあらかじめ固定すべきである。その他，以下の点に留意する必要がある。

――― 解　説 ―――

1　休憩時間について

(1) 健康管理における休憩時間の重要性
　(a)　**休憩時間の趣旨**
　使用者は，労働時間が6時間を超える場合には少なくとも45分間，8時間を超える場合には少なくとも1時間の休憩時間を，労働時間の途中に与えなければならない（労基法34条1項）。
　「休憩時間」とは，労働者が権利として労働から離れることを保障されている時間をいう（昭和22・9・13基発17号）。
　労働が長時間継続すれば，労働者の心身には疲労が蓄積されていく。このような状態は，労働意欲の減退や能率の低下を招くだけでなく，集中力の低下により事故が発生したり，心身の健康を害し，メンタル不調を来したりするおそれがある。そこで，就業の途中で労働者を労働から解放することにより，これらの弊害を防止しようとしたものである。
　(b)　**休憩時間をとらせる義務**
　使用者は労働者に対して，休憩時間を自由に利用させる（労基法34条3項）

Ⅱ　労働時間管理とメンタルヘルス上の法律問題と実務対応　**Q4**

■完全週休2日制を採用する場合の就業規則規定例

（労働時間及び休憩時間）
第17条　労働時間は，1週間については40時間，1日については8時間とする。
　　2　始業・終業の時刻及び休憩時間は，次のとおりとする。ただし，業務の都合その他やむを得ない事情により，これらを繰り上げ，又は繰り下げることがある。この場合，＿＿＿＿前日までに労働者に通知する。

　　①一般勤務

始業・終業時刻	休憩時間
始業　　午前＿＿時＿＿分	＿＿時＿＿分から＿＿時＿＿分まで
終業　　午後＿＿時＿＿分	

　　②交替勤務
　　　(イ) 1番（日勤）

始業・終業時刻	休憩時間
始業　　午前＿＿時＿＿分	＿＿時＿＿分から＿＿時＿＿分まで
終業　　午後＿＿時＿＿分	

　　　(ロ) 2番（準夜勤）

始業・終業時刻	休憩時間
始業　　午前＿＿時＿＿分	＿＿時＿＿分から＿＿時＿＿分まで
終業　　午後＿＿時＿＿分	

　　　(ハ) 3番（夜勤）

始業・終業時刻	休憩時間
始業　　午前＿＿時＿＿分	＿＿時＿＿分から＿＿時＿＿分まで
終業　　午後＿＿時＿＿分	

　　3　交替勤務における各労働者の勤務は，別に定めるシフト表により，前月の＿＿＿＿日までに各労働者に通知する。

第 2 部　各　論
第 1 章　労働関係の展開段階ごとのメンタルヘルス Q＆A

> 4　交替勤務における就業番は原則として＿＿＿日ごとに＿＿＿番を＿＿＿番に，＿＿＿番を＿＿＿番に，＿＿＿番を＿＿＿番に転換する。
> 5　一般勤務から交替勤務へ，交替勤務から一般勤務への勤務形態の変更は，原則として休日又は非番明けに行うものとし，前月の＿＿＿日前までに＿＿＿＿が労働者に通知する。

> (休日)
> 第18条　休日は，次のとおりとする。
> 　　　　①土曜日及び日曜日（日曜日を法定休日とする）
> 　　　　②国民の祝日（日曜日と重なったときは翌日）
> 　　　　③年末年始（12月＿＿日～1月＿＿日）
> 　　　　④夏季休日（＿＿月＿＿日～＿＿月＿＿日）
> 　　　　⑤その他会社が指定する日
> 　2　業務の都合により会社が必要と認める場合は，あらかじめ前項の休日を他の日と振り替えることがある。

(出所)　厚労省モデル就業規則一部改変。

義務を負う。したがって，休憩時間をとらせずに労働に従事させれば，使用者は，損害賠償責任を負うことになる（〔住友化学事件〕最判昭和54・11・13判タ402号64頁は，慰謝料として30万円の支払を使用者に命じている）。

労働時間を管理してメンタル不調を防止する観点からも，必ず休憩時間をとることを徹底する必要がある。

また，業務の都合上，どうしても就業規則所定の休憩時間に休憩がとれなかった場合には，「他の時間に休憩時間をとらせる義務」までは法律上生じないが，メンタル不調を防止することにおける休憩時間の重要性に鑑みれば，他の時間に休憩をとらせるべきである。

(2)　途中付与

　休憩時間は，労働時間の途中に与えなければならない（労基法34条1項）。

前記の長時間労働を防止するとの趣旨からすれば当然のことであり，始業時刻又は終業時刻に接着する形で休憩時間を与えることはできない。

　もっとも，労働基準法は「途中で」と定めるだけで，いつ与えるべきかについては規定していない。しかし，長時間労働を防止する観点からは，1日の労働時間の半分程度のところで与えるべきである。

(3) 休憩時間の分割

　労働基準法は，「45分」「1時間」という時間を定めるだけで，全部を一括して与えなければならないとはしていない。連続する労働時間を短くして，疲労が溜まらないようにするという観点からは，午前，午後，昼食時と分割して与えるという方法も検討されてよいと思われる。ただし，過度の分割により，食事時間が十分確保されないといった事態が起こらないように注意すべきである（基コメ労基法・労契法182頁）。

(4) 一斉付与

　休憩時間は，事業場の過半数代表との労使協定で別途定めた場合を除き，事業場単位で一斉に与えられなければならない（労基法34条2項）。

　他の従業員が働いている時に，自分だけ休憩をとるといっても，気が引けて満足に休めないおそれがある。そのようなことを防止し，休憩の実をあげるため，当該事業場に所属する従業員全員に一斉に休憩を与えることとしたものである。

　なお，フレックスタイム制（労基法32条の3）をとる場合でも，この休憩の一斉付与の規定が適用され（昭和63・3・14基発150号），一斉休憩によらない休憩を設けるには労使協定の締結が必要である。

　また，コアタイムを定めている場合には，当該コアタイム中に一斉休憩を付与するよう行政指導がなされている（昭和63・3・14基発150号）。

　裁量労働制をとる場合も，同様に労働基準法34条2項が適用され，原則として一斉に休憩を与えなければならない。

第 2 部　各　論
第 1 章　労働関係の展開段階ごとのメンタルヘルス Q & A

2　休日について

(1)　健康管理における休日の重要性

(a)　休日の趣旨

使用者は労働者に対して，毎週少なくとも 1 回の休日を与えなければならない（法定休日〔労基法 35 条 1 項〕）。

休日も休憩も，ともに労働から解放される時間を確保するという点で同じであるが，休日は午前零時から午後 12 時までの 24 時間というまとまった時間休むことができるという点で，心身の疲労回復のために特に重要である。

(b)　「週」1 回

休日を与える単位の「週」とは，日曜日から土曜日までの暦週に限られないが，就業規則等による定めがなければ，暦週が単位となり，日曜日が起算点となる（昭和 63・1・1 基発 1 号）。

週 1 回の休日を与えていれば，その曜日は問われないので，例えば第 1 週目は初日の日曜日に与え，第 2 週目は最後の土曜日に与えるということも可能である。しかし，健康管理のため，長期間の継続労働を避けるべく，休日の曜日をあらかじめ固定すべきである（石嵜信憲編著／田中朋斉著『健康管理の法律実務〔第 3 版〕』(中央経済社，平成 25 年) 214 頁）。

(c)　法定休日

なお，労働基準法は労働時間につき 1 日 8 時間，週 40 時間と定めていて，週休 2 日制を前提としているといえ，また，一般にも週休 2 日制が定着しているといえる。週 1 日の法定休日を上回っているわけであるが，この上回っている 1 日を法定外休日といい，割増賃金に違いがある（法定休日は 1.35 倍であるが，法定外休日の場合，週 40 時間の法定労働時間を超えるときに 1.25 倍の割増賃金を支払えば足りる）。このように，法定休日と法定外休日とでは労働条件に差が出てくるので，労働条件を明示する観点から，週 2 日の休日のうちいずれが法定休日にあたるかを就業規則等により明示することが望ましい（平成 6・1・4 基発 1 号）。

ただし，土曜日及び日曜日が週休とされていたが，2 日のうちのいずれか

一方に法定休日が特定されていなかった場合の取扱いについて，2日の週休はまったく同じ法的性格を付与された休日であって，いずれも法定休日たり得るということができるから，どちらか一方について出勤させても，他方が休みであれば労働基準法35条違反の問題は生ぜず，当該出勤日の出勤は，法定外休日労働として，労働基準法37条の休日割増賃金は発生しない（ただし，法定外休日労働により週法定労働時間を超える場合には，法定労働時間外労働としての割増賃金が発生することは当然である）とした〔ファニメディック事件〕東京地判平成25・7・23（労経速2187号18頁）がある。

(2) 振替休日と代休

(a) **振替休日**

業務の都合により，法定休日に労働させる必要が生じる場合もある。そのような場合に備え，休日を確保し，労働者の健康保持を図るため，就業規則等に休日の事前の振替えに関する規定（振替え権限，事由，方法を明確にしたもの）を設けておくべきである。

休日の事前の振替えとは，法定休日と定められている特定の日を指定して，これを労働日に変更し，代わりにその前後の労働日を休日に変更することをいうが，「週1日」の要件を充たすように，振替休日を配置し，指定しなければならない。この要件を充たせば，本来の休日は労働日となるので，その日に労働しても1.35倍の休日割増賃金は発生しない。

(b) **代休**

また，事前の振替えをせずに法定休日に労働をさせた場合，法律上の要求ではないが，労働者の健康保持のため，代休を与えること（事後的な休日振替え）が望ましい（就業規則等の根拠規定が必要である）。

代休日については「週1日」の要件は適用されず，自由に指定できるが，長期間の継続労働を防止するという観点からは，なるべく近接した時期に代休をとらせるようにすべきである。

なお，この事後的な休日振替えの場合，事前の振替えにより法定休日を変更したわけではないので，休日労働に対しては1.35倍の休日割増賃金が必

第2部　各　論
第1章　労働関係の展開段階ごとのメンタルヘルスQ&A

要である。代休を与えた場合に35％の割増分だけで済ますためには，代休取得の場合に関する賃金の清算規定を就業規則等に規定しておく必要がある。

(c) **法定外休日の振替え**

労働基準法の基準を上回って与えられている法定外休日については，労働基準法上の制限はなく，振替休日・代休を与えるかどうかも自由であるが，労働者の健康保持の観点からは，振替休日・代休を与えることが望ましい。

なお，振替休日・代休を与えた場合には，賃金の清算規定が必要となる点は，上記(b)と同様である。

(3) 変形休日制

就業規則等で定めることにより，特定の4週間に4日以上の休日を与えるという制度とすることも可能である（労基法35条2項）。

就業規則等で，4週間を計算するための起算日を明らかにしなければならず（労基則12条の2第2項），また，できる限り労働基準法32条の2（1か月単位の変形労働時間制を実施する場合の休日の特定に関する規定）に準じて，就業規則等で休日を特定しなければならないものとされているが（昭和22・9・13発基17号），休日の設定についてこれ以上の制限はない。

そこで，例えば4週の最初又は最後に4日の休日を連続して与えることもできるが，健康管理の観点からは，長期間の継続労働を避けるため，可能な限り4週の途中に休日を設定すべきである。

Ⅱ 労働時間管理とメンタルヘルス上の法律問題と実務対応　**Q 5**

5　時間外・休日・深夜労働（労基法36条・37条）と健康配慮

Q　時間外・休日・深夜労働に就かせる場合，労働者の健康確保のために講じるべき措置はどのようなものですか。

A　時間外・休日・深夜労働時間の削減，年次有給休暇の取得促進，健康管理体制の整備等の措置を講ずるほか，労使の意識改革も必要である。

解　説

1　労働基準法上の労働時間の定め

労働基準法は，労働時間について，1日8時間，週40時間という原則を定め（労基法32条），また，少なくとも週1回の休日を与えなければならないものとしている（労基法35条）。

しかし，労働基準法は，業務上の必要性がある場合には，労使協定の締結・届出という条件の下で（労基法36条）（以下「36協定」という），時間外・休日労働を例外的に許容している。

ただし，時間外労働については25％，休日労働については35％の割増賃金の支払を要する（労基法37条）。

また，平成22年4月1日施行の改正労働基準法により，1か月に60時間を超える時間外労働についての割増賃金率が，中小企業を除き，上記の25％から50％に引き上げられた（労基法37条1項・138条）。また，月45時間を超えて時間外労働を行う場合には，「時間外労働に関する限度基準」（平成10年労働省告示154号）により，あらかじめ特別条項付きの36協定を締結す

127

第2部 各 論
第1章 労働関係の展開段階ごとのメンタルヘルスQ&A

る必要がある。この特別条項付き協定は臨時的に限度時間を超えて時間外労働を行わなければならない特別の事情が予想される場合に結ぶのであるが，上記改正に伴い，①特別条項付きの36協定では，月45時間を超える時間外労働に対する割増賃金率も定めること，②①の率は1.25倍を超える率とするように努めること，③月45時間を超える時間外労働をできる限り短くするように努めることという要件が追加された（「労働基準法の一部を改正する法律の施行について」〔平成21・5・29基発0529001号〕）。

さらに，深夜労働（午後10時～午前5時）については25％の割増賃金の支払を要する（労基法37条4項）。

2 時間外・休日・深夜労働削減の必要性

1のとおり，法定労働時間を超える労働が認められているが，しかしながら，長時間にわたる過重な労働は，疲労の蓄積をもたらす最も重要な要因と考えられ，さらには，脳・心臓疾患の発症との関連性が強いという医学的知見が得られている。

そのため，労働者が疲労を回復することができないような長時間にわたる過重労働を排除していくとともに，労働者に疲労の蓄積を生じさせないようにするため，労働者の健康管理に係る措置を適切に実施することが重要である。

〔電通事件〕最判平成12・3・24（民集54巻3号1155頁・労判779号13頁・判タ1028号80頁）も，**Q11**(2)，2で述べたとおり，労働者が長時間業務に従事して，疲労や心理的負荷等が過度に蓄積すると，労働者の心身の健康を損なう危険があるため，使用者は，そのような危険が生じないよう，長時間労働を防止して，労働者の健康に配慮すべき義務を負うことを明らかにしている。

なお，前記の平成22年4月1日施行の改正労働基準法により時間外労働の割増賃金率が引き上げられた趣旨は，週60時間以上労働する労働者の割合が，全体の中で10％，特に30歳代の子育て世代の男性の中では20％となっており（総務省「労働力調査」平成20年），長時間にわたり労働する労働者の

割合が高くなっているという現状を踏まえ，長時間労働を抑制して，労働者の健康を確保するとともに，仕事と生活の調和がとれた社会を実現するという点にもある。このようなワークライフバランスの観点からも，長時間労働の防止は重要課題となっている（ちなみに，総務省「労働力調査」（平成24年）においても，週60時間以上労働する労働者の割合は9.2％と，労働基準法改正時と変化がない）。

3　時間外・休日・深夜労働削減の方法

厚労省は，「『過重労働による健康障害防止のための総合対策について』の一部改正について」（平成20・3・7基発0307006号）の中で，過重労働による健康障害を防止するため事業者の講ずべき措置を示している。

以下，この通達を中心にして，時間外・休日・深夜労働を削減する方法と健康障害を防止する方法をみていく（以下には，当該通達以外の他の通達や，厚労省「長時間労働者への医師による面接指導制度について」〔平成22年10月〕，中央労働災害防止協会健康確保推進部メンタルヘルス推進センター「過重労働による健康障害を防ぐために」〔平成22・10・15〕からの引用，私見にわたる事柄も含まれている）。

(1)　時間外・休日労働時間を削減すること
　(a)　**時間外労働時間を月45時間以下とするよう努め，また，休日労働の削減に努める**

「脳血管疾患及び虚血性心疾患等（負傷に起因するものを除く）の認定基準について」（平成13・12・12基発1063号）は脳・心臓疾患の労災認定基準を示しているが，その中では，「発症前1か月間ないし6か月間にわたって，1か月当たりおおむね45時間を超える時間外労働が認められない場合は，業務と発症との関連性が弱いが，おおむね45時間を超えて時間外労働時間が長くなるほど，業務と発症との関連性が徐々に強まると評価できる」とされている。

労働者の健康保持の観点からは，時間外・休日労働を月45時間までにとどめるべきである。

第2部　各　論
第1章　労働関係の展開段階ごとのメンタルヘルスQ＆A

　前述の平成22年施行の改正労働基準法の趣旨を踏まえれば，長くとも月60時間までに抑えるべきである。
　(b)　**「労働時間の適正な把握のための使用者が講ずべき措置等に関する基準」（平成13・4・6基発339号）に基づき，労働時間の適正な把握を行う**
　　当該通達については，**Q1**を参照されたい。
　(c)　**裁量労働制対象労働者及び管理監督者についても，健康確保のための責務があることなどに十分留意し，当該労働者に対し，過重労働とならないよう十分な注意喚起を行うなどの措置を講ずるよう努める**
　裁量労働制対象労働者及び管理監督者に関する過重労働防止については，**Q7**及び**Q9**を参照されたい。

(2)　年次有給休暇の取得促進を図る
　年次有給休暇の取得促進の方法については，**Q8**を参照されたい。

(3)　労働時間等設定改善指針に留意しつつ，必要な措置を講じるよう努める
　労働時間等設定改善指針（平成20年厚労省告示108号）は，所定外労働の削減方法として，労働実態を把握し，労使で話し合って，業務の見直し等を行うこと，労働時間に関する意識の改革，「ノー残業デー」「ノー残業ウィーク」の導入・拡充，休日労働を避けること，所定外労働を行わせた場合の代休の付与などをあげている。

(4)　その他の所定外労働時間の削減策
　その他，厚労省のHPには，所定外労働時間の削減策の実例として，事前の時間外労働申請の徹底の周知，時差出勤の運用・ジョブローテーション・応援等による従業員間での仕事の平準化，定例会議の短縮，ミーティングや朝礼における所定外労働時間の状況と削減目標の報告などがあげられている。

(5) 労働者の健康管理に係る措置の徹底
　(a) 健康管理体制の整備，健康診断の実施等
　　(ア) 健康管理体制の整備
　労働者の健康管理のため，産業医や衛生管理者，衛生推進者等を選任し，健康管理に関する職務を適切に行わせる。産業医を選任する義務のない，常時50人未満の労働者を使用する事業場では，地域産業保健センターの産業保健サービスを活用する。
　また，衛生委員会等を設置し，健康管理について適切に調査審議を行う。
　　(イ) 健康診断の確実な実施
　常時使用する労働者に対し，1年以内に1回，定期に健康診断を実施しなければならないとされているので（安衛法66条1項，安衛則44条），これを確実に実施する。
　深夜業を含む業務に常時従事する労働者に対しては，6か月以内に1回の特定業務従事者健康診断を実施しなければならず（安衛則45条），これを確実に実施する。
　血圧等一定の健康診断項目に異常の所見がある労働者には，労災保険制度による二次健康診断等特定保健指導に関する給付（二次健康診断等給付）制度を活用する。
　　(ウ) 健康診断結果に基づく適切な事後措置の実施
　健康診断において異常の所見があった者については，健康保持のため必要な措置についての医師の意見を聴き，必要な事後措置を講じなければならないものとされているので（安衛法66条の4・66条の5），これを適切に実施する。
　(b) 長時間にわたる時間外・休日労働を行った労働者に対する面接指導等
　　(ア) 面接指導等の実施
　① 時間外・休日労働が月100時間を超え，かつ，疲労の蓄積が認められる労働者からの申出があった場合には，遅滞なく，医師による面接指導を実施しなければならないとされている（安衛法66条の8，安衛則52条の2・52条の3）。

第2部 各　論
第1章　労働関係の展開段階ごとのメンタルヘルスQ＆A

　そこで，月100時間を超えた場合，おおむね1か月以内に，確実に実施するようにする。
　また，面接指導に際しては，当該労働者に関する作業環境，労働時間，深夜業の回数及び時間等の情報を医師に提供するようにする。
　面接指導が実施された後は，医師から労働者の健康を保持するために必要な措置について遅滞なく意見聴取を行い，必要と認める場合は，就業場所の変更，作業の転換，労働時間の短縮，深夜業の回数の減少，衛生委員会等への報告等の適切な事後措置を実施しなければならないものとされている（安衛法66条の8第4項・5項，安衛則52条の7）。当該意見聴取は，面談後，おおむね1か月以内に確実に実施するようにする。
　また，面接指導により労働者のメンタルヘルス不調が把握された場合は，面接指導を行った医師，産業医等の助言を得ながら必要に応じ精神科医等と連携を図りつつ対応するようにする。
② 　時間外・休日労働が月80時間を超え，疲労の蓄積が認められ，もしくは健康上の不安を有している労働者からの申出があった場合，又は，事業場で定めた基準に該当する場合には，医師による面接指導又はこれに準ずる措置を実施するよう努めるものとされている（安衛法66条の9，安衛則52条の8）。
　そこで，月80時間を超えた場合，おおむね1か月以内に，医師による面談指導や保健師等による保健指導の実施，労働者の疲労蓄積度チェックリスト（厚労省のHPで公開されている）で疲労蓄積度を把握し，必要な労働者に対し面接指導を行う，事業者が産業医等から事業場の健康管理について助言指導を受ける等の措置を講ずるようにする。
　また，①に示した労働者の健康を保持するために必要な措置に準じた適切な事後措置を実施するよう努めるものとされている（安衛法66条の9，安衛則52条の8）。また，面接指導により労働者のメンタルヘルス不調が把握された場合の措置も①と同様である。
③ 　時間外・休日労働時間が月100時間又は2ないし6か月平均で月80時間を超える労働者全員について，医師による面接指導を実施するよう

努めるものとされている。

　また、①に示した労働者の健康を保持するために必要な措置に準じた適切な事後措置を実施するよう努めるものとされている(安衛法66条の9、安衛則52条の8)(事後措置については②参照)。また、面接指導により労働者のメンタルヘルス不調が把握された場合の措置も①と同様である。

④　時間外・休日労働時間が月45時間を超える労働者で、健康への配慮が必要と認めた者については、面接指導等の措置を講ずることが望ましいとされている。

　また、①に示した労働者の健康を保持するために必要な措置に準じた適切な事後措置を実施することが望ましいとされている(安衛法66条の9、安衛則52条の8)(事後措置については②参照)。また、面接指導により労働者のメンタルヘルス不調が把握された場合の措置も①と同様である。

(イ)　衛生委員会等の調査審議

過重労働による健康障害防止対策について、衛生委員会では以下の事項を含め調査審議する。

① 長時間にわたる労働による労働者の健康障害の防止対策の実施計画の策定等に関すること
② 面接指導等を実施する場合における事業場で定める必要な措置に係る基準の策定に関すること
③ 面接指導等の実施方法及び実施体制に関すること
④ 労働者の申出が適切に行われるための環境整備に関すること
⑤ 申出を行ったことにより当該労働者に対して不利益な取扱いが行われることがないようにするための対策に関すること
⑥ 事業場における長時間労働による健康障害の防止対策の労働者への周知に関すること

また、月80時間超の時間外・休日労働をさせた事業場又はそのおそれのある事業場等においては、衛生委員会等で調査審議のうえ、以下の点を実施する。調査審議の際は、申出を行うことによる不利益取扱いの防止など、申出しやすい環境となるよう配慮することが必要である。

第2部　各　　論
第1章　労働関係の展開段階ごとのメンタルヘルスQ&A

① 労働者が自己の労働時間数を確認できる仕組みの整備
② 申出様式の作成，申出窓口の設定など申出手続を行うための体制の整備
③ 労働者に対し，申出方法等の周知徹底

(c) **過重労働による業務上の疾病を発生させた場合の措置**

(ｱ)　**原因の究明**

事業者は，過重労働による業務上の疾病を発生させた場合には，産業医等の助言を受けながら原因究明と再発防止を図るものとする。

労働時間の適正管理，労働時間及び勤務の不規則性，拘束時間の状況，出張業務の状況，交替制勤務・深夜勤務の状況，作業環境の状況，精神的緊張を伴う勤務の状況，健康診断及び面接指導等の結果等について，多角的に原因の究明を行う。

(ｲ)　**再発防止**

上記(ｱ)の結果に基づき，衛生委員会等の調査結果を踏まえ，再発防止対策を樹立し，その対策を実施する。

Ⅱ　労働時間管理とメンタルヘルス上の法律問題と実務対応　**Q6**

6　事業場外労働みなし労働時間制（労基法38条の2）と健康配慮

Q　事業場外労働のみなし労働時間制を適用する場合，労働者の健康保持のために注意すべき点はどのようなことですか。

A　まず，みなし労働時間制の適用対象となるかどうか厳格に判断すべきである。また，みなし労働時間制を適用した場合も，実労働時間の状況を報告させ，把握すべきである。

―　解　説　―

1　事業場外労働のみなし労働時間制とは

労働基準法は，労働時間について，1日8時間，週40時間という原則を定めている（労基法32条）。

しかし，外勤業務は，事業場から離れた場所で遂行されるため，使用者が労働時間を把握することが困難である。そこで，労働基準法は，事業場外労働についてのみなし労働時間制（以下，「みなし制」という）を定めている。

すなわち，労働基準法38条の2は，①労働者が労働時間の全部又は一部について事業場外で業務に従事した場合において，労働時間を算定しがたいときは，所定労働時間労働したものとみなす（1項本文），②当該業務を遂行するためには通常所定労働時間を超えて労働することが必要になる場合は，当該業務の遂行に通常必要とされる時間労働したものとみなす（1項ただし書），③②の場合，労使協定により「通常必要とされる時間」を定めることができ（2項），その場合，労使協定を労働基準監督署に届け出るもの（3項）としている。

135

第2部 各　論
第1章　労働関係の展開段階ごとのメンタルヘルスQ＆A

■就業規則規定例

> 第○条　従業員が，労働時間の全部または一部について，事業場外で労働した場合であって，労働時間を算定することが困難な業務に従事したときは，就業規則第○条に規定する所定労働時間を労働したものとみなす。
> 2　前項の事業場外の業務を遂行するために，所定労働時間を超えて労働することが必要な場合には，その業務については通常必要とされる時間労働したものとみなす。
> 3　労働基準法第38条の2第2項に基づく労使協定が締結された場合には，前項の事業場外業務の遂行に通常必要とされる時間は，労使協定で定める時間とする。

■労使協定規定例

> 　○○商事株式会社と従業員代表者○○○○は，就業規則第○条に基づいて，事業場外労働の労働時間の算定に関して，次のとおり協定する。
> （対象従業員）
> 第1条　本協定は，営業部に所属する顧客担当と販売部に所属するサービス担当の従業員で，主として事業場外において業務に従事する者に適用する。
> （みなし労働時間）
> 第2条　前条に定める従業員が，労働時間の全部又は一部について，事業場外で勤務した場合であって，労働時間を算定することが困難な労働日については，就業規則第○条第2項に定める事業場外の勤務における労働時間は次の表のとおりとみなす。
>
> | 業務の種類 | 3月・12月における時間 | 左以外の期間における時間 |
> |---|---|---|
> | 営業部顧客担当 | 9 | 7 |
> | 販売部サービス担当 | 10 | 4 |

（休憩時間）
第3条　第1項の従業員に対しても就業規則第〇条に定める休憩時間を与える。
　　　ただし，事業場外で勤務により所定の休憩時間が取れない場合は，別の時間帯に休憩を取るものとする。
（有効期間）
第4条　本協定の有効期間は，〇〇〇〇年〇月〇日から1年間とする。ただし，会社及び労働者代表者から改定の申出がない場合には，1年ごとに自動更新するものとする。

〇〇〇〇年〇月〇日

　　　　　　　　　　　　〇〇商事株式会社　代表取締役〇〇〇〇印
　　　　　　　　　　　　従 業 員 代 表 者　　　　　　〇〇〇〇印

（出所）　平成23年2月東京労働局・労働基準監督署「『事業場外労働に関するみなし労働時間制』の適正な運用のために」より。

2　事業場外労働のみなし労働時間制における労働時間管理の重要性

　みなし制においては，所定労働時間又は通常必要とされる時間，労働したものとみなされるため，使用者は，労働者の労働時間を管理する義務を負わないようにも思われる。

　しかしながら，1日のうち一部の労働を事業場内で行った場合，この事業場内の労働については労働時間の把握が可能であるから，この部分については当該みなし制を適用することはできず，別途労働時間を把握しなければならない。したがって，事業場外労働の部分のみなし時間と，別途把握した事業場内の労働時間の合計が8時間を超えれば，その超えた部分は時間外労働となり，使用者は割増賃金を支払う必要がある。

　また，当該みなし制は，労働時間の算定に関して適用されるだけであるから，休憩，深夜業，休日等に関する規定の適用はあり，深夜・休日の割増賃金の支払義務が発生するので，使用者は，労働時間を把握する必要がある。

第2部 各 論
第1章 労働関係の展開段階ごとのメンタルヘルスＱ＆Ａ

　さらに，長時間労働により心身の健康を害する危険性がある点では，事業場内で労働する労働者と同様である。当然のことながら，みなし制が適用されるからといって，使用者は健康配慮義務（〔電通事件〕最判平成12・3・24（民集54巻3号1155頁・労判779号13頁・判タ1028号80頁）を免れるものではないので，長時間労働を放置し，労働者が心身の健康を害した場合には，使用者は損害賠償責任を負うことになる。

　以上のことから，使用者は，みなし制が適用される労働者に関しても，労働時間を適正に把握し，長時間労働によって労働者が心身の健康を損なうことを防止する必要がある。厚労省の「労働時間の適正な把握のために使用者が講ずべき措置に関する基準」（平成13・4・6基発339号）も，みなし制が適用される労働者については，当該基準の適用対象外であるとしつつも，「健康保護を図る必要があることから，使用者において〔過重な長時間労働を行わせないようにするなど〕適正な時間管理を行う責務がある」と指摘している。

3　労働時間の管理と労働者の健康確保の方法

(1)　みなし制の適用対象

　安易に「みなし制が適用される」と考えて，長時間労働が生じているにもかかわらず放置することがないよう，まずは，みなし制の適用対象となるかどうか厳格に判断することが必要である。

　みなし制の対象となるのは，事業場外で業務に従事し，使用者の具体的な指揮監督が及ばず，労働時間の算定が困難な業務に限られる。たとえ事業場外で業務に従事する場合であっても，使用者の指揮監督が及んでいる場合については，労働時間の算定が可能であるから，みなし制は適用されない。

　この点につき，通達（昭和63・1・1基発1号）は，以下の場合には労働時間の算定が可能であり，みなし制の適用はないものとしている。

　①　何人かのグループで事業場外労働に従事する場合で，そのメンバーの中に労働時間の管理をする者がいる場合
　②　事業場外で業務に従事するが，無線やポケットベル等によって随時使用者の指示を受けながら労働している場合

Ⅱ　労働時間管理とメンタルヘルス上の法律問題と実務対応　**Q6**

③　事業場において，訪問先，帰社時刻等当日の業務の具体的指示を受けたのち，事業場外で指示どおりに業務に従事し，その後事業場に戻る場合

また，上記例示に該当しないものについても，「当該業務の就労実態等の具体的事情を踏まえて，社会通念に従って判断すれば，使用者の具体的な指揮監督が及ぶものと評価され，客観的にみて労働時間を把握・算定することが可能であると認められる場合」（〔阪急トラベルサポート（派遣添乗員・第1）事件〕東京高判平成23・9・14労判1036号14頁，〔阪急トラベルサポート（派遣添乗員・第2）事件〕東京高判平成24・3・7労判1048号6頁，〔阪急トラベルサポート（派遣添乗員・第3）事件〕東京高判平成24・3・7労判1048号26頁）には，労働基準法38条の2第1項の「労働時間を算定し難いとき」に該当せず，みなし制の適用はない。

例えば，海外ツアー派遣添乗員に関する上記〔阪急トラベルサポート（派遣添乗員・第2）事件〕東京高判平成24・3・7では，「本件添乗業務においては，指示書等により旅行主催会社である阪急交通社から添乗員である1審原告に対し旅程管理に関する具体的な業務指示がなされ，1審原告は，これに基づいて業務を遂行する義務を負い，携帯電話を所持して常時電源を入れておくように求められて，旅程管理上重要な問題が発生したときには，阪急交通社に報告し，個別の指示を受ける仕組みが整えられており，実際に遂行した業務内容について，添乗日報に，出発地，運送機関の発着地，観光地や観光施設，到着地についての出発時刻，到着時刻等を正確かつ詳細に記載して提出し報告することが義務付けられているものと認められ，このような1審原告の本件添乗業務の就労実態等の具体的事情を踏まえて，社会通念に従って判断すると，1審原告の本件添乗業務には阪急交通社の具体的な指揮監督が及んでいる」として，みなし制は適用されないものと判断している。

他方，みなし制の適用が認められた事例としては，〔ヒロセ電機事件〕東京地判平成25・5・22（労経速2187号3頁）がある。この事例では，①会社の旅費規程上，出張（直行，直帰も含む）の場合，みなし制が適用されることになっていること，②実際にも，労働者の出張や直行直帰の場合に，上司とし

第 2 部　各　論
第 1 章　労働関係の展開段階ごとのメンタルヘルス Q & A

て指揮監督するような立場にあり，労働者の労働時間を管理する者が同行しているということはなく，会社が労働時間を把握することはできないこと，③直属上司が労働者に対して，具体的な指示命令を出していた事実もないこと（労働者が随時，会社から電話で指示を受けながら業務に従事していたと認めるに足る証拠はなく，また，訪問先や訪問目的の指示を超えて，何時から何時までにいかなる業務を行うか等の具体的なスケジュールについて，詳細な指示を受けていた等の事実は認められない），④事後的にも，何時から何時までどのような業務を行っていたかについて，具体的な報告をさせているわけでもないこと，⑤会社には出張した日に残業時間を申告できる取扱いが存在するが，これは，本来指揮監督が及ばず，本来は労働時間の算定ができないところ，例外的に出張者本人から状況報告があり，所定労働時間みなしでは妥当しないことが判明した場合に，任意に時間外手当を支払っていたというものにすぎないこと等を理由として，労働者が出張，直行直帰している場合の事業場外労働については，会社の労働者に対する具体的な指揮監督が及んでいるとはいえず，労働時間を管理把握して算定することはできないから，みなし制が適用されるとされている。

　上記基準に従って判断して，みなし制の適用対象とならない場合には，「労働時間の適正な把握のために使用者が講ずべき措置に関する基準」（平成13・4・6基発339号）に沿った適正な労働時間の管理を行うことが必要になる（**Q1**参照）。

(2)　みなし制が適用される場合の時間管理

　みなし制の適用対象となるとしても，事業場内で業務が遂行され労働時間を把握できる部分については，上記「労働時間の適正な把握のために使用者が講ずべき措置に関する基準」に従って労働時間を管理する必要がある。

　また，みなし制の適用対象となる場合でも，日報等により，労働時間の状況を定期的に労働者に報告させる。そして，労働時間が長時間に及んでいる場合には，業務内容の改善を行うほか，所定労働時間や労使協定を見直す等の対応が必要である。

さらに、労使協定や就業規則などで所定の休憩時間をあらかじめ定め、その時間には休憩をとるよう、労働者に徹底する（平成24年3月厚生労働省労働基準局労働条件政策課「在宅勤務での適正な労働時間管理の手引」厚労省HP）。

そして、労使協定や就業規則などで、特別の指示又は事前に許可した場合を除き、休日労働及び深夜労働に従事してはならない旨規定し、それを労働者に徹底することにより、休日労働や深夜労働を使用者の具体的指揮監督下で行わせるようにする（上記「在宅勤務での適正な労働時間管理の手引」）。

4 在宅勤務について

いわゆる在宅勤務は、通勤に関する心身の負担が軽減でき、また、労働者の私生活が確保されている自宅において一人で業務に携わる方が、職場において行うよりも、精神的負担が少なく、かつ集中できる時間が長く続くとの評価がなされており、労働者の健康確保のため有効なものといえる。

この在宅勤務については、厚労省から、みなし制の適用を認めるガイドライン等が示されている（平成20・7・28基発0728001号「情報通信機器を活用した在宅勤務の適切な導入及び実施のためのガイドライン」〔以下、「在宅勤務ガイドライン」という〕、平成16・3・5基発0305001号・改正平成20・7・28基発0728002号「情報通信機器を活用した在宅勤務に関する労働基準法第38条の2の適用について」）。

また、「労働時間管理がうまくできない」「長時間労働に陥る可能性がある」といった企業の人事労務担当者や労働者から意見を踏まえ、厚労省から前記「在宅勤務での適正な労働時間管理の手引」が示されている。

これらの通達等に記載されている、労働時間を適正に管理して労働者の健康保持を確保するポイントは、以下のとおりである。

(1) 仕事場所が自宅という理由だけで、みなし制を適用するなど、不適切な労働時間管理をしていないかチェックする

在宅勤務についてみなし制を適用することができるのは、以下のすべての要件を満たす場合であるとされている。

① 業務が起居寝食等私生活を営む自宅で行われること

第2部　各　論
第1章　労働関係の展開段階ごとのメンタルヘルスQ&A

　②　情報通信機器が，使用者の指示により常時通信可能な状態に置くこととされていないこと
　③　業務が随時使用者の具体的な指示に基づいて行われていないこと
　なお，②の「使用者の指示により常時」とは，労働者が自分の意思で通信可能な状態を切断することが使用者から認められていない状態をいう。
　また，②の「通信可能な状態」とは，使用者が労働者に対して情報通信機器を用いて電子メール，電子掲示板などにより随時具体的な指示を行うことが可能であり，かつ，使用者から具体的指示があった場合に労働者がそれに即応しなければならない状態（具体的な指示に備え手待ち状態で待機しているか，待機しつつ実作業を行っている状態）の意味であり，これ以外の状態，例えば単に回線が接続されているだけで労働者が情報通信機器から離れることが自由である場合などは「通信可能な状態」にあたらない。
　③の「具体的な指示に基づいて行われる」には，例えば業務の目的，目標，期限などの基本的事項を指示することや，これらの基本的事項について変更の指示をすることは含まれない。

(2)　労働時間の状況を把握する
　在宅勤務者についても，定期的に，業務日報やパソコンのログイン・ログアウトの状況をチェックするなどして労働時間の状況を適切に把握する。そして，労働時間が長時間に及んでいる場合には，業務内容の改善を行うほか，所定労働時間や労使協定を見直す等の対応が必要である。
　なお，在宅勤務中の業務であっても，例えば使用者の指示で参加が強制されたテレビ会議に参加しているなど，労働時間が算定しがたいとはいえない業務に関しては，別途，実際の労働時間を把握する必要がある。

(3)　休日・深夜労働をさせないようにする
　労使協定や就業規則などで，特別の指示又は事前に許可した場合を除き，休日・深夜労働に従事してはならない旨規定し，その旨を在宅勤務者に徹底することで，休日・深夜労働は，使用者の具体的指揮監督下で行わせる。

事前許可手続が形骸化しているような場合には，業務体制や業務指示のあり方にまで踏み込んで見直しを行う（「賃金不払残業の解消を図るために講ずべき措置等に関する指針」〔平成15・5・23 基発0523004号〕参照）。

また，事前許可制を徹底しているのに，在宅勤務者が深夜労働を行ってしまうような場合には，「以下の点すべてに該当する場合には，労働基準法上の労働時間にあたらず，賃金も支払われない」ことを在宅勤務者に周知・徹底する（「在宅勤務がガイドライン」参照）。

① 深夜に仕事することについて，使用者から強制されたり，義務づけられたりした事実がないこと

② その労働者の当日の業務量が過大である場合や期限の設定が不適切である場合など，深夜に仕事せざるを得ないような使用者からの黙示の指揮命令があったと考えられる事情がないこと

③ 深夜にその労働者からメールが送信されていたり，深夜に仕事をしなければ生み出し得ないような成果物が提出されたなど，深夜に仕事を行ったことが客観的に推測できるような事実がなく，使用者が深夜の仕事を知り得なかったこと

(4) 在宅勤務者が，職場にいる上司や同僚の評価を気にして，遅くまで仕事を続けることがないようにする

在宅勤務者が業務評価などについて懸念を抱くことのないように，評価制度，賃金制度を構築することが望まれる。

(5) 在宅勤務者に不急の打ち合わせ・会議や電話を頻繁に入れ，計画的・効率的な仕事の進め方を阻害しないようにする

在宅業務を円滑かつ効率的に実施するために，業務内容や業務遂行方法などを労働者に明示すること（文書にして交付するなど）が望まれる。

また，あらかじめ通常又は緊急時の連絡方法について，労使間で取り決めておくことが望まれる。

(6) 労働安全衛生法上の措置を履行する

　在宅勤務者についても，通常の労働者と同様に，健康保持を確保するため，必要な健康診断を行うとともに (安衛法66条1項)，雇入れ時には必要な安全衛生教育を行う必要がある (安衛法59条1項)。

　また，VDT作業 (ディスプレイ，キーボード等により構成されるVDT機器を使用して，データの入力・検索・照合等，文書・画像等の作成・編集・修正等，プログラミング，監視等を行う作業) を長時間継続することによる心身の疲労を防止するため，在宅勤務者に対して，「VDT作業における労働衛生管理のためのガイドライン」(平成14・4・5基発0405001号) などに留意するとともに，その内容を周知し，必要な助言を行うことが望まれる。

Ⅱ　労働時間管理とメンタルヘルス上の法律問題と実務対応　**Q7**

7　裁量労働制（労基法38条の3・38条の4）と健康配慮

Q　裁量労働制が適用される労働者についても，労働時間を管理しなければならないですか。

A　使用者は裁量労働制が適用される労働者に対しても健康配慮義務を負っている。また，労働時間の配分を労働者に委ねた結果，さらに，当該労働者には成果が求められるため，長時間労働による健康障害を惹起しやすいといえる。そこで，使用者には当該労働者の労働時間の管理が求められる。

　解　説　

1　裁量労働制とは

　労働基準法は，労働時間について，1日8時間，週40時間という原則を定めている（労基法32条）。
　しかし，業務の進め方において，労働者の創造性や主体性が必要な業務については，労働時間等の設定についても労働者の裁量に委ねることが業務の効率的な遂行につながる。また，労働時間の設定を労働者が自由に工夫できれば，労働者の生活時間も確保することが可能となるので，これにより心身の疲労回復がなされ，メンタル不調の防止にもつながる。
　そこで，労働基準法は，上記原則の例外として，業務の遂行方法が大幅に労働者の裁量に委ねられる一定の業務に従事する労働者について，実労働時間にかかわらず一定の時間だけ労働したとみなすという「裁量労働制」を設けている。
　その類型としては，①業務の性質上その遂行方法を労働者の大幅な裁量に

第2部 各 論
第1章 労働関係の展開段階ごとのメンタルヘルスQ&A

■企画業務型裁量労働制の導入の流れ

1 「労使委員会」を設置する

■委員会の要件
① 委員会の委員の半数については，当該事業場に，労働者の過半数で組織する労働組合がある場合においてはその労働組合，労働者の過半数で組織する労働組合がない場合においては労働者の過半数を代表する者に任期を定めて指名されていること
② 委員会の議事について，議事録が作成・保存されるとともに，労働者に対する周知が図られていること

2 労使委員会で決議する

■決議の要件　委員の5分の4以上の多数決
■必要的決議事項
① 対象業務
② 対象労働者の範囲
③ みなし労働時間：1日あたりの時間数
④ 対象労働者の健康・福祉確保の措置：具体的措置とその措置を実施する旨
⑤ 対象労働者の苦情処理の措置：具体的措置とその措置を実施する旨
⑥ 労働者の同意を得なければならない旨及びその手続，不同意労働者に不利益な取扱いをしてはならない旨

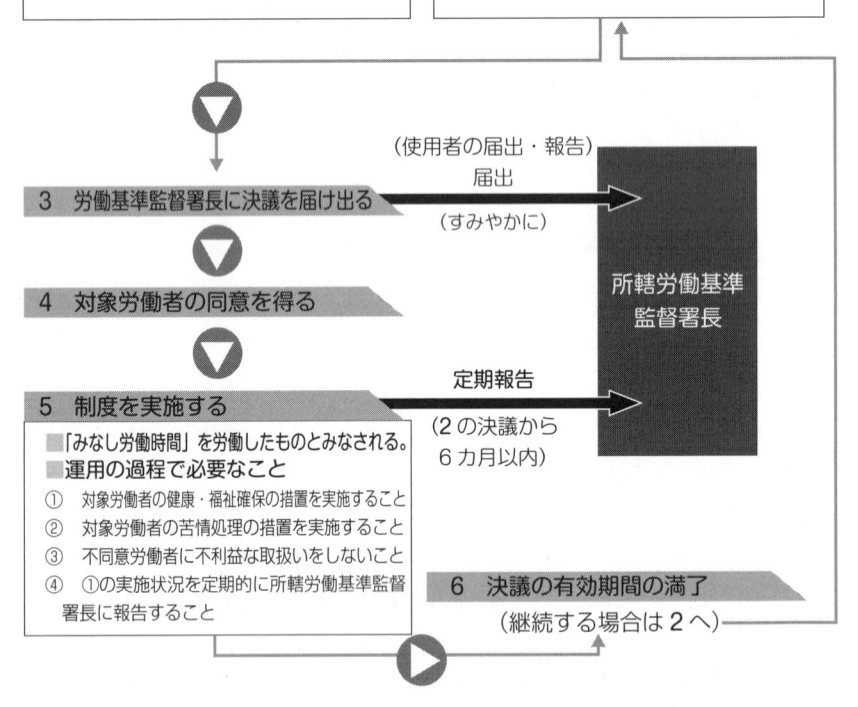

3 労働基準監督署長に決議を届け出る

（使用者の届出・報告）
届出（すみやかに）→ 所轄労働基準監督署長

4 対象労働者の同意を得る

5 制度を実施する

■「みなし労働時間」を労働したものとみなされる。
■運用の過程で必要なこと
① 対象労働者の健康・福祉確保の措置を実施すること
② 対象労働者の苦情処理の措置を実施すること
③ 不同意労働者に不利益な取扱いをしないこと
④ ①の実施状況を定期的に所轄労働基準監督署長に報告すること

定期報告（2の決議から6カ月以内）→ 所轄労働基準監督署長

6 決議の有効期間の満了
（継続する場合は2へ）

（出所）　平成24年1月東京労働局・労働基準監督署「『企画業務型裁量労働制』の適正な導入のために」より。

Ⅱ 労働時間管理とメンタルヘルス上の法律問題と実務対応 **Q7**

■決議例（企画業務型裁量労働制）

　○○株式会社本社事業場労使委員会は，企画業務型裁量労働制につき，下記のとおり決議する。
（対象業務）
第1条　企画業務型裁量労働制を適用する業務の範囲は，次のとおりとする。
　1　企画部で経営計画を策定する業務
　2　人事部で人事計画を策定する業務
（対象労働者）
第2条　企画業務型裁量労働制を適用する労働者は，前条で定める業務に常態として従事する者のうち，入社して7年目以上でかつ職務の級が主事6級以上である者とする。（就職規則第○条で定める管理監督者を除く。）
（対象労働者の事前の同意）
第3条　対象労働者を対象業務に従事させる前には本人の書面による同意を得なければならないものとする。この同意を得るに当たっては，使用者は，本決議の内容，同意した場合に適用される評価制度及び賃金制度の内容，同意しなかった場合の配置及び処遇について対象労働者に説明するものとする。
（不同意者の取扱い）
第4条　前条の場合に，同意しなかった者に対して，同意しなかったことを理由として，処遇等で，本人に不利益な取扱いをしてはならないものとする。
（みなし労働時間）
第5条　第2条に定める者のうち，第3条に基づき同意を得た者（以下「裁量労働従事者」という。）が，所定労働日に勤務した場合には，就業規則第○○条に定める就業時間に関わらず，1日8時間労働したものとみなす。
（裁量労働従事者の出勤等の際の手続）
第6条　裁量労働従事者は，出勤した日については，所定の出勤簿に押印しなければならない。
　2　裁量労働従事者が，出張等業務の都合により事業場外で従事する場合には，あらかじめ，所属長の承認を得てこれを行わなければならない。所属長の承認を得た場合には，前条に定める労働時間労働したも

のとみなす。
(裁量労働従事者の健康と福祉の確保)
第7条　裁量労働従事者の健康と福祉を確保するために，次の措置を講ずるものとする。
　1　裁量労働従事者の健康状態を把握するために次の措置を実施する。
　　イ　所属長は，入退室時のIDカードの記録により，裁量労働従事者の在社時間を把握する。
　　ロ　裁量労働従事者は，2カ月に1回，自己の健康状態について所定の「自己診断カード」に記入の上，所属長に提出する。
　　ハ　所属長は，ロの自己診断カードを受領後，速やかに，裁量労働従事者ごとに健康状態等についてヒアリングを行う。
　2　使用者は，1の結果をとりまとめ，産業医に提出するとともに，産業医が必要と認めるときには，次の措置を実施する。
　　イ　定期健康診断とは別に，特別健康診断を実施する。
　　ロ　特別休暇を付与する。
　3　精神・身体両面の健康についての相談室を○○に設置する。
(裁量労働適用の中止)
第8条　前条の措置の結果，裁量労働従事者に企画業務型裁量労働制を適用することがふさわしくないと認められた場合又は裁量労働従事者が企画業務型裁量労働制の適用の中止を申し出た場合は，使用者は，当該労働者に企画業務型裁量労働制を適用しないものとする。
(裁量労働従事者の苦情の処理)
第9条　裁量労働従事者から苦情があった場合には，次の手続に従い，対応するものとする。
　1　裁量労働相談室を次のとおり開設する。
　　イ　場所　総務部
　　ロ　開設日時　毎週金曜日12：00～13：00と17：00～19：00
　　ハ　相談員　○○○○
　2　取り扱う苦情の範囲を次のとおりとする。
　　イ　裁量労働制の運用に関する全般の事項
　　ロ　裁量労働従事者に適用している評価制度，これに対応する賃金制度等の処遇制度全般
　3　相談者の秘密を厳守し，プライバシーの保護に努める。

(決議の変更)
第10条　決議をした時点では予見することができない事情の変化が生じ，委員の半数以上から労使委員会の開催の申出があった場合には，有効期間の途中であっても，決議した内容を変更する等のための労使委員会を開催するものとする。

(勤務状況等の保存)
第11条　使用者は，裁量労働従事者の勤務状況，裁量労働従事者の健康と福祉確保のために講じた措置，裁量労働従事者からの苦情について講じた措置，企画業務型裁量労働制を適用することについて裁量労働従事者から得た同意に関する労働者ごとの記録を決議の有効期間の始期から有効期間満了後3年間を経過する時まで保存することとする。

(評価制度・賃金制度の労使委員会への開示)
第12条　使用者は，裁量労働従事者に適用される評価制度，これに対応する賃金制度を変更する場合，事前にその内容について委員に対し説明をするものとする。

(労使委員会への情報開示)
第13条　使用者は，労使委員会において，裁量労働従事者の勤務状況，裁量労働従事者の健康と福祉確保のために講じた措置，裁量労働従事者からの苦情について講じた措置の情報を開示するものとする。

(決議の有効期間)
第14条　本決議の有効期間は，平成○○年4月1日から平成○○年3月31日までの3年間とする。

　平成○○年3月23日

　　　　　　　　　　　　　　　○○株式会社本社事業場労使委員会
　　　　　　　　　　　委員　○○○○印　　○○○○印
　　　　　　　　　　　　　　○○○○印　　○○○○印
　　　　　　　　　　　　　　○○○○印　　○○○○印
　　　　　　　　　　　　　　○○○○印　　○○○○印
　　　　　　　　　　　　　　○○○○印　　○○○○印

(注)　労使委員会で決議したことを，所定様式(次頁①，②)により所轄労働基準監督署へ届け出る必要がある(使用者が決議を届け出なければ，企画業務型裁量労働制の効果は生じない)。
(出所)　平成24年1月東京労働局・労働基準監督署『「企画業務型裁量労働制」の適正な導入のために』より。

第2部 各 論
第1章 労働関係の展開段階ごとのメンタルヘルスQ&A

所定様式①　株式第13号の2（第24条の2の3第1項関係）

決議届記入例

企画業務型裁量労働制に関する決議届

事業の種類	事業の名称	事業の所在地（電話番号）	常時使用する労働者数
○○その他の事業	○○株式会社　本社営業部	○○区○○1丁目2番3号（○○○-○○○-○○○○）	256

業務の種類	その他の事項	労働者数	決議で定める労働時間
企画部で経営計画を策定する業務	入社7年目以上、職務の類が主事6級以上	10	8時間
人事部で人事計画を策定する業務	入社7年目以上、職務の類が主事6級以上	10	8時間

労働者の健康及び福祉を確保するために講ずる措置（労働者の労働時間の状況の把握方法）	2ヶ月に1回、所属長が健康状態についてヒアリングを行い、必要に応じて特別健康診断の実施や特別休暇の付与を行う。（別添決議書7条のとおり）	有・無
労働者からの苦情の処理のために講ずる措置	別添決議書8条のとおり。	有・無
労働者の同意を得なければ当該労働者を当該業務に就かせてはならないこと及び同意をしなかった労働者に対して解雇その他不利益な取扱をしないこととについての決議の有無		有・無
労働者ごとの、労働時間の状況並びに当該労働者の健康及び福祉を確保するための措置として講じた措置、労働者からの苦情の処理として講じた措置の内容に関する記録を保存することについての決議の有無		有・無

決議の有効期間	平成○○年3月23日 ～ 平成○○年4月1日 ～ 平成○○年3月31日

委員会の委員数	規定の有無	委員会の同意有無	開催に関する事項・議長の選任に関する事項・定足数に関する事項
10	有・無	有・無	運営規程に含まれている事項

任期を定めて指名された委員	氏名	その他の委員	氏名
選任期間	山田香奈		五十嵐順
1年	田中理香		長谷川純
同上	谷沢港		伊集院見
同上	沢村謙太郎		小野寺幸
同上			綾小路静

委員会の運営に関する事項（委員会への情報開示に関する事項・決議の方法に関する事項）

決議は、上記委員の5分の4以上の多数による議決により行われたものである。

委員会の委員の半数について任期を定めて指名した労働者の過半数を代表する者の氏名　職名　○○部長○○課長
委員会の委員の半数について任期を定めて指名した者（労働者の過半数を代表する者の場合）の選任方法（　　　　　　）
使用者　職名　○○　氏名　○○○　　　株式会社　香寿実綾社　印

平成○○年3月26日

○○労働基準監督署長殿

記載心得
1　「業務の種類」の欄には、労働基準法第38条の4第1項第1号に規定する業務を具体的に記入すること。
2　「労働者の範囲（職務経験年数、職務資格等）」の欄には、労働基準法第38条の4第1項第2号に規定する対象労働者の範囲について、必要とされる職務経験年数、職務資格等を具体的に記入すること。
3　「決議で定める労働時間」の欄には、労働基準法第38条の4第1項第3号に規定する1日当たりの労働時間として定まる時間を記入すること。
4　「労働者の健康及び福祉を確保するために講ずる措置」の欄には、労働基準法第38条の4第1項第4号に規定する措置（労働者の労働時間の状況の把握方法）の内容を具体的に記入するとともに、同号の労働時間の状況の把握方法がない場合においては労働者の健康及び福祉を確保するために講ずる措置の具体的内容についても記入すること。
5　「労働者からの苦情の処理に関して講ずる措置」の欄には、労働基準法第38条の4第1項第5号に規定する措置の内容を具体的に記入すること。
6　「任期を定めて指名された委員」の欄には、労働基準法第38条の4第4項第1号の規定により、労働者の過半数で組織する労働組合がある場合においてはその労働組合、労働者の過半数で組織する労働組合がない場合においては労働者の過半数を代表する者に任期を定めて指名された委員に該当する氏名を記入すること。
7　「運営規程に含まれている事項」の欄は、該当する事項について○で囲むこと。

Ⅱ 労働時間管理とメンタルヘルス上の法律問題と実務対応 **Q7**

■所定様式② 様式第13号の4（第24条の2の5第1項関係）

企画業務型裁量労働制に関する報告

報告期間	平成○○年 2 月から ○○ 年 7 月まで
事業の所在地（電話番号）	○○区○○1丁目2番3号（○○○○-○○○○-○○○○）

事業の種類	事業の名称	労働者の健康及び福祉を確保する措置の実施状況
その他の事業	○○ ○○ 株式会社 本社事業場	特別健康診断の実施（○○年5月14日） 特別健康診断の実施（○○年5月17日）、特別休暇の付与

業務の種類	労働者の範囲	労働者数	労働者の労働時間の状況（労働時間の把握方法）
経営計画の策定	企画部で、入社7年目以上、主事6級以上	10	平均9時間、最長12時間（ IDカード ）
人事計画の策定	人事部で、入社7年目以上、主事6級以上	10	平均9時間、最長14時間（ IDカード ）
			（ ）
			（ ）
			（ ）

平成○○年8月11日

使用者 職名 ○○ ○○ 株式会社 常務取締役
　　　　氏名 ○○ ○○ ㊞

○○労働基準監督署長殿

記載心得
1 「業務の種類」の欄には、労働基準法第38条の4第1項第1号に規定する業務を具体的に記入すること。
2 「労働者の範囲」及び「労働者数」の欄には、労働基準法第38条の4第1項第2号に規定する労働者として決議した労働者の範囲及びその数を記入すること。
3 「労働者の労働時間の状況」の欄には、労働基準法第38条の4第1項第4号に規定する労働時間の状況として把握した時間のうち、平均的なもの及び最長のものの状況を具体的に記入すること。また、労働時間の状況を実際に把握した方法を具体的に（ ）内に記入すること。
4 「労働者の健康及び福祉を確保するための措置の実施状況」の欄には、労働基準法第38条の4第1項第4号に規定する措置として講じた措置の実施状況を具体的に記入すること。

第2部　各　論
第1章　労働関係の展開段階ごとのメンタルヘルスＱ＆Ａ

■就業規則規定例（企画業務型裁量労働制）

第○条　企画業務型裁量労働制は，○○株式会社本社事業場労使委員会の決議（以下「決議」という。）で定める対象労働者であって決議で定める同意を得た者（以下「裁量労働従事者」という。）に適用する。
2　前項の同意は，書面により行うものとする。
3　裁量労働従事者が，所定労働日に勤務した場合には，第○○条に定める就業時間にかかわらず，決議で定める時間勤務したものとみなす。
4　始業・終業時刻及び休憩時間は，第○条に定める所定就業時刻，所定休憩時間を基本とするが，業務遂行の必要に応じ，裁量労働従事者の裁量により具体的な時間配分を決定するものとする。
5　休日は，第○条の定めるところによる。
6　裁量労働従事者が，休日又は深夜に労働する場合については，あらかじめ所属長の許可を受けなければならないものとする。
7　前項により，許可を受けて休日又は深夜に業務を行った場合，会社は，賃金規程（平成○○年就業規則第○○号）の定めるところにより割増賃金を支払うものとする。

（注）　企画業務型裁量労働制の導入の際には就業規則の所要の改訂が必要である。
（出所）　平成24年1月東京労働局・労働基準監督署「『企画業務型裁量労働制』の適正な導入のために」より。

■就業規則規定例（専門業務型裁量労働制）

第○条　専門業務型裁量労働制は，労使協定で定める対象労働者に適用する。
②　前項で適用する労働者（以下「裁量労働適用者」という。）が，所定労働日に勤務した場合には，第○条に定める就業時間に関わらず，労使協定で定める時間労働したものとみなす。
③　前項のみなし労働時間が所定労働時間を超える部分については，賃金規程第○条により割増賃金を支給する。
④　裁量労働適用者の始業・終業時刻は，第○条で定める所定就業時刻を基本とするが，業務遂行の必要に応じ，裁量労働適用者の裁量により具体的な時間配分を決定するものとする。
⑤　裁量労働適用者の休憩時間は，第○条の定めによるが，裁量労働適用者の裁量により時間変更できるものとする。

⑥ 裁量労働適用者の休日は第〇条で定めるところによる。
⑦ 裁量労働適用者が，休日又は深夜に労働する場合については，あらかじめ所属長の許可を受けなければならないものとする。
⑧ 前項により，許可を受けて休日又は深夜に業務を行った場合，会社は，賃金規程第〇条により割増賃金を支払うものとする。

■労使協定規定例（専門業務型裁量労働制）

　〇〇株式会社と〇〇労働組合は，労働基準法第38条の3の規定に基づき専門業務型裁量労働制に関し，次のとおり協定する。
第1条　適用対象者
　　　本協定は，次の各号に掲げる従業員（以下「裁量労働適用者」という。）に適用する。
　　(1) 研究開発部において新商品又は新技術の研究開発の業務に従事する従業員
　　(2) 情報システム部において情報処理システムの分析又は設計の業務に従事する従業員
第2条　専門業務型裁量労働制の原則
　　　裁量労働適用者に対しては，会社は，業務遂行の手段及び時間配分の決定等につき具体的な指示をしないものとする。
第3条　労働時間の取り扱い
　　　裁量労働適用者が所定労働日に勤務した場合は，就業規則第〇条に定める就業時間に関わらず，1日9時間勤務したものとみなす。
第4条　時間外手当
　　　みなし労働時間が就業規則第〇条に定める所定労働時間を超える部分については，時間外労働として取り扱い，賃金規程第〇条の定めるところにより割増賃金を支払う。
第5条　休憩・休日
　　　裁量労働適用者の休憩・所定休日については，就業規則の定めるところによる。
第6条　裁量労働適用者の出勤等の手続
　　　裁量労働適用者は，出勤した日については，出退室時にIDカードを勤怠管理システム端末のカードリーダーに通して，出退勤時刻を記録

第 2 部　各　論
第 1 章　労働関係の展開段階ごとのメンタルヘルス Q & A

しなければならない。
2　裁量労働適用者が，出張等業務の都合により事業場外で従事する場合には，事前に所属長の了承を得てこれを行わなければならない。所属長の了承を得た場合には，第 3 条に定める時間労働したものとみなす。
3　裁量労働適用者が，所定休日に勤務する場合には，休日労働に関する協定の範囲内で事前に所属長に申請し，許可を得なければならない。所属長の許可を得た場合，裁量労働適用者の休日労働に対しては，賃金規程第〇条に定めるところにより割増賃金を支払う。
4　裁量労働適用者が，午後 10 時から午前 5 時までの深夜に勤務する場合には，事前に所属長に申請し，許可を得なければならない。所属長の許可を得た場合，裁量労働適用者の深夜業に対しては，賃金規程第〇条に定めるところにより割増賃金を支払う。

第 7 条　裁量労働適用者の健康と福祉の確保
　　　裁量労働適用者の健康と福祉を確保するために，次の措置を講ずるものとする。
　(1)　裁量労働適用者の健康状態を把握するために次の措置を実施する。
　　イ　所属長は，入退室時の ID カードの記録により，裁量労働適用者の在社時間を把握する。
　　ロ　裁量労働適用者は，2 箇月に 1 回，自己の健康状態について所定の「自己診断カード」に記入の上，所属長に提出する。
　　ハ　所属長は，ロの自己診断カードを受領後，速やかに，裁量労働適用者ごとに健康状態等についてヒアリングを行う。
　(2)　使用者は，(1)の結果を取りまとめ，産業医に提出するとともに，産業医が必要と認めるときは，次の措置を実施する。
　　イ　定期健康診断とは別に，特別健康診断を実施する。
　　ロ　特別休暇を付与する。
　(3)　精神・身体両面の健康についての相談室を厚生室に設置する。

第 8 条　裁量労働適用の中止
　　　前条の措置の結果，裁量労働適用者が裁量労働を適用することがふさわしくないと認められた場合または裁量労働適用者が裁量労働の適用の中止を申し出た場合は，使用者は，当該労働者に専門業務型裁量労働制を適用しないものとする。

第9条　苦情の処理
　　　裁量労働制適用者から苦情等があった場合には，次の手続きに従い，対応するものとする。
　(1)　裁量労働相談室を次のとおり開設する。
　　　イ　場所　　　　総務部
　　　ロ　開設日時　　毎週金曜日10：00～12：00と17：00～19：00
　　　ハ　相談員　　　○○○○
　(2)　裁量労働相談室で取り扱う苦情等の範囲は，次のとおりとする。
　　　イ　裁量労働制の運用に関する全般の事項
　　　ロ　裁量労働適用者に適用している評価制度，これに対応する賃金制度等の処遇制度全般
　(3)　相談者の秘密を厳守し，プライバシーの保護に努めるとともに，必要に応じて実態調査を行い，解決策等を労使に報告する。
第10条　勤務状況等の保存
　　　使用者は，裁量労働適用者の勤務状況，裁量労働適用者の健康と福祉を確保するために講じた措置，裁量労働適用者からの苦情について講じた措置の記録をこの協定の有効期間の始期から有効期間満了後3年間を経過する時まで保存することとする。
第11条　協定の有効期間
　　　平成○年○月○日から平成○年○月○日までの1年間とする。
　平成○年○月○日
　　　　　　　　　　株式会社○○○○　代表取締役　○○○○印
　　　　　　　　　　○○○○労働組合　執行委員長　○○○○印

(注)　専門業務型裁量労働制を導入する場合においては，就業規則における始業・終業時刻の定めの例外であることなどにより，就業規則では，①労使協定の締結により裁量労働を命じることがあること，②始業・終業時刻の定めの例外があること等について定めたうえで，労働者に周知して所轄労基署長に届け出る必要がある。
(出所)　平成22年12月東京労働局・労働基準監督署「専門業務型裁量労働制の適正な導入のために」より。

第2部 各 論
第1章 労働関係の展開段階ごとのメンタルヘルスQ&A

■専門業務型裁量労働制に関する協定届の記入例

様式第13号（第24条の2の2第4項関係）

専門業務型裁量労働制に関する協定届（記載例）

事業の種類	事業の名称	事業の所在地（電話番号）	協定の有効期間
製造業	○○株式会社 △△研究所	〒102-8306 東京都千代田区九段南1-2-1（03-3512-1613）	平成○年○月○日から 平成○年○月○日 まで

業務の種類	業務の内容	該当労働者数	1日の所定労働時間数	協定で定める時間	労働者の健康及び福祉を確保するために講ずる措置（労働者の労働時間の状況の把握方法）	労働者からの苦情の処理に関して講ずる措置
新商品・新技術の研究開発または人文科学若しくは自然科学に関する研究業務	研究所において製品技術などに関し自己の研究計画によって、開発・試験などを行う。	10名	7時間30分	9時間	2ヶ月に1回、所属長が健康状態についてヒアリングを行い、必要に応じて特別健康診断の実施や、特別休暇の付与を行う。（IDカード）	毎週金曜日10:00～12:00と17:00～19:00に総務部に裁量労働相談室を設け、裁量労働制の運用、評価制度および会社貸与の受諾材料に関する苦情について、本人のプライバシーに配慮した上で、実情調査を行い、解決策を分使に報告する。

時間外労働に関する協定の届出年月日 平成○年○月○日

協定の成立年月日 平成○年○月○日
協定の当事者である労働組合の名称又は労働者の過半数を代表する者の 職名 ○○○○
氏名 ○○○○

協定の当事者（労働者の過半数を代表する者の場合）の選出方法（ ）

平成○年○月○日

○○労働基準監督署長 殿

使用者 職名 ○○株式会社 代表取締役
氏名 ○○○○ ㊞

中央 労働基準監督署 ○○労働組合 執行委員長
○○○○

記載心得
1 「業務の内容」の欄には、業務の性質上当該業務の遂行の方法を大幅に当該業務に従事する労働者の裁量にゆだねる必要がある旨を具体的に記入すること。
2 「労働者の健康及び福祉を確保するために講ずる措置（労働者の労働時間の状況の把握方法）」の欄には、労働基準法第38条の3第1項第4号に規定する措置の内容を具体的に記入するとともに、同号の労働者の労働時間の状況の把握方法を具体的に（ ）内に記入すること。
3 「労働者からの苦情の処理に関して講ずる措置」の欄には、労働基準法第38条の3第1項第5号に規定する措置の内容を具体的に記入すること。
4 「時間外労働に関する協定の届出年月日」の欄には、当該事業場における時間外労働に関する協定の届出の年月日（届出をしていない場合はその予定年月日）を記入すること。ただし、協定で定める時間が労働基準法第32条又は第40条の労働時間を超える場合には記入を要しないこと。

（出所）平成22年12月東京労働局・労働基準監督署「専門業務型裁量労働制の適正な導入のために」より。

委ねる必要があるため，業務遂行の手段及び時間配分の決定等について具体的指示をすることが困難な一定の専門的業務に適用される，労使協定の締結・届出による「専門業務型裁量労働制」（労基法38条の3）と，②事業の運営に関する事項についての企画，立案，調査及び分析の業務であって，当該業務の性質上これを適切に遂行するにはその遂行の方法を大幅に労働者の裁量に委ねる必要があるため，当該業務の遂行の手段及び時間配分の決定等について具体的指示をしないこととする業務に適用される，労使委員会等の決議・届出による「企画業務型裁量労働制」（労基法38条の4）がある。

2 裁量労働制における労働時間管理の重要性

裁量労働制においては，労働者が業務遂行の手段や時間配分について主体的に決定すること，換言すれば，労働者が自ら労働時間を管理することが前提となっているので，使用者は，裁量労働制が適用される労働者の労働時間を管理する義務を負わないようにも思われる。

しかしながら，長時間労働により心身の健康を害する危険性がある点では，裁量労働制が適用されない労働者と同様であり，むしろ，裁量労働制により時間配分を労働者に委ねた結果，長時間労働に陥る危険性もある。裁量労働制が適用される労働者には，成果が求められるので，成果を出すべく事実上長時間労働を強いられることもあるだろう。

当然のことながら，裁量労働制が適用されるからといって，使用者は健康配慮義務（〔電通事件〕最判平成12・3・24民集54巻3号1155頁・労判779号13頁・判タ1028号80頁）を免れるものではないので，長時間労働を放置し，労働者が心身の健康を害した場合には，使用者は損害賠償責任を負うことになる。

また，裁量労働制であっても，休日・深夜労働に関する規定（労基法36条・37条）が適用され，また，「みなし」により計算された時間が法定労働時間を超える場合には，時間外労働の割増賃金（労基法36条・37条）を支払わなければならない。

以上のことから，使用者は，裁量労働制が適用される労働者に関しても，労働時間を適正に管理し，長時間労働によって労働者が心身の健康を損なう

第2部 各 論
第1章 労働関係の展開段階ごとのメンタルヘルスＱ＆Ａ

ことを防止する必要がある。厚労省の「労働時間の適正な把握のために使用者が講ずべき措置に関する基準」（平成13・4・6基発339号）も，裁量労働制が適用される労働者については，当該基準の適用対象外であるとしつつも，「健康保護を図る必要があることから，使用者において〔過重な長時間労働を行わせないようにするなど〕適正な時間管理を行う責務がある」と指摘している。

3 労働時間の管理と労働者の健康確保の方法

(1) 企画業務型裁量労働制について

では，労働時間を適正に管理し，労働者の健康を確保するためには，どのような点に留意すべきだろうか。

この点，企画業務型裁量労働制について，「労働基準法第38条の4第1項の規定により同項第1号の業務に従事する労働者の適正な労働条件の確保を図るための指針」（平成11・12・27労働省告示149号，改正平成15・10・22厚労省告示353号。以下「指針」という）が出されているので，以下これに沿ってみていく。

(a) 業務の目的，目標，期限等の基本的事項の設定

もし業務量が過大であったり，期限の設定が不適切である場合には，みなし時間を超える長時間労働を労働者に強いることになる。

そこで，業務の開始時に，使用者が，当該業務の目的，目標，期限等の基本的事項を的確に労働者に指示することが重要となる。

また，中途においても，経過の報告を受けつつ，これらの基本的事項について所要の変更の指示をすることは可能であることに留意することが必要である。

さらに，労働者の上司に対して，これらの基本的事項を適正に設定し，指示を的確に行うよう必要な管理者教育を行う必要がある。

(b) 対象労働者の労働時間の状況に応じた健康・福祉確保措置

労使委員会の決議により，使用者は，企画業務型裁量労働制が適用されている労働者の労働時間の状況に応じて，当該労働者の健康及び福祉を確保するための措置を講じなければならない（労基法38条の4第1項4号）。

(ア) 労働時間の状況の把握方法

　上記のうち，まず労働者の労働時間の状況等の勤務状況を把握する方法としては，労働者がいかなる時間帯にどの程度の時間在社し，労務を提供し得る状態にあったか等を把握する必要がある。そのため，出退勤時刻又は入退室時刻の記録等（タイムカードやIDカード等）による把握が求められる。

　なお，使用者は，対象労働者の勤務状況を把握する際，対象労働者からの健康状態についての申告，健康状態についての上司による定期的なヒアリング等に基づき，対象労働者の健康状態を把握することが望ましく，使用者が対象労働者の勤務状況と併せてその健康状態を把握することを労使委員会の決議に含めることが望ましいといえる。

(イ) 具体的な健康・福祉確保措置の内容

　上記(ア)により把握した労働者の労働時間等の勤務状況の状況に応じて，使用者が講ずべき具体的な健康・福祉確保措置の内容としては，以下のものが考えられる。

① 把握した対象労働者の勤務状況及びその健康状態に応じて，代償休日又は特別な休暇を付与すること
② 把握した対象労働者の勤務状況及びその健康状態に応じて，健康診断を実施すること
③ 働き過ぎの防止の観点から，年次有給休暇についてまとまった日数連続して取得することを含めてその取得を促進すること
④ 心とからだの健康問題についての相談窓口を設置すること
⑤ 把握した対象労働者の勤務状況及びその健康状態に配慮し，必要な場合には適切な部署に配置転換をすること
⑥ 働き過ぎによる健康障害防止の観点から，必要に応じて，産業医等による助言・指導を受け，又は対象労働者に産業医等による保健指導を受けさせること

　上記は指針が例示するものであるが，そのほかに，健康診断を年2回受けさせることや，有給休暇を単日で月1回程度計画的に取得させることも考えられる。また対象労働者には産業医などによる保健指導を受けさせるなどの

第2部　各　論
第1章　労働関係の展開段階ごとのメンタルヘルスＱ＆Ａ

措置を実施すべきである（石嵜信憲編著／田中朋斉著『健康管理の法律実務〔第3版〕』（中央経済社，平成25年）249頁）。

　(ウ)　**対象労働者の見直し**

　なお，使用者は，把握した対象労働者の勤務状況及びその健康状態に応じて，対象労働者への企画業務型裁量労働制の適用について必要な見直しを行うことを労使委員会の決議に含めることが望ましいといえる。

　(エ)　**対象労働者の能力開発を促進する措置**

　また，使用者は，上記(イ)に例示した措置のほかに，対象労働者が創造的な能力を継続的に発揮し得る環境を整備する観点から，例えば，自己啓発のための特別な休暇の付与等対象労働者の能力開発を促進する措置を講ずることが望ましく，このため，使用者が対象労働者の能力開発を促進する措置を講ずることを労使委員会の決議に含めることが望ましいといえる。

　労働者の能力開発が継続的になされることにより，業務の効率化が図られ，労働時間の短縮につながるので，上記のことは，労働者の健康管理という観点からも重要といえる。

　(c)　**対象労働者からの苦情の処理のための措置**

　労使委員会の決議により，使用者は，対象労働者からの苦情の処理に関する措置を講じなければならない（労基法38条の4第1項5号）。

　この措置については，苦情の申出の窓口及び担当者，取り扱う苦情の範囲，処理の手順・方法等の具体的内容が明らかにされていなければならない。

　また，使用者や人事担当者以外の者を申出の窓口とすること等の工夫により，対象労働者が苦情を申し出やすい仕組みとすること，さらに，取り扱う苦情の範囲も，評価制度や賃金制度など裁量労働制に付随する事項に関するものも含むものとするのが適当である。

　上記苦情処理措置が適切に運用されることにより，対象労働者の業務量・期限が適切かどうか，現在の評価制度の下で高い評価を得るために対象労働者が働き過ぎになっていないかどうか等を適切にチェックすることができ，それにより，対象労働者の健康確保を図ることも可能になる。

(2) 専門業務型裁量労働制について

　専門業務型裁量労働制については，平成15年の労働基準法改正以前は，対象労働者の労働時間の管理や健康・福祉確保措置に関する規定がなかったが，健康上の不安を感じている対象労働者が多い等の状況があったため，裁量労働制が適用されていることが働き過ぎにつながらないようにすべく，平成15年改正により，労使協定による健康・福祉確保措置及び苦情処理措置が導入された（労基法38条の3第1項4号・5号）。

　この各措置の具体的内容について，通達（「労働基準法の一部を改正する法律の施行について」平成15・10・22基発1022001号）は，企画業務型裁量労働制における同措置の内容と同等のものとすることが望ましいとしている。

　したがって，専門業務型裁量労働制の場合も，前記の企画業務型裁量労働制の場合と同様の，対象労働者の労働時間の状況等の勤務状況の把握とそれに基づく健康・福祉確保措置，並びに苦情処理措置の実施が求められる。

第2部 各　論
第1章　労働関係の展開段階ごとのメンタルヘルスQ&A

8　年次有給休暇（労基法39条）と健康配慮

Q　労働者がメンタル不調にならないよう，年次有給休暇に関して事業主が配慮しなければならないのは，どのようなことですか。

A　労使の意識改革も含めた年次有給休暇の取得促進を図るとともに，制度的にも計画的付与や時間単位付与を取り入れ，取得しやすくすることが必要である。

―― 解　説 ――

1　年次有給休暇の重要性

　使用者は，その雇入れの日から起算して6か月間継続勤務し全労働日の8割以上出勤した労働者に対して，原則として労働者の請求する時季に有給休暇を与えなければならない（年次有給休暇〔労基法39条1項・2項・5項本文〕）。
　労働者が，労働による心身の疲労を回復させ，メンタル不調に陥らないようにするためには，年次有給休暇を自由に取得できることが必要である。とりわけ，労働者の労働が長時間に及んでいる場合には，年次有給休暇の取得が健康保持のために不可欠といえる。
　しかしながら，周囲に迷惑がかかる，後で多忙になる，取得しづらい職場の雰囲気であること等を理由に，多くの労働者が取得にためらいを感じている状況がある。
　このような状況を改善するためには，まずは事業主が主体となって，取得しやすい雰囲気づくりを行うことが必要である。
　また，そのつど年次有給休暇を取得するのではなく，取得日があらかじめ決まっていれば，年次有給休暇取得の確実性が高まるし，労働者にとっては

予定どおりの活動を行いやすく，事業主にとっても計画的な業務運営を可能にする等効用が高いといえる。さらに，取得日をあらかじめ決めるためには，労使間で1年間の仕事の繁閑や段取り及び当面達成すべき目標としての取得率の目安を話し合うことが必要であるから，労使双方にとって合理的な仕事の進め方を理解し合うためにも有益な手段といえる。そこで，年次有給休暇を計画的に取得させる制度づくりを行うことも重要である。

これらの点を踏まえ，労働時間等設定改善法4条に基づく「労働時間等見直しガイドライン（労働時間等設定改善指針）」（平成20年厚労省告示108号）は，年次有給休暇の完全取得のため，事業主は以下の措置を講じるよう努めなければならないものとしている。

2　労働時間等設定改善指針の定める措置

(1)　経営者の主導の下，年次有給休暇取得の呼びかけ等による取得しやすい雰囲気づくりや，労使の年次有給休暇に対する意識の改革を図ること

　具体的には，年次有給休暇の取得促進を日常的に従業員に意識づけるため職場内にポスターを掲示したり，朝礼などで繰り返し取得の呼びかけを行うことが考えられる（厚労省HP）。

(2)　計画的な年次有給休暇取得のいっそうの促進を図ること

　(a)　**業務量を正確に把握し，個人別年次有給休暇取得計画表の作成，年次有給休暇の完全取得に向けた取得率の目標設定の検討及び業務体制の整備，取得状況の把握を行うこと**

　具体的には，年次有給休暇の取得計画表を掲示したり，朝礼やミーティングで，取得状況と取得率目標を報告すること，アンケートや面談で従業員の意見・要望をヒアリングして社内体制の改善や従業員へのアドバイスに活かすこと，取得日数が少ない従業員に対して管理職が取得するよう勧奨すること，給与明細書に年次有給休暇の取得状況，残日数を記載して，従業員が取得状況を把握しやすくしたり，給与明細書と一緒に取得を促す文書を配布すること，毎月のミーティングの際に仕事の共有化を図り，休暇を取得しても

第2部 各　　論
第1章　労働関係の展開段階ごとのメンタルヘルスＱ＆Ａ

業務が滞らない体制を作ることなどが考えられる。
　(b)　労働時間等設定改善委員会をはじめとする労使間の話し合いの機会において，年次有給休暇の取得状況を確認する制度を導入するとともに，取得率向上に向けた具体的な方策を検討すること
　(c)　年次有給休暇の計画的付与制度（労基法39条6項）の活用
　　(ア)　制度の内容
　年次有給休暇の計画的付与制度とは，事業場で過半数代表者と労使協定を締結し（所轄労基署に届け出る必要はない），労働者各人の有する年次有給休暇日数のうち5日を超える部分について，取得時季を定め計画的に休暇取得日を割り振ることができる制度をいう（つまり，5日分は，労働者個人が自由に取得できる日数として残しておかなければならないということである）。
　制度設計としては，以下の方法がある。
　①　事業場全体で一斉に付与する方法　　事業場全体を一斉に休みにできる，又は一斉に休みにした方が効率的な業態（製造部門など）については，全従業員に対して同一の日に年次有給休暇を与える方法が考えられる。
　②　班・グループ別に交替で一斉に付与する方法　　事業場全体を一斉に休みにすることが難しい業態（流通・サービス業など）については，班・グループ別に交替で年次有給休暇を付与する方法が考えられる。
　③　計画表を用いて個人ごとに付与する方法　　年次有給休暇を付与する日を個人別に決める方法も可能である。夏季，年末年始，ゴールデンウィークのほか，誕生日や結婚記念日など従業員の個人的な記念日を優先的に充てるケースも多いようである（平成25年6月厚生労働省「『労働時間等見直しガイドライン』活用の手引」）（以下，「ガイドライン手引」という）。
　　(イ)　留意点
　なお，当該制度導入の際は，連続した休暇の取得促進に配慮するとともに，当該制度の導入に向けた課題及び解決策について検討することが必要である。
　連続した休暇の取得促進に配慮する方法としては，例えば，夏季，年末年

■就業規則のモデル例
年次有給休暇の計画付与に関する就業規則の規定例

（年次有給休暇）
第○条　従業員は，年次有給休暇を取得しようとするときは，所定の手続きにより，事前に届け出なければならない。
　2　会社は，前項の規定により請求された月日に年次有給休暇を付与することが事業の正常な運営を妨げると認められた場合においては，これを他の月日に変更することができる。
　3　第1項及び前項の規定にかかわらず，会社が労働組合との協定により年次有給休暇を計画的に付与することとした場合においては，その協定の定めるところにより同休暇を付与するものとする。
　4　従業員は，その保有する年次有給休暇のうち前項の労使協定に係わる部分については，その協定の定めるところにより取得しなければならない。

■労使協定のモデル例
(1) 一斉付与方式の場合
年次有給休暇の計画付与に関する労使協定例

　　○○製作所株式会社と○○製作所労働組合とは，標記に関して次のとおり協定する。
　1　当社の本社に勤務する社員が有する平成○年度の年次有給休暇のうち4日分については，次の日に与えるものとする。
　　4月26日，30日，5月2日，7日
　2　当社社員であって，その有する年次有給休暇の日数から5日を差し引いた残日数が「4日」に満たないものについては，その不足する日数の限度で，第1項に掲げる日に特別有給休暇を与える。
　3　この協定の定めにかかわらず，業務遂行上やむを得ない事由のため指定日に出勤を必要とするときは，会社は組合と協議の上，第1項に定める指定日を変更するものとする。
平成○年○月○日　　　　　　　　　　　　○○製作所株式会社
　　　　　　　　　　　　　　　　　　　　　総務部長○○○○

第2部 各　　論
第1章　労働関係の展開段階ごとのメンタルヘルスQ＆A

>　　　　　　　　　　　　　　　　　　○○製作所労働組合
>　　　　　　　　　　　　　　　　　　　執行委員長○○○○

(2)　グループ別付与方式の場合
　　年次有給休暇の計画付与に関する労使協定例

>　　○○商事株式会社と同商事従業員代表○○○○とは，標記に関し，次のとおり協定する。
> 1　各課において，その所属の社員をA，Bの2グループに分けるものとする。
>　　その調整と決定は各課長が行う。
> 2　各社員が保有する平成○年度の年次有給休暇のうち5日分については各グループの区分に応じて，次表のとおり与えるものとする。
>
> | Aグループ | 8月5日～9日 |
> |---|---|
> | Bグループ | 8月12日～16日 |
>
> 3　社員のうち，その保有する年次有給休暇の日数から5日を差し引いた日数が「5」に満たないものについては，その不足する日数の限度で，第2項に掲げる日に特別有給休暇を与える。
> 4　この協定の定めにかかわらず，業務遂行上やむを得ない事由のため指定日に出勤を必要とするときは，会社は従業員代表と協議の上，第2項に定める指定日を変更するものとする。
> 平成○年○月○日　　　　　　　　　　　　○○商事株式会社
> 　　　　　　　　　　　　　　　　　　　　人事部長○○○○
> 　　　　　　　　　　　　　　　　　　　　○○商事株式会社
> 　　　　　　　　　　　　　　　　　　　　従業員代表○○○○

(3)　個人別付与方式の場合
　　年次有給休暇の計画付与に関する労使協定例

>　　○○販売株式会社と同社従業員代表○○○○とは，標記に関して次のように協定する。
> 1　当社の従業員が保有する平成○年度の年次有給休暇（以下「年休」という。）のうち，5日を超える部分については6日を限度として計画的に付与

するものとする。なお，その保有する年休の日数から5日を差し引いた日数が「6」に満たないものについては，その不足する日数の限度で特別有給休暇を与える。
2　年休の計画付与の期間及びその日数は，次のとおりとする。
　　　　前期＝4月～9月の間で3日間
　　　　後期＝10月～翌年3月の間で3日間
3　各個人別の年休付与計画表は，各回の休暇対象期間が始まる2週間前までに会社が作成し，発表する。
4　各従業員は，年休付与計画の希望表を，所定の様式により，各回の休暇対象期間の始まる1ヵ月前までに，所属課長に提出しなければならない。
5　各課長は，第4項の希望表に基づき，各従業員の休暇日を調整し，決定する。
6　この協定の定めにかかわらず，業務遂行上やむを得ない事由のために指定日に出勤を必要とするときは，会社は従業員代表と協議の上，第2項に定める指定日を変更するものとする。

平成○年○月○日　　　　　　　　　　○○販売株式会社
　　　　　　　　　　　　　　　　　　取締役社長○○○○
　　　　　　　　　　　　　　　　　　○○販売株式会社
　　　　　　　　　　　　　　　　　　従業員代表○○○○

年次有給休暇の計画付与に関する労使協定例

　　○○販売株式会社と同社○○販売労働組合は，標記に関して次のとおり協定する。
1　当社の従業員が保有する平成○年度の年次有給休暇（以下「年休」という。）のうち，5日を超える部分については5日を限度として計画的に付与するものとする。
2　年休の計画付与の期間は，7月1日から9月31日までとする。
3　組合員は6月10日までに，所属長に対し，期間中において年休の取得を希望する日を申し出るものとする。
4　各所属長は，所属組合員の年休取得希望日が特定の時期に集中し，業務の正常な運営に支障を与えるおそれがあると認められた場合には，組合員に対して希望日の変更を求めることができる。各所属長は，希望日の変更を求める場合は，6月20日までに組合員にその旨通知するものとする。

> 5　本年度の年休の日数から5日を控除した日数が「5」に満たない組合員に対しては，その不足する日数の限度で，第2項の期間中に特別有給休暇を与える。
> 6　各所属長は，所属組合員の年次有給休暇表を作成し，組合員に提示するものとする。
>
> 平成○年○月○日　　　　　　　　　　○○販売株式会社
> 　　　　　　　　　　　　　　　　　　　取締役社長○○○○
> 　　　　　　　　　　　　　　　　　　○○販売労働組合
> 　　　　　　　　　　　　　　　　　　　委　員　長○○○○

（出所）　平成14年厚生労働省／労働時間短縮支援センター・(社) 全国労働基準関係団体連合会「有給休暇ハンドブック」より。

始の所定休日に，計画的付与の年次有給休暇を組み合わせることで，大型連休とすることが考えられる。また，暦の関係で休日が飛び石となっている場合に，休日の橋渡し（ブリッジ）として計画的付与制度を活用し，連休とすることが考えられる（ガイドライン手引）。

　(ウ)　特別休暇の付与等の措置

　雇用してから6か月経過していない労働者には年次有給休暇がなく，また，既に年次有給休暇を使ってしまっていて，5日以上残っていないという労働者がいる場合もあり得る。このような労働者が事業場にいる場合には，上記(ア)又は(イ)の方法をとるときは，特別休暇を与えたりして，有給休暇日数を増やす等の措置を講じる必要がある（昭和63・1・1基発1号）。

(3)　週休日と年次有給休暇とを組み合わせた2週間程度の連続した長期休暇の取得促進を図ること

　連続した長期休暇の取得促進を図るにあたり，当該事業場の全労働者が長期休暇を取得できるような制度の導入に向けて検討するとともに，取得時期については，休暇中の渋滞，混雑の緩和，労働者の経済的負担の軽減などの観点から分散化を図り，より寛げる休暇となるよう配慮する必要がある。

(4) 年次有給休暇の時間単位付与制度（労基法39条4項）の活用や，半日単位での年次有給休暇の利用について，連続休暇取得及び1日単位の取得の阻害とならない範囲で，労働者の希望によるものであることを前提としつつ，検討すること

　年次有給休暇の時間単位付与制度とは，事業場で過半数代表者と労使協定を締結し（所轄労基署への届出は不要である），労働者各人の有する年次有給休暇日数のうち1年に5日分を限度として，労働者の自由な選択により，日単位ではなく，時間単位で取得できるものとする制度をいう。

　なお，1日分の年次有給休暇が何時間分の年次有給休暇にあたるかは，当該労働者の所定労働時間をもとに決めることになる。

■時間単位年休の労使協定規定例

> （対象者）
> 第1条　すべての従業員を対象とする。
> （日数の上限）
> 第2条　年次有給休暇を時間単位で取得することができる日数は5日以内とする。
> （1日分年次有給休暇に相当する時間単位年休）
> 第3条　年次有給休暇を時間単位で取得する場合は，1日の年次有給休暇に相当する時間数を8時間とする。
> （取得単位）
> 第4条　年次有給休暇を時間単位で取得する場合は，1時間単位で取得するものとする。

■時間単位年休の就業規則規定例

> （年次有給休暇の時間単位での付与）
> 第○条　労使協定に基づき，前条の年次有給休暇の日数のうち，1年について5日の範囲内で，次により時間単位の年次有給休暇（以下「時間単位年休」という。）を付与する。

第2部 各　論
第1章　労働関係の展開段階ごとのメンタルヘルスＱ＆Ａ

(1) 時間単位年休付与の対象者は，すべての従業員とする。
(2) 時間単位年休を取得する場合の，1日の年次有給休暇に相当する時間数は，以下のとおりとする。
　　①所定労働時間が5時間を超え6時間以下の者・・・6時間
　　②所定労働時間が6時間を超え7時間以下の者・・・7時間
　　③所定労働時間が7時間を超え8時間以下の者・・・8時間
(3) 時間単位年休は1時間単位で付与する。
(4) 本条の時間単位年休に支払われる賃金額は，所定労働時間労働した場合に支払われる通常の賃金の1時間当たりの額に，取得した時間単位年休の時間数を乗じた額とする。
(5) 上記以外の事項については，前条の年次有給休暇と同様とする。

(出所)　平成21年10月厚生労働省・都道府県労働局・労働基準監督署「改正労働基準法のあらまし」より。

Ⅱ　労働時間管理とメンタルヘルス上の法律問題と実務対応　**Q9**

9　管理監督者（労基法41条2号）と健康配慮

Q　管理監督者に関しては，労働時間の制限は不要ですか。

A　管理監督者に対しても使用者は健康配慮義務を負っており，また管理監督者は重責を担っており，一般に中高年が多く心身の健康を損なう危険が高いことからも，適正な労働時間の管理を行う必要がある。

［解　説］

1　管理監督者とは

「事業の種類にかかわらず監督若しくは管理の地位にある者」（管理監督者）については，労働時間，休憩，休日に関する労働基準法上の規定は適用されないものとされており（労基法41条2号），時間外・休日割増手当を支払う必要はない。

また，上記の管理監督者とは，「労働条件の決定その他労務管理について経営者と一体的な立場にあるもの」をいい，これに該当するかどうかは，①名称にとらわれず，実質的に管理・監督者としての権限と地位が与えられ，②出社退社等労働時間について厳格な制限を受けず，③このような地位にふさわしい賃金面での処遇が基本給や手当，賞与等の面でなされているかどうかなどの点を実態に即し総合的に判断するものとされている（昭和22・9・13基発17号，昭和63・3・14基発150号）。

上記のように，管理監督者については労働時間規制に服さないことが前提になっている以上，労働時間を管理することはこれと矛盾するので，すべきではないようにも思われる。

171

第2部 各　論
第1章　労働関係の展開段階ごとのメンタルヘルスＱ＆Ａ

2　労働時間把握の必要性

　しかしながら，労働日に長時間にわたり業務に従事する状況が継続するなどして，疲労や心理的負荷等が過度に蓄積すると，心身の健康を損なう危険があることは，管理監督者であろうと非管理職であろうと変わりがないので，使用者は管理監督者に対しても，業務の遂行に伴う疲労や心理的負荷等が過度に蓄積して心身の健康を損なうことがないように注意すべき義務（〔電通事件〕最判平成 12・3・24 民集 54 巻 3 号 1155 頁・労判 779 号 13 頁・判タ 1028 号 80 頁）を負っている。
　特に，非管理職に比べ，管理監督者の職責は重く，そのため疲労や心理的負荷等は大きなものとなるのが通常であり，管理監督者の地位に就いている労働者は一般に 40 歳代ないし 50 歳代が多く，体力が落ちていたり，基礎疾患を抱えていたりすることも多い。
　さらに，平成 18 年 3 月に中央労働災害防止協会が公表した「平成 17 年度職場におけるメンタルヘルス対策のあり方検討委員会報告書」では，「管理監督者は，適宜部下のメンタルヘルスに留意し，メンタルヘルスにおける一次予防，二次予防，三次予防のいずれにおいてもケアを行う役割を負っている」ところ，「ケアを行うものには相当のストレスがかかるため，『ケアを行うものとして』ケアを受ける必要性のあることにも留意すべきである」と指摘され，これを受けて厚労省も，「労働者の心の健康の保持増進のための指針」（平成 18・3・31 基発 0331001 号）において，「管理監督者にとってもセルフケアは重要であり，事業者は，セルフケアの対象者として管理監督者も含めるものとする」と明記しているところである。
　また，深夜割増賃金や年次有給休暇については，管理監督者にも適用されるので（深夜割増賃金につき，〔ことぶき事件〕最判平成 21・12・18 労判 1000 号 5 頁・判タ 1316 号 129 頁・判時 2068 号 159 頁），使用者は，労働時間を把握しておく必要がある。

Ⅱ　労働時間管理とメンタルヘルス上の法律問題と実務対応　**Q9**

3　健康管理のための方策

　以上から，使用者は，管理監督者に関しても，タイムカードの打刻等により労働時間を把握して，非管理職に対するのと同様の所定外・休日・深夜労働時間の範囲に抑えるようにし，メンタル不調を来さないようにする必要がある（なお，タイムカードの打刻等については，裁判例上も，それをもって管理監督者に該当しないものとは判断されていない。〔徳洲会事件〕大阪地判昭和62・3・31労判497号65頁，〔日本プレジデントクラブ事件〕東京地判昭和63・4・27労判517号18頁）。

　「労働時間の適正な把握のために使用者が講ずべき措置に関する基準」（平成13・4・6基発339号）も，対象労働者から管理監督者を除外しつつも，「健康保護を図る必要があることから，使用者において〔過重な長時間労働を行わせないようにするなど〕適正な労働時間管理を行う責務がある」と明言しているところである。

　また，前記のように非管理職よりむしろ管理監督者の方が健康管理の重要性が高いことからすれば，上記の所定外労働時間の制限に加え，休憩を労働時間の途中に必ずとらせて，連続労働時間が長時間にわたらないようにし，週に1回必ず休日をとらせるように配慮するほか，年次有給休暇を計画的に消化させて，精神的な余裕をもたせる，1年間に2回の健康診断を実施する，心とからだの健康相談窓口を設置し，できるだけ早い段階で健康状態を把握するといった措置を講じることも検討されるべきである（石嵜信憲編著／田中朋斉著『健康管理の法律実務〔第3版〕』（中央経済社，平成25年）250～251頁）。

■木　原　康　雄■

第2部 各　論
第1章　労働関係の展開段階ごとのメンタルヘルスQ&A

III 人事異動とメンタルヘルス上の法律問題と実務対応

1 会社が配転命令を行使する場合にメンタルヘルス問題で注意すべき点（配転・転勤と健康配慮）

Q 従業員を転勤させる場合に，会社は，従業員のメンタルヘルス問題についてどこまで配慮すべきですか。また，配慮しなかった場合の会社の責任はどのようなものですか。

A 配転命令は，会社の裁量が認められ，配転命令が権利濫用とならない限り有効であるが，メンタルヘルスの問題をまったく無視した配転命令を課すことは，権利濫用とされる可能性が高まる。一方，健康配慮義務の履行としてメンタルヘルスの問題を抱えた労働者を配転させる場合も，それがメンタルヘルスを理由とする不利益取扱いにならないよう留意が必要である。

配転が原因で精神疾患に罹患した場合には，労災給付の対象となり得るほか，会社に対する損害賠償請求が認められることもある。

［解　説］

1　配転命令の意義，根拠等

(1)　配転の意義

配転とは，従業員の職種，職務内容や所属部署等の配置を変更することを

指し，「配置換え」や「異動」とも呼ばれる。配転のうち，同じ勤務地や事業所内での配転を「配置転換」といい，勤務地の変更を伴うものを「転勤」という。

(2) 配転命令権の根拠

配転を命じる会社の権能を配転命令権という。

会社に配転命令権があるといえるためには，就業規則や労働協約，個別労働契約等において，会社は業務上の都合により配転を命じることができる旨の記載があることが必要である（〔東亜ペイント事件〕最判昭和61・7・14労判477号6頁・判タ606号30頁・判時1198号149頁）。

ただし，就業規則や労働協約において，会社が配転できる旨記載されていたとしても，個別の労働契約において勤務地や職種を限定する特約があった場合には，労働契約法7条ただし書により個別契約の合意が優先的に適用されるため，会社は当該労働者に対し配転を命じることができない。

(3) 権利濫用法理

会社に配転命令権の存在が認められるとしても，会社は無制限に配転命令権を行使できるわけではない。配転命令権の行使が権利濫用にあたる場合には，配転命令が無効となる（労契法3条5項）。

具体的にどのような場合に権利濫用になるかについて，判例（前掲〔東亜ペイント事件〕最判昭和61・7・14）は，①業務上の必要性が存しない場合，又は②業務上の必要性が存する場合であっても，特段の事情が存在するとき（転勤命令が他の不当な動機・目的をもってなされたものであるときや労働者に対し通常甘受すべき程度を著しく超える不利益を負わせるものであるとき等）という判断枠組みを示している。加えて，①業務上の必要性については，転勤先への異動が余人をもっては容易に替えがたいといった高度の必要性ではなく，労働力の適正配置，業務の能率増進，労働者の能力開発，勤務意欲の高揚，業務運営の円滑化など企業の合理的運営に寄与する点が認められれば足りるとされる。

このように，会社の配転命令権については，一般的に広範な裁量が認めら

れている。

2　配転命令とメンタルヘルス

　配転命令においてメンタルヘルスが問題となる場面は主に次の2つである。一つは，メンタルヘルスに問題を抱えている労働者の配転命令が無効とならないのかという問題である（3で詳述する）。二つ目は，配転命令を原因としてうつ病等の精神疾患に罹患した労働者に対し，会社はどのような責任を負うかという問題である（4で詳述する）。別の面からみると，前者は配転命令の有効性にメンタルヘルスの問題がどのようにかかわるかというものであり，後者は，配転命令がメンタルヘルス問題に発展した場合に，会社はどのような責任を負うのかという問題である。

　配転に限らず人事権行使全般において，その人事権行使とメンタルヘルスに係る問題は，基本的に，メンタルヘルスに問題を抱えている労働者について人事権行使が無効とならないのかという問題と，人事権行使を原因としてメンタルヘルスの問題が発生した場合に会社は責任を負うのかという問題に集約されるであろう。

3　メンタルヘルスに問題を抱える労働者の配転

(1)　問題の所在

　メンタルヘルスに問題を抱える労働者への配転命令が無効にならないのかという問題には，さらに2つの場面がある。一つ目は，会社は配転命令をする際に，メンタルヘルスの問題について配慮すべき義務があるのかという問題であり，もう一つは，メンタルヘルス問題を理由に配転命令をすることは違法無効となるのか，という問題である。

(2)　配転命令権行使における健康配慮義務

(a)　裁判例の動向等

　まず，会社は，配転命令をする際に，メンタルヘルスの問題について配慮すべき義務があるのか。言い換えれば，配転命令権行使が権利濫用にあたる

かの判断において、健康配慮義務の存在はどのように影響するのかという問題である。

この点について、〔ボーダフォン（ジェイフォン）事件〕名古屋地判平成19・1・24（労判939号61頁・判時1990号68頁）は、一般論として、配転命令権行使に際して、「労働者の精神状態や異動のとらえ方等から、異動を命じることによって労働者の心身の健康を損なうことが予見できる場合には、異動を説得するに際して、労働者が異動に対して有する不安や疑問を取り除くように努め、それでもなお労働者が異動を拒絶する態度を示した場合には、異動命令を撤回することも考慮すべき義務がある」としている。これは、配転命令の有効性において前掲〔東亜ペイント事件〕最判昭和61・7・14が示した判断枠組みのうち、「②業務上の必要がある場合であっても、特段の事情が存在する場合」における「特段の事情」の内容を具体化したものであると解することができる。

(b) **会社の予見可能性**

前掲〔ボーダフォン（ジェイフォン）事件〕名古屋地判平成19・1・24は、配転命令によって労働者の心身の健康を損なうことが予見できたかを問題にしている。つまり、会社として配転命令行使の際に、当該労働者についてメンタルヘルスの問題を抱えていることを知っていたか、又は知ることができた場合には、健康配慮義務の履行として配転に関する真摯な説明や配転命令の撤回をすべきであるとしている。

この予見可能性の有無に関して、前掲〔ボーダフォン（ジェイフォン）事件〕名古屋地判平成19・1・24は、就業時間中に労働者に特異な行動等は見られなかったことなどから、会社に予見可能性はなかったと判断した。つまり、この裁判例は、配転命令に際し、会社に積極的に従業員のメンタルヘルスに配慮する一般的な義務があるわけではなく、従業員が特異な行動をとっている等のメンタルヘルス問題をうかがわせる具体的状況がない限り、会社には予見可能性がない結果、健康配慮義務の問題は生じないと考えているものと解される。

しかし、「職場におけるメンタルヘルス対策検討会報告書」（平成22・9・7）

第2部 各 論
第1章 労働関係の展開段階ごとのメンタルヘルスＱ＆Ａ

やそれを踏まえた労働安全衛生法改正の動きがある中で，会社が実施すべき健康診断等による従業員のメンタルヘルス把握が義務化される機運は高まっている。また，労働契約法が制定されて，会社は従業員のワークライフバランスに配慮すべきことが明文化された（労契法3条3項）ことにより，配転命令が権利濫用となる場面は従来以上に広がることが予想される（岩出・講義（上）573頁）。

　(c) 会社はどうすべきか

このように，会社は配転命令行使の際に，従業員のメンタルヘルス状況について把握する努力をまったく怠ったままに配転を行うことは，配転命令の有効性を争われた場合に，無効と判断される可能性が従前よりも高まっているといえる。特に転勤の場合，従業員の労働環境だけでなく住環境も変わるため，通常の配置転換よりも健康配慮義務の履行が求められる。

(3) 健康配慮義務の履行としての配転命令
　(a) EAP制度の利用

EAPとは，Employee Assistance Programの略で，従業員支援プログラムと訳される。これは，広義には，メンタルヘルスに問題が生じた従業員に対する支援やサポートサービス全般を指す。ただ，特に日本企業においては，従業員がメンタルヘルス等を理由に休業した後復職する際や，メンタルヘルスの問題により業務軽減の希望をした場合における，本来の職場に復帰する前に行われるリハビリ出勤制度等を指す言葉として用いられていることが多い。企業は，外部のEAP専門機関を利用する場合もあれば，独自にEAP制度を設け，軽作業等を命じているところもある。このEAPが復職後の軽作業従事として用いられる場合には，これも配転の一種と解することができる。

　(b) 裁判例の動向等

EAP制度を導入していない企業では，従業員のメンタルヘルス等の健康状態を踏まえ，その健康状態に合った配転を行うことがあるであろう。しかし，そのような配転が一律有効というわけではない。健康状態に対する差別

Ⅲ 人事異動とメンタルヘルス上の法律問題と実務対応 **Q1**

的な配転の場合，当然，その配転命令が違法となることはあり得る。

　この点について，裁判例は，例えば，〔オリエンタルモーター（賃金減額）事件〕東京高判平成 19・4・26（労判 940 号 33 頁）は，労働者が配置換え及び賃金減額について未払い賃金及び不法行為に基づく損害賠償請求を求めた事案であるところ，裁判所は，業務換え及び賃金減額は労働者の右目の黄斑変性症という病気が発端であり，この疾病に照らして労働者が従前どおりの業務を遂行することが困難と認められる場合には，会社は人事権を行使して配置換えないし業務換えを行うほかないが，人事権の行使にあたっては，従前の経歴・業務の内容を踏まえたうえで，当該疾病による障害の程度を考慮した適切な代わりの業務に就けるよう配慮することが要請されているものというべきとした。また，〔Ｕ銀行（パワハラ）事件〕岡山地判平成 24・4・19（労判 1051 号 28 頁）は，労働者がパワハラ及び病気明けに異動を短期間で繰り返し命じられたことの違法を主張した事案であるところ，異動の違法性について裁判所は，会社の異動の命じ方は場当たり的な対応である感は否めないものの，能力的な制約のある当該労働者を含めた従業員全体の職場環境配慮した結果の対応であって，不法行為は成立しないと判断した。

　(c)　どのような場合に配転命令ができるか

　裁判例及び前掲〔東亜ペイント事件〕最高裁判決の判断枠組みを踏まえると，メンタルヘルスの問題を理由に配転命令権が行使できるかについては，必要性があるかという問題（前掲〔東亜ペイント事件〕最高裁判決の判断枠組み①）及び当該配転命令がメンタルヘルスを理由とする不利益取扱いにあたらないか（同②）という問題に帰着することになる。

　メンタルヘルス問題を理由とする配転命令権行使が権利濫用となるかどうかは，メンタルヘルスの問題を抱えている従業員について，従前どおりの業務を遂行することができないと認められ，配転をするほかないかどうか（①）及び，従業員のメンタルヘルスの問題を踏まえた適切な配転であったかどうか（②）という面から判断されることになる。

4 配転を原因とするメンタルヘルス問題の対応

(1) メンタルヘルスについて労災の認定基準

　メンタルヘルスと労災については,「心理的負荷による精神障害の認定基準」(平成 23・12・26 基発 1226 第 1 号)(以下,「認定規準」という)が策定された。この基準によれば,配置転換や転勤は心理的負荷の強度の標準は「中」とされた(認定規準別表1・項目21,項目22。第2部第1章Ⅶ末掲載の別表1参照)。また,配置転換における心理的負荷の判断においては,「職種,職務の変化の程度,配置転換の理由・経過等」「業務の困難性,能力・経験と業務内容のギャップ等」「その後の業務内容,業務量の程度,職場の人間関係等」が判断の際の視点とされている。転勤については,配置転換であげられた理由に加え,「単身赴任の有無」が判断の視点としてあげられている。

　したがって,企業としては配転の際に,上記視点に目を配る必要があるだろう。特に,「強」の例としてあげられている「過去に経験した業務と全く異なる質の業務に従事することになったため,配置転換後の業務に対応するのに多大な労力を費やした」「配置転換後の地位が過去の経験からみて異例なほど重い責任が課されられるものであった」「左遷された」等の事実がある場合には,従業員が配転後うつ病等に罹患した場合,労災が認められる可能性が高くなるものといわざるを得ない。

5 配転の際に会社が留意すべき点(まとめ)

　配転命令権は,一般的には会社に広範な裁量が認められると解されているが,近時のメンタルヘルスへの対策強化の時流に照らせば,メンタルヘルスの問題を無視した配転命令は課せないだろう。それは,配転命令が無効になる可能性があるだけでなく,会社が労災民事訴訟において不法行為責任を負う可能性があることに留意しなければならない。

2 出向した従業員が出向を理由にメンタルヘルス不調を訴えてきた場合の出向元の責任（出向と健康配慮）

Q 出向した従業員が，出向中にうつ病になったと主張してきましたが，出向元は労災等の責任を負いますか。

A 出向先の業務に起因する労災について，一時的な責任は出向先が負う。しかし，出向そのものが嫌がらせである等，出向自体がうつ病の原因である場合や，出向先の労働環境に問題があることを認識し，又は認識し得た場合には，出向元が責任を負うことがある。

［解　説］

1　出向の法的性質

出向とは，一般に，労働者が従前の使用者（出向元）との労働契約を維持したまま，第三者（出向先）の指揮監督の下に労務を提供するものである（岩出・講義(上)583頁）。

出向が適法であるといえるためには，就業規則や労働協約，個別の労働契約において出向を命じることができる旨の明確な定めがあり（〔新日鉄事件〕最判平成15・4・18労判847号14頁・判タ1127号93頁・判時1826号158頁参照），その必要性，対象労働者の選定に係る事情その他に照らして，権利濫用と認められない場合（労契法14条）に，有効となる。

出向は，労務提供の相手方の変更を伴うため，配転とは質的に異なる性格をもっている（岩出・講義(上)584頁）。したがって，出向命令における会社の裁量は，配転に比べて狭いものといわざるを得ない。そのため，出向命令に際しては，配転命令以上にメンタルヘルスへの配慮が必要である（〔ボーダフォン（ジェイフォン）事件〕名古屋地判平成19・1・24労判939号61頁・判時1990号

第2部　各　論
第1章　労働関係の展開段階ごとのメンタルヘルスQ&A

68頁参照)。また，メンタルヘルスの問題を抱えている従業員に対し，無配慮になされた出向命令は，配転命令以上に違法無効となる可能性が高いものであると解される。

2　出向を原因とするメンタルヘルス問題に対する対応

(1)　出向元の責任と出向先の責任

出向中に，従業員が精神障害を発症した場合，出向元と出向先の安全配慮義務の負担関係はどのようになるだろうか（この点の詳細は，岩出・講義(上)594頁も参照)。

過労自殺の事案であるが，出向先のみの責任が認められた裁判例としては，〔協成建設事件〕札幌地判平成10・7・16（労判744号29頁・判時1671号113頁）や〔JFEスチール（JFEシステムズ）事件〕東京地判平成20・12・8（労判981号76頁・判タ1319号120頁）がある。前掲〔JFEスチール（JFEシステムズ）事件〕東京地判平成20・12・8は，出向先と出向元の安全配慮義務の負担関係について，一次的には出向先が負い，出向元は，人事考課表等の資料や労働者からの申告等により，労働者の長時間労働等の具体的な問題を認識し，又は認識し得た場合に，これに適切な措置を講ずるべき義務を負うと判示した。

(2)　労災の認定基準と出向元の責任

一方，「心理的負荷による精神障害の認定基準」（平成23・12・26基発1226第1号）（以下，「認定規準」という）によれば，心理的負荷の判断において出向は配置転換と同じ扱いをされている（認定規準別表1・項目21。第2部第1章Ⅶ末掲載の別表1参照)。したがって，出向について労災が成立する結果，出向元の責任が問われる場合があり得るということになる。例えば，出向そのものが嫌がらせであるような場合には，出向元の責任が問われることになろう。

また，〔国・中央労基署長（興国鋼線索）事件〕大阪地判平成19・6・6（労判952号64頁）は，米国子会社に副社長として出向中にくも膜下出血を発症した労働者の死亡につき，出向元の業務上の災害と認めたものである。

(3) 小　括

　出向元の責任が肯定される場合というのは，①出向そのものが精神疾患の原因となっている場合（前掲「認定基準」に例としてあがっているような場合）とともに，②出向先の労働環境に問題があることについて具体的な認識がある場合又は認識し得た場合に限られるといえるだろう。前掲〔国・中央労基署長（興国鋼線索）事件〕大阪地判平成19・6・6については，事案を踏まえると上記①②どちらとも解される事案であり，いずれにしても出向元に責任があることは否定しがたい事案であったと解される。

3　メンタルヘルス問題における出向元の責任（まとめ）

　出向中の社員が，出向中にメンタルヘルス問題を訴えてきた場合には，出向そのものが原因なのか出向先の労働環境が原因なのか見極める必要がある。また，出向中の社員の上記訴えを放置した場合には，出向した労働者の具体的な問題を認識していたものとして，責任を負う可能性が高まる（前掲〔JFEスチール（JFEシステムズ）事件〕東京地判平成20・12・8）。いずれにせよ，出向元としては，当該労働者への聴き取りや出向先への調査等を行わなければならない。

第2部 各 論
第1章 労働関係の展開段階ごとのメンタルヘルスＱ＆Ａ

3 転籍した従業員が労災を訴えてきた場合の転籍元の責任
（転籍と健康配慮）

Q 転籍して別会社に移った社員が，転籍してうつ病になったと訴えてきましたが，転籍元として責任を問われることがありますか。

A 転籍は出向と異なり，転籍元との労働契約が終了しているため，原則として転籍元の責任は問われない。しかし，転籍の際に労働者のメンタルヘルスをまったく考慮しなかった場合や，復帰が予定されている，実質的な指揮命令関係がある等の場合には，転籍元が責任を負うこともあり得る。

解 説

1 転籍の法的性質

転籍とは，従来の使用者との労働契約を一度解消したうえで，転籍先との間で新たに労働契約を締結することをいう。出向は，出向元との労働契約が維持されている点で転籍とは法的性質が異なる。

このように，転籍は従来の労働契約の終了と新しい労働契約の締結の2つの要素をもっている。したがって，転籍は，当該労働者の個別の同意が必要であり，事前の包括的な同意は原則として認められていない（〔三和機材事件〕東京地決平成4・1・31判時1416号130頁）。

転籍の同意をとるにあたっては，退職勧奨などと同様に社会的相当性を欠く同意のとり方は，違法となる（岩出・講義(上)590頁，岩出・講義(下)1097頁）。また，出向と同様に，転籍の際に労働者のメンタルヘルスに対する配慮が必要である（〔ボーダフォン（ジェイフォン）事件〕名古屋地判平成19・1・24労判939号61頁・判時1990号68頁参照）。

184

2 出向を原因とするメンタルヘルス問題に対する対応

(1) 転籍後のメンタルヘルスについて転籍元が責任を負うのか

　上記のとおり，転籍については転籍元との労働契約は終了しているため，労働保護法上の使用者，労働契約法上の使用者，団体交渉上の使用者も転籍先のみであることから，転籍元は，安全配慮義務を負わず，労災民事訴訟で責任を問われることもない。しかし，復帰が予定されている，転籍元が賃金を一部負担している，退職金が通算される，実質的な指揮命令関係がある等の事情がある場合には，転籍元の責任が問われることもあり得る（菅野524頁）。なお，転籍中の過労自殺について，転籍元との間に実質的な指揮命令関係があったことを理由に，転籍元の責任が認められた裁判例として，〔オタフクソース・イシモト食品事件〕広島地判平成 12・5・18（労判 783 号 15 頁・判タ 1035 号 285 頁）がある。

第2部 各　論
第1章　労働関係の展開段階ごとのメンタルヘルスQ＆A

4　昇進等の際にメンタルヘルスの問題で注意すべき点（昇進と健康配慮）

Q　ある従業員を現在の職から管理職に昇進させようと考えていますが，メンタルヘルスの問題を配慮する必要はありますか。

A　昇進については，配転や業務量等の変化等の観点からメンタルヘルスの問題を一定程度考慮する必要がある。

[　解　説　]

1　昇進，昇格，昇給

(1)　意　義

　昇進とは，企業組織における管理監督権限や指揮命令権限の上下関係における役職（管理職）の上昇を意味する場合と，役職も含めた企業内の職務遂行上の地位（職位）の上昇を意味する場合とがある（菅野507頁）。

　多くの企業が採用している職能資格制度においては，その企業における職務遂行能力が，まず職掌として大きく分類され，各職掌の中で様々な資格に類型化され，さらにその資格の中で等級化されている。そのうえで，この資格等に応じて基本給の全部又は一部が決定される。この制度化における資格の上昇を「昇格」，等級の上昇のことを「昇級」と呼び，昇格試験や人事考課によって昇格，昇給するかを決定する（菅野508頁，岩出・講義(上)596頁。職能資格制度の具体例は，荒木・労働法387頁参照）。

(2)　有効性判断

　昇進，昇格，昇級（以下，「昇進等」という）については，企業の裁量権が大

幅に認められている。また，昇進等は原則として労働契約の有利な変更に該当する。したがって，昇進等が権利濫用として違法無効となる例はまれである。

　結局，昇進等が違法となるケースというのは，高度のストレスを伴う業務への従事禁止を医師から申し渡され，会社がそのことを把握しているにもかかわらず，管理職に昇進させたというような場合に限られるであろう（岩出・講義(上)598頁）。昇進や昇格が配転を伴うものである場合や，業務量の変化や時間外労働の増加を伴うものであれば，それらの視点からの配慮は必要であるが，メンタルヘルスの問題において昇進や昇格の命令そのものが違法になるケースは想定しづらい。

(3)　昇進等と労災

　昇進等が業務内容の大幅な変化や業務量の増加をもたらし，それにともなって長時間労働を強いられた場合，労災が認められることがあり得る。しかし，「心理的負荷による精神障害の認定基準」（平成23・12・26基発1226第1号）（以下，「認定規準」という）によれば，「自身の昇格・昇進があった」（認定規準別表1・項目25。第2部第1章Ⅶ末掲載の別表1参照）については，標準が「弱」であり，労災認定されることはまれであるとされている。

2　まとめ

　以上のとおり，昇進等について，配転や業務量の変化を伴う場合にはその面からの考慮が必要であるものの，安全配慮義務の観点から昇進等の命令が違法となるケースはまれである。

　また，昇進等を原因とする精神障害について労災認定されることもまれである。

第2部 各　論
第1章　労働関係の展開段階ごとのメンタルヘルスQ＆A

5　健康配慮としての降格・降級と希望降格制度

Q 従業員の健康配慮として，降格や降級をすることはできますか。また，従業員が降格等を希望した場合の制度（希望降格制度）とはどのようなものですか。

A 役職の降格の場合には会社の裁量として，資格又は等級の降格の場合には就業規則の根拠が必要であるが，いずれの降格であっても，安全配慮義務の履行として降格することは権利濫用を否定する方向に作用する。ただし，健康状態に対する不利益取扱いや退職勧奨目的の場合には権利濫用になり得る。また，賃金が下がる場合には，有効性が慎重に判断される傾向にある。

［解　説］

1　降格，降級

(1)　意　義

　降格については，職位を引き下げるもの（昇進の反意語）と，職能資格制度の下での資格を下げるもの（昇格の反意語）との両者を指す。降級は，職能資格制度の等級を下げるもので，昇級の反意語である（菅野510頁，岩出・講義(上)598頁）。降格・降級は，懲戒処分としてなされる場合と，人事権の行使としてなされる場合とがある。

(2)　法的性質

　(a)　**懲戒処分としての降格・降級**

　懲戒処分としての降格・降級は，懲戒処分の有効性の要件である合理性と

Ⅲ　人事異動とメンタルヘルス上の法律問題と実務対応　**Q 5**

相当性（労契法 15 条）が必要である（ただし，健康配慮のために懲戒処分を科すことは想定されない）。

(b)　**役職・職位の降格**

一方，人事権行使としてなされる降格・降級については，引き下げるものが職位なのか，資格なのか，等級なのかにより，有効性の判断枠組みは異なっている（以下詳細は，菅野 510 頁以下参照）。

役職（部長，課長等）や職位を引き下げる降格について，裁判例は，就業規則等に根拠規定がなくとも，使用者の人事権の行使であるため裁量が認められるとする傾向にある（降格が有効とされた近時の裁判例として，〔東京都自動車整備振興会事件〕東京高判平成 21・11・4 労判 996 号 13 頁・労経速 2055 号 13 頁）。当然，会社の裁量は無制限というわけではなく，権利濫用に服する（近時のものとして，〔日野市（病院副院長・降格）事件〕東京地判平成 21・11・16 労判 998 号 47 頁・判タ 1340 号 152 頁・判時 2074 号 155 頁）。

ただし，役職や職位の降格には賃金の低下を伴うため，その有効性について慎重な判断をしている裁判例も多い（降格と給与減額の両者が無効とされた裁判例として，〔株式会社コアズ事件〕東京地判平成 24・7・17 労判 1057 号 38 頁）。

(c)　**資格の降格**

職能資格制度は，企業内での経験や技能の積み重ねに応じて資格が上がっていく制度であるため，資格そのものを下げることは制度上想定されていない。したがって，就業規則等により資格を下げることがあり得ることを明記しない限り，使用者は資格について降格することはできない（職位に関する降格は裁量性を広く認めて職位の降格を有効としながら，職能資格の降格は，根拠規定等の存在を必要とするとして無効とした裁判例として，〔学校法人聖望学園ほか事件〕東京地判平成 21・4・27 労判 986 号 28 頁が存在する）。また，根拠規定があっても，人事権の濫用にあたる場合にはやはり資格の降格は無効となる。

(d)　**等級の降格**

給与等級の引下げも，就業規則等に根拠がなければできず，賃金の減額が伴うため慎重な判断がなされる傾向にある（役割グレードの引下げにつき，就業規則上の根拠がないことを理由に無効とした裁判例として，〔コナミデジタルエンターテ

イメント事件〕東京高判平成 23・12・27 労判 1042 号 15 頁）。

　なお，特に成果主義的な賃金体系において，人事考課によって毎年又は毎期の等級が決定される場合には，会社には等級の降格について一定の裁量があるといえるであろう。しかし，その人事考課について，会社は公正性・相当性が求められる（白石・労働関係訴訟 175 頁）。

2　安全配慮義務の履行としての降格・降級

(1)　人事権の行使としての降格・降級と安全配慮義務

　以上のとおり人事権行使としての降格・降級について，資格及び等級の降格の場合には就業規則等の根拠という要件が加わるものの，基本的には権利濫用となるかどうかが有効と認められるかのポイントである。ただ，降格・降級について賃金の減額を伴う場合には，就業規則等に賃金減額の根拠がないとして違法と判断されることもある（〔渡島信用金庫事件〕札幌高判平成 13・11・21 労判 823 号 31 頁）。また，賃金の減額を伴う降格・降級の場合，配転と比較してその有効性は慎重に判断される傾向にある。

　この権利濫用該当性の判断に際し，当該降格・降級が安全配慮義務の履行としてなされた場合には，該当性が否定される方向に作用する。

(2)　裁　判　例

　安全配慮義務の履行として降格・降級をする場合に，その権利濫用該当性については，〔オリエンタルモーター（賃金減額）事件〕東京高判平成 19・4・26（労判 940 号 33 頁）が参考となる。この事案は，労働者が配置換え及び賃金減額について未払い賃金及び不法行為に基づく損害賠償請求を求めたものである。裁判所は，業務換え及び賃金減額は労働者の右目の黄斑変性症という病気が発端であり，疾病に照らして労働者が従前どおりの業務を遂行することが困難と認められる場合には，会社は人事権を行使して配置換えないし業務換えを行うほかないと考えられるが，その人事権の行使にあたっては，労働者の従前の経歴・業務の内容を踏まえたうえで，当該疾病による障害の程度を考慮した適切な代わりの業務に就けるよう，また，代わりの業務

への就労に対応する賃金についても，業務負担が減少する分相当の減額がされることはあり得るとしても，労働者のこれまでの職歴等を考慮し適切な範囲にとどまるよう配慮することが要請されているものというべき，とした。

　この裁判例は降格・降級そのものではなく，配転に伴う賃金減額が問題になった事案であるものの，賃金の減額を伴う降格・降級についてもその判示が妥当するであろう。安全配慮義務の履行として降格・降級を行いその結果賃金が減少する場合であっても，労働者の従前の経歴等を考慮した合理的な範囲の減額でなければならないというべきであり，それが健康状態に対する不利益取扱いや退職勧奨目的であってはならないということである。

3　希望降格制度

(1)　制度の概要及び現状

　希望降格制度とは，その名のとおり，従業員が希望した場合に，現在の職位や資格を下げることのできる制度である。地方公務員については，自治体によって制度が整備され，導入されているところも多いが，民間企業で導入している会社は非常に少ない。これは公務員の場合，その性質上法令の根拠がない人事権の行使はできないと解されるのに対し，民間企業の場合には上記のとおり役職や職位の降格は，人事権の裁量の範囲であれば就業規則の根拠なく行使できるため，明確な規定を置く必要性がないということであろう。

(2)　制度導入のメリット・デメリット

　ただ，従業員が望む降格や降級について，明確な規定がなくとも人事権の裁量の範囲内で行えるとしても，賃金が減額になることが多いため結局トラブルになるケースもある。また，従業員がメンタルヘルス等健康状態に問題を抱えた場合，現在の業務を継続するのか休職するのかという二者択一では，業務継続によって病状が悪化し会社の責任が問われることや，休職明けで解雇や退職の問題が生じること等のリスクが高まることが考えられる。

　希望降格制度を設ければ，人材の適切な配置（休業者の増加を防ぐ，人材や業

第 2 部 各　　論
第 1 章　労働関係の展開段階ごとのメンタルヘルス Q＆A

務ノウハウの流失を防ぐ等）という面からも望ましく，健康問題や降格・減給をめぐる紛争リスクを軽減することもできる。希望降格制度を設けるには，就業規則の不利益変更の問題（労契法 10 条）があるものの，上記のとおり労働者にとって有益な面も多く，変更の合理性は認められやすいものと解される（岩出・講義(下) 1090 頁）。

　ただ，どのような条件の場合に希望降格を認めるかは難しいところであろう。また，制度を設けることにより，従来人事権の裁量により柔軟に行われていた運用が硬直してしまう可能性も否定できない。

6 海外出張・海外赴任における会社の健康配慮

Q 従業員を海外出張や海外赴任させる場合，会社の健康配慮義務の具体的内容は何ですか。

A 従業員を海外赴任させる場合，現状において健康状態に不安を抱える従業員を無配慮に赴任させた場合には，その赴任命令が権利濫用により違法となる場合がある。また，赴任先の政情が不安定である場合や，赴任が長期にわたる場合には，その点からの配慮が必要である。

なお，海外赴任の場合には当然には労災加入ができないため，注意を要する。

解　説

1 海外出張，海外赴任の意義，法的性質

(1) 意　義

海外出張は，一般に，海外への渡航が臨時的・短期的であることにとどまらず，労働者は国内の事業場に属し，国内の指揮命令を受けている。一方，海外赴任は，通常は海外の事業場に属しており，「海外派遣」とも呼ばれる。両者の違いは，海外出張の場合には国内の事業場に属しているため，労災保険が適用されるが，海外赴任（海外派遣）の場合には，特別加入の条件を満たさなければ，労災保険に加入することはできないことにある。

(2) 有効性判断

海外出張命令の有効性が問われた裁判例は見出せないものの，基本的には配転の有効性判断と同じく，就業規則等に海外出張を命じることがある旨の

第2部　各　論
第1章　労働関係の展開段階ごとのメンタルヘルスQ&A

記載があれば原則として海外出張を命じることができ，個別契約で海外出張義務が免除されているか，もしくは海外出張命令が権利濫用に該当する場合は，命じることはできない，と解されるであろう。ただし，海外出張の臨時性から従業員の不利益や負担はそれほど重視されず，権利濫用になる場合は例外的であると考えられる（岩出・講義(上) 620頁）。

　一方，海外赴任は，国内の事業場と赴任先との関係（支店なのか，関連会社としてまったく別法人なのか）や赴任中における従前の使用者との労働契約が継続しているか等により，それぞれ配転，出向，転籍に準じて有効性を判断するものと解される。

2　海外出張，海外赴任とメンタルヘルス

　海外出張，海外赴任とメンタルヘルスの問題も，配転，出向，転籍と同様に考えることができると解される。命令の権利濫用該当性の判断において，従業員のメンタルヘルス問題を把握しているにもかかわらず，それに対し無配慮に海外出張や海外赴任を命じることは権利濫用該当性を肯定する方向に傾く。例えば，通院しており毎日一定の薬を飲むことが必要である従業員に対し，海外赴任や長期の海外出張を命じることには慎重にならなければならないだろう。特に赴任先の政情が不安定な場合や，赴任が長期化する場合には従業員の負担も大きいものと考えられるため，会社は従業員の負担を軽減するべく配慮する必要がある。

　一方，安全配慮義務の履行として海外出張や海外赴任を命じることについては，海外出身の従業員で母国の支店に赴任させる場合や海外に家族が住んでいる場合等が想定される。

　海外出張，海外赴任を原因とするメンタルヘルス問題についても，同様に配転，出向，転籍の裁判例等が参考になる（事案に応じて，Q1〜Q3の各裁判例を参照されたい）。〔加古川労基署長（神戸製鋼所）事件〕神戸地判平成8・4・26（労判695号31頁・判タ926号171頁），〔国・八王子労基署長（パシフィックコンサルタンツ）事件〕東京地判平成19・5・24（労判945号5頁・判タ1261号198頁・判時1976号131頁）はともに，海外派遣中の自殺について，業

務起因性を認めたものである（なお,「心理的負荷による精神障害の認定基準」別紙1・項目22も参照。第2部第1章Ⅶ末掲載の別表1参照)。

　ただし,前述のとおり,海外赴任（海外派遣）の場合には,労災保険の特別加入をしない限り労災申請はできず,もっぱら海外派遣先や派遣元との損害賠償責任の問題になる。海外派遣先が国内の事業場とはまったく別法人で,かつ当該海外派遣先を被告としたい場合には,国際民事訴訟となるため,実際に訴訟をすることは困難を極めるものと解される。

第2部 各 論
第1章 労働関係の展開段階ごとのメンタルヘルスQ&A

7　研修・社員教育における会社の健康配慮義務

Q 研修や社員教育を命じる際，会社は従業員の健康に配慮する義務を負いますか。

A 研修や社員教育が懲罰的なものとして違法である場合には，会社は，その研修等によりうつ病等，メンタルヘルスに問題が発生した際の責任を負う。
　また，研修が宿泊を伴う長期のものである場合にも，会社は健康配慮義務を具体的に履行することを要する。

―― 解　説 ――

1　研修，社員教育の法的性質

(1)　業務の一環としての研修，社員教育

　研修や社員教育は，内定後や入社直後に実施されるものや，入社年や役職等に応じて定期的に実施されるもののほか，従業員が一定のミスや内規違反行為があった場合等に行われるものが一般的に想定される。近時は，一定のパフォーマンスをあげられない従業員に対し，社員教育の一環としてPIP (Performance Improvement Planの略。「業績改善計画」などと訳される) を実施するという企業もあるが，退職勧奨として濫用的に利用されるケースも指摘されているところである。

　使用者が従業員に対し，研修や社員教育を命じることができるのは，使用者が従業員に対し業務命令権を有しているからである。研修や社員教育も，就業規則等の合理的根拠があり，内容が相当である限り労働者は研修等をすべき義務を負う（菅野91頁）。

(2) 有効性と裁判例

　研修や社員教育を命じる業務命令について，その権利濫用該当性が争われた判例として，〔JR東日本（本荘保線区）事件〕最判平成8・2・23（労判690号12頁）が存在する。この判例は，服装規定違反の従業員に対し，教育訓練として全142条の就業規則を一字一句違わず書き写すことを連日命じた結果，当該従業員が腹痛で入院するまでに至ったことに対し，当該従業員が損害賠償を求めた事案であり，最高裁は控訴審（仙台高秋田支判平成4・12・25労判690号13頁）の判断を維持した。控訴審は，一般論として，会社が従業員に対し，職場内教育訓練等の社員に命じ得る教育訓練について，その時期及び内容，方法は，その性質上原則として会社の裁量的判断に委ねられているものというべきであるが，その裁量は無制約なものではなく，その命じ得る教育訓練の時期，内容，方法において労働契約の内容及び教育訓練の目的等に照らして不合理なものであってはならないとしたうえで，会社が当該従業員に対して行った教育訓練は，合理的教育的意義を認めがたく，必要性も見出しがたいこと，労働者の人格をいたずらに傷つけ，健康状態に対する配慮も怠ったこと等が認められる結果，見せしめを兼ねた懲罰的目的からなされたものであると推認されるとして，裁量を逸脱濫用したものであると判断した。

2　研修，社員教育とメンタルヘルス

　前述の〔JR東日本（本荘保線区）事件〕最高裁判決の控訴審でも，権利濫用の判断要素として「健康状態に対する配慮」も考慮されている。このことから，研修や社員教育を命じる業務命令について，従業員のメンタルヘルス問題を無視した場合には，権利濫用該当性を肯定する方向に傾くといえる。また，研修や社員教育が会社の業務命令権の裁量を逸脱して違法である場合には，その研修や社員教育を原因としてうつ病等を発症した従業員に対し，会社は損害賠償義務を負うことになる。

　また，〔国・旭川労基署長（NTT東日本北海道支店）事件〕札幌高判平成22・8・10（労判1012号5頁）は，心疾患の既往歴のある労働者の死亡につい

第2部 各　　論
第1章　労働関係の展開段階ごとのメンタルヘルスQ&A

て，宿泊を伴う研修による過労，雇用形態の選択を求められたことによるストレス（研修も雇用形態変更に伴って必要なものであった）が死亡の原因であるとして，労災を認めた事案である。このように宿泊を伴う長期の研修等の場合にも，メンタルヘルスに対し無配慮であることは許されないであろう。

　一方，健康配慮義務の履行として研修や社員教育を行うという事態は想定しにくい。

8　私傷病を理由とした職種変更の申出や転勤命令拒否は認められるか

Q　従業員が会社に対し，私傷病を理由に，現在の職種ができないため，他の職種に変更するよう申し出た場合，会社は受け入れなければならないですか。また，従業員が私傷病を理由に転勤命令を拒否した場合，会社は当該従業員を解雇することができますか。

A　会社は，従業員からの職種変更の申出を受け入れる義務まではないが，現在の職種以外に配転が可能である場合には，従業員の申出を踏まえて，職種変更を検討する必要があり，その検討をしないまま，休職扱いにすることや解雇をすることは，違法となる可能性が高まる。
　また，私傷病を理由とする配転拒否について，従業員の健康状態をまったく無視した配転は，違法となる可能性がある。

［解　説］

1　私傷病を理由とする職種変更の申出の可否

　従業員は，私傷病が原因で現在の業務はできないものの，他の業務ができる場合（例えば現場職はできないものの事務職であれば業務が可能である場合）に，職種の転換を求めることができるのか。
　この点が問題となった判例が，〔片山組事件〕最判平成 10・4・9（労判 736 号 15 頁・判タ 972 号 122 頁・判時 1639 号 130 頁）である。労働者が私傷病のため工事現場監督業務に従事できずに内勤業務に従事させるよう申し出たのに対し，会社がこれを拒否して休職命令をし，賃金を支払わなかったという事案において，最高裁は，労働者が職種や業務内容を特定せずに労働契約を締結した場合においては，現に就業を命じられた特定の業務について労務の提供

199

第2部　各　論
第1章　労働関係の展開段階ごとのメンタルヘルスＱ＆Ａ

が十全にはできないとしても，当該労働者の能力，経験，地位，企業規模，業種，当該企業における労働者の配置・移動の実情及び難易度に照らして，労働者を配置する現実的可能性があると認められる他の業務について労務の提供をすることができ，かつその提供を労働者が申し出ている場合には，なお労働契約の債務の本旨に従った履行の提供があるとして，労働者は賃金請求権を失わないとした。

　この〔片山組事件〕最高裁判決を踏まえると，少なくとも，職種の限定がない従業員で，かつ配転が可能な部署をもつ一定規模以上の企業においては，私傷病を理由に従業員が業務の軽減を求めてきた場合，配転等をまったく検討しないまま解雇等を行えば，当該解雇は権利濫用として違法となる。一方で，労働者に対し，私傷病を理由とする職種変更権を認めたわけではないため，会社は，労働者から私傷病を理由として職種変更の申出があった場合には，配転が可能かを検討し，配転が現実に不可能であれば，労働者の申出を拒否することも違法ではないと解される（岩出・講義(上) 606頁）。

2　私傷病を理由とした配転命令拒否の可否

　配転命令の有効性判断は，**Q1**で述べたとおり，就業規則等に配転をする旨の記載があり，かつ配転命令が権利濫用に該当しない限り有効となる。また，配転命令の権利濫用該当性における必要性は，余人をもって代えがたいということまでは不要で，企業の合理的運営に寄与する点があれば認められるため，会社における配転命令権はその裁量が広いものである（〔東亜ペイント事件〕最判昭和61・7・14労判477号6頁・判タ606号30頁・判時1198号149頁）。また，一般的に，使用者が配転命令をし，労働者が理由なく拒否した場合には，懲戒解雇（又は普通解雇）がなされることが多く，判例等でも適法な配転命令拒否を理由とする懲戒解雇は有効とされることが多い（前掲〔東亜ペイント事件〕最判昭和61・7・14も，まさに配転命令拒否についての懲戒解雇処分が有効とされた事案であった。その他，懲戒解雇有効事例として〔日本ストライカー事件〕東京地判平成18・12・15労判935号75頁，普通解雇有効事例として〔マガジンハウス事件〕東京地判平成20・3・10労経速2000号26頁など）。

しかし，労働者が私傷病を理由に配転を拒否した場合に，〔片山組事件〕最高裁判決を踏まえれば，労働者の健康状態を踏まえて当該配転について代替者の検討や当該労働者に対してより負担の少ない配転先をまったく検討しない場合には，当該配転命令や，配転命令拒否を理由とする懲戒解雇は無効となるものと考えられる。

第 2 部　各　論
第 1 章　労働関係の展開段階ごとのメンタルヘルス Q&A

9　私傷病を理由とした職位の引下げや職能資格制度等の降格は認められるか

Q　私傷病を理由とした職位の引下げや職能資格制度等の降格は認められますか。

A　私傷病を理由とした職位の引下げについては、就業規則上の根拠なく可能であるため、私傷病に対する不利益取扱いや退職勧奨にあたらない限り、可能である。
　職能資格制度における降格については、就業規則に明確な根拠があり、降格命令が人事権の濫用とならない限り可能である。

［解　説］

1　私傷病を理由とする職位の降格

　Q5でも述べたとおり、役職や職位の引下げは就業規則の根拠がなくとも使用者の人事権行使の一環として裁量が認められる。したがって、会社が、私傷病を原因としてその職位の職責を果たせないと客観的合理的に判断できる場合には、当該私傷病を理由に職位を降格することも認められると解される。つまり、私傷病を理由とする降格が、まさにその従業員への安全配慮義務や健康配慮義務の履行として行われた場合には、裁量の範囲内であるといえるが、私傷病への不利益取扱いや退職勧奨にあたるような場合（〔オリエンタルモーター（賃金減額）事件〕東京高判平成19・4・26労判940号33頁参照）等には、裁量を逸脱濫用したものとして無効となる。

2 私傷病を理由とする職能資格制度における資格の降格

これも，**Q5**で述べたとおり，職能資格制度においては，原則として資格を下げることが予定されていない。したがって議論の前提として会社が従業員の資格を下げるためには，就業規則等において会社は従業員の資格を下げることがある旨の明確な規定が必要である。また，規定があったとしても，資格の降格命令が人事権の濫用に該当する場合には無効となる。私傷病を理由とする資格の引下げに人事上の必要性が認められるかについては，当該職能資格制度の制度内容等に応じて具体的に判断するほかないが，少なくとも，職位や役職と資格が連動しており，私傷病を理由に職位を下げる必要性がある場合には，同時に資格を下げることにも必要性が認められるであろう。ただし，賃金の減額を伴うという点から，下げ幅等に対し一定の配慮が必要であることはいうまでもない。

■鈴木　みなみ■

第2部　各　論
第1章　労働関係の展開段階ごとのメンタルヘルスQ＆A

Ⅳ　職場環境・人間関係等の管理とメンタルヘルス上の法律問題と実務対応

1　物理的作業環境がメンタルヘルスに与える影響

Q　物理的作業環境もメンタルヘルス不調の要因になると聞きましたが，具体的にどのようなものですか。また対策としてどのようなことがありますか。

A　具体的には，職場の照明，温度，換気（受動喫煙問題を含む）などや作業レイアウトなどがストレス要因となっていることもある。職場のレイアウトを働きやすいように変更したり，受動喫煙防止対策をしたりすることは，ストレス改善に効果的であるとされている。

［解　説］

　メンタルヘルス不調の原因となるストレスの要因には様々なものがあるが，一般に，物理的要因・化学的要因・生物学的要因・社会的要因に分けられるとされている。このうち職場におけるストレス要因としては，失敗や過重な責任，事故や災害の体験，仕事の質や量，対人関係などの社会的要因が大きいといわれている。しかし，こればかりでなく，物理的な要因も職場のストレス要因となっていることも少なくない。具体的には，職場の照明，温度，換気（受動喫煙問題を含む）などや作業レイアウトなどである。
　そもそも，事業者は，労働安全衛生法71条の2で，事業場における安全

Ⅳ 職場環境・人間関係等の管理とメンタルヘルス上の法律問題と実務対応　Q1

衛生の水準の向上を図るため，①作業環境を快適な状態に維持管理するための措置，②労働者の従事する作業について，その方法を改善するための措置，③作業に従事することによる労働者の疲労を回復するための施設又は設備の設置又は整備，及び④①から③掲げるもののほか，快適な職場環境を形成するため必要な措置を継続的かつ計画的に講ずることにより，快適な職場環境を形成するように努めなければならないとされており，同法71条の3に基づき，「事業者が講ずべき快適な職場環境の形成のための措置に関する指針」（平成4・7・1労働省告示59号）が公表されている。

これらを踏まえた措置をすることは，結果として，物理的ストレス要因の改善・軽減につながる。職場におけるメンタルヘルス対策としては，社会的要因の改善が重要ではあるが，目に見えない職場のストレスの改善に何から手をつけてよいかわからない場合も多い。職場のメンバーが感じている働きにくさに注目することや，職場のレイアウト，物理的環境の改善から着手することがストレスの改善に効果的な場合も多い，との指摘もある（厚労省パンフレット「職場における心の健康づくり―労働者の心の健康の保持増進のための指針」）。

また，職場の受動喫煙防止については，労働安全衛生法の改正で関連事項が定められる予定であるので注意が必要である。労働安全衛生法の改正案は，平成24年11月の衆議院の解散で一度は廃案となったが，再度の法案提出が予定されている。これを前提に，平成25年12月24日「労働政策審議会安全衛生分科会」から，「職場における受動喫煙防止対策」については，次のような報告がなされている（平成25年12月14日「今後の労働安全衛生対策について（報告）（案）」から一部抜粋）。

8　職場における受動喫煙防止対策
　平成22年の建議に基づく労働安全衛生法の一部を改正する法律案において，一般の事務所，工場等については全面禁煙や空間分煙とすること，飲食店等については労働者の受動喫煙の程度を低減させるための措置を講じることを事業者の義務とすることが盛り込まれた。

205

第 2 部 各　　論
第 1 章　労働関係の展開段階ごとのメンタルヘルス Q＆A

　建議後の受動喫煙防止対策の実施状況をみると，事業者による全面禁煙・空間分煙の取組率は，平成 23 年が 47.6％，平成 24 年が 61.4％と着実に進んでいる一方で，従業員数が 50 人未満の小規模事業場においては，従業員数が 50 人以上の事業場と比して取組が進んでいない状況にある。
（対策の方向性）
　平成 22 年の建議に基づく労働安全衛生法の一部を改正する法律案を踏まえつつ，一部の事業場での取組が遅れている中で全面禁煙や空間分煙を事業者の義務とした場合，国が実施している現行の支援策がなくなり，その結果かえって取組が進まなくなるおそれがあるとの意見が出されたことにも十分に留意し，また，建議後に受動喫煙防止対策に取り組んでいる事業場が増加していることも勘案し，法案の内容を検討することが適当である。

Ⅳ 職場環境・人間関係等の管理とメンタルヘルス上の法律問題と実務対応 **Q2**

2 パワハラがメンタルヘルスに与える影響

Q パワーハラスメントとはどのようなものを指し，メンタルヘルス不調にどのような影響を与えるものですか。また，パワーハラスメントに関する裁判例の動向を教えてください。

A パワーハラスメントとは，同じ職場で働く者に対して，職務上の地位や人間関係などの職場内の優位性を背景に，業務の適正な範囲を超えて，精神的・身体的苦痛を与える又は職場環境を悪化させる行為をいい，メンタル不調の要因の一つとされている。

解 説

1 パワーハラスメントとは

Q1に記載のとおり，職場におけるメンタルヘルス不調のストレス要因として最も大きなものは社会的要因であるとされている。その中の一つとして，暴言や仲間外しといった「職場のパワーハラスメント」の問題がある。

平成17年の中央労働災害防止協会「パワーハラスメントの実態に関する調査研究」によると，「パワハラによりメンタル面の問題が生じているか」という問いに対し，「ある」及び「あった」と回答した企業（全体の約4割）のうち，「パワハラを受けた社員のうち，かなりものに生じていると思われる」及び「パワハラを受けた社員のうち，ある程度のものに生じていると思われる」と回答した企業が合計で82％超という結果となり，多くの企業がパワーハラスメントによりメンタル面での問題が生じていると認識している。

また，パワーハラスメントは，近年，都道府県労働局への相談が増加傾向

第2部 各　論
第1章　労働関係の展開段階ごとのメンタルヘルスQ&A

にあるなど，社会問題として，顕在化してきている。後述の「職場のいじめ・嫌がらせ問題に関する円卓会議」の参考資料集「仕事のストレス全国調査」での職場のいじめ・嫌がらせの頻度でも，6％（約17人に1人）が職場で自分がいじめ，パワハラにあっている（セクハラを含む）と報告し，15％（約7人に1人）が職場でいじめ，パワハラにあっている人がいる（セクハラを含む）としている。

　このような状況の中，厚労省は，平成23年7月から「職場のいじめ・嫌がらせ問題に関する円卓会議」を開催し，議論を重ね，平成24年1月30日にその「報告」（以下，「円卓会議報告」という）を，同3月15日に「提言」（以下，「円卓会議提言」という）を公表した。「円卓会議報告」では，職場のパワーハラスメントの定義を「同じ職場で働く者に対して，職務上の地位や人間関係などの職場内の優位性を背景に，業務の適正な範囲を超えて，精神的・身体的苦痛を与える又は職場環境を悪化させる行為をいう。」とし，上司から部下に行われるものだけでなく，先輩・後輩間や同僚間，さらには部下から上司に対して様々な優位性を背景に行われるものも含まれるとしている。そして，職場のパワーハラスメントの典型的な行為類型として，①身体的な攻撃（暴行・傷害），②精神的な攻撃（脅迫・暴言等），③人間関係からの切り離し（隔離・仲間外し・無視），④過大な要求（業務上明らかに不要なことや遂行不可能なことの強制，仕事の妨害），⑤過小な要求（業務上の合理性なく，能力や経験とかけ離れた程度の低い仕事を命じることや仕事を与えないこと）及び⑥個の侵害（私的なことに過度に立ち入ること）を挙げている。

　「円卓会議報告」によると，「いじめ・嫌がらせ」，「パワーハラスメント」が企業にもたらす損失は，想像よりも大きく，「『いじめ・嫌がらせ』，『パワーハラスメント』を受けた人にとっては，人格を傷つけられ，仕事への意欲や自信を失い，こうしたことは心の健康の悪化にもつながり，休職や退職に至る場合すらある。」としている。

　そして，本人ばかりでなく，周囲の人達も，「いじめ・嫌がらせ」，「パワーハラスメント」を見聞きすることで，仕事への意欲が低下し，職場全体の生産性にも悪影響を及ぼしかねず，行った人も不利益を受けることになる。

Ⅳ 職場環境・人間関係等の管理とメンタルヘルス上の法律問題と実務対応 **Q2**

企業にとっては，組織の生産性に悪影響，貴重な人材の損失にとどまらず，後述のような，裁判リスク，具体的には，使用者としての責任（不法行為責任や安全配慮義務違反など）を問われることもあり，企業のイメージダウンにもつながると指摘している（円卓会議報告）。

さらに，「円卓会議提言」では，「数多くの人たちが組織で働く現在，職場のパワーハラスメントをなくすことは，組織の活力につながるだけでなく，国民の幸せにとっても重要な課題である。」としている。

このような中，厚労省では，「みんなで考えよう！　職場のパワーハラスメント」（パンフレット）やポータルサイト「あかるい職場応援団」（URL：http://www.no-pawahara.mhlw.go.jp/）を通じて情報提供等を行っている。

2　裁判例の動向

前述のとおり，職場のパワーハラスメントについて，企業が使用者として責任（不法行為責任，安全配慮義務違反，職場環境調整義務違反など）を問われる場合がある。近時の裁判例をいくつか紹介しておく。

〔ファーストリテイリング（ユニクロ店舗）事件〕名古屋地判平成18・9・29（労判926号5頁・判タ1247号285頁）は，勤務中，同僚の従業員から暴行を受けるとともに，その後の労災申請手続などにおいて同社従業員から不当な対応をされ（一種の健康配慮義務違反），これによって外傷後ストレス障害（「PTSD」）・妄想性障害に罹患したなどと主張して会社などに対し，不法行為に基づく損害賠償を求めた事案である。裁判所は，加害者及び会社に対する共同不法行為を認容し，不法行為に基づく損害賠償を認めた（ただし，被害者の性格的傾向から60％の過失相殺を認められている）。

パワーハラスメントが退職勧奨などと結びつく場合だけでなく，仮に，企業が意図せざる場合も，被害者からの善処・改善・救済の申立てがあった場合はもちろん，仮にそれらがなくても，違法性を帯びているパワハラ等の存在を認識していながら放置した場合，あるいは，容易にそれを探知できたにもかかわらず認識しなかった場合，さらには，探知した後の企業等の対応が不適切な場合は，いわゆるセコンドセクハラと同様に，セコンドパワハラと

第2部　各　論
第1章　労働関係の展開段階ごとのメンタルヘルスQ&A

して企業には職場環境調整義務違反が問われ得、加害者とともに使用者責任等により、慰謝料等が、被害者がパワハラ等により、肉体的・精神的疾患に陥れば、さらに、治療費、休業損害等の損害賠償責任を発生させる可能性がある。なかには、いじめによる自殺事件として高額の賠償事件に発展することも少なくない（〔川崎市事件〕東京高判平成15・3・25労判849号87頁等参照、以上岩出誠「パワハラによるメンタル不調と企業責任」産業保健21・52号〔平成20年〕参照）。

　このほか、職場の上司・同僚等のパワーハラスメント（嫌がらせ）行為による不法行為の成否が争われた事案として、〔A保険会社上司（損害賠償）事件〕東京高判平成17・4・20（労判914号82頁）、〔三洋電機コンシューマエレクトロニクス事件〕広島高松江支判平成21・5・22（労判987号29頁）、〔U銀行（パワハラ）事件〕岡山地判平成24・4・19（労判1051号28頁）などがある。また、最近の〔ザ・ウィンザー・ホテルズインターナショナル（自然退職）事件〕東京地判平成24・3・9（労判1050号68頁）では、「世上一般にいわれるパワーハラスメントは極めて抽象的な概念で、内包外延とも明確ではない。そうだとするとパワーハラスメントといわれるものが不法行為を構成するためには、質的にも量的にも一定の違法性を具備していることが必要である。したがって、パワーハラスメントを行った者とされた者の人間関係、当該行為の動機・目的、時間・場所、態様等を総合考慮の上、『企業組織もしくは職務上の指揮命令関係にある上司等が、職務を遂行する過程において、部下に対して、職務上の地位・権限を逸脱・濫用し、社会通念に照らし客観的な見地からみて、通常人が許容し得る範囲を著しく超えるような有形・無形の圧力を加える行為』をしたと評価される場合に限り、被害者の人格権を侵害するものとして民法709条所定の不法行為を構成するものと解するのが相当である。」として、パワーハラスメントの判断基準を示している。

Ⅳ 職場環境・人間関係等の管理とメンタルヘルス上の法律問題と実務対応　**Q 3**

3　セクハラがメンタルヘルスに与える影響

Q　セクシュアルハラスメントがメンタルヘルス不調にどのような影響を与えますか。また，労災認定における留意点は何ですか。

A　セクシュアルハラスメントは，メンタルヘルス不調の原因の一つになるといわれており，セクシュアルハラスメントが原因で精神障害を発病した場合には，労災補償の対象になる。労災保険における業務上の認定要件は，①認定基準の対象となる精神障害を発病していること，②精神障害の発病前おおむね6か月間に，業務による強い心理的負荷が認められること，③業務以外の心理的負荷や個体側要因が認められないこと，とされているので，セクシュアルハラスメントによって②，すなわち，「業務による強い心理的負荷」が認められるかどうかが労災認定可否の判断ポイントとなる。

［解　説］

　セクシャルハラスメントとは，「職場において，労働者の意に反する性的な言動が行われ，それを拒否するなどの対応により解雇，降格，減給などの不利益を受けること」又は「性的な言動が行われることで職場の環境が不快なものとなったため，労働者の能力の発揮に悪影響が生じること」をいう。雇用機会均等法11条で事業者にその対策が義務づけられている。セクシュアルハラスメントが前述のパワーハラスメント同様，職場におけるメンタルヘルス不調の原因となることは広く知られているところであり，セクシュアルハラスメントが原因でうつ病などに罹患した場合には労災認定の対象となる。

　平成24年度「脳・心臓疾患と精神障害の労災補償状況」まとめ（平成25

第 2 部　各　論
第 1 章　労働関係の展開段階ごとのメンタルヘルス Q & A

年 6 月 21 日発表）によると，セクシュアルハラスメントを原因とした労災保険の決定件数（当該年度内に業務上又は業務外の決定を行った件数をいう。当該年度以前に請求があり当該年度に決定を行ったものを含む）は 45 件で，このうち業務上と認定されたのは 24 件であった。前年度の平成 23 年度は，決定件数 17 件，うち業務上と認定された件数は 6 件であったので，決定件数，認定件数ともに，大幅に増えている。これには，後述の「心理的負荷による精神障害の労災認定基準」の影響が，少なからずあると思われる。

　セクシュアルハラスメントは，被害を受け精神障害を発病した労働者の労災請求や労基署における事実関係の調査が困難となることが多いなど，セクシュアルハラスメント事案特有の事情があり，これを踏まえた対応が必要となる。このため，「心理的負荷による精神障害等に係る業務上外の判断指針」から「心理的負荷による精神障害の労災認定基準」を新たに定めるにあたり，「精神障害の労災認定の基準に関する専門検討会」の下に「セクシュアルハラスメント事案に係る分科会」が立ち上げられ，同分科会報告が，認定基準及び運用に反映されたのである。

　労災保険における業務上の認定要件は，①認定基準の対象となる精神障害を発病していること，②精神障害の発病前おおむね 6 か月間に，業務による強い心理的負荷が認められること，③業務以外の心理的負荷や個体側要因が認められないこと，とされており，セクシュアルハラスメントによって②，すなわち，「業務による強い心理的負荷」が認められるか否かが問題となる。心理的負荷の総合評価が「強」とされる場合に，②を満たすことになる。

　具体的には，セクシュアルハラスメントは，「対人関係のトラブル」という分類から独立した類型とされ，セクシュアルハラスメントのように出来事が繰り返されるものについては，その開始時からのすべての行為を対象として心理的負荷を評価することとされた（6 か月を超えて評価することとした）。また，「セクシュアルハラスメントを受けた」という出来事の平均的強度はⅡ（強い方から「Ⅲ」「Ⅱ」「Ⅰ」と示している）とし，Ⅲに修正する要素（行為の態様やその反復継続の程度等）が具体的に示された。強姦や，本人の意思を抑圧して行われたわいせつ行為などについては，「特別な出来事」にあたるとして，

その出来事だけで心理的負荷の強度を「強」と判断できることとされた。

さらに,「心理的負荷による精神障害の認定基準について」(平成23・12・26基発1226第1号)では,セクシュアルハラスメント事案で対象疾病を発病したとして労災請求がなされた事案の心理的負荷の評価に際し留意する事項として,①セクシュアルハラスメントを受けた者が,勤務を継続したい等の理由からやむを得ず行為者に迎合するようなメール等を送ることや行為者の誘いを受け入れることがあるが,これらの事実がセクシュアルハラスメントを受けたことを単純に否定する理由にはならないこと,②被害者は,被害を受けてからすぐに相談行動をとらないことがあるが,この事実が心理的負荷が弱いと単純に判断する理由にはならないこと,③被害者は,医療機関でもセクシュアルハラスメントを受けたということをすぐに話せないこともあるが,初診時にセクシュアルハラスメントの事実を申し立てていないことが心理的負荷が弱いと単純に判断する理由にはならないこと,④行為者が上司であり被害者が部下である場合,行為者が正規職員であり被害者が非正規労働者である場合等,行為者が雇用関係上被害者に対して優越的な立場にある事実は心理的負荷を強める要素となり得ること,をあげている(第2部第1章Ⅶ末に掲載の「別表1　業務による心理的負荷評価表」項目36参照)。

■鳥　井　玲　子■

第2部 各　　論
第1章　労働関係の展開段階ごとのメンタルヘルスQ＆A

Ⅴ 健康診断及び面接指導等とメンタルヘルス上の法律問題と実務対応

1 定期健診と特殊健診の受診命令をすることの可否

Q 就業規則上に健康診断の受診義務の定めがなくても定期健康診断や特殊健康診断を受診しない労働者に受診を命じることはできますか。

A 労働安全衛生法で定められている定期健康診断や特殊健康診断については，労働者は受診義務を負っており，事業者は，受診命令に従わない労働者に対しては就業規則に基づき懲戒処分もできると解されている。

[解　説]

　労働安全衛生法は，事業者に対し，常時使用の労働者に対し，雇入れ時及び年1回の定期（深夜業や坑内労働などの特定業務従事者は年2回）の健康診断の実施を義務づけている。また，一定の有害業務に従事する労働者については，特殊健康診断も実施しなければならない（安衛法66条，安衛則43条〜45条）。さらに，事業者は，これらの健康診断の結果を記録しておかなければならず（安衛法66条の3），診断の結果から必要があると認めるときは，労働者の就業場所の変更，作業の転換，労働時間の短縮，深夜業の回数の減少などの措置を講じるほか，作業環境測定の実施，施設又は設備の設置・整備な

Ⅴ 健康診断及び面接指導等とメンタルヘルス上の法律問題と実務対応 **Q1**

どの適切な措置を講じなければならないとされている（安衛法66条の5）。

これらの健康診断を確実に実施し，労働者の健康管理をより万全に行うため，労働安全衛生法66条5項では，労働者に対し健康診断の受診義務を課し，医師の選択は別として，診断結果については提出しなければならないとしている。ただし，労働安全衛生法では，健康診断を実施しなかった事業主には罰則（50万円以下の罰金）があるが，労働者の受診義務違反には罰則がない。

判例では，教職員は，法令上，労働安全衛生法の健康診断を受ける職務上の義務があり，学校長は，職務上の命令をすることができるとしている。そして，受診拒否を理由とする懲戒処分（減給）についても有効としている（〔愛知県教育委員会事件〕名古屋高判平成9・7・25労判729号80頁・判タ961号179頁，〔同事件〕（上告審）最判平成13・4・26労判804号15頁・判タ1063号113頁・判時1751号173頁）。

第2部 各　　論
第1章　労働関係の展開段階ごとのメンタルヘルスQ＆A

2　過重労働時に面接指導命令を行うことの可否

Q 厚生労働省令で定める要件に該当する労働者が面接指導の申出を行わない場合，受診を命ずることはできますか。

A 面接指導の受診が就業規則等で義務づけられていれば，それを根拠に，なかったとしても，合理的かつ相当な必要性が認められれば，使用者は面接指導を命ずることができると考えられる。

――［ 解　説 ］――

　面接指導は，一定時間を超える長時間労働を行った労働者に対し，医師が，面接による指導を行うことで，過重労働・メンタルヘルス対策の充実を図ることを目的として，平成17年，労働安全衛生法の改正で導入されたものである（平成18年4月1日施行，常時50人未満の労働者を使用する事業場については平成20年4月1日から適用）。
　事業者は，労働時間の状況等を考慮して厚生労働省令で定める要件に該当する労働者に対し，医師による**面接指導**（問診その他の方法により心身の状況を把握し，これに応じて面接により必要な指導を行うことをいう）を行わなければならず，労働者は，事業者が行う面接指導を受けなければならないとされている（安衛法66条の8第1項・2項）。ただし，該当労働者が，事業者の指定した医師が行う面接指導を受けることを希望しない場合には，他の医師の行う面接指導に相当する面接指導を受け，その結果を証明する書面を事業者に提出することができる（同条2項ただし書）。
　「厚生労働省令で定める要件に該当する労働者」とは，休憩時間を除き1週間あたり40時間を超えて労働させた場合におけるその超えた時間が1か

V 健康診断及び面接指導等とメンタルヘルス上の法律問題と実務対応 **Q2**

月あたり100時間を超え、かつ、疲労の蓄積が認められる者」で、1か月以内に面接指導を受けた労働者その他これに類する労働者で面接指導を受ける必要がないと医師が認めたものが除かれている（安衛則52条の2）。そして、面接指導は、当該要件に該当する労働者の申出により行い、産業医は、要件に該当する労働者に対し、面接指導の申出を行うよう勧奨することができるとされている（安衛則52条の2・52条の3）。このように、「労働者は事業者が行う面接指導を受けなければならない」と定められてはいるものの、具体的には、面接指導は、労働者からの申出により実施されるスキームのため、要件に該当する労働者が面接指導を申し出ない場合に、使用者がこれを命じることができるのか、そして、命じられた従業員には受診義務があるのか、が問題となる。

　法定外検診に関しては（詳細は**Q5**参照）、健康診断規定がある場合の〔帯広電報電話局事件〕最判昭和61・3・13（労判470号6頁・裁判集民事147号237頁）、かかる規定がない〔京セラ事件〕東京高判昭和61・11・13（労判487号66頁・判タ634号131頁・判時1216号137頁）や〔空港グランドサービス・日航事件〕東京地判平成3・3・22（労判586号19頁・判タ760号173頁・判時1382号29頁）等の裁判例の趣旨が面接指導にも準用されると考えられる。したがって、面接指導を受診が就業規則等で義務づけられていれば、それを根拠に、なかったとしても、合理的かつ相当な必要性が認められれば、使用者は面接指導を命ずることができると考えられる。特に、労働者が面接指導の勧奨に応じない場合などには使用者の健康配慮義務履行としての業務命令としても面接指導を受けることを命じることが可能と解される（岩出・講義(下)876〜877頁参照）。

　なお、平成25年12月24日に公表された「今後の労働安全衛生対策について（報告）」で、面接指導については、産業医が関与することが望ましいことや国が面接指導実施体制の整備のための支援を行うべきであること、実行性確保のための不利益取扱い禁止などについて述べられている（詳細は、**Q6**、平成25年12月24日「今後の労働安全衛生対策について（報告）」参照）。今後の労働安全衛生法の改正に注意が必要である。

第2部 各　　論
第1章　労働関係の展開段階ごとのメンタルヘルスQ&A

3　健康診断や面接指導による業務軽減措置と不利益取扱い禁止

Q　健康診断や面接指導の結果，業務軽減が必要と判断された従業員の配転等に関し，留意事項はありますか。

A　医師の求める範囲を超えて，業務軽減を行うと，不利益な取扱いと判断される可能性がある。また，業務軽減にともなって賃金を減額するには，就業規則（賃金規程）上の定めが必要である。

解　説

　使用者は，面接指導を行った場合には，その結果を5年間保存しなければならず，その結果に基づき，面接指導を実施した労働者の健康を保持するために必要な措置に関し医師の意見を聴かなければならないとされている。そして，医師の意見を勘案して，必要があると認めるときは，当該労働者の実情を考慮して，就業場所の変更，作業の転換，労働時間の短縮，深夜業の回数の減少等の措置を講じるほか，医師の意見の衛生委員会等への報告その他の適切な措置を講じる義務がある（安衛法66条の8第3項～5項，安衛則52条の6第1項）。

　ここで問題となるのが，健康診断や面接指導の結果，業務軽減が必要とされた場合の扱い及び降格等とした場合に賃金の減額ができるかである。

　まず，医師の意見を反映し，業務軽減をすることは，安全衛生法上の義務であることに加え，使用者の安全配慮義務としても求められる措置である（〔空港グランドサービス・日航事件〕東京地判平成3・3・22労判586号19頁・判タ760号173頁・判時1382号29頁は，航空機の機内清掃会社の従業員が腰痛症に罹患した事案において，会社が嘱託医の診断結果を作業に反映させなかったこと及び適正な人員確保を

怠ったこと等に安全配慮義務違反を認め，損害賠償を命じた事案である）。ただし，業務軽減の程度に関しては，医師の求める範囲を超えた不利益な取扱いについては，争いとなる可能性が高い。これに関し，「職場におけるメンタルヘルス対策検討会報告書」（平成22・9・7，厚生労働省労働基準局）では，「事業者は，医師の意見を勘案し就業上の措置を講じる場合には，健康管理の観点から適切な手順・内容を踏まえて実施されるよう，①『医師の意見』の具体的な内容によるものであること，②あらかじめ労働者の意見を聴き，労働者の了解を得るための話合いを実施すること，③当該話合いにおいては，医師の意見の内容を労働者に明示することが必要である。また，事業者は健康保持に必要な措置を超えた不利益な取扱いを行ってはならないこととすることが必要である。」と指摘している。

　業務軽減がなされた場合に，賃金の減額ができるか否かについては，就業規則（賃金規程）の定めによるので注意が必要である。すなわち，業務の負担軽減がなされたからといって，賃金規程等で資格や等級が変わらなければ，賃金を減額することは原則できない。したがって，健康診断や面接指導後の措置として，業務軽減をする場合には，賃金が減額される場合がある旨を同規程上定めておく必要がある（**Q4** 掲載の規定例■**健康診断，面接指導に関する就業規則規定例**参照のこと）。

　なお，平成25年12月24日に公表された「今後の労働安全衛生対策について（報告）」で，「国は，面接指導の申出のみならず，労働者のストレスの状況を把握するための検査の結果や面接指導の結果に基づき，事業者が労働者に対して不利益な取扱いをしてはならないことを示すべきである。また，国は，その実効性を確保するため，専門家，労働者代表，使用者代表の意見を聴いて，不利益な取扱いと判断される行為等を示すべきである。」と述べられている（詳細は，**Q6**，平成25年12月24日「今後の労働安全衛生対策について（報告）」参照）。今後の労働安全衛生法の改正に注意が必要である。

第 2 部 各 論
第 1 章 労働関係の展開段階ごとのメンタルヘルス Q&A

4 健康診断時・面接指導時の処遇と法的関係

Q 健康診断や面接指導を受診する際の費用やその時間中の賃金について使用者に支払義務はありますか。

A 行政通達では，健康診断や面接指導の受診費用については，使用者に支払義務があるとされている。また，一般健康診断については，実施に要する時間中の賃金の支払については，「支払うことが望ましい」とされるにとどめられているが，特殊健康診断については，実施に要する時間中の賃金も支払わなければならないとされている。

解 説

　健康診断の費用や健康診断の時間中の賃金の支払については，本来，法的には使用者に支払義務はないと解される。しかし，通達（昭和 47・9・18 基発 602 号）では，労働安全衛生法上の健康診断については，その費用は企業が負担すべきであるとしている。

　健康診断受診に要した時間に対する賃金支払については，定期健康診断（一般健康診断）については，一般的な健康の確保を図ることを目的として事業者に実施を義務づけたものであり，業務遂行との関連において行われるものではないので，当然に事業主が賃金を支払わなければならないものではなく，労使間で協議して定めるべきものである。しかし，労働者の健康の確保は，事業の円滑な運営に不可欠な条件であることを考えると，その受診に要した時間の賃金を事業者が支払うことが望ましいとされている（昭和 47・9・18 基発 602 号）。

　一方，特定の有害な業務を対象とする特殊健康診断は，業務の遂行にかか

Ⅴ 健康診断及び面接指導等とメンタルヘルス上の法律問題と実務対応 **Q4**

■健康診断，面接指導に関する就業規則規定例

第●条（健康診断）
1. 社員には，労働安全衛生法に従い，入社の際及び毎年1回以上の健康診断を行い，その結果を通知する。ただし，社員が，会社の指定する医師による健康診断を受けない場合，他の医師の健康診断書を会社に提出しなければならない。この場合，休日又は年次有給休暇を利用し，費用は本人負担とする。
2. 前項のほか，社員の健康状態等により，必要と認められる場合は，社員の全部又は一部に対し，会社が指定する医師により行われる健康診断又は予防注射を行うことがあり，社員はこれを随時受診しなければならない。
3. 社員は，正当な理由なく，健康診断受診を拒否してはいけない。
4. 健康診断の結果，特に必要のある場合は就業を一定の期間禁止し，又は職場を配置替えすることがある。
5. 社員は，会社の指示する，疾病の予防その他健康管理上必要な措置に従わなければならない。
6. 会社は，第1項の健康診断の結果，要注意者として診断を受けた者については降格・職種変更又は労働時間の短縮等必要な措置を講じることがある。この場合，任務の軽減に応じて別に定める給与規定により減額等をなすものとする。

第▲条（医師による面接指導）
1. 社員の週40時間を超える労働が1月当たり100時間を超え，かつ，疲労の蓄積が認められるときは，社員の申出を受けて，会社の指定する医師による面接指導を行う。ただし，1か月以内に面接指導を受けた社員で，面接指導を受ける必要がないと医師が認めた者を除くものとする。
2. 前項の時間に該当するか否かの算定は，毎月1回以上，基準日を定めて行う。
3. 会社は，医師の意見を勘案して，必要があると認めるときは，当該社員の実情を考慮して，就業場所の変更，作業の転換，労働時間の短縮，深夜業の回数の減少等その他の適切な措置を講じるものとする。
4. 前項の面接指導の費用は会社の負担とし，当該指導を受ける時間は，

221

第2部　各　論
第1章　労働関係の展開段階ごとのメンタルヘルスQ&A

> 所定労働時間内に行われた場合は，通常勤務したものとみなす。
> 5. 面接指導について，社員が，会社の指定医師以外にて行う場合は，その指導内容を，会社の指定する医師又は会社人事課宛その要旨を報告するものとする。この場合の費用は社員の負担とし，それに要する時間が就業期間内に行われる場合は，当該労働者の年休を利用するものとし，これを有しない場合には，届出ある場合には承認ある欠勤とするが，欠勤としての賃金清算をなすものとする。

んで当然に実施されなければならない性格のものであり，所定労働時間内に行われるのを原則としており，特殊健康診断の実施に要する時間は労働時間と解されるので，その受診に要した時間の賃金は，当然支払わなくてはならないし，時間外に行われた場合は，当然割増賃金も支払わなければならない（前掲昭和47・9・18基発602号）。

　面接指導についても，厚労省は一般健康診断と同旨の見解を示している。すなわち，面接指導の費用については，労働安全衛生法で事業者に面接指導の実施の義務を課している以上，当然，事業者が負担すべきもので，面接指導を受けるのに要した時間に係る賃金の支払については，当然には事業者の負担すべきものではなく，労使協議して定めるべきものであるが，労働者の健康の確保は，事業の円滑な運営の不可欠な条件であることを考えると，面接指導を受けるのに要した時間の賃金を事業者が支払うことが望ましい，としている。

　なお，労働者は，会社の指定する医師以外の医師の健康診断を受けることができるとされているが（安衛法66条第5項ただし書。面接指導についても同様と考える），その場合の賃金等の支払については，労使自治に任されていると解されることから，就業規則（又は賃金規程）に，定めをしておく必要がある。

Ⅴ 健康診断及び面接指導等とメンタルヘルス上の法律問題と実務対応　Q5

5　法定外健診の受診命令を行うことの可否

Q　従業員の健康状態に不安がある場合，使用者は法定外の健康診断等の受診を命じることはできますか。その際，会社指定医の診断を受けさせることができますか。

A　就業規則上に会社指定医による健康診断等の受診義務が定められていれば，使用者は労働者に会社の指定する医師による健康診断を受けさせることができる。就業規則等に定めがなくても，合理的かつ相当な理由があれば検診を命じることはできるが，より確実に受診させるためには，就業規則に定めておくことが望ましい。

〔解　説〕

　労働安全衛生法上の健康診断の受診命令については，**Q1**のとおりであるが，次に問題となるのは，従業員に法定外の健康診断等の受診を命ずることができるか否かである。特にメンタルヘルス不調に関しては，就業規則の休職規定とも関連し，会社が指定する医師の診断を受けさせることができるか否かは重要な問題となる。

　まず，判例は，就業規則上に健康診断の受診義務が定められていれば，事業者は，労働者に受診を命ずることができるとしている（〔帯広電報電話局事件〕最判昭和61・3・13労判470号6頁・裁判集民事147号237頁）。そして，そのような規定がない場合についても，東京高裁は，企業としては，従業員の疾病が業務に起因するものであるか否かは同人の以後の処遇に影響するなど極めて重要な関心事であり，しかも従業員が当初提出した診断書を作成した医師から従業員の疾病は業務に起因するものではないと説明があったなどの事情

第2部　各　論
第1章　労働関係の展開段階ごとのメンタルヘルスQ&A

がある場合には，企業が従業員に対し，改めて専門医の診断を受けるよう求めることは，「労使間における信義則ないし公平の観念に照らし合理的かつ相当な理由のある措置であるから，就業規則等にその定めがないとしても指定医の受診を指示することができ，A〔従業員〕はこれに応ずる義務がある」と判示している（〔京セラ事件〕東京高判昭和61・11・13労判487号66頁・判タ634号173頁・判時1216号137頁）。また，東京地裁は，「被用者の選択した医療機関の診断結果について疑問があるような場合で，使用者が右疑問を抱いたことなどに合理的な理由が認められる場合には」使用者指定の医師による受診義務の例外的な発生があり得ることを認めている（〔空港グランドサービス・日航事件〕東京地判平成3・3・22労判586号19頁・判タ760号173頁・判時1382号29頁）。

　以上のように合理的かつ相当な理由があれば，就業規則等の定めがなくとも会社指定の医師による検診を命ずることは可能であろうが，より確実に受診させるためにはあらかじめ就業規則で定めておく方が望ましいであろう。具体的内容は，**Q4** 掲載の規定例■健康診断，面接指導に関する就業規則規定例を参照されたい。

Ⅴ 健康診断及び面接指導等とメンタルヘルス上の法律問題と実務対応 **Q 6**

6 労働安全衛生法の改正動向（メンタルヘルス対策）

Q メンタルヘルス対策に関する労働安全衛生法の改正動向について教えてください。

A 平成23年の臨時国会に提出されたメンタルヘルス対策を含む「労働安全衛生法の一部を改正する法律案」は，時間切れで廃案となった。その後，労働政策審議会安全衛生分科会で検討が重ねられ，その結果に基づき平成25年12月24日，労働政策審議会が厚生労働大臣に対し，「今後の労働安全衛生対策について」を建議した。厚労省では，今後，この建議を踏まえ，労働安全衛生法の改正案の提出に向けた検討を行うとしている。なお，本建議では，廃案となった法案に盛り込まれていた「メンタルヘルス対策」「受動喫煙防止対策」「型式検定等の対象器具の追加」のほか，平成25年度を初年度とする第12次労働災害防止計画で検討することとされた事項も含まれている。

解　説

　平成23年の第179回臨時国会に提出されていたメンタルヘルス対策の充実・強化や職場の受動喫煙の防止などを主な内容とした「労働安全衛生法の一部を改正する法律案」は，第180回通常国会で法案の趣旨説明を行ったのを最後に，質疑等は行われず，平成24年11月16日に衆議院が解散され，審議未了，廃案となった。改めて法案を提出し，成立を図ることが必要となったが，第183通常国会への再提出は見送られた。

　その後，再度の法案提出を前提に，労働政策審議会安全衛生分科会で，平成25年12月17日までの間に8回にわたり検討され，同年12月24日に労働政策審議会にその報告が行われ，同日同審議会から厚生労働大臣に建議が

第 2 部　各　論
第 1 章　労働関係の展開段階ごとのメンタルヘルス Q&A

なされた状況である。「職場におけるメンタルヘルス対策」に関する報告の概略は次のとおりである（平成 25 年 12 月 24 日「今後の労働安全衛生対策について（報告）」から一部抜粋）。

<u>7　職場におけるメンタルヘルス対策</u>
　平成 22 年の建議に基づく労働安全衛生法の一部を改正する法律案において，医師又は保健師によるストレスチェックの実施を事業者の義務とすることなどが盛り込まれた。
　建議後のメンタルヘルス対策の実施状況をみると，メンタルヘルスケアに取り組んでいる事業場の割合は，平成 23 年の 43.6％から，平成 24 年には 47.2％に増えているが，従業員数が 50 人未満の小規模事業場においては，依然として取組が遅れているなど，総合的なメンタルヘルス対策の必要性は引き続き高く，特に小規模事業場における対策の促進が必要である。
（対策の方向性）
ア　平成 22 年の建議に基づく労働安全衛生法の一部を改正する法律案を踏まえつつ，各事業場で現在行われている取組も十分勘案した上で，労働者自身のストレスの状況についての気づきを促し，ストレスの状況を早期に把握して必要な措置を講じることにより，労働者がメンタルヘルス不調となることを未然に防止することを目的とする新たな仕組みを設けることが適当である。これは，事業者が，医師又は保健師によるストレスチェック（ストレスの状況を把握するための検査）を行い，労働者の申出に応じて医師による面接指導等を実施し，必要な措置を講じること等を内容とすることが適当である。
イ　職場環境等の改善の 1 つの方法として，事業者がストレスの状況を把握するための検査を実施した医師等から，労働者個人が特定されない形で職場ごとに集団的に分析された評価結果を入手し，当該職場ごとのストレスの状況を把握し，職場環境等の改善に生かすという方法も考えられる。なお，この場合は，個人が特定されない形であることから，医師等が事業者に提供するに当たって，労働者の同意は不要とすることが適当である。

ウ　労働者のストレスの状況を把握するための検査の項目については，各事業場ですでに行われている取組も十分勘案しつつ，専門家の意見を聴き，中小規模事業場での実施可能性にも十分配慮した上で，国が標準的な項目を示すべきである。その際，労働者に受診が義務づけられていること，検査の目的がストレスの状況を把握するものであり，精神疾患の発見を一義的な目的としたものではないことに留意すべきである。

エ　労働者のストレスの状況を把握するための検査やその結果を踏まえた面接指導は，産業医の選任義務がある事業場においては，適切な措置につながるよう，労働者の業務内容や勤務状況を把握している産業医が関与することが望ましい。また，産業医の選任義務がない事業場に対しては，新たな仕組みが効率的・効果的に実施されるよう，国が地域産業保健事業を通じて面接指導を実施できる体制を整備するなど，必要な支援を行うべきである。さらに，事業場内産業保健スタッフ，管理監督者等に対するメンタルヘルスに関する教育研修や，ストレスチェックや面接指導を実施する医師等に対する研修の機会が確保されるよう，国が必要な支援を行うべきである。

オ　国は，面接指導の申出のみならず，労働者のストレスの状況を把握するための検査の結果や面接指導の結果に基づき，事業者が労働者に対して不利益な取扱いをしてはならないことを示すべきである。また，国は，その実効性を確保するため，専門家，労働者代表，使用者代表の意見を聴いて，不利益な取扱いと判断される行為等を示すべきである。

■鳥井　玲子■

第2部 各 論
第1章 労働関係の展開段階ごとのメンタルヘルスQ＆A

VI 精神状況及び健康診断等における労働者の個人情報の取扱い

1 健康情報と個人情報保護

Q 労働者に健康診断を受診させる場合に，健康情報の取扱いについて留意すべき点は何ですか。

A 健康情報は，労働者にとって特に他人に知られたくない個人情報であり，厳格に保護される必要がある。そこで厚労省も通達で，事業者が労働者の健康情報を取り扱う際の留意点を詳細に定めている。

［解　説］

1　個人情報保護法の規定

　従業員が健康診断を受けた場合，その結果をもとに業務量の調整等の配慮を行うため，診断結果を医療機関から取得する必要がある。また，使用者が従業員に健康診断の受診を勧奨した場合，健康診断が有効に実施されるよう，使用者が医療機関に対し，当該従業員の健康情報を開示する必要がある場合も考えられる。

　この点，従業員の健康情報は，「生存する個人に関する情報であって，当該情報に含まれる氏名，生年月日その他の記述により特定の個人を識別することができるもの」であり，個人情報保護法上の「個人情報」（同法2条1項）

Ⅵ　精神状況及び健康診断等における労働者の個人情報の取扱い　**Q1**

にあたる。

そして，その健康情報がデータベース化されていたり，人事記録としてファイリングされる等して整理されていたりすれば，「個人データ」（個人情報保護法2条4項）に該当する。したがって，これを第三者に提供するには，原則として従業員本人の同意が必要となる（個人情報保護法23条1項）。

2　健康情報の特殊性

一般の雇用管理に関する個人情報と異なり，健康診断の結果，病歴，その他の健康に関する健康情報は，特に他人に知られたくない情報である。したがって，厳格に保護されなければならない。

そのため，厚労省は，個人情報保護法の雇用管理分野における一般的なガイドライン（平成24・5・14告示357号）とは別に，「雇用管理に関する個人情報のうち健康情報を取り扱うに当たっての留意事項」（平成24・6・11基発0611第1号）を発している。以下，その内容に沿って，健康情報の取扱いにおける留意点を概観する。

3　第三者提供に関する本人の同意について（個人情報保護法23条1項）

(1)　事業者が健康情報を医療機関から収集する場合

労働者から提出された診断書の内容以外の健康情報を，事業者が医療機関から収集する場合，医療機関による情報提供は個人情報の第三者提供に該当する。したがって，医療機関は労働者本人の同意を得なければならない。

なお，この場合でも，事業者は，あらかじめ目的を労働者に明らかにして承諾を得るとともに，必要に応じ，労働者本人から情報の提出を受けることが望ましい。

(2)　事業者が個人データを医療機関に提供する場合

事業者が，労働安全衛生法66条1項から4項までの規定に基づく健康診断の実施に必要な労働者の個人データを医療機関に提供する場合，また，事業者が労働安全衛生法66条の3，66条の4及び66条の6の規定に基づく義

第2部 各　論
第1章　労働関係の展開段階ごとのメンタルヘルスQ&A

務（健康診断の結果の記録，当該結果に係る医師等からの意見聴取，当該結果の労働者に対する通知）を遂行するため，健康診断の結果の提供を医療機関から受ける場合は，それぞれ労働安全衛生法に基づく労働者の健康診断実施義務を遂行する行為であり，個人情報保護法23条1項1号の「法令に基づく場合」に該当する。したがって，労働者本人の同意は不要である。

これに対し，労働安全衛生法66条1項・労働安全衛生規則44条1項が定める検査項目以外の項目や，労働安全衛生法に基づかない再検査又は就業規則等に基づく臨時の健康診断の結果の提供を事業者が医療機関から受ける場合には，原則どおり労働者本人の同意が必要となる。

(3)　事業者が，健康保険組合等に対して健康情報の提供を求める場合

事業者が，健康保険組合等に対して労働者の健康情報の提供を求める場合，健康保険組合等は事業者への健康情報の提供を目的としておらず，第三者提供に該当するので，健康保険組合等が事業者へ健康情報を提供するときには，労働者本人の同意が必要となる。

ただし，事業者が健康保険組合等と共同で健康診断を実施する場合等において，個人情報保護法23条4項3号（個人データの共同利用）の要件を満たしているときには，労働者の同意を得る必要はない。

(4)　高齢者の医療の確保に関する法律に基づく健康情報の提供の場合

高齢者の医療の確保に関する法律27条2項及び3項の規定により，医療保険者は，加入者を使用している事業者又は使用していた事業者に対し，労働安全衛生法その他の法令に基づき事業者が保存している加入者の健康診断に関する記録の写しを提出するよう求めることができるものとされている。

このことから，特定健康診査及び特定保健指導の実施に関する基準2条に定める項目に係る記録の写しの提供は，個人情報保護法23条1項1号の「法令に基づく場合」に該当するので，労働者本人の同意は不要である。

これに対し，特定健康診査及び特定保健指導の実施に関する基準2条に定める項目に含まれないもの（業務歴，資力，聴力，胸部エックス線検査，喀痰検査）

Ⅵ 精神状況及び健康診断等における労働者の個人情報の取扱い **Q1**

については，労働者に対して定期健康診断の結果の情報を医療保険者に提供する旨を明示し，同意を得ることが必要になる。なお，同意には，定期健康診断実施時の受診案内等への記載や健診会場での掲示等黙示によるものが含まれる。

4 安全管理措置及び従業者の監督について（個人情報保護法20条・21条）

健康診断の結果のうち診断名，検査値等のいわゆる生データについては，その利用にあたって医学的知識に基づく加工・判断等を要することがある。この場合，事業者は，産業医や保健師等の産業保健業務従事者に取り扱わせることが望ましい。

産業保健業務従事者以外の者に健康情報を取り扱わせるときは，事業者は，これらの者が取り扱う健康情報が利用目的の達成に必要な範囲内に限定されるよう，必要に応じて，産業保健業務従事者に健康情報を適切に加工させたうえで提供する等の措置を講じる必要がある。

5 苦情の処理について（個人情報保護法31条）

苦情を処理するための窓口については，健康情報に係る苦情に適切に対応するため，必要に応じて産業保健業務従事者と連携を図ることができる体制を整備しておくことが望ましい。

6 その他配慮すべき事項について

(1) 健康管理に関する規程の制定

外部と健康情報をやり取りする機会が多いことや，内部でも産業保健業務従事者以外の者に健康情報を取り扱わせる場合があること等から，以下に掲げる事項について事業場内の規程等として定め，これを労働者に周知するとともに，関係者に当該規程に従って取り扱わせることが望ましい。

① 健康情報の利用目的
② 健康情報に係る安全管理体制
③ 健康情報を取り扱う者及びその権限並びに取り扱う健康情報の範囲

第2部 各 論
第1章 労働関係の展開段階ごとのメンタルヘルスQ&A

■従業者の個人情報管理規程

従業者の個人情報管理規程

第1章 総則
第1条（目的）
　　この規程は，会社に所属し，業務に従事するすべての関係者（以下，従業者という）に対し，主として従業者の個人情報の保護及び管理に関して定めることを目的とする。

第2章 従業者の個人情報の取得，保護，利用と管理等
第2条（個人情報取得に関する同意）
　　会社は，従業者に関する下記の個人情報（以下，本条については単に個人情報という）について，各項記載の利用目的のため，取得・利用することができ，従業者はその取得と利用につき必要な情報提供・同意とその他の諸手続に協力するものとする。

区　分	内　容	利用目的
①基本情報	氏名，肖像（映像を含む），生年月日，年齢，性別，住所，電話番号，メールアドレス，国籍，出身地，本籍（都道府県）基礎年金番号，雇用保険被保険者番号	業務届出の連絡，業務遂行届出書類作成のため，報酬の支払，人事考課，社会保険関係の手続，福利厚生の提供，所員名簿の作成，社内報掲示，求人活動，法律上要求される諸手続，新聞社・出版社・会社ホームページ等への掲載・掲示，その他雇用管理のため
②人事情報	経歴，学歴，職歴，人事考課，公的資格・免許，賞罰歴，課題目標達成表記載事項，適性検査	業務届出の連絡，業務遂行届出書類作成のため，人事労務管理，昇格・降格・昇進資料作成，人事考課，配属先決定，所内報掲示，求人活動，新聞社・出版社ほか掲示のため

Ⅵ 精神状況及び健康診断等における労働者の個人情報の取扱い **Q1**

③賃金関係情報	年間賃金額，月間賃金額，賞与，諸手当，扶養親族，扶養者年収，通勤経路，賃金振込口座番号，年末調整申告事項	報酬（賃金・賞与・諸手当）決定及び支給，予算策定，人件費策定，源泉徴収手続，株式配当金振込，社会保険関係の手続のため
④身体・健康情報	健康状態，傷病歴，健康診断記録，メンタルヘルス，障害	健康的な就業状態の確保，適正な健康管理及びこれに伴う業務の軽減措置，休職，復職等の適切な人事措置を行うため
⑤家族・親族情報	結婚の有無・入籍日，家族構成，同・別居，扶養関係，家族の職業・収入・就職退職年月日，家族の生年月日・住所，家族の健康状況，親族の状況，身元保証人	年末調整等の税額計算のための基礎資料の確保，家族手当支給，配属先の決定，慶弔手続，労務管理，労災補償先・損害賠償請求権者又は責任負担者の身元確認，緊急連絡先の確認，社会・労働保険関係の手続，慶弔関係の所内報掲示のため

第3条（利用目的の個別利用）
　会社は，前条記載の個人情報以外の従業者の個人情報についても，書面（届出書，申告書）により個人情報を提出する場合は，当該書面に明示されている利用目的の範囲内で利用するものとする。

第4条（個人情報の第三者提供の同意範囲）
　会社は，従業者の個人情報（第2条の①基本情報・②人事情報）を，下記目的に必要な範囲で第三者に提供することがあり，従業者はこれに同意し，必要な諸手続に協力するものとする。
　① 法律上要求される諸手続履行のため
　② 出向先又は転籍先
　③ 退職金積立に伴う管理業務を，金融機関等へ運営管理依頼のため
　④ 団体生命保険（会社契約），生命共済，傷害保険加入・更新等及び記録管理業務を，金融機関へ運営管理依頼のため
　⑤ 業務遂行を目的とした届出書類作成に伴い，関係取引先・官庁へ提出するため
　⑥ 会社情報アピールを目的とした，従業者の肩書・学歴・出身地等

第 2 部　各　論
第 1 章　労働関係の展開段階ごとのメンタルヘルスＱ＆Ａ

　　　　の新聞・書籍・ホームージ掲示に伴う新聞所・出版所等への提供
　　⑦　第 2 条の④身体・健康情報を，従業者の健康管理のため会社が専門
　　　医師に提供すること。
第 5 条（モニタリングの実施）
　　情報システム及び情報資産，個人情報保護その他の業務用財産の保全等
　のため，従業者は，会社が，不正行為の疑いある従業者に対して，合理的
　に必要な範囲・方法で行う，パソコン内データ，電話，E－mail，FAX
　についてのモニタリング，出入者，サーバー，PC 破壊を監視するための
　監視カメラの設置に異議なくこれを承認し，これらの適正な運用に協力す
　る。
第 6 条（主治医からの健康情報の取得）
　　従業者は，従業者の健康管理のため合理的必要がある場合，会社が，従
　業者の主治医から，従業者の身体・健康情報を，会社の指定する専門医師
　等を通じて入手することに異議なくこれを承認し，これに協力する。
第 7 条（個人情報の正確性の確保）
　　会社は，個人情報を利用目的に応じ必要な範囲内において，正確かつ最
　新の状態で管理する。
第 8 条（開示，訂正，追加又は削除）
　1　会社が保有している個人情報について，従業者から自己の情報につい
　　て開示を求められた場合，遅滞なく当該従業者に対して当該個人情報
　　（当該個人情報が存在しない場合はその旨）を，当該従業者の希望する方
　　法で開示しなければならない。
　2　開示した結果，誤った情報があった場合で，訂正，追加又は削除を求
　　められたときは，会社は，遅滞なく訂正等を行い，訂正等の後，遅滞な
　　く当該従業者に対して通知をしなければならない。
第 9 条（人事考課等の非開示）
　　第 8 条第 1 項にかかわらず，会社は，従業者に関する会社における人事
　考課の概要を除き，その詳細な考課経緯・結果につき，開示をなさず，従
　業者もこれを求めないものとする。
第 10 条（自己情報の利用又は提供の拒否権）
　　会社が保有している個人情報について，従業者から自己情報についての
　利用又は第三者への提供を拒まれた場合，これに応じなければならない。
　ただし，警察，税務署，裁判所等の公的機関からの法令に基づく権限の行
　使による開示請求等又は当社の法令に定められている義務の履行のために

Ⅵ　精神状況及び健康診断等における労働者の個人情報の取扱い　**Q1**

必要な場合については，この限りでない。
第11条（個人情報の廃棄）
　　　個人情報の消去・廃棄は，具体的権限を与えられた者のみが，外部漏えい等の危険を防止するために必要かつ合理的な方法により，業務の遂行上必要な限りにおいてなし得るものとする。
第12条（従業員の個人情報保護態勢の整備）
　　　会社は，従業者の個人情報保護態勢の整備措置として，従業者の雇用管理に関する個人データの安全管理のために次に掲げる措置を講ずるものとする。
　　①　雇用管理に関する個人データを取り扱う従業者及びその権限を明確にした上で，その業務を行わせる。
　　②　雇用管理に関する個人データは，その取扱いについての権限を与えられた者のみが業務の遂行上必要な限りにおいて取り扱う。
　　③　雇用管理に関する個人データを取り扱う者は，業務上知り得た個人データの内容をみだりに第三者に知らせ，又は不当な目的に使用してはならず，その業務に係る職を退いた後も同様とする。
　　④　個人情報への不当なアクセス又は個人情報の紛失，毀損，改ざん，漏洩等に対する必要かつ合理的な安全対策を講ずる。
　　⑤　雇用管理に関する個人データの取扱いの管理に関する事項を行わせるため，「個人データ管理責任者」を選任する。
　　⑥　個人データ管理責任者は，個人情報に関しての苦情・相談を受け付けて対応する窓口を常設して，従業者に周知する。
　　⑦　従業者に対し，個人情報保護に関し，各人の責務の重要性を認識させ，具体的な保護措置を習熟させるため，必要な教育及び研修を行う。

第3章　個人情報保護等に関する従業者の諸義務
第13条（遵守事項）
　　　従業員は，会社に勤務するにあたり，以下の諸点を遵守しなければならない。
　　①　業務上知り得た財務諸表等の会計情報，個人に関する情報のうち特定の個人を識別できる情報及びそれに付属する資料，業務における秘密等（以下「情報等」という）を善良なる管理者の注意をもって管理・保管し，かつ業務以外の用途に使用しないこと。

> ② 情報等を秘密として保持し，業務上認められている範囲を超えて社内及び社外の第三者に開示，提供しないこと。
> ③ 情報等を管理するにあたり，関連する規程に定められている事項を遵守すること。
>
> 第14条（損害賠償）
> 　　従業者が，この規程に違反し，情報等が漏洩することにより，会社又は第三者に損害が発生した場合には，損害賠償責任を負うこと。
>
> 第15条（適用除外）
> 　　前2か条の規定は，法律に基づく場合等，従業者の違反に正当な理由のある場合は適用されない。
>
> **第4章　誓約書等の提出**
> 第16条（誓約書）
> 　　従業者は，個人情報保護法及びこれに基づく関係官庁の指針等を遵守すべく，会社が，別に定める書式により，この規程及び関係法令等の遵守を求める個人情報保護に関する誓約書（「従業者の個人情報の取得・利用に関する同意並びに個人情報保護に関する誓約書」）を提出するものとする。
>
> 第17条（法令等の改正等に伴う新たな誓約書提出）
> 　　法令等の改正等に伴い，本誓約書の内容につき改正の必要が生じた場合，従業者は，変更された内容に従った誓約書をあらためて作成し，会社宛提出するものとする。
>
> 第18条（有効期限）
> 　　前2か条による誓約書の有効期限は，会社を退職後終身とする（ただし，法定の保存期限が定められている個人情報についてはこの限りでない）。

④　健康情報の開示，訂正，追加又は削除の方法（廃棄に関するものを含む）

⑤　健康情報の取扱いに関する苦情の処理

(2)　労働組合等への通知，協議等

　上記(1)の規程等を定める場合，事業者は，衛生委員会等において審議を行ったうえ，労働組合等に通知し，必要に応じて協議を行うことが望ましい。

Ⅵ　精神状況及び健康診断等における労働者の個人情報の取扱い　**Q1**

　事業者は，労働安全衛生法66条1項から4項までの規定に基づき行われた健康診断を受けた労働者等に対し，遅滞なく，その結果を通知する必要がある。

(3)　取得すべきでない健康情報

　HIV感染症やB型肝炎等の職場において感染したり，蔓延したりする可能性が低い感染症に関する情報や，色覚検査等の遺伝情報については，職業上の特別な必要性がある場合を除き，事業者は，労働者等から取得すべきではない。

　なお，厚労省平成16年9月6日「労働者の健康情報の関する検討会」報告書は，健康情報の慎重な取扱いについて，以下のとおり述べている。

○　メンタルヘルスに関する健康情報のうち，精神疾患を示す病名は誤解や偏見を招きやすいことから，特に慎重な取扱いが必要である。
　また，周囲の「気付き情報」の場合，当該提供者にとっても個人情報であり，当該提供者との信頼関係を維持する上でも慎重な取扱いが必要となる。
　メンタルヘルスに関する情報の取扱い方が不適切であると，本人，主治医，家族などからの信頼を失い，健康管理を担当する者が必要な情報を得ることができなくなるおそれがある。

○　したがって，メンタルヘルスに関する健康情報の収集や利用等その取扱いについては，産業医等がその健康情報の内容を判断し，必要に応じて，事業場外の精神科医や主治医等とともに検討することが重要である。
　なお，メンタルヘルス不調の者への対応にあたって，職場では上司や同僚の理解と協力が必要であるため，産業医・産業看護職・衛生管理者等の産業保険スタッフは，本人の同意を得て，上司やその職場に適切な範囲で情報を提供し，その職場の協力を要請することも必要であると考えられる。

第 2 部 各　　論
第 1 章　労働関係の展開段階ごとのメンタルヘルス Q&A

7　労働者の心の健康の保持増進のための指針

　なお，厚労省平成 18 年 3 月 31 日「労働者の心の健康の保持増進のための指針」においても，メンタルヘルスケアを進めるにあたっては労働者の個人情報の保護への配慮が，労働者が安心してメンタルヘルスケアに参加できること，ひいてはメンタルヘルスケアがより効果的に推進されるための条件であるとして，以下のように述べている。

7．メンタルヘルスに関する個人情報の保護への配慮
　メンタルヘルスケアを進めるに当たっては，健康情報を含む労働者の個人情報の保護に配慮することが極めて重要です。
　事業者は，健康情報を含む労働者の個人情報について，個人情報の保護に関する法律及び関連する指針等を遵守し，労働者の健康情報の適切な取扱いを図ることが重要です。

2 健康情報とプライバシー

Q 人事担当部署は，健康診断の結果明らかとなった労働者の疾患の情報を，当該労働者の上司に伝えてよいですか。また，健康診断の結果，疾患が判明したものの，労働者が治療を受けない場合，家族に連絡し，疾患の存在を知らせてもよいですか。

A 個人情報保護法上，疾患の情報を第三者に伝えることができるとしても，労働者のプライバシー権を侵害しないかどうかを別途検討しなければならない。

解 説

1 視 点

労働者の健康情報という個人情報を上司に伝えることについては，個人情報保護法に抵触しないかという観点と，労働者のプライバシー権を侵害しないかという2つの観点から考える必要がある。

2 個人情報保護法との関係

前問（**Q1**）のとおり，労働者の健康情報は，個人情報保護法上の「個人情報」（個人情報保護法2条1項）に該当する。また，容易に検索することができるように目次，索引，符号等が付され，他人によっても容易に検索可能な状態に置かれているならば，具体的には，人事記録としてファイリングされる等して整理されているならば，「個人データ」（個人情報保護法2条4項）に該当する。

そこで，労働者の健康情報を上司に伝えることは，「個人データ」の第三

第 2 部 各 論
第 1 章 労働関係の展開段階ごとのメンタルヘルス Q & A

者提供にあたり，労働者本人の同意を要するのではないかが問題となるが（個人情報保護法 23 条 1 項），この点については，同一の事業体内での情報のやり取りにすぎないので，上司は「第三者」には該当せず，個人情報保護法上は，労働者本人の同意なくして健康情報を開示することができる。

3 プライバシー権との関係

(1) プライバシー権への配慮

しかし，上司への開示は労働者のプライバシー権を侵害しないかということを別途検討する必要がある。

個人情報とプライバシーは，その内容，範囲，法的効果を異にするものであり，使用者が個人情報保護法を遵守したからといって，プライバシー侵害も構成しないということにはならないからである。

プライバシー権とは，自己が欲しない他者にはみだりに自己の情報を開示されない権利をいい（〔早稲田大学講演会名簿提出事件〕最判平成 15・9・12 民集 57 巻 8 号 973 頁・判タ 1134 号 98 頁・判時 1837 号 3 頁），これを侵害した場合，不法行為に基づき（民 709 条），又は，労働契約に付随する義務としての労働者のプライバシー権を尊重すべき義務の不履行として（民 415 条），損害賠償請求の対象となる。

健康情報は，いわゆるセンシティブ情報であり，当然のことながら自己が欲しない他者にはみだりに開示されたくない情報であるから，プライバシー権として保護されるべき情報となる。

(2) プライバシー権侵害の判断要素

それでは，労働者のプライバシー情報は，労働者本人の同意がなければ，上司に一切伝えることができないのだろうか。

プライバシー情報の第三者への開示については，最判昭和 56・4・14（民集 35 巻 3 号 620 頁・判タ 442 号 55 頁・判時 1001 号 3 頁）が，弁護士会照会（弁護士法 23 条の 2）に対して区役所が，照会対象者の道路交通法違反，傷害，暴行の前科の存在を回答した事案において，「前科及び犯罪経歴（以下『前科等』

Ⅵ　精神状況及び健康診断等における労働者の個人情報の取扱い　**Q2**

という。）は人の名誉，信用に直接かかわる事項であり，前科等のある者もこれをみだりに公開されないという法律上の保護に値する利益を有」しており，弁護士法23条の2に基づく前科等の照会については格別の慎重さが要求されるが，本件のように「中央労働委員会，京都地方裁判所に提出するため」といったように，「漫然と弁護士会の照会に応じ，犯罪の種類，軽重を問わず，前科等のすべてを報告することは，公権力の違法な行使にあたる」と判示している。

　そこで，第三者への開示がプライバシー権を侵害しないかどうかは，情報開示の必要性，情報の種類・性質，開示範囲，利用目的，他に情報収集手段があるかどうか等の利益衡量により考えることになる。

　この点，労使関係において，使用者は，適正な人事配置，人事考課，安全・健康配慮義務の履行，妊産婦・傷病者等への職務上の配慮，家族手当・住宅手当等の付加的給付の支給の有無・額の算定，税金・社会保険料の控除等のため，労働者の学歴・職歴・資格，健康状態・妊娠の有無，家族の状況・所得等の労働者のプライバシー情報を取得する必要がある。

　健康情報との関連でいえば，例えば，使用者は，病原体による健康障害の防止措置を講じる義務を負っている（安衛法22条1号）。そのため，会社は，他の社員への感染を防止するために必要かつ相当な範囲内では，労働者の疾患の情報を上司に伝えることができるというべきである。

　また，労働安全衛生法66条の5第1項は，労働者の健康保持のため必要があるときは，使用者は，就業場所の変更，作業の転換，労働時間の短縮，深夜業の回数の減少等の措置を講じなければならないとしている。そのため，労働者の疾患により，労働時間の短縮等の措置が必要な場合には，その前提として，上司に労働者の疾患の情報を伝えることができるというべきである。

　これに対し，労働者の疾患が円滑な企業運営を害する可能性がない場合や，他の労働者への感染の可能性がない場合，疾患があっても他の労働者と同じ労働を行うことが可能で，労働時間の短縮等の措置を講ずる必要がない場合には，上司に疾患の情報を伝えることは労働者のプライバシーを侵害す

る違法行為となり，損害賠償請求の対象となるものと考えられる。

(3) 参考裁判例

この点について参考となるのが，派遣先が，派遣労働者に無断で，同人のHIV感染事実を，派遣元の代表者及び派遣労働者が所属していた部門の最高責任者に伝えたという〔HIV感染者解雇事件〕東京地判平成7・3・30（労判667号14頁・判タ876号122頁・判時1529号42頁）である。

当該裁判例は，「個人の病状に関する情報は，プライバシーに属する事柄であって，とりわけ本件で争点となっているHIV感染に関する情報は，前述したHIV感染者に対する社会的偏見と差別の存在することを考慮すると，極めて秘密性の高い情報に属すると言うべきであり，この情報の取得者は，何人といえどもこれを第三者にみだりに漏洩することは許されず，これをみだりに第三者に漏洩した場合にはプライバシーの権利を侵害したことになる」と述べたうえで，派遣先が，派遣労働者のHIV感染の事実を派遣元代表者に伝えるべき「必要性ないし正当の理由があったとは到底認められない」とし，また，派遣労働者が所属していた部門の最高責任者に伝えた行為についても，「HIV感染を知らせなければならなかった業務上の必要があったとは到底考えられず，他に執るべき手段がなかったなどとは言えない」と判示し，プライバシー侵害による損害賠償責任を認めた。

上記判断は，HIV感染自体は業務遂行能力に影響がなく，また，通常は他の従業員に感染する危険性もないし，HIV感染の事実により企業活動の円滑な遂行が阻害されるといった事情もないことが前提となっているものと思われる。

(4) 結　論

以上から，上司に伝えるにあたっては，労働者の慢性疾患により円滑な企業運営が害される可能性があるかどうか，他の労働者への感染の可能性があるかどうか，労働時間の短縮等の措置を講ずる必要があるかどうかを，産業医・専門医の意見をもとに慎重に判断する必要がある。

また，異動先の「上司」といっても，部長，課長，リーダー等複数存在する場合がある。この場合には，職掌上，当該労働者を指揮命令する権限を有し，かつ，当該労働者の労働条件を決定する責任者である上司のみに開示することが許され，それ以外の者に開示すれば労働者のプライバシーを侵害することになる。

さらに，疾患の情報の開示が必要であるとしても，その数値等の詳細まで上司が知っておく必要はない場合がほとんどであると思われる。にもかかわらず，詳細な数値データ等まで上司に伝えれば，労働者のプライバシーを侵害することになる。労働時間の短縮の要否・程度を判断するために必要な程度に抽象化・簡易化した情報を伝えるべきである。

4 疾患を労働者の家族に知らせることの可否

(1) 個人情報保護法との関係

健康診断の結果，疾患が判明したものの，労働者が治療を受けない場合，このまま放置すれば，重篤な症状にもなりかねない。そこで，使用者としては，家族に疾患の存在を連絡し，家族から労働者本人に治療を受けるよう説得させたいと考えるであろうが，そのようなことは可能だろうか。

まず，個人情報保護法との関係を考えてみると，疾患を家族に知らせることは，個人データの第三者提供にあたる（個人情報保護法23条1項）。

しかし，このまま放置すれば，症状が悪化し，業務に就くこともできなくなることが予想される場合には，「人の生命，身体又は財産の保護のため必要がある場合であって，本人の同意を得ることが困難であるとき」に該当するものとして，労働者本人の同意なくして疾患の情報を家族に開示することは可能であると考えられる（個人情報保護法23条1項2号）。

(2) プライバシー権との関係

次に，プライバシー権との関係について考えると，疾患を放置すれば，症状が悪化し，業務に就くことができなくなる，あるいは，精神疾患の場合には，職場内で異常行動をとることにより職場の秩序が害されることも予想さ

第 2 部　各　論
第 1 章　労働関係の展開段階ごとのメンタルヘルス Q & A

れるにもかかわらず，使用者の説得を聞かず，労働者が治療を受けないときには，家族から説得させるため，家族に疾患の情報を開示すべき必要性は大きいといえる。

　この点，〔豊田通商事件〕名古屋地判平成 9・7・16（労判 737 号 70 頁・判タ 960 号 145 頁）も，証拠には「『職場において分裂病が疑われる者がいる場合，原則として，家族ないし保護者に連絡し，職場での異常行動などについて，精神衛生的立場から充分に説明し，家族ないし保護者の者が責任をもって病者を専門医に受診させるようにすることが，最も適切な処置であると思う。』との記載があり，治療を受けさせるために親族に依頼することは適切な行動であると認められる。」と述べているところである。

　また，家族が疾患の情報を知るためには，使用者が開示するほかはない状況といえる。

　そこで，同居している直近の家族や親族（配偶者，親又は子）という労働者本人と最も近い，限られた範囲内の人にのみ開示するのであれば，労働者のプライバシー権を侵害しないものと考えられる（石嵜信憲編著／田中朋斉著『健康管理の法律実務〔第 3 版〕』（中央経済社，平成 25 年）183～185 頁）。

■木　原　康　雄■

Ⅶ 従業員がメンタルヘルス不調・精神疾患を発症した場合の実務対応

1 業務災害の可能性への配慮と判断方法

Q 従業員のメンタルヘルス不調に対して，会社はいかに配慮すべきですか。また，メンタルヘルス不調，精神疾患は，業務災害となり得るのですか。また，どのような判断基準で，業務災害と認定されているのですか。

A 従業員のメンタルヘルスについて，会社は，健康診断の結果のみで判断するのではなく，様々な観点から検討し，把握に努める必要がある。具体的には，従業員の健康状態の直接の確認のみならず，労働時間，業務の量，業務の内容，ノルマの管理，地位の変化，セクシュアルハラスメント，パワーハラスメント，いじめ等の有無等も常々確認する必要がある。また，会社は，従業員に対し，メンタルヘルスケアの教育，研修情報提供，改善施策の履行等未然にメンタル不調の者を発見できるようにするシステムを構築する必要がある。

メンタルヘルス不調，精神疾患は，業務災害となり得るが，近年，新たに「心理的負荷による精神障害の認定基準について」（平成23・12・26基発1226第1号）という基準が公表されたので，今後はこの基準に従い，判断されることになる。

第2部 各　　論
第1章　労働関係の展開段階ごとのメンタルヘルスQ＆A

【解　説】

1　健康配慮の必要性

　近年，労働者の受けるストレスは拡大する傾向にあり，仕事に関して強い不安やストレスを感じている労働者は，数多くいる。また，精神障害等に係る労災補償状況や，弁護士が携わる日常の実務の状況をみても，労災請求件数，労災認定件数とも近年，増加傾向にあることがわかる。このような中で，メンタルヘルスが労働者，その家族，事業場及び社会に与える影響は，今日，ますます大きくなっており，企業において，より積極的に心の健康の保持増進を図ることは，非常に重要な課題となっている。この点に関し，従業員のメンタルヘルスに問題が生じる大きな原因の一つに長時間労働があげられる。従業員に長時間の時間外労働など過重な労働をさせたことにより疲労が蓄積している場合には，脳・心臓疾患発症のリスクが高まるとされ，適正な労働時間管理と従業員の健康管理はメンタルヘルスの問題を解決するのに重要な要素である。

　そして，企業に適切な措置を講じさせるために，平成17年10月の労働安全衛生法改正によって，長時間労働者に対する医師による面接指導が義務化された。すなわち，時間外又は休日労働が1か月あたり100時間を超え，かつ疲労の蓄積が認められる労働者に対し，使用者は，当該労働者の申出を受けて，医師による面接指導を行わなければならない（安衛法66条の8）とされたのである。また，仮に労働者が上記の要件に該当しなくても，長時間労働（1か月あたりの時間外又は休日労働が80時間を超えた場合）により疲労の蓄積が認められ，健康上の不安を有している労働者から申出を受けた場合は，使用者は，面接指導を実施する等の措置を講じるように努めなければならない（安衛法66条の9）とされた。

　また，厚労省は，労働安全衛生法で規定された労働者の健康保持・増進を図るために必要な措置を，事業者が適切かつ有効に実施するための指針を定

めた（平成18年3月31日「職場における心の健康づくり―労働者の心の健康保持増進のための指針」）。同指針では，①労働者自身によるセルフケア，②管理監督者によるラインによるケア，③事業場内産業保健スタッフ等（産業医・衛生管理者等）によるケア，④事業場外資源（事業場外でメンタルヘルスへの支援を行う医療機関や相談機関等）によるケアという「4つのケア」が継続的かつ計画的に行われることが重要であるとしている。さらに，厚労省は，事業場におけるメンタルヘルス対策の適切かつ有効な実施をさらに推進するため，労働安全衛生法70条の2第1項に基づく指針として，「事業場における労働者の健康保持増進のための指針の一部を改正する指針」（平成19年11月30日改定）を定めた。

　そして，法令・判例により企業に課される健康配慮義務は，メンタルヘルス上の問題を含めて，精神障害，そして最悪の過労自殺等の発生があれば企業の責任を問うという意味での結果債務に近づきつつあると評価できるほど，高度化されつつあり，企業が労災認定や損害賠償責任を回避するためには，健康診断等の結果のみならず，普段の業務遂行上知り得た従業員の健康に関する情報に基づき相応な配慮をなさなければならない。

2　メンタルヘルス不調及びそれによる過労自殺

　労働者が業務上疾病を発症した場合には，労災保険法に基づく療養補償給付や休業補償給付等を受給することができる（労災保険法12条の8第2項）。業務上疾病に該当する疾病の種類は，労働基準法施行規則35条に基づき同規則別表第1の2に列挙されている。また，労働者が業務上死亡した場合には，遺族が遺族補償給付や葬祭料を受給することができるが（労災保険法12条の8第2項），疾病による死亡が業務上の死亡にあたるというためには，当該疾病が同別表に列挙されているものであることが必要である。

　過労死や過労自殺の原因となる疾病については，実務上，同別表のうち「その他業務に起因することの明らかな疾病」（改正前9号）にあたるものとして扱われてきたが，平成22年の労働基準法施行規則改正に伴い，脳や心臓病の疾患（長期間にわたる長時間の業務その他血管病変等を著しく憎悪させる業務によ

第2部　各　論
第1章　労働関係の展開段階ごとのメンタルヘルスQ&A

る脳出血，くも膜下出血，脳梗塞，高血圧性脳症，心筋梗塞，狭心症，心停止（心臓性突然死を含む）もしくは解離性大動脈瘤りゅう又はこれらの疾病に付随する疾病）及び精神障害等（人の生命にかかわる事故への遭遇その他心理的に過度の負担を与える事象を伴う業務による精神及び行動の障害又はこれに付随する疾病）が新たに追加された（改正後8号及び9号）。

　労働者が，過労のためにメンタルヘルス不調を来たし，自殺等が行われた場合には，労災保険法における「業務上」の疾病といえるのかが検討されることになる。

3　うつ病による自殺・精神疾患の労災認定基準

(1)　判例における過労死等の労災認定基準の緩和

　典型的な過労自殺——過労が原因で反応性うつ病（特定の心理的ストレスが引き金になってうつ症状を発症するもの）となり自殺に至ったもの——については，労基署の不支給処分を取り消す判決が相次いでおり，このことは，裁判所において，業務と精神障害発症との間の相当因果関係の存在が，かつての，後述の「心理的負荷による精神障害に係る業務上外の判断指針」（平成11・9・14基発544号。なおこの基準は，被災者救済の観点から改正された「心理的負荷による精神障害の認定基準」（平成23・12・26基発1226第1号）の施行に伴い廃止されている）よりも緩和していることを意味している。例えば，〔名古屋南労基署長（中部電力）事件〕（第1審）名古屋地判平成18・5・17（労判918号14頁）は，相当因果関係の判断は，「性格傾向が最もぜい弱である者（ただし，同種労働者の性格傾向の多様さとして通常想定される範囲内の者）を基準とするのが相当である。」と判示して労基署長の不支給処分を取り消し，同事件の（控訴審）名古屋高判平成19・10・31（労判954号31頁・判タ1294号80頁）は，心理的負荷による精神障害に係る業務上外の判断指針は，「上級行政庁が下部行政機関に対してその運用基準を示した通達に過ぎず，裁判所を拘束するものでないことは言うまでもない」と判示して，原審の判断を維持している。

　その他，過重な時間外労働時間数やその急激な増加が認められない事案において，〔八女労基署長（九州カネライト）事件〕福岡地判平成18・4・12

Ⅶ 従業員がメンタルヘルス不調・精神疾患を発症した場合の実務対応 **Q1**

(労判916号20頁)では，単身赴任での出向や担当業務の変更などが，〔国・八王子労基署長（パシフィックコンサルタンツ）事件〕東京地判平成19・5・24（労判945号5頁・判タ1261号198頁・判時1976号131頁）では，単身での島しょ国への海外勤務や在留資格の喪失等が，それぞれ心理的負荷の増大要因として考慮され，業務と精神障害発症との間の相当因果関係，さらには業務と自殺との間の相当因果関係が認められた。

　もっとも，このような流れに対し，近時，業務上の心理的負荷の存否を厳格に判断する裁判例も現れている。〔さいたま労基署長（日研化学）事件〕（控訴審）東京高判平成19・10・11（労判959号114頁）は，原審が認定した強度の業務負荷の存在を否定したうえで，労働者の不適応や焦燥感は，同人の業務遂行能力の低下によるものであり，これは労働者の脆弱性・反応性の強さを示す事情であると判示した。そして，結論としても業務起因性を否定し，原審を取り消した。

(2)　裁判例を踏まえた対応

　以上のとおり，裁判例の大勢は，緩やかに業務と精神障害との間の相当因果関係を肯定したうえ，自殺についても業務起因性を肯定している。過労自殺についても，労災認定がされれば，その後事業主の賠償責任にも問題が波及する危険が高まるので，事業主としては，従業員の健康管理・健康配慮に努めていく必要がある。労働時間や業務量，ノルマ等の管理が中心になると思われるが，職場におけるセクシュアルハラスメントやパワーハラスメント，部署内での集団的ないじめ等がないかどうかについても確認する必要がある。

(3)　精神障害についての厚労省の指針・判断

　精神障害の労災認定について，厚労省は，かつては，業務による心理的負荷によって精神障害を発病した場合の労災認定について，「心理的負荷による精神障害に係る業務上外の判断指針」（平成11・9・14基発544号）（以下，「判断指針」という）を定めていた。しかし，その後，職場の人間関係や，過労か

第2部　各　論
第1章　労働関係の展開段階ごとのメンタルヘルスQ&A

らメンタルヘルス不全を発症し，精神疾患等に罹患する労災請求件数が，増加してきた。また，メンタルヘルス不全についての労災請求に対しては，多要素，多方面にわたる詳細な調査を行うために，請求書受理から，調査結果が出るまでの審査機関が長期にわたり（平均して8.6か月を要していた），被災者の救済を図ることが難しい状況があった。このため，審査の迅速化や効率化を図るための労災認定のあり方について，医学・法学の専門家に検討を依頼し，10回にわたる検討会の開催を経て，平成23年11月8日に，「精神障害の労災認定の基準に関する専門検討会報告書」（精神障害の労災認定の基準に関する専門検討会）が作成され，それに基づき，精神障害の新たな労災認定基準が，「心理的負荷による精神障害の認定基準」（平成23・12・26基発1226第1号）（以下，「認定基準」という）として公表された。

この新しい認定基準は，従前の判断指針の内容が全面的に修正されたものではなく，多くの部分について従前の判断指針の内容が引き継がれている。概要としては，①個々の「出来事」の心理的負荷の強度について，「弱」「中」「強」の例を具体例で示し，総合評価において「強」であることが認められれば，業務上の疾病として取り扱う，②いじめやセクシュアルハラスメントのように出来事が繰り返されるものについては，その開始時からのすべての行為を対象として心理的負荷を評価すること，発病後であっても，特に強い心理的負荷で悪化した場合は労災対象とする，③これまですべての事案について必要としていた精神科医の合議による判定を，判断が難しい事案のみに限定したことなどが改正点としてあげられる。

なお，昨今問題となっているパワーハラスメント・セクシュアルハラスメント等によるうつ病の発症・自殺についても，労災認定されることがある。特に，セクシュアルハラスメントについては，その性質から，被害を受けた精神障害を発病した労働者の労災請求や労基署における事実関係の調査が困難となる場合が多いなどの他と異なる特有の事情があるため慎重に判断する必要がある。

そしてこのパワーハラスメントによる疾病の労災認定の具体例としては以下のようなものがあげられる。

① 上司である係長による部下への発言が，「存在が目障りだ」「居るだけでみんなが迷惑している」との言動や態度（嫌悪の感情を示す）等から業務上のストレスが強度であるとして，裁判所は業務起因性を認定した（〔国・静岡労基署長（日研化学）事件〕東京地判平成19・10・15労判950号5頁・判タ1271号136頁）。

② 上司から「お前は給料泥棒だ」「目障りだから消えてくれ」などといわれ続けた会社員が自殺した。暴言が自殺の引き金になったかどうかが争われた訴訟の判決で，東京地裁は，自殺と暴言との因果関係を認め，会社員の死を労災と認める判断を示した（前掲〔国・静岡労基署長（日研化学）事件〕東京地判平成19・10・15，原告側によると，パワーハラスメントを原因とする自殺を労災と認めた司法判断は初めてとのことである）。

③ 日常的業務の中の叱責も一定の過重労働の下では自殺の引き金になったと認められ労災が認定された（「前田道路」の男性社員が自殺したのは上司からの度重なる叱責（しっせき）などが原因として，同社員の妻が出していた労災認定申請に対し，「自殺は業務による心理的負荷で発病した精神障害による」として労災を認める決定をした）（〔前田道路事件〕松山地判平成20・7・1労判968号37頁・判時2027号113頁，（控訴審）松山高判平成21・4・23労判990号134頁・判時2067号52頁）。

第2部 各　論
第1章 労働関係の展開段階ごとのメンタルヘルスQ＆A

2　平成23年に公表された新しい精神障害に係る労災認定基準の概要と留意点

Q　平成23年12月26日付で，新しい精神障害に係る労災認定基準が公表されたと聞きましたが，その概要と留意点を教えてください。

A　新しい認定基準の概要は，①わかりやすい心理的負荷評価表（ストレスの強度の評価表）を定めた，②いじめやセクシュアルハラスメントのように出来事が繰り返されるものについては，その開始時からのすべての行為を対象として心理的負荷を評価することにした，③これまですべての事案について必要としていた精神科医の合議による判定を，判断が難しい事案のみに限定したというものである。

　会社は，業務による心理的負荷によって精神障害を発症したと疑われる場合には，新基準の認定要件に基づき，細かい事情を当該従業員から聴き取り，また，社内で慎重に調査・検討する必要がある。

[解　説]

1　概　要

　厚労省は，業務による心理的負荷によって精神障害を発病した場合の労災認定について，「心理的負荷による精神障害に係る業務上外の判断指針」（平成11・9・14基発544号。以下，「判断指針」という）を定めていた。しかし，その後，職場の人間関係や，過労からメンタルヘルス不全を発症し，精神疾患等に罹患する労災請求件数が，増加してきた。また，メンタルヘルス不全についての労災請求に対しては，多要素，多方面にわたる詳細な調査を行うために，請求書受理から，調査結果が出るまでの審査機関が長期にわたり，被災者の救済を図ることが難しい状況があった。

Ⅶ 従業員がメンタルヘルス不調・精神疾患を発症した場合の実務対応 **Q2**

　そこで，平成23年11月8日に，精神障害の労災認定の基準に関する専門検討会による「精神障害の労災認定の基準に関する専門検討会報告書」が公表され，それに基づき，精神障害の新たな労災認定基準が，「心理的負荷による精神障害の認定基準」（平成23・12・26基発1226第1号）（以下，「認定基準」という）として出された（厚生労働省HP）。

　なお，認定基準の施行によって，従前存在した以下の判断指針は廃止された。

---

① 心理負荷による精神障害等の業務上外に係る判断指針（平成11・9・14基発544号）
② ①の一部改正についての通達である心理的負荷による精神障害等に係る業務上外の判断指針の一部改正に係る運用に関しての留意すべき事項等について（平成11・9・14補償課長事務連絡9号）
③ 心理的負荷による精神障害等に係る業務上外の判断における事務処理について（平成12・3・24事務連絡3号）
④ セクシュアルハラスメントによる精神障害等の業務上外の認定について（平成17・12・1基労補発1201001号）
⑤ 上司の「いじめ」による精神障害等の業務上外の認定について（平成20・2・6基労補発0206001号）
⑥ 心理負荷による精神障害等に係る業務上外の判断指針の一部改正に係る運用に関し留意すべき事項等について（平成21・4・6基労補発0406001号）

　平成23年12月26日付で公表された新しい認定基準の骨子は以下のとおりである。

---

① わかりやすい心理的負荷評価表（ストレスの強度の評価表）を定めた。
② いじめやセクシュアルハラスメントのように出来事が繰り返されるも

253

のについては，その開始時からのすべての行為を対象として心理的負荷を評価することにした（従前は，発病前おおむね6か月とされていた）。
③　発病後であっても，特に強い心理的負荷で悪化した場合は労災対象とする（従前は，既に発病していた場合には悪化したときであっても労災対象としなかった）。
④　これまですべての事案について必要としていた精神科医の合議による判定を，判断が難しい事案のみに限定した。

厚労省では，今後はこの新しい認定基準に基づいて審査の迅速化を図り，精神障害の労災請求事案について，6か月以内の決定を目指し，また，わかりやすくなった認定基準を周知することにより，業務によって精神障害を発病した人の認定の促進も図っていくとしている。

2　具体的な検討

精神障害が労災認定されるのは，その発病が仕事による強いストレスによるものと判断される場合に限る。仕事によるストレス（業務による心理的負荷：事故や災害の体験，仕事の失敗，過重な責任の発生，仕事の量・質の変化など）と私生活でのストレス（業務以外の心理的負荷：自分の出来事，家族・親族の出来事，金銭関係など）と個人の既往症やアルコール依存や社会適応状況など（個体側要因），様々な要因で精神障害は発病するので，発病の原因は何かを医学的見地から総合的に慎重に判断する必要がある。

(1)　対象疾病

対象疾病について，認定基準は，以下のとおり定めている。

第1　対象疾病
　本認定基準で対象とする疾病（以下「対象疾病」という。）は，国際疾病分類第10回修正版（以下「ICD－10」という。）第V章「精神および行動の障害」に分類される精神障害であって，器質性のもの及び有害物質に

Ⅶ 従業員がメンタルヘルス不調・精神疾患を発症した場合の実務対応 **Q2**

> 起因するものを除く。
> 　対象疾病のうち業務に関連して発病する可能性のある精神障害は，主として ICD‐10 の F2 から F4 に分類される精神障害である。なお，器質性の精神障害及び有害物質に起因する精神障害（ICD‐10 の F0 及び F1 に分類されるもの）については，頭部外傷，脳血管障害，中枢神経変性疾患等の器質性脳疾患に付随する疾病や化学物質による疾病等として認められるか否かを個別に判断する。
> 　また，いわゆる心身症は，本認定基準における精神障害には含まれない。

　対象疾病は，従前は，ICD‐10 の分類の F0 から F5 であったが，今回の改訂により F2 から F4 になった。業務に関連して発病する可能性のある精神障害は，主として F2 から F4 に分類される精神障害ということになる。ただし，自殺については，認定基準は F0 から F4 に分類される精神障害を発病したと認められる者が自殺を図った場合，「精神障害によって正常の認識，行為選択能力が著しく阻害され，あるいは自殺行為を思いとどまる精神的抑制力が著しく阻害されている状態に陥ったものと推定し，業務起因性を認める。」としている。
　なお，ICD‐10 第Ⅴ章「精神及び行動の障害」の分類は，次のとおりである。

　　F0　症状性を含む器質性精神障害
　　F1　精神作用物質使用による精神及び行動の障害
　　F2　統合失調症，統合失調症型障害及び妄想性障害
　　F3　気分［感情］障害
　　F4　神経症性障害，ストレス関連障害及び身体表現性障害
　　F5　生理的障害及び身体的要因に関連した行動症候群
　　F6　成人の人格及び行動の障害
　　F7　知的障害〈精神遅滞〉

> F8　心理的発達の障害
> F9　小児〈児童〉期及び青年期に通常発症する行動及び情緒の障害

平成23年11月8日付精神障害の労災認定の基準に関する専門検討会報告書は，次のように述べていた。

> 業務に関連して発病する可能性の高い精神障害は，ICD－10の分類でいうF0からF4に分類される精神障害であること，そのうちF0及びF1に分類される精神障害については，他の認定基準等により頭部外傷，脳血管疾患，中枢神経変性疾患等，器質性脳疾患の併発疾病としての認定が行われるべきこと，F5からF9に分類される精神障害については業務との関連で発病することは少ないと考えられること，いわゆる心身症は本検討会で検討する精神障害には含まれないこと及び自殺の取扱いに関することについても，11年報告書に示された考え方を維持することが適当である。

(2) 認定要件
　(a) **認定基準における認定要件**
　認定基準は，以下のような認定要件を定めている。

> 1　対象疾病を発病していること。
> 2　対象疾病の発病前おおむね6か月の間に，業務による強い心理的負荷が認められること。
> 3　業務以外の心理的負荷及び個体側要因により対象疾病を発病したとは認められないこと。
> 　また，要件を満たす対象疾病に併発した疾病については，対象疾病に付随する疾病として認められるか否かを個別に判断し，これが認められる場合には当該対象疾病と一体のものとして，労働基準法施行規則別表第1の2第9号に該当する業務上の疾病として取り扱う。

上記1，2及び3のいずれの要件も満たす対象疾病は，業務上の疾病として取り扱うことになる。

(b) ストレス脆弱性理論

対象疾病の発病に至る原因の考え方は，環境由来の心理的負荷（ストレス）と，個体側の反応性，脆弱性との関係で精神的破綻が生じるかどうかが決まり，心理的負荷が非常に強ければ，個体側の脆弱性が小さくても精神的破綻が起こるし，逆に脆弱性が大きければ，心理的負荷が小さくても破綻が生ずるとする「ストレス—脆弱性理論」に依拠している。

(ア) 対象疾病を発病していること

(1)で示された対象疾病を発病していることが必要となる。職務と関連して発症する精神疾患としてはうつ病（F3：気分〔感情〕障害）や急性ストレス反応（F4：ストレス関連障害）などがある。受診，通院している場合においては，まずは，疾患名等についての意見を通院先，本人に求める。

心理負荷の評価を行うにあたり，精神障害の発病の有無及びその発病時期を正しく把握することは極めて重要な事項となるとされている。また，主治医に対する意見照会により，主治医の考える疾患名，発病時期，それらの計算根拠を明確に把握する必要がある。さらに，多くの自殺事案にみられるように，治療歴はないが，うつ病エピソードのように，周囲が気づきにくい精神障害の発病が疑われる事案については，関係者に対して症状に関する調査を尽くし，言動の変化等の有無を的確に把握するよう努める必要がある。

(イ) **対象疾病の発病前おおむね6か月の間に当該精神障害を発症させるおそれのある業務による強い心理的負荷が認められること**

原則として，発病前おおむね6か月以内の業務による心理的負荷を評価することになり，「業務による強い心理的負荷」が客観的に認められ，総合評価が「強」である場合，業務上の疾病として取り扱われることになる。もっとも，いじめやセクシュアルハラスメントのように出来事が繰り返されるものについては，出来事を一体として評価することから，発病の6か月よりも前に開始されている場合であっても，発病前6か月以内の期間にも継続していれば，開始のときからの行為を評価することになる。

第2部　各　論
第1章　労働関係の展開段階ごとのメンタルヘルスＱ＆Ａ

具体的な評価手順は次のとおりである。
① 別表1「特別な出来事」に該当する出来事が認められれば，心理的負荷の総合評価を「強」にする。
② 「特別な出来事」に該当する出来事が認められない場合は，業務による個々の出来事について別表1「具体的出来事」に当てはめて強度を評価し，複数の出来事の関連性や時間的な近接性，出来事の数や内容を考慮して，全体としての強度を総合的に評価する。

(ウ) 業務以外の心理的負荷及び個体側要因により対象疾病を発病したとは認められないこと

発病の原因が業務以外の心理的負荷又は個体側要因であることが明らかである場合は，業務起因性が否定されることになる。具体的には，業務以外の出来事について，別表2「業務以外の心理的負荷評価表」により心理的負荷の強度を評価され，それが発病の原因であるといえるかどうかが慎重に判断される。また，精神障害の既往歴やアルコール依存状況などの個体側要因についても，それが発病の原因であるといえるかどうかが慎重に判断される。

なお，業務による心理的負荷によって精神障害を発病した人が自殺した場合は，故意の欠如（正常な認識や行為選択能力，自殺行為を思いとどまる精神的な抑制力が著しく阻害されている状態に陥ったもの）が推定され，原則としてその死亡は労災認定される。また，業務以外による心理的負荷によって精神障害を発病した人が発病後悪化した場合，「特別な出来事」があり，かつ，その後おおむね6か月以内に自然経過を超えて著しく悪化したと医学的に認められる場合に限り，悪化した部分について労災認定される。

(c) 具体的な検討
　(ア) 特別な出来事の扱い

労基署の調査に基づき，発病前おおむね6か月間に起きた業務による出来事について，認定基準別表1「業務による心理的負荷評価表」（Ⅶの末尾に掲載）により「強」と評価される場合は，認定要件の2を満たす。認定基準では，出来事と出来事後を一連のものとして総合評価を行う。別表1の「特別な出来事」に該当する出来事が認められた場合は，心理的負荷の総合評価を

「強」と判断する。特別な出来事とは，以下のものを示している。

心理的負荷が極度なものとして，①生死にかかわる，極度の苦痛を伴う，又は永久労働不能となる後遺障害を残す業務上の病気やケガをした（業務上の傷病により6か月を超えて療養中に症状が急変し極度の苦痛を伴った場合を含む），②業務に関連し，他人を死亡させ，又は生死にかかわる重大なケガを負わせた（故意によるものを除く），③強姦や，本人の意思を抑圧して行われたわいせつ行為などのセクシュアルハラスメントを受けた，④その他，上記に準ずる程度の心理的負荷が極度と認められるものがある。また，極度の長時間労働として，発病直前の1か月におおむね160時間を超えるような，又はこれに満たない期間にこれと同程度の（例えば3週間におおむね120時間以上の）時間外労働を行った（休憩時間は少ないが手待ち時間が多い場合等，労働密度が特に低い場合を除く）場合がある。

(イ) 業務による心理的負荷の強度の判断について

従前の判断指針では，業務による心理的負荷の強度について，まず出来事の心理的負荷の強度を評価し，次に，出来事後の状況が持続する程度を評価し，これらを総合評価して業務による心理的負荷を判断していた。しかし，認定基準では，「出来事」と「出来事後の状況」を一括して心理的負荷を「強」「中」「弱」と判断することとした。

労働時間については，「1か月に80時間以上の時間外労働を行った」場合を中とし，「発病直前の連続した2か月間に，1月当たりおおむね120時間以上の時間外労働を行い，その業務内容が通常その程度の労働時間を要するものであった場合」，「発病直前の連続した3か月間に，1月当たりおおむね100時間以上の時間外労働を行い，その業務内容が通常その程度の労働時間を要するものであった」場合を強とするとしている。

「特別な出来事」に該当する出来事がない場合は，まず，発病前おおむね6か月の間に起きた業務による出来事が，別表1の「具体的出来事」のどれに該当するか，又は近いかを判断する。なお，別表1では，「具体的出来事」ごとにその平均的な心理的負荷の強度を，強い方から「Ⅲ」「Ⅱ」「Ⅰ」と示している。

第2部 各 論
第1章 労働関係の展開段階ごとのメンタルヘルスQ&A

　別表1「具体的出来事」欄に示される具体例に業務による出来事が合致する場合は，その強度で評価する。合致しない場合は，別表1の「具体的出来事」ごとに示している「心理的負荷の総合評価の視点」欄及び「総合評価における共通事項」に示す事項を考慮して，個々の事案ごとに心理的負荷の総合評価を「強」「中」「弱」の三段階で判断する。

　個々の事案ごとに心理的負荷の総合評価をする場合の基準は，以下のとおりである。

① 「事故や災害の体験」は，出来事自体の心理的負荷の強弱を特に重視した評価としている。

② ①以外の出来事については，「出来事」と「出来事後の状況」の両者を軽重の別なく評価しており，総合評価を「強」と判断するのは次のような場合である。

(i) 出来事自体の心理的負荷が強く，その後に当該出来事に関する本人の対応を伴っている場合

(ii) 出来事自体の心理的負荷としては「中」程度であっても，その後に当該出来事に関する本人の特に困難な対応を伴っている場合

(iii) 上記(ii)のほか，いじめやセクシュアルハラスメントのように出来事が繰り返されるものについては，繰り返される出来事を一体のものとして評価し，また，「その継続する状況」は，心理的負荷が強まるものとしている。

(ｳ) **複数の出来事がある場合の強度**

　対象疾病の発病に複数の出来事が関与した場合，まずは，それぞれの出来事について，総合評価を行い，いずれかの出来事が「強」となる場合は，業務による心理的負荷を「強」とする。いずれの出来事でも単独では「強」の評価とならない場合には，それらの複数の出来事について，関連して生じているか否かを判断したうえで，①複数の出来事が関連して生じた場合には，その全体を一つの出来事として評価する。原則として最初の出来事を具体的出来事として別表1にあてはめ関連して生じたそれぞれの出来事は出来事後の状況とみなし，全体を評価する。②関連しない出来事が複数生じた場合に

は，出来事の数，それぞれの出来事の内容，時間的な近接の程度を考慮して全体を評価する。

> 強＋中又は弱は，強
> 中＋中（「中」が複数）は，強又は中（各出来事の時間的な近接の程度，出来事の数，各出来事の内容を考慮して全体を評価する）
> 中＋弱は，中
> 弱＋弱は，弱

とされる。

　(エ)　**業務以外の心理的負荷の判断**

　精神障害が業務以外の心理的負荷又は個体側要因によって発生したことが明らかな場合には，業務との関連性は否定されることになる。もっとも，業務による強い心理的負荷が認められる場合には，業務外の心理的負荷によって発病したことが医学的に明らかであると判断できる場合に限って，業務起因性を否定するのが適当であるため，業務以外の出来事について心理的負荷の強度がⅢとなっている出来事が明らかになっている場合に，その詳細を調査するとされた。個体側要因があることが明らかな場合としては，具体的内容として①既往歴，②アルコール等依存状況等があげられている。

　(オ)　**精神障害の悪化**

　業務以外の心理的負荷により発病して治療が必要な状態にある精神障害が悪化した場合は，悪化する前に業務による心理的負荷があっても，直ちにそれが悪化の原因であるとは判断できない。

　ただし，別表1の「特別な出来事」に該当する出来事があり，その後おおむね6か月以内に精神障害が自然経過を超えて著しく悪化したと医学的に認められる場合に限りその「特別な出来事」による心理的負荷が悪化の原因と推認し，原則として，悪化した部分については労災補償の対象となるとされた。

第2部　各　論
第1章　労働関係の展開段階ごとのメンタルヘルスＱ＆Ａ

3　業務起因性のない精神障害を発症した社員への対応

Q　業務に関係のない精神障害の私傷病を発症した従業員に対しては，どのように対応すればよいのですか。

A　会社としては，メンタル不調に陥っている可能性のある労働者を発見した場合，まずは本人の健康状態についてできる限りの調査をすべきである。調査の方法としては，本人への聴き取り，本人ないし本人の同意を得たうえで主治医への診断書や診療録等の提出依頼，主治医との面談，本人への会社指定医の受診依頼もしくは受診命令等が考えられる。

　これらの調査により，当該労働者が，メンタル不調に陥っていると判断した場合，会社は，当該労働者の健康に十分に配慮したうえで対応することが必要となる。

　例えば，配置転換を行うこと，業務軽減措置をとること，会社に休職制度があるのであれば，休職の要否について検討したりすることと等が考えられる。なお，休職制度がない場合は，休職制度の要否について検討したうえ，必要に応じ整備をする必要がある。

　休職制度を利用した場合，休職期間満了時に，私傷病が治癒しているか否かで争いが起こる可能性があるので対応には十分な注意が必要である。

［解　説］

1　発症の把握

　労働環境の変化等により，精神疾患等の作業関連疾患が増加していることから，職場復帰を目指して治療を受ける労働者や，治療を受けながら就労する労働者が増加している。業務起因性なく精神障害を発症した社員に対して

Ⅶ 従業員がメンタルヘルス不調・精神疾患を発症した場合の実務対応 **Q3**

は，いかに対応すべきか。まず，企業内では，①メンタルヘルスケアの教育研修・情報提供，②職場環境等の把握と改善（メンタルヘルス不調の未然防止），③メンタルヘルス不調への気づきと対応（メンタル不調に陥る労働者の早期発見と適切な対応），④職場復帰における支援が重要となってくる（以上につき，厚労省HPにあるリーフレット「職場における心の健康作り」，「心の健康問題により休業した労働者の職場復帰支援の手引き〔改訂版〕」参照）。

①については，労働者，管理監督者，事業場内産業保険スタッフ等に対し，それぞれの職務に応じた教育研修，情報提供を実施する。なお，事業場内に教育研修担当者を計画的に養成することも有効である。

②については，労働者の心の健康については，作業環境，作業方法等職場環境の問題点を把握し，その改善を図る必要がある

③については，メンタルヘルス不調に陥る労働者が発生した場合には，その早期発見と適切な対応を図ることが重要である。そのため(a)労働者による自発的な相談とセルフチェック，(b)管理監督者，事業場内産業保険スタッフ等による相談対応，(c)労働者の家族に対する気づきや支援等が重要となってくる。

2　私傷病休職

(1)　私傷病休職制度

会社が配慮しても，メンタルヘルス不調が悪化し，出社できなくなってしまう場合もある。労働者を就労させることが不適当な場合又は不能な場合に，使用者が労働契約を存続させつつ就労禁止の手続をする私傷病休職制度が定められている会社も多い。もっとも，外資系企業や，中小企業には，このような制度自体が存在しない例もある。通常就業規則上で，休職が定められ，休職期間満了で退職と規定されている企業が多い。なお，私傷病の療養を退職事由とする休職は，解雇猶予のために設けられた制度であると解されている。

263

第2部　各　論
第1章　労働関係の展開段階ごとのメンタルヘルスQ＆A

(2)　私傷病休職命令の必要性と合理性

　全面的な就労拒絶，免除が長期にわたり，解雇猶予措置として，賃金のみならず，退職金，定時昇給等にも不利益を受ける休職に付す場合には，慎重な配慮が必要となる。通常は，客観的な医学的所見に基づき，健康状態に応じた適切な対応が求められる。適切な対応がとられず，休職の必要性も合理性も認められない場合，休職に付したことが違法とされることになる（〔富国生命事件〕（控訴審）東京高判平成7・8・30労民集46巻4号1210頁・労判684号39頁，〔富国生命第2次事件〕東京地八王子支判平成12・11・9労判805号95頁参照）。ただし，私傷病により退職する従業員の就労能力の判断につき，使用者が常に産業医の判断を経なければならないわけではないとされている（〔農林漁業金融公庫事件〕東京地判平成18・2・6労判911号5頁）。

(3)　休職期間中の労働者の義務

　休職規定に休職期間中の病状等の報告の定めがある場合，私傷病休職は解雇猶予措置と解され，その設定自体が企業の自由に任されていることを踏まえると，報告義務はあると考えることができる。仮にこのような規定がない場合は，休職中は労働契約を免除されていることを踏まえると，必ず報告義務があると考えるのは困難である。もっとも，私傷病休職制度が解雇猶予措置としての性格を有すること，労働者にとって不利益な休職を不必要に継続する必要はないこと等からは，休職継続の必要性を確認する一般的合理性はあると解される。特に，休業期間中に兼業をしている等療養に専念しない場合等休職の必要性について合理的な疑いがある場合には，報告義務規定の存否にかかわらず，報告を命じることができると解される。

(4)　私傷病休職の復職可否の認定

　(a)　復職に関する従前の下級審裁判例

　多くの就業規則では，私傷病休職の休職期間中に私傷病が治癒すれば，復職となり，治癒しなければ自然（自動）退職又は解雇となる旨の規定が定められている。

Ⅶ 従業員がメンタルヘルス不調・精神疾患を発症した場合の実務対応　**Q3**

　そうすると，休職期間の満了時に復職可能か否か，退職又は解雇となってしまうのかをめぐり争いが起こることとなる。すなわち，休職期間満了時に復職の要件である「治癒」したか否かが争われることとなるのである。

　従前の下級審の裁判例では，職種を特定されていた場合については，従前の職務を通常の程度に行うことのできる程度の健康状態に復したか否かにより判断されるとされた場合が多かった（〔アロマカラー事件〕東京地決昭和54・3・27労経速1010号25頁，〔ニュートランスポート事件〕静岡地富士支決昭和62・12・9労判511号65頁等）。

　他方，職種を限定せずに雇用された事案においては，当初は軽易作業に就かせればほどなく通常業務に復帰できるという程度の回復であればそのような配慮のうえの復職が義務づけられるという裁判例が存在していた（〔エール・フランス事件〕東京地判昭和59・1・27労判423号23頁・判時1106号147頁）。

(b) 最高裁の復職可否の判断基準

　最高裁は，企業に対して，復職時に配転等の職務の負担軽減措置による雇用保障等の配慮をより強く求める判断を示した（〔片山組事件〕最判平成10・4・9労判736号15頁・判タ972号122頁・判時1639号130頁）。裁判所は，「労働者が職種や業務内容を特定せずに労働契約を締結した場合においては，現に就業を命じられた特定の業務について労務の提供が十全にはできないとしても，その能力，経験，地位，当該企業の規模，業種，当該企業における労働者の配置・異動の実情及び難易等に照らして当該労働者が配置される現実的可能性があると認められる他の業務について労務の提供をすることができ，かつ，その提供を申し出ているならば，なお債務の本旨に従った履行の提供があると解するのが相当である。」と判示した。

　この判決の影響もあり，休業又は休職からの復職後直ちに従前の業務に復帰できない場合でも，比較的短期間で復職可能な場合には，短期間の復帰準備期間の提供などが信義則上求められ，このような信義則上の手続をとらずに解雇することができないとした判例が増えてきた（〔全日空退職強要事件〕大阪高判平成13・3・14労判809号61頁，〔K社（カンドー）事件〕東京地判平成17・2・18労判892号80頁）。近時の〔第一興商（本訴）事件〕東京地判平成24・

第2部　各　　論
第1章　労働関係の展開段階ごとのメンタルヘルスQ＆A

12・25（労判1068号5頁）は、「労働者が、職種や業務内容を特定することなく雇用契約を締結している場合においては、現に就業を命じられた特定の業務について労務の提供が十全にはできないとしても、その能力、経験、地位、当該企業の規模・業種、当該企業における労働者の配置・異動の実情及び難易等に照らして当該労働者が配置される現実的可能性があると認められる他の業務について労務の提供をすることができ、かつ、その提供を申し出ているならば、なお債務の本旨に従った履行の提供があると解するのが相当である（最高裁判所平成10年4月9日第一小法廷判決・裁判集民事188号1頁参照）。」と判示した。

　この判決は、〔片山組事件〕最高裁判決（最判平成10・4・9）を援用し、従前と同様の業務に従事するのは難しくても、社内の他の業務なら現実的可能性があり、本人からその申し出がある場合、その会社は他の業務への配転が可能か否かをまったく検討しないで復職を拒否することはできないとしている。

　判決を踏まえると、今後は、少なくとも、職種の限定なく採用し、配転可能な部署をもつ一定以上の規模の企業においては、本人が軽減業務での復職を求める以上、上記の基準に従った復職の可否が判断されることになり、私傷病休職後の復職の可能性は高くなるだろう。

(3)　厳格判断の裁判例
　近時、上記の「病気休職期間満了時に病気が治癒していない場合に、原職復帰は困難でも現実に配置可能な業務があれば使用者は当該労働者をその業務に復帰させるべきだと解する傾向」の動きに対して、復職の可否を厳格に解する裁判例が現れた。

　まず、私傷病により休職していた労働者につき休職期間満了までに、従前の職務を通常の程度に行えるまで回復していないとして、休職期間満了として解雇したところ、当該労働者が休職期間満了前に休職事由が消滅しており、解雇は無効であると争った事案につき、治癒とは、「原則として従前の職務を通常の程度に行える健康状態に回復したこと」をいうが、当該職員の

Ⅶ 従業員がメンタルヘルス不調・精神疾患を発症した場合の実務対応 **Q3**

従事する職種に限定がなく，他の軽易な職種であれば従事することができ，軽易な職務に配置換えすることが可能であるとか，当初は軽易な職務に就かせ，ほどなく従前の職務を通常に行うことができると予測できる場合には，復職を認めることが相当であると判示した後，復職にあたって検討すべき従前の職務とは，休職前の軽減措置中の業務ではなく，本来通常行うべき業務を基準とすべきとしたうえで，医師の診断書では，「通常業務は可能である」とされていても，その実態は，休職前の軽減措置中の業務を基準としており，当面6か月は折衝，判断といった要素がない単純作業を指しており，これでは既に2年6月に及ぶ実質的な休職期間の延長であるうえ，6か月後に十分に職務に耐えられる保障もないとされ解雇有効された裁判例が出た（〔独立行政法人N事件〕東京地判平成16・3・26労判876号56頁）。

また，復職可能状態の主張立証責任に関して，業務外のうつ病により休職となった労働者の復職につき，労働者側で，配置される現実的可能性があると認められる業務について労務の提供をすることができる状態にまで労働者が回復したとの事実につき一応の疎明が必要とされた例（〔B学園事件〕大阪地決平成17・4・8労判895号88頁）や，歯科衛生士が，頸椎症性脊椎症による長期間休業の後，職務遂行に支障があり，又は職務遂行に耐えられない，また，業務を遂行するにあたり最低限必要である視線の位置の確保の点について，当該労働者が主張する口腔内検査方法可能性について相当の疑問があるというべきである等として解雇を有効とした例（〔横浜市学校保健会（歯科衛生士解雇）事件〕東京高判平成17・1・19労判890号58頁）も同様の傾向を示すものと解される。

なお，正当な理由なく復職を拒否した場合に使用者に賃金支払義務のみならず，慰謝料（70万円）が認められた裁判例（〔ザ・ウインザー・ホテルズインターナショナル事件〕東京地判平成24・3・9労判1050号68頁）もある。

このような厳格な判断をした裁判例も昨今出現しているが，上記の最高裁の基準に沿った対応が，リスク回避の面からは必要だろう。

第2部 各 論
第1章 労働関係の展開段階ごとのメンタルヘルスQ＆A

(5) 休職後の復職時における休職事由消滅の主張立証責任の所在と内容

(a) 裁判例には，復職不能の主張立証責任が企業側にあるものも多かった（前掲〔エール・フランス事件〕東京地判昭和59・1・27）。したがって，裁判になった場合に備え，企業側は，当該労働者の傷病が治癒しておらず，復職ができないということについて主張・立証のための準備をすることが必要と考える。

復職に際し，労働者側の主治医が出してきた診断書に疑念がある場合も想定される。その場合，まず，企業は，当該労働者に対し，会社指定医の受診を勧めてみるとよい。労働者がそれに応じない場合，企業としては，客観的な判断として，同人の健康状態，就労に耐えられるか否か，復職時の配慮措置の要否，内容，程度等につき十分な情報が必要となるため，復職希望の労働者に対して，会社指定の専門医等の受診を命じることができると考えられている（〔キャノンソフト情報システム事件〕大阪地判平成20・1・25労判960号49頁）。この会社指定医の診断結果が，訴訟となった場合の重要な証拠ともなるので是非収集しておくべきである。

(b) もっとも，労働者側で，配置される現実的可能性があると認められる業務について労務の提供をすることができる状態にまで病状が復職可能な程度に回復したとの事実につき一応の疎明が必要とされた例（前掲〔B学園事件〕大阪地決平成17・4・8）等の裁判例や，私傷病休職制度が解雇猶予措置であること，かつ，休職措置に入る際に医学的所見等の客観的資料により休業を要するとの判断を経ていることに鑑みると，その判断を覆す復職可能性の主張立証責任は労働者側にあるとの説も成立し得るだろう。

近年の〔国（在日米軍従業員・解雇）事件〕東京地判平成23・2・9（労判1052号89頁・判タ1366号177頁）では，業務外の傷病に基づいて，労働契約所定の傷病休暇の期間が満了した場合に，当該傷病の病状が回復して，職場復帰が可能であることの立証責任は，労働者側にあると判断された。その理由は，「労働契約上の傷病休暇の制度が，業務外の傷病による長期間に及ぶ労務の提供を受けられない状況に対する解雇猶予を目的とする制度であるから，労働契約上の猶予期間が終了することで，労働を終了し得ることが原則

となると考えるのが相当であること，原告は，本件訴訟の段階でカルテの証拠化を否定しており，個人情報保護の観点からしても，労働者個人の健康状態に関する情報は，原則として当該労働者個人の支配領域にある情報であることという事情を考慮すれば，労働者に回復して就労可能であることの立証責任を負わせるのが合理的であるということができるのである。」とされている。

　さらに，前掲〔第一興商（本訴）事件〕東京地判平成24・12・25では，「また，休職事由が消滅したことについての主張立証責任は，その消滅を主張する労働者側にあると解するのが相当であるが，使用者側である企業の規模・業種はともかくとしても，当該企業における労働者の配置，異動の実情及び難易といった内部の事情についてまで労働者が立証し尽くすのは現実問題として困難であることが多いことからすれば，当該労働者において，配置される可能性のある業務について労務の提供をすることができることの立証がなされれば，休職事由が消滅したことについて事実上の推定が働くというべきであり，これに対し，使用者が，当該労働者を配置できる現実的可能性がある業務が存在しないことについて反証を挙げない限り，休職事由の消滅が推認されると解するのが相当である。」とし，休職事由消滅の主張立証責任は，原則として労働者側にあるとしたうえ，労働者が「配置される可能性がある業務について労務の提供をすることの立証がなされれば」，使用者から「当該労働者を配置できる現実的可能性がある業務が存在しないことについて反証を挙げない限り，休職事由の消滅が推認される」とした。

　これらの裁判例からも，また，私傷病休職制度が労働者に配慮した解雇猶予措置であることを踏まえると，休職事由消滅の主張立証責任を原則として，労働者側に課すと考えることも十分に成り立ち得る。

　また，仮に，復職不能の主張立証責任が企業側にあるとしても，労働者の自己健康管理義務からも導かれる，復職可能性についての判断への労働者の情報開示等の協力義務を認め，それへの協力義務違反がある場合には，民事訴訟法224条の文書提出義務への違反の効果と同様に（また，裁判上では同条の適用等により）相手方の主張を真実と認めることができるという結果を導く

第2部　各　論
第1章　労働関係の展開段階ごとのメンタルヘルスQ＆A

■会社指定の受診命令

会社指定の受診命令

　貴殿は，業務外の傷病につき，平成○○年○月○日より，就業規則第○条に基づき復職することを申し出ており，その証として，○○病院○○医師の診断書を提出されております。しかし，同医師の診断については，客観的事実に相違する記載が多々あり，従前の貴殿の当社への報告事項との相違も多く，その記載につき重大な疑問があります。

　そこで，当社は，貴殿に対して就業規則第○条に基づき，会社の指定する専門医である○○病院○○医師の診断を平成○○年○月○日までに受けるようご通知申し上げます。

　なお，上記受診なき限り，当社としては，貴殿申し出の復職を認められない可能性があることを申し添えます。

平成○○年○月○日

　　　　　　　　　　　　　　　東京都○○区○○町○丁目○番○号
　　　　　　　　　　　　　　　　○○株式会社　　　○　○　○　○
　　　　　　　　　　　　　　　東京都○○区○○町○丁目○番○号
　　　　　　　　　　　　　　　　　　　　　　　　　○　○　○　○

ことも可能と解することもできるだろう（岩出・講義(上)608頁参照）。

(6) 休職制度を置く企業における私傷病休職の期間完全消化前の解雇・退職の可否・要件

(a) **メンタルヘルス事案等での休職期間満了前の解雇の困難性**

　私傷病により長期欠勤をする従業員への対応として，私傷病休職規定を置く企業では，私傷病休職制度があればそれにより，ない場合にも事故休職等の他の休職との均衡を考慮して，これらに応じた，一定の期間の療養を認め

Ⅶ 従業員がメンタルヘルス不調・精神疾患を発症した場合の実務対応 **Q3**

■休職規定例

(休職事由)
第〇条　会社は，職員が次の各号の一に該当したときは，会社は当該事実を証明する書類等の確認をもって，休職を命ずることができるものとする。ただし，第〇条に定める試用期間中を除く。
　(1)　業務外における心身の故障のため，欠勤となり，長期に休養を要するとき。
　(2)　刑事事件に関し起訴され出勤できないとき。ただし，職場秩序の維持のために必要と認められたときは，身柄の拘束を解かれたとしても休職するものとし，刑事事件係属中であっても，第〇条の解雇事由，第〇条又は第〇条の懲戒の事由に該当することが判明した場合は休職を停止し，所定の措置をとることがある。
　(3)　水難，火災その他の災害により生死不明又は所在不明となったとき。
　(4)　その他特別の事由があるとき。

(私傷病休職)
第〇条　従業員は，前条第1号の私傷病休職に際して，主治医の診断書に加え，主治医の保有する医療情報を，会社及び会社の指定する専門医に開示しなければならない。会社は，開示されたその情報に基づき，同専門医の判断を踏まえて休職期間を定めるものとする。
　2　前条の休職期間の算定に際し，当該休職時点までに同休職が付与されたことがある従業員については，同休職の原因となった傷病と同種の傷病による休職の場合は，付与される同休職期間から従前付された同休職期間を控除した残存期間をもって同休職期間の上限とする。
　3　休職の上限は，勤続年数に応じて次のとおりとする。
　　(1)　勤続1年未満の者　1か月
　　(2)　勤続1年以上3年未満の者　6か月
　　(3)　勤続3年以上の者　1年
　4　休職期間はこれを勤続年数に通算しない。

(私傷病休職の取扱い)
第〇条　休職を命ぜられた従業員は，従業員としての身分を保有するが職務に従事しない。
　2　休職者に対する給与は支給しない。

第2部 各 論
第1章 労働関係の展開段階ごとのメンタルヘルスQ&A

  3　労働保険及び社会保険の被保険者資格は休職期間中も継続するものとし、休職期間における社会保険料の本人負担分は会社が立て替え、会社が定める指定日までに指定口座に振り込むものとする。
  4　休職者は、少なくとも毎月1回、所属長に近況を報告しなければならない。

（私傷病休職者の復職及び退職）
第○条　休職者が休職期間満了の前に休職事由が消滅したとして復職を願い出たときは、会社は、次項に定める書類等により事情を確認したうえで復職を命ずるものとする。
  2　復職の願い出の際には、会社が復職の可否判断・承認を行うため「復職願」の提出に併せ、主治医の診断書、及び会社の指定する専門医による「通常の業務に復帰できる健康状態に服したこと」の証明書の提出を求めることとする。
  3　前項の目的を遂行するため、休職者は、会社が必要と認める場合は会社に対して、主治医宛の医療情報開示同意書を提出するものとする。
  4　傷病休職者が復職する場合は、会社は医師の意見書等の提出を求めることがあり、これに加えて、従業員は、主治医の保有する医療情報を会社及び会社の指定する医師に開示しなければならない。会社は、復職の可否を判断するに際して必要があるときは、従業員に対して会社の指定する専門医に受診させ、その結果によって復職の是非を判断することがある。
  5　従業員が、正当な理由なく前項の意見書の提出及び受診を拒否する場合には、復職は認めない。
  6　復職可否認定のために医師の指示の下に試行されるリハビリ勤務は、休職期間に通算され、復職就労には該当せず、その間の給与については、休職前の給与によることなく、その就労実態に応じて、その都度、会社の定めるところによるものとする。
  7　復職後の職務内容、労働条件、その他の待遇などについては、休職直前を基準とする。ただし、もとの職務に復帰させることが困難であるか、又は不適当な場合には、他の職務に就かせることがあり、また復職時に休職前と同程度の質・量・密度の業務に復せず、業務の軽減・時間短縮・責任の軽減等の措置を取る場合には、その状況に応じた、降格・給与の減額等の調整をなすことがある。

Ⅶ　従業員がメンタルヘルス不調・精神疾患を発症した場合の実務対応　**Q3**

> 8　復職後，連続して120日（所定休日を除く実勤務日数）以上出勤することなく，同一の事由により2週間以上欠勤したときは，その欠勤期間を含めて前回の休職の延長とみなす。
> 9　休職期間満了時に休職事由が消滅しない場合において，会社が休職期間の延長を命じないときは，休職期間満了の日をもって退職とする。休職期間中に次条の定年に達したときは，休職期間満了とみなし，当該満了の日をもって退職とする。

たうえで，解雇等の最終手段に踏みきるなどの対応が考えられる。近時の裁判例では，うつ病での休職期間満了を待たず，同期間を残して復職した後，復職後に同一の疾病が再発した場合について，同一理由〈躁鬱〉による休業を理由とした解雇は，「治療の効果が期待できるのであれば，会社は再度の休職を検討するのが相当」とされ，解雇は無効とされたものがある〔前掲〔K社（カンドー）事件〕東京地判平17・2・18〕。いずれにせよ，企業の指定医による復職可能性の判断のための受診義務や，健診に基づく配転や給与減額と解雇又は退職等に関する規定の整備が不可欠である。

(b)　**自己健康管理義務と自己健康情報開示義務違反と解雇・復職拒否の関係**

「労働者の心の健康の保持増進のための指針」（平成18・3・31基発0331001号）におけるセルフケアや，〔大建工業事件〕大阪地決平成15・4・16（労判849号35頁）等で，休職期間満了前後の勤務状態の不良と健康状態の把握への協力拒否等を踏まえ，普通解雇が認められた例などからは，復職可能性への医学的判断への労働者の協力義務，メンタルヘルス面での自己健康管理義務が認められるものと解される。このような意味での自己健康管理義務は，〔帯広電報電話局事件〕最判昭和61・3・13（労判470号6頁・裁判集民事147号237頁）（日本電信電話公社の就業規則及び健康管理規程に定める職員の健康管理上の義務が，同公社と公社職員との間の労働契約の内容であるとされ，頸骨腕症候群にり患した日本電信電話公社職員に対し，同公社の指定した時期に，指定した科目につき，指定した

第 2 部　各　　論
第 1 章　労働関係の展開段階ごとのメンタルヘルス Q & A

病院において総合精密検診を受診すべき旨を命じた業務命令を拒否したこと等を理由とする懲戒戒告処分が違法であるとされた事例）のような健康管理規程などがあればそこから導かれ、それがなくとも、労働安全衛生法 4 条の労働者の労災防止協力努力義務、66 条 5 項の健康診断受診義務、67 条の 7 第 2 項の健康保持努力義務、66 条の 8 第 2 項の面接指導受容義務、69 条 2 項の労働者の健康保持増進努力義務や、「労働者の心の健康の保持増進のための指針」でのセルフケア義務等を踏まえて、過失相殺の事情たる配慮義務的なものとして、ないしは労働契約の信義則上の健康配慮義務の一環として、「自己健康管理義務」が導かれ得るものと解される。判例法理上も、安全配慮義務を認めた、〔自衛隊車両整備工場事件〕最判昭和 50・2・25（民集 29 巻 2 号 143 頁・判時 767 号 11 頁）は、「安全配慮義務は、……当該法律関係の付随義務として当事者の一方又は双方が相手方に対して信義則上負う義務として一般的に認められるべきもの」として、明確に労使双方の義務としてそれを構成していたことからも法的に導かれるものと解される。さらには、一連の過労死・過労自殺等に対する損害賠償請求で認められる過失相殺の大きな要素として、実質的に自己健康管理義務が大きな影響を与えていることも、自己健康管理義務の存在理由を基礎づけるものと解される。そしてその違反の存否・履行状況は、損害賠償請求等における過失相殺にとどまらず、休職期間満了時の雇用関係の終了の場面でも(a)のとおり、大きな影響を与えているものと解される。人事院 HP 掲載の「職員が分限事由に該当する可能性のある場合の対応措置について」（分限免職指針。平成 18・10・13 人企 – 1626 号）も、それらの裁判例を踏まえ、同旨を示している（分限免職指針は、「分限処分に当たっての留意点等について」〔平成 21・3・18 人企 – 536 号〕公表により廃止）。

Ⅶ 従業員がメンタルヘルス不調・精神疾患を発症した場合の実務対応 **Q4**

4 精神疾患発症者についての対応の最高裁判例

Q 精神疾患発症者を懲戒処分・解雇する際の留意点はどのような点ですか。また，近時の最高裁判例について解説してください。

A 平成24年4月27日に出された〔日本ヒューレット・パッカード事件〕最判平成24・4・27（労判1055号5頁・判タ1376号127頁・判時2159号142頁）を紹介する。

解 説

1 〔日本ヒューレット・パッカード事件〕──事案の概要

本件は，労働者が被害妄想等何らかの精神的な不調により，実際には事実として存在しないのに，ある加害者集団から依頼を受けた専門業者や協力者から約3年間にわたり，盗撮や，盗聴等による日常生活を監視され，職場の同僚らを通じて嫌がらせ行為があり，そのために，自らの業務に支障が生じているとして有給休暇をすべて取得した後，約40日間にわたり欠勤を続けた事案である。

当該労働者は，蓄積された情報を共有する加害者集団から職場の同僚らを通じて自己に関する情報のほのめかし等の嫌がらせを受けているとの認識を有し，そのために，同僚らの嫌がらせにより自らの業務に支障が生じており自己に関する情報が外部に漏えいされる危険もあると考え，会社に上記の被害に係る事実の調査を依頼した。しかし，納得できる結果が得られず，会社に休職を認めるよう求めたものの認められず出勤を促すなどされたことから，自分自身が上記の被害に係る問題が解決されたと判断できない限り出勤しない旨をあらかじめ会社に伝えたうえで，有給休暇をすべて取得した後約

40日間にわたり欠勤を続けたものである。

これに対し，会社が就業規則上の懲戒事由である諭旨解雇の懲戒解雇処分を行った。

当該労働者は，この処分に対して，本件処分は無効であるとして，雇用関係上の地位を有することの確認，及び賃金の支払を求めた。

2　下級審の判断

第1審の東京地裁（東京地判平成22・6・11労判1025号14頁）は，当該労働者が欠勤を継続したことは，就業規則上の「正当な理由なしに無断欠勤引き続き14日以上に及ぶとき」に該当するとし，欠勤を続けたことは，単なる労務の不提供にとどまらず，職場放棄に陥っており，債務不履行の態様として悪質である等とし，諭旨解雇処分を有効として，請求を棄却した。

これに対して，控訴審の東京高裁（東京高判平成23・1・26労判1025号5頁）は，会社の就業規則では，傷病による欠勤の際「やむを得ない事由により事前の届出ができない場合」に該当するということができるので，欠勤を継続したからといって直ちに正当な理由のない欠勤に該当するとはいえず，無断欠勤として取り扱うのは相当でない，当該労働者の欠勤に対して，職場復帰へ向けて働きかけや休職を促すこと，また，欠勤を長期間継続した場合は懲戒処分の対象となることなどの不利益を告知する等の対応をしていれば，当該労働者は欠勤を継続することはなかったと認められるとして，懲戒事由を認めることはできないとして，本件処分を無効とした。

3　判決内容

最高裁（最判平成24・4・27労判1055号5頁・判タ1376号127頁・判時2159号142頁）は，以下のとおり判示した。

「このような精神的な不調のために欠勤を続けていると認められる労働者に対しては，精神的な不調が解消されない限り引き続き出勤しないことが予想されるところであるから，使用者である上告人としては，その欠勤の原因や経緯が上記のとおりである以上，精神科医による健康診断を実施するなど

Ⅶ 従業員がメンタルヘルス不調・精神疾患を発症した場合の実務対応　**Q4**

した上で（記録によれば，上告人の就業規則には，必要と認めるときに従業員に対し臨時に健康診断を行うことができる旨の定めがあることがうかがわれる。），その診断結果等に応じて，必要な場合は治療を勧めた上で休職等の処分を検討し，その後の経過を見るなどの対応を採るべきであり，このような対応を採ることなく，被上告人の出勤しない理由が存在しない事実に基づくものであることから直ちにその欠勤を正当な理由なく無断でされたものとして諭旨退職の懲戒処分の措置を執ることは，精神的な不調を抱える労働者に対する使用者の対応としては適切なものとはいい難い。

　そうすると，以上のような事情の下においては，被上告人の上記欠勤は就業規則所定の懲戒事由である正当な理由のない無断欠勤に当たらないものと解さざるを得ず，上記欠勤が上記の懲戒事由に当たるとしてされた本件処分は，就業規則所定の懲戒事由を欠き，無効であるというべきである。

　以上の次第で，原審の判断は，是認することができる。論旨は，採用することができない。」

4　解　　説

　本判決は，精神的な不調を理由として，欠勤している労働者に対する使用者の対応が配慮や適切性を欠くことを理由に，本件欠勤の懲戒事由該当性を否定している。第1審判決では，本件解雇処分は有効と判断したが，控訴審判決では本件解雇処分は無効と判断され，最高裁は上告を棄却した。

　一般的に使用者は，業務に起因するものではなく，私傷病とみられる場合であっても，懲戒処分を行う際には，慎重を期する必要がある。本件においても，使用者は，まずは，懲戒処分を課す前に，健康診断を受診させ，そのうえで，治療ができないか，休職させることができないか等についても，検討すべきであった。そして，本判決は本件使用者には，使用者側の指示による健康診断制度や休職制度が設けられていたこともあり，いきなり懲戒処分をするのではなく，そのような制度を利用して一定の配慮をすべきであったことを示している。

　なお，仮に，本判決のいう配慮を実施するために，使用者が当該労働者

第2部 各　論
第1章　労働関係の展開段階ごとのメンタルヘルスQ&A

に，会社指定医や，少なくとも労働者自身が選んだ病院での健康診断の受診を命じていたとしても，本人に精神疾患の自己認識がない等の理由で受診しなかった可能性も高いと考えられる。そして，精神疾患が疑われるのに，本人に自己認識がなく，受診しないという状況は，しばしば起こることであり，会社関係者を大いに悩ませている。もっとも，必要性の高い受診命令に従わない場合は，就業規則に根拠規定がある場合はもちろん，根拠規定がなくても業務命令違反として，当該労働者に対し，何らかの懲戒処分を課すことは可能である。なお，懲戒処分を行うにしても，適正な手続の下，相当な処分を下すべきであり，安易に懲戒解雇を行うべきではない。

　当該労働者が，何らかの理由を付けて受診を拒絶した場合には，最高裁が判示する「治療」はもとより，「休職」あるいは「経過を見る」といった配慮を行うことも困難となる可能性が高く，使用者は厳しい状況に陥ることになる。使用者としては，この者をどうしても退職させたい場合には，①いったん復職させ，その後の能力不足等について証拠を集め，整理し，それを理由として，普通解雇する，②訴訟覚悟で，この時点での普通解雇をする，のうちいずれかの手段を選択することになるだろう。なお，上記のとおり，安易に懲戒解雇を行うことは非常に危険であるので，仮に解雇をするのであれば，普通解雇で臨むべきである。

　また，受診の結果，本人の精神疾患の発症が認められれば，休職規定があれば，休職に付することもできる。そして，休職期間が満了しても，当該疾患が治癒しない場合には，休職期間満了による退職とすることになる（もっとも，この復職可否の判断においても，しばしば，争いが生じる）。休職期間が満了すれば直ちに解雇が可能と考えるべきではなく，就業規則上の休職規定を整備し，休職規定がある（できた）場合にも実際の運用の場面では，一つひとつの手続を慎重に行うことが重要である。

　本件最高裁判決が出たことにより，メンタルヘルスに問題を生じさせている従業員に対しては，従前にも増して，慎重な対応が必要となってきていることに留意されたい。

5 自殺を防ぐための対応策

Q 従業員の自殺を防ぐために，企業はどのように対応すべきですか。

A 会社は従業員の健康状態を把握することに努め，自殺の予兆を逃さないことが重要である。あらゆる手段を駆使し，早い段階で，自殺の予兆を発見し，治療に結び付けられるように努力すべきである。

また，自殺の予兆がある人の話を真剣に聞き，専門医への受診を促したり，周囲の協力を求めたり，適切な対応をすべきである。

そして，自殺を予防するため，社内で連携をとることができる相談体制を整備すべきである。

解 説

1 厚生労働省による自殺防止対策

厚労省は，「こころの健康　気づきのヒント集」，「職場における心の健康づくり」「改訂・心の健康問題により休業した労働者の職場復帰支援の手引き」「職場における自殺の予防と対応」等実務における対応のリーフレットを公開している（厚労省HP）。

それらを踏まえると，まず，自殺の予兆を逃さないことが必要である。自殺の直前にはどのような行動の変化が現れるのか，悩みを抱えた人が必死になって発している救いを求める叫びを的確にとらえて，早い段階で治療に結びつけなければならない。厚労省は，「職場における自殺の予防と対応」（以下，「予防と対応」という）において，働き盛りの人の自殺予防に関してとくに注意すべき点を，わかりやすい形で十箇条にしたものを紹介している。

第2部　各　論
第1章　労働関係の展開段階ごとのメンタルヘルスQ&A

> 自殺予防の十箇条
> (次のようなサインを数多く認める場合は，自殺の危険が迫っています。早い段階で専門家に受診させてください。)
> 1. うつ病の症状に気をつける
> 2. 原因不明の身体の不調が長引く
> 3. 酒量が増す
> 4. 安全や健康が保てない
> 5. 仕事の負担が急に増える，大きな失敗をする，職を失う
> 6. 職場や家庭でサポートが得られない
> 7. 本人にとって価値あるものを失う
> 8. 重症の身体の病気にかかる
> 9. 自殺を口にする
> 10. 自殺未遂に及ぶ

(出所)　予防と対応22頁。

　職場における自殺の原因としては，仕事の失敗，職場の人間関係，職場環境の変化，仕事疲れがあげられる。仕事疲れには過重労働が含まれており，職場の人間関係にはいじめやパワーハラスメントが含まれている。一般的には労働者の故意による死亡は，労災保険給付の支給対象とされない（労災保険法12条の2の2第1項）が，業務に起因すると判断された自殺は，労災認定される。過重労働やパワハラによるうつ病の罹患が労災認定されれば，事案によっては，会社の安全配慮義務違反又は注意義務違反が問われることとなり，会社は損害賠償義務を負うこととなる。
　自殺予防の十箇条のなかで，職場において問題となるのは，「5　仕事の負担が急に増える，大きな失敗をする，職を失う」（長時間労働になるほど過労死や過労自殺の危険性が高まる。企業の安全配慮義務は裁判でも指摘されている。従業員が心身の疲弊を来さないような労働条件を備えるとともに，不幸にして発病した場合には早期に適切な処置をとることを企業は求められている。また，仕事一筋でこれまでの人生を送ってきた人が，大きな失敗をしたり，職を失ったりする場面に遭遇して，自己の存在価値

を失い，急激に自殺の危険が高まることがある。あるいは，昇進に伴い，責任が増し，それが負担になって心のバランスを崩してしまう人もいる）と「6　職場や家庭でサポートが得られない」（自殺は孤立の病である。未婚の人，離婚した人，配偶者と死別した人は，結婚していて家庭をもっている人に比べて，自殺率が3倍以上も高くなる。職場でも家庭でも居場所がなく，問題を抱えているのに，サポートが得られない状況でしばしば自殺が生じる。単身赴任で，そばに家族がいないために，変調に気づかれず，自殺が突然起きるという状況も珍しくない）である。

そして，自殺直前のサインとしては，以下のものがあげられている。

- 感情が不安定になる。突然，涙ぐみ，落ち着かなくなり，不機嫌で，怒りやイライラを爆発させる。
- 深刻な絶望感，孤独感，自責感，無価値感に襲われる。
- これまでの抑うつ的な態度とは打って変わって，不自然なほど明るく振る舞う。
- 性格が急に変わったように見える。
- 周囲から差し伸べられた救いの手を拒絶するような態度に出る。
- 投げやりな態度が目立つ。
- 身なりに構わなくなる。
- これまでに関心のあったことに対して興味を失う。
- 仕事の業績が急に落ちる。職場を休みがちになる。
- 注意が集中できなくなる。
- 交際が減り，引きこもりがちになる。
- 激しい口論やけんかをする。
- 過度に危険な行為に及ぶ。（例：重大な事故につながりかねない行動を短期間に繰り返す。）
- 極端に食欲がなくなり，体重が減少する。
- 不眠がちになる。
- さまざまな身体的な不調を訴える。
- 突然の家出，放浪，失踪を認める。
- 周囲からのサポートを失う。強い絆のあった人から見捨てられる。近親者や知人の死亡を経験する。

第2部 各　論
第1章　労働関係の展開段階ごとのメンタルヘルスＱ＆Ａ

- 多量の飲酒や薬物を乱用する。
- 大切にしていたものを整理したり，誰かにあげたりする。
- 死にとらわれる。
- 自殺をほのめかす。(例：「知っている人がいない所に行きたい」，「夜眠ったら，もう二度と目が覚めなければいい」などと言う。長いこと会っていなかった知人に会いに行く。)
- 自殺についてはっきりと話す。
- 遺書を用意する。
- 自殺の計画を立てる。
- 自殺の手段を用意する。
- 自殺する予定の場所を下見に行く。
- 自傷行為に及ぶ。

(出所)　予防と対応26～27頁。

加えて，自殺をほのめかす人がいれば，日常的な配慮として，以下の点に留意する必要があるとされている。

①真剣に話を聴く
　　自殺について打ち明けられた者は，たまたま自分に打ち明けられたのではなく，意識的・無意識的に特定の対象として選ばれたのだと考えるべきです。そのことを自覚した上で，きちんと相手に向かい合って話を聴くことが大切です。
②言葉の真意を聴く
　　自殺をほのめかす場合，その表現は，「消えてしまいたい」，「居場所がない」，「自分は何のために生きているのだろう」，「自分は誰からも必要とされていない」など様々です。逆に「死んでしまいたい」という言葉が発せられた場合，その背後には，「現在の苦境から逃れたい」，「見捨てられたくない」など，様々な異なる意味があります。このような場合，「死にたい」気持ちと，「もっと生きたい」気持ちの間で激しく揺れ動いている状態にあることを理解します。
③できる限りの傾聴をする

自殺を打ち明けられた場合，できる限りの時間をかけてその訴えを傾聴することが必要です。徹底して聴き役に努めることが大原則です。何か気の利いた助言をしなければならないと焦る必要はありません。時間をかけて話を聴くことで，本人の自殺に対する衝動が緩和されることも稀ではありません。

　　どうしてもその場で時間がとれないときには，本人に事情を話し，なるべく近い時間で面接の約束をすることが重要です。

④話題をそらさない

　　すぐに自殺以外の事柄に話題をそらしたり，訴えや気持ちを否定したり，表面的な励ましをしたり，あるいは社会的な価値観・倫理観を押し付けたりすることは差し控えるべきです。

⑤キーパーソンとの連携

　　日頃から本人との付き合いが深く，本人の置かれている状況や気持ちを理解している人，本人が信頼を置いている人（キーパーソン）に連絡をとり，その人の助力を得て本人の支援を進めることも重要です。一般的には，家族，上司，友人がキーパーソンとして挙げられます。

⑥産業保健スタッフへの相談や専門医への受診を促す

　　うつ病などの精神疾患の存在が疑われたり，自殺の危険性が迫っていると考えられたりする例では，産業保健スタッフによる相談や専門医による診断や治療が不可欠です。産業保健スタッフが存在する場合にはこの場合にも，十分な傾聴を行ったうえで，専門医を受診することの必要性を丁寧に本人に伝え，キーパーソンと連携して，粘り強く専門医受診を指導すべきです。いざという時に，円滑な動きができるように，緊急時を含め，職場のメンタルヘルス対策に理解があり，労働者の心の健康問題について相談したり，当該労働者を紹介したりできる専門医療機関を近くに確保しておくことが望まれます。

⑦「自殺しない」約束をする

　　本人と「自殺をしない」契約を結ぶことも，自殺防止に有効であることが多いのです。

　　ただし，本人が自分自身の行動をコントロールすることが困難な場合には，あまり意味がない場合もあります。

（出所）　予防と対応29～30頁。

第2部 各　論
第1章　労働関係の展開段階ごとのメンタルヘルスQ＆A

　さらに日常生活への配慮や相談窓口を作り，相談しやすい環境を作る必要がある。自殺を防止するために，相談体制を確立することは非常に重要なこととなる。また，家族や職場を含め周囲の人たちがいかに早く本人の悩みや異常に気づき相談をしたり，あるいは，本人が早期のうちに自分の悩みを自ら気軽に相談できるような環境を整えること，上司，産業医，カウンセラー等との連携を定めあらかじめ整えてておくこと，面談，電話，メール等本人が直接対応しやすいように整備することはもちろん，上司に対し，研修等で知識をつけさせたうえ，問題点を早期に見つけ，相談できるようにする体制を整備することが重要である（自殺を予防するうえでの健康相談体制の整備方法及び事例については，「予防と対応」33～42頁が詳しい）。

　その他，日常においても，以下の配慮をすることが考えられる。

① 　過労防止　　労働時間の管理，管理監督者を中心とした意識改革（残業時間抑制を評価の対象とする，ノー残業デイの導入など）

② 　いじめ・いやがらせの防止　　管理監督者，従業員に対する情報提供，教育研修，人事異動の活用，懲戒処分

③ 　採用時の留意　　正社員の採用過程において，メンタルヘルスの罹患歴の調査をすることも考えられるが，その方法については，本人に調査の目的や必要性について事前に告知し，同意を得た場合に限られるものと解される。

Ⅶ　従業員がメンタルヘルス不調・精神疾患を発症した場合の実務対応　**Q6**

6　業務災害を申請・認定された場合の対応策

Q 業務災害を申請・認定された場合にはどのような対応をすればよいですか。

A 会社は，労災申請の手続が行われたら，労基署からの関係資料の提出要請，上司，同僚等への事情聴取に迅速，適切に対応する必要がある。
　会社は，認定中ないし認定後に生じ得る，労働者からの民事損害賠償請求を見越した対応をあらかじめしておくことが重要である。

［解　説］

1　申請への関与

　メンタルヘルス不全を発症してしまった労働者等が労災請求を行うこととなった場合には，使用者としては，労災申請・認定にかかる問題に的確に対応する必要がある。当然ながら，労災隠しを行ってはならない。使用者は，労基署における様々な調査への迅速な対応を心がけることが必要となり，労基署からの関係資料の提出要請，上司，同僚等への事情聴取へ適切に対応することが重要となる。もっとも，後述のとおり，遺族からの労災認定に関する請求について，安易に協力すると多額の損害賠償義務を課せられることに助力することになってしまうので，その点には留意して対応する必要がある。

2　精神疾患と労災認定

(1)　労基署の労災認定

　労基署は，精神障害に関する労災認定につき，「心理的負荷による精神障

第2部 各　論
第1章　労働関係の展開段階ごとのメンタルヘルスQ＆A

害の認定基準」を定め，当該基準に沿って労災認定を行っている（「心理的負荷による精神障害の認定基準について」平成23・12・26基発1226第1号）。

労災認定要件等については，**Q1**，**Q2**の解説のとおりである。

(2) 裁判所の労災認定

　労基署による労災認定の判断は，労働者が不服とする場合は，最終的には裁判所で判断されることになる。

　しかし，裁判所も，基本的には，「心理的負荷による精神障害の認定基準」に沿って労災認定の是非を判断している。

　裁判例でも，認定基準が裁判所による判断を直接拘束する性質のものではないとしながらも，「業務起因性の判断をするに当たって，基本的には認定基準に従いつつこれを参考としながら，当該労働者に関する精神障害の発病に至るまでの具体的事情を総合的に斟酌し，必要に応じてこれを修正する手法を採用することとする。」と判示したものがある（〔国・横浜西労基署長（ヨコハマズボルタ）事件〕東京地判平成24・11・28労判1069号63頁・判時2202号130頁。なお，〔平塚労基署長事件〕東京地判平成24・4・25労経速2146号3頁も同旨）。

　もっとも，裁判所は，精神疾患の場合は，個体側要因（労働者の性格や体質）が大きく影響していることから，裁判所も，「ストレス―脆弱性」理論（精神障害の発症には環境由来のストレスと個体側の反応，脆弱性との関係で破綻が生じる）を踏まえたうえで，業務上の負荷が，社会通念上，精神障害を発症させる程度に過重であったか否かを慎重に検討している（〔豊田労基署長（トヨタ自動車）事件〕名古屋高判平成15・7・8労判856号14頁等）。

3　認定後にも発生し得る問題

(1) 発生し得る問題

　労災が発生した場合に使用者には，どのような責任が発生するのだろうか。すべての労災に必ず発生するわけではないが，予想される危険としては，①刑事責任（禁錮，罰金などの刑罰），②民事責任（損害賠償義務），③行政責任（行政処分・指導・是正勧告等），④社会的責任（マスコミなどへの公表など），

の4つである。以下①，②について検討する。

(2) 刑事責任
　(a) **労働安全衛生法**
　労災が起きた場合，まず，労基署により，労働安全のルールを定めた労働安全衛生法，その細則である労働安全衛生規則等の労働安全関係法規の違反の有無に関する調査が行われる（例えば，「過重労働による健康障害防止のための総合対策について」平成18・3・17基発0317008号，改正・平成20・3・7基発0307006号）。
　労働安全衛生法や労働安全衛生規則には，事業者（事業を行う者で，労働者を使用する者。個人経営の場合はその事業主）が，労災を防止するために，守らなければならない膨大な規定が定められている。
　労基署の調査によりそれらの規定に違反していたことが明らかとなれば，各規定の定める処罰を受ける危険がある。労働安全衛生法は，最高で，7年以下の懲役から，300万円の罰金まで，各義務の内容に応じて罰則を定めている（安衛法115条の2以下）。
　労働安全衛生法などの違反については規定を知らなかったでは済まされない。また，労働安全衛生法の特徴として，両罰規定があり（安衛法122条），現場の監督者らの労働安全衛生法違反について，法人の代表者等も一緒に罰せられることがある。実際に，既に，過労死認定，過労死民事責任と絡んだ事案における，健康診断に関する労働安全衛生法違反をめぐる刑事判決が示されている（大阪地判平成12・8・9判時1732号152頁）。
　(b) **刑　　法**
　業務上過失致死傷罪（刑法211条1項）を構成することが考えられるが，精神疾患の発症による死亡について刑事上の因果関係が認められ立件されることは通常想定できないと考えられる。

(3) 民事責任
　(a) 労災が起こった場合，労災保険があっても，被災労働者や遺族は，企

第 2 部　各　論
第 1 章　労働関係の展開段階ごとのメンタルヘルス Q & A

業に対して損害賠償請求を求めることができる場合がある。

　労災が起こった場合，まず，事業者は，労働基準法上の災害補償責任を負担する（労基法 75 条以下）。しかし，使用者は，労災保険法により保険給付がなされるべき場合は労働基準法上の補償の責めを免れ（労基法 84 条 1 項），被災者等に保険給付が行われた場合，支払われた限度で損害賠償の責任も免れる。しかし，使用者に安全配慮義務違反や不法行為責任（民法 709 条・715 条）があると認められる場合（民法 415 条）使用者は民法上の損害賠償義務がある。この場合，使用者は，労災保険からの給付金で塡補されない損害を賠償する必要がある。

　このため，事業主としては，労災発生の場合，常に，この賠償請求を受けるリスクがあることを肝に銘じておかなければならない。

　そこで，被災者との裁判前の交渉において，一定の見舞金を支払い，損害賠償を求めないことを文書で約束してもらったうえで，労災認定に関わる勤務状況報告書を出す方法等をとることが対抗策として考えられる。

　このように，業務災害と認定され，補償がなされても，それで終わりではなく，別途，使用者に対して，安全配慮義務違反としての債務不履行（民法 415 条）ないし不法行為（民法 709 条）に基づく損害賠償請求がなされる可能性が十分にあるのである。

　(b)　安全配慮義務とは，使用者がその雇用する労働者に対して，その生命，身体，健康を守るべき義務である。〔自衛隊八戸工場事件〕最判昭和 50・2・25（民集 29 巻 2 号 143 頁・判時 767 号 11 頁），〔川義株式会社事件〕最判昭和 59・4・10（民集 38 巻 6 号 557 頁・労判 429 号 12 頁・判タ 526 号 117 頁）において，これらが認められた。その後，労働契約法 5 条に「使用者は，労働契約に伴い，労働者がその生命，身体等の安全を確保しつつ労働することができるよう，必要な配慮をするものとする。」と定められるようになった。

　また，不法行為責任としては，①一般不法行為責任（民法 709 条），使用者責任（民法 715 条 1 項），③土地の工作物責任（民法 717 条），④注文者の責任（民法 716 条），⑤注文者の責任（民法 716 条ただし書）がある。

　安全配慮義務違反を理由とする債務不履行に基づく損害賠償請求による

と，過失責任主義に基づく不法行為制度に基づく賠償請求によるとを問わず，基本的に被災者である労働者や遺族が，使用者の故意・過失ないし個別の安全配慮義務を特定し（安全配慮義務違反による債務不履行責任により損害賠償を求める場合にも，訴訟の実際の場面では，被災者側に，安全配慮「義務違反の内容を特定し，かつ，義務違反に該当する事実を主張・立証する責任」があるとされている。例えば，〔航空自衛隊芦屋事件〕最判昭和 56・2・16 民集 35 巻 1 号 56 頁・判タ 440 号 93 頁・判時 996 号 47 頁参照），過失等と損害との因果関係やそれらの存在を主張・立証する必要があり，被災者側にも過失があれば過失相殺によって賠償額が減額される。

(4) 各要件の検討

　労働者がメンタルヘルス不全を原因とする疾病ないし死亡等に関し損害賠償請求をする際に問題となる主な争点は，①業務と死亡の相当因果関係の有無，②予見可能性の有無，③過失相殺による減額の可否である。以下各要件ごとに検討する。

　① 業務と疾病・死亡との相当因果関係

　使用者側の損害賠償責任が認められるためには，使用者の債務不履行あるいは不法行為と労働者の精神疾患の発症，ないし，それによる死亡との間に相当因果関係が認められなければならない。

　原則として，心理的負荷等の原因となる過重労働や過重負担，ハラスメントなどの事実と精神疾患・死亡との間に相当因果関係が認められれば，それをもって使用者の義務違反との間で相当因果関係が認められることになる。

　この判断においては，まず，当時の労災の業務起因性の認定基準を参考に判断された裁判例がある（〔アテスト（ニコン熊谷製作所）事件〕東京高判平成 21・7・28 労判 990 号 50 頁，〔みずほトラストシステムズ（うつ病自殺）事件〕東京高判平成 20・7・1 労判 969 号 20 頁・判時 2048 号 16 頁等）。

　また，過労自殺の裁判例は，残業時間や休日出勤の程度が重要な要素となっている。自殺直前の残業時間が膨大な場合（前掲〔アテスト（ニコン熊谷製作所）事件〕東京高判平成 21・7・28，〔社会保険庁（うつ病自殺）事件〕甲府地判平成

第 2 部 各 論
第 1 章 労働関係の展開段階ごとのメンタルヘルス Q&A

17・9・27 労判 904 号 41 頁・判タ 1216 号 182 頁・判時 1915 号 108 頁等），休日がほとんどない場合（〔電通事件〕最判平成 12・3・24 民集 54 巻 3 号 1155 号・労判 779 号 13 頁・判タ 1028 号 80 頁，前掲〔アテスト（ニコン熊谷製作所）事件〕東京高判平成 21・7・28,〔東加古川幼児園事件〕最決平成 12・6・27 労判 795 号 13 頁）等には，相当因果関係が認められている。さらに，執拗ないじめが行われたような場合にも相当因果関係が認められている（〔川崎市水道局（いじめ自殺）事件〕東京高判平成 15・3・25 労判 849 号 87 頁,〔東京都ほか（警視庁海技職員）事件〕東京地判平成 20・11・26 労判 981 号 91 頁・判タ 1299 号 173 頁等）。

　なお，安全配慮義務違反を理由とする債務不履行（民法 415 条）に基づく損害賠償における損害に関し，近時,「労働者が,使用者の安全配慮義務違反を理由とする債務不履行に基づく損害賠償を請求するため訴えを提起することを余儀なくされ,訴訟追行を弁護士に委任した場合には,その弁護士費用は,事案の難易,請求額,認容された額その他諸般の事情を斟酌して相当と認められる額の範囲内のものに限り,上記安全配慮義務違反と相当因果関係に立つ損害というべきである」として，弁護士費用について判断した判例が出た（最判平成 24・2・24 判タ 1368 号 63 頁・判時 2144 号 89 頁）。従前から，不法行為の被害者が損害賠償を請求するため訴訟追行を弁護士に委任した場合,相当額の弁護士費用を請求することができるとされていたが（最判昭和 44・2・27 民集 23 巻 2 号 441 頁・判タ 232 号 276 頁・判時 548 号 19 頁），この判決は，安全配慮義務違反を理由とする債務不履行についても，不法行為に基づく損害賠償と同様に，弁護士費用が請求できると判断した点で重要である。

　② 予見可能性の有無

　精神疾患の場合，使用者がまったく気づいていないということも少なくないところ，疾病の発症や，自殺についてまで使用者が認識していない場合に責任を負わせることができるのかという点が問題となる。

　裁判例には,うつ病の発症，自殺を予見できたとしたもの（〔萬屋建設事件〕前橋地判平成 24・9・7 労判 1062 号 32 頁）や，長時間労働の認識の可能性があれば予見可能性があるとしたもの（〔日本赤十字社（山梨赤十字病院）事件〕甲府地判平成 24・10・2 労判 1064 号 52 頁・判時 2180 号 89 頁）等の予見可能性を肯定した

裁判例が存在する。

他方，自殺の予見可能性を否定したものとして〔国（護衛艦たちかぜ）事件〕横浜地判平成23・1・26（労判1023号5頁），〔ボーダフォン（ジェイフォン）事件〕名古屋地判平成19・1・24（労判939号61頁・判時1990号68頁），〔前田道路事件〕高松高判平成21・4・23（労判990号134頁・判時2067号52頁）等がある。

③　過失相殺等による減額

メンタルヘルスに起因する過労による自殺などの場合は，労働者の心因的要因や，既往症の存在などの要因について，損害の発生に関与した割合（寄与度）を考慮して，過失相殺などの理由で，使用者が負うべき損害賠償額の減額がなされる場合がある。損害の公平な分担という観点から導かれる考え方である。

したがって，訴訟において，使用者としては，損害の発生・拡大に，被災した労働者の心因的要因や既往症，その他の事情が寄与しているような場合には，当該寄与部分について過失相殺の主張をして，損害の減額を主張することが必要となる。

前掲〔電通事件〕最高裁判決は，損害額を減額した高裁判決の判断を違法とした。

その理由は，企業に雇用される労働者の性格は多様なものであり，ある業務に従事する特定の労働者の性格が同種の業務に従事する労働者の個性の多様さとして通常想定される範囲を外れるものでない限り，その性格が，業務の過重負担に起因して当該労働者に生じた損害の発生又は拡大に寄与したとしても，そのような事態は使用者として予想すべきものであり，企業は，労働者の性格も考慮してその配置を決めることができるのであるから，労働者の性格が前述の通常想定される範囲を外れない場合には，労働者の性格及びこれに基づく業務遂行の態様等を心因的素因として斟酌することはできないというものであった。

以上のように，前掲〔電通事件〕最高裁判決は，過失相殺の適用について，(i)自殺者本人の性格及びこれに起因する業務対応を理由とする損害額の

第2部 各 論
第1章 労働関係の展開段階ごとのメンタルヘルスQ&A

減額，(ii)労働者の家族の健康管理義務懈怠による損害額減額をいずれも否定した。

　この判決によって，前記(i)(ii)は過失相殺による損害額の減額事由として認めにくくなったことは否定できない。したがって，過労死・過労自殺による損害賠償請求訴訟を提起された企業としては，労働者の労働が実質裁量労働制的な労働態様であったこと，精神科等での受診・治療の可能性等の事情を調査し，労働者側に自己健康管理義務違反ということができるような事情が存在しないか主張・立証することが必要となってくる。

　この判決が出た後も，この判決と同様に，過失相殺を否定した裁判例が多く存在する（〔長崎新聞事件〕長崎地判平成16・9・27判時1888号147頁，〔エージーフーズ事件〕京都地判平成17・3・25労判893号18頁・判時1895号99頁，前掲〔社会保険庁（うつ病自殺）事件〕甲府地判平成17・9・27等）。

　他方，過失相殺を認めた裁判例も存在する。前掲〔東加古川幼児園事件〕最判平成12・6・27，前掲〔川崎市水道局（いじめ自殺）事件〕東京高判平成15・3・25においては，裁判所は，本人の性格や心因的要素に基づいて，それぞれ，8割，7割の過失相殺を認めている。また，〔三洋電機サービス控訴事件〕東京高判平成14・7・23（労判852号73頁）では，本人の性格や素因からくる心因的要因を斟酌し，また遺族の自殺未遂の主治医への未報告等から8割の過失相殺を認めている。さらに，〔ファーストリテイリング（ユニクロ店舗）事件〕名古屋地判平成18・9・29（労判926号5頁・判タ1247号285頁）では，本人の障害の発生，及び維持には，不当な事柄に対して憤りや論理的に相手を問い詰めるという本人の性格的傾向を斟酌し，6割の過失相殺が認めている。このように，事情によっては裁判所により大幅な過失相殺が認められる余地もあるので，労働者本人の健康等については，紛争発生後にはもちろんであるが，紛争発生前の労働者の就業中から，常に労働者の健康状態に関心をもち，必要があれば調査をしておくことが有用である。

(5)　労災民事賠償請求事件の多発化と賠償額の高額化

　企業に厳しい安全配慮義務などの判例理論や労働側の運動の影響もあり，

Ⅶ　従業員がメンタルヘルス不調・精神疾患を発症した場合の実務対応　**Q6**

　被災労働者やその遺族から企業に対して損害賠償請求がなされることが増えている。そのような動きの中で、裁判所の判決や示談で認められる損害賠償額も非常に高額化してきている。

　代表的なものとして、〔電通事件〕最高裁判決が挙げられる（最判平成12・3・24民集54巻3号1155頁・労判779号13頁・判タ1028号80頁）。うつ病による過労死自殺に関し、企業に全面的に責任があり、損害賠償金1億2600万円（遅延損害金を含めると約1億6857万円）を支払えと命じた判決である。差戻し審で、1億6800万円の支払で和解成立した。この判決は、過労自殺に対する会社の使用者責任（民法715条）に基づく損害賠償を肯定した初めての最高裁判決である。長時間労働と自殺の相当因果関係、会社の注意義務違反を認定したことに特徴がある。

　この判決以降同様の裁判では、和解事例を含め、企業に責任がある場合には数千万円から1億円を超える損害賠償金を支払う事例が頻発している（〔オタフクソース事件〕広島地判平成12・5・18労判783号15頁・判タ1035号285頁、〔アテスト（ニコン熊谷製作所）事件〕（第1審）東京地判平成17・3・31労判894号21頁・判タ1194号127頁、（控訴審）前掲東京高判平21・7・28、〔山田製作所（うつ病自殺）事件〕福岡高判平成19・10・25労判955号59頁・判タ1273号189頁、〔JFEスチールほか事件〕東京地判平成20・12・8労判981号76頁・判タ1319号120頁）。今後、過労により、精神を病んだうえでの自殺が発生した場合、過重労働が認められる場合には、過失責任は避けられず、使用者側は、損害賠償義務が成立したことを前提に、過失相殺事由の主張・立証に務める必要があるであろう。もっとも、このような傾向のもとでは、遺族からの労災認定に関する請求について、安易に協力すると多額の損害賠償義務を課せられることに助力することになってしまうので注意が必要である。

■難　波　知　子■

■業務による心理的負荷評価表（「心理的負荷による精神障害の認定基準」別表1）

業務による心理的負荷評価表

特別な出来事

特別な出来事の類型	心理的負荷の総合評価を「強」とするもの	
心理的負荷が極度のもの	・生死にかかわる、極度の苦痛を伴う、又は永久労働不能となる後遺障害を残す業務上の病気やケガをした（業務上の傷病により6か月を超えて療養中に症状が急変し極度の苦痛を伴った場合を含む） ・業務に関連し、他人を死亡させ、又は生死にかかわる重大なケガを負わせた（故意によるものを除く） ・強姦や、本人の意思を抑圧して行われたわいせつ行為などのセクシュアルハラスメントを受けた ・その他、上記に準ずる程度の心理的負荷が極度と認められるもの	…項目1関連 …項目3関連 …項目36関連
極度の長時間労働	・発病直前の1か月におおむね160時間を超えるような、又はこれに満たない期間にこれと同程度の（例えば3週間におおむね120時間以上の）時間外労働を行った（休憩時間は少ないが手待ち時間が多い場合等、労働密度が特に低い場合を除く）	…項目16関連

※「特別な出来事」に該当しない場合には、それぞれの関連項目により評価する。

特別な出来事以外

（総合評価における共通の視点）
1 出来事後の状況の評価に共通する視点
  出来事後の状況として、「心理的負荷の強度」を表すものとして、著しいものは総合評価を強める要素として考慮する。具体的には、仕事の裁量性の欠如（他律性、強制性の存在）、仕事量・仕事の責任・やり方を決めることができなくなった、自分の技能や知識を仕事で使うことが要求されなくなった等。具体的には、仕事が孤独で単調となった、自分で仕事の順番・やり方を決めることができなくなった、自分の技能や
  ①仕事の裁量性の欠如（他律性、強制性の存在）。具体的には、仕事が孤独で単調となった、自分で仕事の順番・やり方を決めることができなくなった、自分の技能や知識を仕事で使うことが要求されなくなった等。
  ②職場環境の悪化。具体的には、騒音、照明、温度（暑熱・寒冷）、湿度（多湿）、換気、臭気の悪化等。
  ③職場の支援・協力等（問題への対処等を含む）の欠如。具体的には、仕事のやり方の見直し改善、応援体制の確立、支援・協力がなされていない等。
  ④上記以外の状況であって、出来事に伴って発生したと認められるもの（他の出来事と評価するものを除く）。

2 恒常的長時間労働が認められる場合の総合評価
  ①具体的出来事の心理的負荷の強度が労働時間を加味せずに「中」程度と評価される場合であって、出来事の後に恒常的な長時間労働（月100時間程度となる時間外労働）が認められる場合には、総合評価は「強」とする。
  ②具体的出来事の心理的負荷の強度が労働時間を加味せずに「中」程度と評価される場合であって、出来事の前に恒常的な長時間労働（月100時間程度となる時間外労働）が認められる場合、出来事後すぐに（出来事後おおむね10日以内に）発病に至っている場合、又は、出来事後すぐに発病には至っていないが事後対応に多大な労力を費やしその後発病した場合、総合評価は「強」とする。
  ③具体的出来事の心理的負荷の強度が、労働時間を加味せずに「弱」程度と評価される場合であって、出来事の前及び後にそれぞれ恒常的な長時間労働（月100時間程度となる時間外労働）が認められる場合には、総合評価は「強」とする。

(具体的出来事)

出来事の類型	具体的出来事	平均的な心理的負荷の強度 Ⅰ Ⅱ Ⅲ	心理的負荷の総合評価の視点	心理的負荷の強度を「弱」「中」「強」と判断する具体例 弱	中	強
1 ①事故や災害の体験	(重度の)病気やケガをした	☆	・病気やケガの程度 ・後遺障害の程度、社会復帰の困難性等	【解説】右の程度に至らない病気やケガについて、その程度等から「弱」又は「中」と評価。		○「強」である例 ・重度の病気やケガをした。 【「強」になる例】 ・長期間（おおむね2か月以上）の入院を要する、又は労災の障害年金に該当するような若しくは原職への復帰ができなくなるような後遺障害を残すような業務上の傷病でケガをした ・業務上の傷病により6か月を超えて療養中の者について、当該傷病により社会復帰が困難な状況にあった、死の恐怖や強い苦痛が生じた
2	悲惨な事故や災害の体験、目撃をした	☆	・本人が体験した場合、予感させる被害程度 ・他人の被害を目撃した場合、被害の程度や被害者との関係等	【「弱」になる例】 ・業務に関連し、悲惨とはいえない事件・事故の体験、目撃をした	○悲惨な事故や災害の体験、目撃をした 【「中」である例】 ・業務に関連し、本人の負傷は軽症・無傷で、悲惨な事件・事故の体験、目撃をした	○「強」である例 【「強」になる例】 ・業務に関連し、本人の負傷は軽度・無傷であったが、自らの死を予感させる程度の事件、事故を体験した ・業務に関連し、多量の出血を伴うような事故等で、救助特に悲惨な状況で、本人が巻き込まれる可能性がある状況で、本人が被災者を救助することができず、本人が被災者救助を行う事故となる目撃をした（傍観者的な立場での目撃等を含む）
3 ②仕事の失敗、過重な責任の発生等	業務に関連し、重大な人身事故、重大事故を起こした	☆	・事故の大きさ、内容及び程度 ・ペナルティ・責任追及の有無及び程度、事後対応の困難性等		[解説] 負わせたケガの程度、事後対応の内容等から「弱」又は「中」と評価。	○業務に関連し、重大な人身事故、重大事故を起こした 【「強」である例】 ・業務に関連し、他人に重度の病気やケガ（長期間（おおむね2か月以上）の入院を要する、又は労災の障害年金に該当するような若しくは原職への復帰ができなくなるような後遺障害を負わせ、事後対応に多大な労力を費やした（減給、降格等の重いペナルティを課された、職場の人間関係が著しく悪化した等を含む）
4 ②仕事の失敗、過重な責任の発生等（続き）	会社の経営に影響するような重大な仕事上のミスをした	☆	・失敗の大きさ・重大性、社会的反響の大きさ、損害等の程度 ・ペナルティ・責任追及の有無及び程度、事後対応の困難性等		[解説] ミスの程度、事後対応の内容等から「弱」又は「中」と評価	○会社の経営に影響するような重大な仕事上のミスをし、事後対応にも当たった 【「強」である例】 ・会社の経営に影響するような重大な仕事上のミスをし、倒産を招きかねない大幅な業績悪化に繋がるミス、会社の信用を著しく傷つける行為等を行った

	具体的出来事		心理的負荷の強度を判断する具体例		
5	会社で起きた事故、事件について、責任を問われた	☆	・事故の内容、関与・責任の大きさ等の程度、社会的反響の大きさ等、ペナルティの有無及び程度、責任追及の有無の程度、事後対応の困難性等 (注)この項目は、部下が起こした事故について、本人が管理監督責任を問われた場合の心理的負荷も評価する。本人が直接起こした事故等については、項目4で評価する。	【「弱」になる例】 ・軽微な事態、事件等(損害等の生じない事態、事件等)であって、その後の業務等に多少の支障を来したものの、特段の事後対応は行われなかった	【「中」である例】 ○会社で起きた事故、事件について、責任を問われた ・立場や職責に応じて事故、事件等(監督責任等)の責任(監督責任等)を問われ、何らかの事後対応を行った	【「強」になる例】 ・重大な事故、事件(倒産に繋がるような事態、他人を死亡させ、又は生死に関わる重大なケガを負わせる事態等)の責任(監督責任等)を問われ、その事後対応に多大な労力を費やした ・重大な事故、事件ではないが、事故、事件等の責任(監督責任等)を問われ、立場や職責を大きく上回る事後対応を行った(減給、降格等の重いペナルティが課された等を含む)
6	自分の関係する仕事で多額の損失等が生じた	☆	・損失等の程度、社会的反響の大きさ等 ・事後対応の困難性等 (注)この項目は、取引先の倒産など、多額の損失等が生じた原因に本人が関与していないものの、それに伴う対応を行った場合の心理的負荷を評価する。本人のミスによる多額の損失等については、項目4で評価する。	【「弱」になる例】 ・多額とはいえない損失(その後の業務で容易に回復できる損失、社内でたびたび生じている損失等)が生じ、何らかの事後対応を行った	【「中」である例】 ○自分の関係する仕事で多額の損失等が生じた ・多額の損失が生じ、何らかの事後対応を行った	【「強」になる例】 ・会社の経営に影響するなどの特に多額の損失(倒産を招きかねない損失、大幅な業績悪化に繋がる損失等)が生じ、倒産を回避するための金融機関や取引先への対応等に多大な労力を費やした
7	業務に関連し、違法行為を強要された	☆	・違法性の程度、強要の程度(頻度、方法)等 ・事後のペナルティの程度、事後対応の困難性等	【「弱」になる例】 ・業務に関連し、商慣習としては行われるような違法行為を求められたが、拒むことにより終了した	【「中」である例】 ○業務に関連し、違法行為を強要された ・業務に関連し、商慣習としては行われるような違法行為を命じられ、これに従った	【「強」になる例】 ・業務に関連し、重大な違法行為(人の生命に関わる違法行為、発覚した場合に会社の信用を著しく傷つける違法行為)を命じられた ・業務に関連し、重大な違法行為を命じられ、何度もそれに従った ・業務に関連し、強要された違法行為が発覚し、事後対応に多大な労力を費やした(重いペナルティを課されたことを含む)
8	達成困難なノルマが課された	☆	・ノルマの内容、困難性、強制の程度、達成できなかった場合の影響、ペナルティの有無等	【「弱」になる例】 ・同種の経験等を有する労働者であれば達成可能なノルマを課された	【「中」である例】 ○達成困難なノルマが課された ・達成は容易ではないものの、客観的にみて、相当な努力があれば達成も可能なノルマが課され、この達成に向けた業務を行った	【「強」になる例】 ・客観的に、相当な努力があっても達成困難なノルマが課され、達成できない場合には重いペナルティがあると予告された

出来事の類型	具体的出来事	平均的な心理的負荷の強度 Ⅰ Ⅱ Ⅲ	心理的負荷の総合評価の視点	心理的負荷の強度を「弱」「中」「強」と判断する具体例 弱	中	強
9	ノルマが達成できなかった	☆(Ⅱ)	・その後の業務内容・業務量の程度、職場の人間関係等 ・達成できなかったことによる経営上の影響度、ペナルティの程度等 (注)期限に至っていない場合でも、達成できない事が明らかになった場合にはこの項目で評価する。	・ノルマではない業績目標が示された(当該目標が、達成を強く求められるものではなかった)	客観的にみて、努力すれば達成可能なノルマが課され、この達成に向けた業務を行った 【中】になる例 ○ノルマが達成できなかったが、その後の業務内容や業務量に大きな変化もなかった	経営に影響するようなノルマ(達成できなかったことにより倒産を招きかねないもの、大幅な業績悪化につながるもの、会社の信用を著しく傷つけるもの)が課され、この達成のため多大な労力を費やした(事後対応に多大な労力を費やした場合、ペナルティとして昇進の遅延等を含む) 【強】になる例 ○経営に重大な影響のあるノルマ(達成できなかったことにより倒産を招きかねないもの、大幅な業績悪化につながるもの、会社の信用を著しく傷つけるもの)が達成できなかったことにより、事後対応に多大な労力を費やした(懲戒処分、降格、左遷、賠償責任の追及等を含む)、昇進・昇格にも重大な影響を与える立場に就いた
10	新規事業の担当になった、会社の建て直しの担当になった	☆(Ⅱ)	・新規業務の内容、本人の職責、困難性の程度、能力と業務内容のギャップの程度等 ・その後の業務内容、業務量の程度、職場の人間関係等	・軽微な新規事業等(新規事業であるが、直接的な担当ではない)の担当になった	新規事業等の担当になった、会社の建て直しの担当になった 【中】になる例 ○新規事業(新規プロジェクト、新規の担当業務を含む。)の立ち上げ、会社建て直しの担当などに就任し、これまでに経験のない業務に従事した	経営に重大な影響のある新規事業等(失敗した場合に倒産を招きかねないもの、大幅な業績悪化につながるもの、会社の信用を著しく傷つけるもの、会社設立等)の担当であって、事業の成否に重大な責任のある立場に就き、当該業務に当たった 【強】になる例 ○経営に重大な影響のある新規事業(新規プロジェクト、新規の担当業務を含む)の担当であって、大きな成功が期待されそのやりがいも大きい業務の担当になった
11	顧客や取引先から無理な注文を受けた	☆(Ⅱ)	・顧客・取引先の重要性、要求の内容等 ・事後対応の困難性等	・同種の経営可能な注文・業務量に一定の変化が要求されたが、達成を強く求められるものではなく、業務内容・業務量に大きな変化もなかった	顧客や取引先から無理な注文を受けた 【中】になる例 ○業務に関連して、顧客や取引先から無理な注文(大幅な値下げや納期の繰り上げ、大量の受注等)を受け、何らかの事後対応を行った	通常ならば拒むことが明らかな注文(違法行為を内包する注文、現場の能力を超える注文等)ではあるが、重要な顧客や取引先からの指示であるため受入れざるを得ず、これに対して事後対応に多大な労力を費やした 【強】になる例 ○通常なら拒むことが明らかな注文(大口の顧客の取引先からの重大な損失を被りかねないもの、会社の信用を著しく傷つけるもの等)を受け、その対応のために他部門や別の取引先と困難な調整に当たった
12	顧客や取引先からクレームを受けた	☆(Ⅱ)	・顧客・取引先の重要性、損害賠償の内容、程度等 ・社に与えた損害の内容、程度等 ・事後対応の困難性等 (注)この項目は、本人に過失のないクレームについて評価する。本人に過失のあるものは、項目4で評価する。	・顧客からクレームを受けたが、特に対応を求められるものではなく、取引関係や、業務内容・業務量に大きな変化もなかった	顧客や取引先からクレームを受けた 【中】になる例 ○業務に関連して、顧客や取引先からクレーム(納品物の不適合の指摘等その内容が妥当なもの)を受けた	顧客や取引先から重大なクレーム(大口の顧客の喪失を招きかねないもの、会社の信用を著しく傷つけるもの等)を受け、その解消のために他部門や別の取引先との困難な調整に当たった 【強】になる例 ○顧客や取引先から重大なクレーム(大口の顧客の喪失を招きかねないもの、会社の信用を著しく傷つけるもの等)を受け、その解消のために他部門や別の取引先との困難な調整に当たった
13	大きな説明会や公式の場での発表を強いられた	☆(Ⅰ)	・説明会等の規模、発表内容と本人の職務との関係、強要、責任、事前準備の程度等	・大きな説明会や公式の場での発表を強いられた		【解説】説明会等により課せられた責任の内容や事前準備の程度、本人の経験等から評価するが、「強」になることはまれ
14	上司が不在になることにより、その代行を任された	☆(Ⅰ)	・代行した業務の内容、責任の程度、本来業務との関係、能力・経験とのギャップ、職場の人間関係等	・上司が不在になり、その代行を任された		【解説】代行により課せられた責任の内容や程度、本来業務とのギャップ等から評価するが、「強」になるのは、本人の過去の経験等から代行し難い業務内容であるにもかかわらず、職務命令により代行を命じられ、その職責を果たすのに過大な労力を費やしたような場合であり、「強」になることはまれ

			場の人間関係等・代行期間等			
③仕事の量・質	15	仕事内容・仕事量の(大きな)変化を生じさせる出来事があった	☆	・業務の困難性、能力・経験と業務内容のギャップ等・時間外労働、休日労働、業務の密度の変化の程度、責任の変化の程度等	【「弱」になる例】・仕事内容の変化が容易に対応できるもの(※)であり、変化後の業務の負荷が大きくなかった・仕事量(時間外労働)に、「弱」程度の変化があった※会議・研修等の参加の強制、職場のOA化の進展、部下の増加、同一事業場内の所属部署の統廃合、担当外業務としての非正規職員の教育等(注)発病前おおむね6か月において、時間外労働時間数に変化がみられる場合には、他の項目で評価される場合でも、この項目でも評価する。	【「中」である例】・担当業務内容の変更、取引量の急増等により、仕事量(時間外労働時間数としてはおおむね20時間以上増加し1月当たりおおむね45時間以上となる等)が生じた	【「強」になる例】・仕事量が著しく増加して時間外労働も大幅に増える(倍以上に増加し、1月当たりおおむね100時間以上となる)などの状況となり、その後の業務に多大な労力を費した状態(休憩・休日を確保するのが困難なほどの状態となった)・過去に経験したことがない仕事内容に変更となり、常時緊張を強いられる状態となった
	16	1か月に80時間以上の時間外労働を行った	☆	・業務の困難性・長時間労働の継続期間(注)この項目の「時間外労働」には、すべて休日労働時間を含む。	【「弱」になる例】・1か月に80時間未満の時間外労働を行った(注)他の項目で評価されない場合のみ評価する。	○1か月に80時間以上の時間外労働を行った(注)他の項目で評価されない場合のみ評価する。	【「強」になる例】・発病直前の連続した2か月間に、1月当たりおおむね120時間以上の時間外労働を行い、その業務内容が通常その程度の労働時間を要するものであった・発病直前の連続した3か月間に、1月当たりおおむね100時間以上の時間外労働を行い、その業務内容が通常その程度の労働時間を要するものであった
	17	2週間以上にわたって連続勤務を行った	☆	・業務の困難性、能力・経験と業務内容のギャップ等、業務密度の変化の程度、責任の変化の程度等	【「弱」になる例】・休日労働を行った	○2週間(12日)以上にわたって連続勤務を行った・平日の時間外労働だけではこなせない業務量がある、休日に対応しなければならない業務が生じた等の事情により、2週間(12日)以上にわたって連続勤務を行った(1日当たりの労働時間が特に短い場合、手待ち時間が特に多い場合などの労働密度が特に低い場合を除く)	【「強」になる例】・1か月以上にわたって連続勤務を行った・2週間(12日)以上にわたって連続勤務を行い、その間、連日、深夜時間帯に及ぶ時間外労働を行った(いずれも、1日当たりの労働時間が特に短い場合、手待ち時間が特に多い場合などの労働密度が特に低い場合を除く)
	18	勤務形態に変化があった	☆	・交替制勤務、深夜勤務等変化の程度、変化後の状況等	○勤務形態に変化があった	【解説】変更後の勤務形態の内容、一般的な日常生活とのギャップ等から評価するが、「強」になることはまれ	
	19	仕事のペース、活動の変化があった	☆	・変化の程度、強制性、変化後の状況等	○仕事のペース、活動の変化があった	【解説】仕事のペースの変化の程度、労働者の過去の経験とのギャップ等から評価するが、「強」になることはまれ	
④役	20	退職を強要された	☆	・解雇又は退職強要の経過、...			○退職を強要された

出来事の類型	平均的な心理的負荷の強度	具体的出来事	心理的負荷の強度 Ⅰ Ⅱ Ⅲ	心理的負荷の総合評価の視点	心理的負荷の強度を「弱」「中」「強」と判断する具体例 弱	中	強
役割・地位の変化等		強要された		強要の程度、職場の人間関係等 (注)ここでいう「解雇」は、労働契約又は退職強要により一方的に契約を終了させるものであって、当事者間の合意に基づくものではないことをいう。また、労働契約の形式上期間を定めて雇用されている者であっても、当該契約が期間の定めのない契約と実質的に異ならない状態となっている場合の雇止めの通知を含む。	【解説】退職勧奨が行われたが、その方法、頻度等からして強要とはいえない場合には、その方法等から「弱」又は「中」と評価		【「強」である例】 ・退職の意思のないことを表明しているにもかかわらず、執拗に退職を求められ、恐怖感を抱かせる方法を用いて退職勧奨が行われた ・突然解雇の通告を受け、何ら理由が説明されることなく、説明を求めても応じられず、撤回されることもなかった
21		配置転換があった	☆	職種、職務の変更の理由、配置転換後の業務内容・業務量の程度、職場の人間関係等の程度、職場の人間関係、その他(注)出向を含む。	【「弱」になる例】 ・以前に経験した業務に対応するもので、変更後の業務内容・業務量はほとんど変化がなかった	○配置転換があった (注)ここでの「配置転換」は、所属部署(担当部署)、勤務場所の変更を指し、転居を伴うものを除く。	【「強」になる例】 ・過去に経験した業務と全く異なる質の業務に従事することとなったため、配置転換後の業務に対応するのに多大な労力を費やした ・配置転換後の地位が、過去の経験からみて異例な肩書である等重い責任のあるものであって、配置転換後の業務遂行に著しい困難を伴うものであった ・左遷された(明らかな降格であって、職務内容なども前任者と比して過重なものとなる状況になった)
22		転勤をした	☆	職種、職務の変更の理由、転勤の理由・経過、単身赴任の有無、海外の治安の状況等、業務の困難度、能力・経験と業務内容のギャップ等、その後の業務内容・業務量の程度、職場の人間関係等	【「弱」になる例】 ・以前に経験した場所である、転勤後の業務が容易に対応できるものであり、変更後の業務の負荷が軽微であった	○転勤をした (注)ここでの「転勤」は、勤務場所の変更であって転居を伴うものを指す。 なお、業務内容の変化については、項目3に準じて評価する。	【「強」になる例】 ・転勤先は初めて赴任する外国で、現地の職員との会話が不能、治安状況が悪いといった事情から、転勤後の業務遂行に著しい困難を伴うものであった
23		複数名で担当していた業務を1人で担当するようになった	☆	業務の変化の程度等、その後の業務内容、業務量の程度、職場の人間関係等	【「弱」になる例】 ・複数名で担当していた業務を一人で担当するようになったが、業務内容・業務量にほとんど変化がなかった	○複数名で担当していた業務を一人で担当するようになった	【「強」になる例】 ・業務を一人で担当するようになったため、業務量が著しく増加し時間外労働が大幅に増えるなどの状況になり、かつ、必要な休日も取れない等常時緊張を強いられるような状態となった
24		非正規社員である等の理由等により、仕事上の差別、不利益取扱いを受けた	☆	差別・不利益取扱いの理由・経過、内容、程度、その継続する状況	【「弱」になる例】 ・社員間に処遇の差異があるが、その差は小さいものであった	○非正規社員であるとの理由等により、仕事上の差別、不利益取扱いを受けた 【「中」である例】 ・非正規社員であるとその他の理由により、不利益取扱いを受けたが、その程度は大きくはなく、常識的に許容される範囲内であった	【「強」になる例】 ・仕事上の差別、不利益取扱いの程度が著しく大きく、人格を否定するようなものであって、かつこれが継続した

			具体的出来事	心理的負荷の総合評価の視点	心理的負荷の強度を「弱」「中」「強」と判断する具体例
25		☆	自分の昇格・昇進があった	・職務・責任の変化の程度等 ・その後の業務内容、職場の人間関係等	【解説】本人の経験等と著しく乖離した責任が課せられる等の場合に、昇進の職責、業務内容等から評価するが、「強」になることはまれ
26		☆	部下が減った	・職場における役割・位置付けの変化、業務の変化の内容・程度等 ・その後の業務内容、人間関係等	【解説】部下の減少がペナルティの意味を持つものである場合等から評価するが、「強」になることはまれ（人数、減少の程度等）
27		☆	早期退職制度の対象となった	・対象者選定の合理性、代償措置の内容、制度の対象となった事情、周知の状況、制度の下の職場の人間関係等	【解説】制度の創設から早い段階で突然であり退職までの期間が短い等の場合に、「強」になる
28		☆	非正規社員である自分の契約満了が迫った	・契約締結時、期間満了前の説明の有無、その内容、その後の状況、職場の人間関係等	【解説】事前の説明に反して突然の契約終了（雇止め）通告であり契約終了までの期間が短かった場合に、その経過等から評価するが、「強」になることはまれ
29	⑤対人関係	☆	（ひどい）嫌がらせ、いじめ、又は暴行を受けた	・嫌がらせ、いじめ、暴行の内容、程度等、その継続する状況 （注）上司から業務指導の範囲内で発覚を受けた場合で、その内容・態様が業務指導の範囲を逸脱したものと評価される場合は、項目30等で評価する。	【解説】部下に対する上司の言動が業務指導の範囲を逸脱しており、それが右の程度に至らない場合について、その内容、経過等から「弱」又は「中」と評価 【「弱」になる例】 ・複数の同僚等の発言により不快感を覚えた（客観的にはいじめとはいえないものを含む） 【「中」になる例】 ○上司とのトラブルがあった ・上司から、業務指導の範囲内である指導・叱責を受けた ・業務をめぐる方針等において、上司との考え方の相違が生じた（客観的にはトラブルとはいえないものを含む） 【「強」になる例】 ・部下に対する上司の言動が、業務指導の範囲を逸脱しており、その中に人格や人間性を否定するような言動が含まれ、かつ、これが執拗に行われた ・同僚等による多人数が結託しての人格や人間性を否定するような言動が執拗に行われた ・治療を要する程度の暴行を受けた
30		☆	上司とのトラブルがあった	・トラブルの内容、程度等 ・その後の業務への支障等	【「弱」になる例】 ・上司から、業務指導の範囲内である指導・叱責を受けた ・業務をめぐる方針等において、上司との考え方の相違が生じた（客観的にはトラブルとはいえないものを含む） 【「中」になる例】 ○上司とのトラブルがあった ・上司から、業務指導の範囲内である強い指導・叱責を受けた ・業務をめぐる方針等において、周囲からも客観的に認識されるような対立が上司との間に生じた 【「強」になる例】 ・業務をめぐる方針等において、周囲からも客観的に認識されるような大きな対立が上司との間に生じ、その後の業務に大きな支障を来した
31		☆	同僚とのトラブルがあった	・トラブルの内容、程度、同僚との職務上の関係等 ・その後の業務への支障等	【「弱」になる例】 ・業務をめぐる方針等において、同僚との考え方の相違が生じた（客観的にはトラブルとはいえないものを含む） 【「中」になる例】 ・業務をめぐる方針等において、周囲からも客観的に認識されるような対立が同僚との間に生じた 【「強」になる例】 ・業務をめぐる方針等において、周囲からも客観的に認識されるような大きな対立が多数の同僚との間に生じ、その後の業務に大きな支障を来した

出来事の類型	具体的出来事	平均的な心理的負荷の強度 I/II/III	心理的負荷の総合評価の視点	心理的負荷の強度を「弱」「中」「強」と判断する具体例 弱	中	強
32	部下とのトラブルがあった	II ☆	・トラブルの内容、程度等 ・その後の業務への支障等	【「弱」になる例】 ・業務をめぐる方針等において、部下との考え方の相違が生じた(客観的にはトラブルとはいえないものも含む)	○ 部下とのトラブルがあった 【「中」である例】 ・業務をめぐる方針等において、周囲からも客観的に認識されるような対立が部下との間に生じ、その後の業務に支障を来した	【「強」になる例】 ・業務をめぐる方針等において、周囲からも客観的に認識されるような大きな対立が多数の部下との間に生じ、その後の業務に大きな支障を来した
33	理解してくれていた人の異動があった	I ☆		○ 理解してくれていた人の異動があった		
34	上司が替わった	I ☆	(注)上司との関係に問題が生じた場合には、項目30で評価する	○ 上司が替わった		
35	同僚等の昇進・昇格があり、昇進で先を越された	I ☆		○ 同僚等の昇進・昇格があり、昇進で先を越された		
⑥セクシュアルハラスメント 36	セクシュアルハラスメントを受けた	II ☆	・セクシュアルハラスメントの内容、程度等 ・その継続する状況 ・会社の対応の有無及び内容、改善の状況、職場の人間関係等	【「弱」になる例】 ・「○○ちゃん」等のセクシュアルハラスメントに当たる発言をされた場合 ・職場内に水着姿の女性のポスター等を掲示された場合	○ セクシュアルハラスメントを受けた 【「中」である例】 ・胸や腰等への身体接触を含むセクシュアルハラスメントであって、行為が継続しておらず、会社が適切かつ迅速に対応し発病前に解決した場合 ・身体接触のない性的な発言のみのセクシュアルハラスメントであって、発言が継続していない場合 ・身体接触のない性的な発言のみのセクシュアルハラスメントであって、発言が継続していても、会社が適切かつ迅速に対応し発病前にそれが終了した場合	【「強」になる例】 ・胸や腰等への身体接触を含むセクシュアルハラスメントであって、継続して行われた場合 ・胸や腰等への身体接触を含むセクシュアルハラスメントであって、会社に相談しても又はセクシュアルハラスメント等の相談窓口等に相談しても適切な対応がなく、改善されなかった又は放置された場合 ・身体接触のない性的な発言のみのセクシュアルハラスメントであって、発言の中に人格を否定するようなものを含み、かつ継続してなされた場合 ・身体接触のない性的な発言のみのセクシュアルハラスメントであって、相談しても、かつ会社が把握していても適切な対応がなく、改善がなされなかった場合

★「心理的負荷による精神障害の認定基準」別表 1。

第2部 各 論
第1章 労働関係の展開段階ごとのメンタルヘルスQ&A

■業務以外の心理的負荷評価表（「心理的負荷による精神障害の認定基準」別表2）

出来事の類型	具体的出来事	心理的負荷の強度 Ⅰ	Ⅱ	Ⅲ
①自分の出来事	離婚又は夫婦が別居した			☆
	自分が重い病気やケガをした又は流産した			☆
	自分が病気やケガをした		☆	
	夫婦のトラブル，不和があった	☆		
	自分が妊娠した	☆		
	定年退職した	☆		
②自分以外の家族・親族の出来事	配偶者や子供，親又は兄弟が死亡した			☆
	配偶者や子供が重い病気やケガをした			☆
	親類の誰かで世間的にまずいことをした人が出た			☆
	親族とのつきあいで困ったり，辛い思いをしたことがあった		☆	
	親が重い病気やケガをした		☆	
	家族が婚約した又はその話が具体化した	☆		
	子供の入試・進学があった又は子供が受験勉強を始めた	☆		
	親子の不和，子供の問題行動，非行があった	☆		
	家族が増えた（子供が産まれた）又は減った（子供が独立して家を離れた）	☆		
	配偶者が仕事を始めた又は辞めた	☆		
③金銭関係	多額の財産を損失した又は突然大きな支出があった			☆
	収入が減少した		☆	
	借金返済の遅れ，困難があった		☆	
	住宅ローン又は消費者ローンを借りた	☆		
④事件，事故，災害の体験	天災や火災などにあった又は犯罪に巻き込まれた			☆
	自宅に泥棒が入った		☆	
	交通事故を起こした		☆	
	軽度の法律違反をした	☆		
⑤住環境の変化	騒音等，家の周囲の環境（人間環境を含む）が悪化した		☆	
	引越した		☆	
	家屋や土地を売買した又はその具体的な計画が持ち上がった	☆		
	家族以外の人（知人，下宿人など）が一緒に住むようになった	☆		
⑥他人との人間関係	友人，先輩に裏切られショックを受けた		☆	
	親しい友人，先輩が死亡した		☆	
	失恋，異性関係のもつれがあった		☆	
	隣近所とのトラブルがあった		☆	

（注） 心理的負荷の強度ⅠからⅢは，別表1と同程度である。

Ⅷ　精神疾患の発症による私傷病休職・復職・退職等

1　私傷病休職制度とは何か

Q　私傷病休職制度とはどのようなものですか。また，休職中の給与は支払われますか。

A　私傷病休職制度とは，業務に起因しない傷害や疾病によって業務の遂行が困難になった場合に，会社が一時的に就労義務を免除したり，禁止したりして，療養に専念させる制度である。法律上の義務に基づく制度ではないので，休職中の給与を支払うかどうかは，基本的に会社が決定できる。

[解　説]

1　私傷病休職制度とは

　私傷病休職制度とは，業務に起因するものでない傷病を理由に，使用者が従業員に対し，一時的に就労義務を免除し，又は就労を禁止する制度をいう（以下，単に「休職制度」という）。法律上，使用者は同制度の採用を義務づけられているわけではないが，期間や条件等の差異こそあれ，我が国では大企業を中心に多くの企業で採用されている。

　休職制度の制度趣旨については，これを解雇猶予のための措置と解する見

第2部　各　　論
第1章　労働関係の展開段階ごとのメンタルヘルスQ＆A

解が通説である。すなわち，私傷病によって労務の提供が困難になった従業員は，通常，「精神又は身体の故障により業務の遂行に堪えられないとき」などの就業規則上の解雇事由に該当することとなり，本来であれば，これに基づき即時に解雇されても仕方がないところ，同制度を設けることによって療養による回復を待つこととし，恩恵的に当該従業員の解雇を猶予したのだと解するのである（〔独立行政法人N事件〕東京地判平成16・3・26労判876号56頁等）。

　企業がこのような恩恵的な制度を採用してきた背景には，年功序列，終身雇用といった我が国に特徴的な人事制度の下，優秀な人材の確保や前の貢献への報労，従業員の企業への帰属意識や労使間の信頼関係の醸成等の要請があったものと考えられる。休職制度が大企業を中心に普及し，外資系企業や零細企業では普及が進んでいない実情を踏まえても，日本的な経営の下で人員の配置にも比較的余裕のある企業が，上記の要請に基づいて，療養中の雇用を恩恵的に保障したものとみることができる。有期雇用労働者の多くについて休職制度が採用されていないことも，同制度が上記の趣旨で設けられてきたことの表れといえよう。

　しかしながら，近年この休職制度について，休職や復職をめぐるトラブルが多発するに至っており，多くの企業で制度の見直しを迫られている。紛争の多くはメンタルヘルスに関係するものである。そこで，以下においては，メンタル不全を訴える従業員への対応に主眼を置いて，企業の予防策・対応策を考察する（文中に引用する裁判例の中には，精神疾患ではない傷病の事案も出てくるが，いずれも精神疾患の事案にも通用し得るものである）。

　なお，休職や復職の実態については，最近，（独立行政法人）労働政策研究・研修機構が調査を実施し，その結果を公表した（平成25年6月24日付「メンタルヘルス，私傷病などの治療と職業生活の両立支援に関する調査」）。調査対象は全国の常用労働者50人以上を雇用する企業20,000社で，うち5,904社から回答を得られている（有効回収率29.5％）。これによれば，9割以上の企業に私傷病休職制度があり，非正規の労働者にも適用されるというものも3割を超えていた。

Ⅷ 精神疾患の発症による私傷病休職・復職・退職等 **Q1**

2 休職中に給与を支払う義務はあるか

　上記のとおり，休職制度は，法律に基づくものではないので，制度設計には企業に広い裁量がある。例えば，休職期間中の賃金については，これを無給とするもの，有給とするもの，有給であるが一定割合を不支給とするものなど様々であり，歴史の古い大企業ほど手厚い保障がされているようである。また，休職中の期間を退職金算定の基礎となる勤続年数に参入するか否か等についても，企業に制度設計の裁量がある。

　ただし，いったん規則で定めた条件を変更する場合には，就業規則の変更の手続を要する（労契法10条）。特に従業員の不利益に変更する場合には，変更の必要性・変更内容の相当性等が必要である。

第2部 各　論
第1章　労働関係の展開段階ごとのメンタルヘルスＱ＆Ａ

2　断続的に欠勤する従業員に対し休職を命じることができるか

Q　断続的に欠勤する従業員に対し、休職を命じることができますか。体調不良を理由に欠勤していますが、その申告に疑義がある場合にはどうしたらよいですか。

A　就業規則に規定があれば、断続的に欠勤する従業員に対して休職を命じることが可能である。また、明確な規定がなくても、欠勤の頻度が著しい場合には、他の規定を準用することにより、休職を命じることができる余地がある。体調不良の申告に疑義がある場合には、申告を虚偽とみなして罰するのではなく、休職させる方向で検討する方が無難である。

［解　説］

1　休職を命じることはできるか

　通常の休職制度では、休職に至るまでのプロセスとして、まずは有給休暇を消化し、一定期間の連続欠勤を経たうえで、休職が開始されることになる（休職の開始に際しては、会社が一方的に休職を発令するのが一般的である）。これに対し、近年に多くみられる傾向として、従業員が、体調不良を理由に頻繁に欠勤したり、遅刻や早退を繰り返したりするというものがある。上記のとおり、多くの企業の就業規則では、連続した欠勤が一定期間続くことが休職開始の要件とされていることから、このような「断続的な欠勤」等の事態は想定されていないのが通常である。そうすると、規則上は休職開始の要件を満たしていないことになるが、さりとて、出勤が常ならない状況では、会社としては当該従業員に責任のある業務を任せることは困難であるし、このよう

Ⅷ　精神疾患の発症による私傷病休職・復職・退職等　**Q2**

な状況を容認すれば，他の従業員の士気にも影響することが懸念される。そこで，断続的に欠勤や遅刻・早退等を繰り返す従業員に対し，会社が一方的に休職を命ずることができるかが問題となる。

　この点については，休職事由として，規則中に「心身の不調により○か月間に○割以上の出勤ができなかったとき」などという定めを設けている場合には，単純にこれにあてはめればよいが，例えば，「心身の不調により継続して通常勤務することが困難なとき」という定め方であれば，これに基づき休職を命ずるには，実態としても担当業務に支障が生じる程度の欠勤等が生じていることを要すると考えられる。以上のような規定がない場合には，「前各号に準ずるやむを得ない事由があるとき」といった包括規定で「私傷病による欠勤が連続して○日以上続いたとき」等の規定を準用することにより，休職を発令することになるが，断続的な欠勤等が連続する長期間の欠勤に準ずるといい得るためには，欠勤日数の方が通常勤務日数より多く，かつ出勤しても適切に業務を遂行できないなど，休職を命じて治療に専念させることを正当化し得るような事情が必要になると思われる。これに加え，主治医の診断や産業医の意見等を踏まえた医学的所見に基づく慎重な判断も必要となろう。休職命令は，これを望まない従業員に対する不利益な業務命令であるので（特に，無給である場合には顕著である），かかる命令を正当化し得るためには，就業規則の明確な条項に該当するか，もしくは通常の勤務に堪えられず，治療を要することが客観的に明らかであるなどの事情が求められる。

　裁判例をみると，例えば〔富国生命保険（第1回，第2回休職命令）事件〕（控訴審）東京高判平成7・8・30（労民集46巻4号1210頁・労判684号39頁）では，頸肩腕症候群を理由とする傷病欠勤から復帰して通常勤務をしていた従業員に対し，継続的な私傷病欠勤に準ずる事由があるとして発令された休職命令が無効とされているが，この事件では，主治医の「全日勤務に何ら支障がない」旨の診断があるうえ，実態としても通常勤務が可能であったと判断されている（〔富国生命保険（第3回休職命令）事件〕東京地八王子支判平成12・11・9労判805号95頁等も同様）。安易な休職命令は，従業員に対する不法行為ともなり得ることから，その見極めには慎重さが要求される。

第2部 各　　論
第1章　労働関係の展開段階ごとのメンタルヘルスQ&A

■就業規則規定例

> 第○条　従業員が，以下の各号の一に該当した場合には，会社は従業員の申請に基づき，又は職権により，従業員に休職を命じることができる。
> 第○号　疾病又は負傷による欠勤，並びに当該欠勤と関連する事由による遅刻及び早退の合計日数が，欠勤開始日から○か月間に○○日に達した場合

■休職命令書

> 休職命令書
>
> 　貴殿は，平成○○年○月○日より○月○日までの間に，「お腹が痛い」などの理由により，断続的に○日欠勤し，かつ○日の遅刻及び○日の早退をしています。上記欠勤，遅刻，早退の日数を合算すると，上記期間内に○○日となることから，会社は貴殿に対し，就業規則第○条○号に基づき，平成○○年○月○日より○か月間の私傷病休職をするよう業務命令します。
>
> 平成○○年○月○日
>
> 　　　　　　　　　　　　東京都○○区○○町○丁目○番○号
> 　　　　　　　　　　　　　○○株式会社　　○　○　○　○
> 　　　　　　　　　　　　東京都○○区○○町○丁目○番○号
> 　　　　　　　　　　　　　　　　　　○　○　○　○　殿

2　体調不良の申告に疑義がある場合の方策

　一方，従業員が心身の不調を訴えて断続的な欠勤を繰り返すものの，不調申告の真偽につき疑問が残るという場合には，会社のなし得る対応は限定的である。もちろん，当該従業員の申告が虚偽であれば，これを理由に懲戒処分や解雇等の措置が検討対象となるが，真の体調は本人以外にはわからないことであるうえ（近年顕著に増加しているいわゆる「新型うつ病」のように，安易に

Ⅷ 精神疾患の発症による私傷病休職・復職・退職等 **Q2**

仮病と断じ得ない場合もある），主治医の診断書が出ている場合には，これを覆すほどの立証は極めて困難である。訴訟までを視野に入れたとき，当該従業員の申告を虚偽と断じて処分をすることは，かなりリスクが高いといわざるを得ない。したがって，この場合には，**1**の要領で私傷病休職を勧めることを検討することになろう。

第2部 各 論
第1章 労働関係の展開段階ごとのメンタルヘルスQ＆A

3 メンタル不全が疑われる従業員に対し，受診を命じることができるか

Q メンタル不全が疑われる従業員に対し，受診を命じることができますか。また，従業員が受診命令に従わない場合にはどうしたらよいですか。

A 勤務の実態からみて健康状態に問題があると考えられる場合には，就業規則の規定の有無にかかわらず，医師を受診するよう命令することができる。受診命令に従わない従業員に対しては，懲戒処分を検討することになるが，重い処分をすることは控えるべきである。一方，受診命令を無視しつつ欠勤や遅刻等が一向に改善されないという場合には，普通解雇することが可能となる。

― 解 説 ―

1 受診命令の可否

　医師の診察を受けるかどうかは，本来は各人の自己決定に委ねられるべきものであるから，法律で定められている場合（安衛法66条等）に加重して，使用者が従業員に対し，合理的な理由なく受診を命じることはできないものと解される。もっとも，勤務の実態からみて健康状態に問題があると思われる従業員が，会社からの受診の勧めに応じない場合や，復職を希望する休職者が医師の診断を拒否するような場合には，会社が従業員に対し，医師の受診を業務命令として命じることは，合理的な理由のある措置だと考えられる。実務においても，医師の診断書は，従業員の病状に関する客観的な資料として，従業員を休職させる際も，これを復職させる際も，その是非の判断を求められる会社にとっては欠くことのできないものになっている。

Ⅷ　精神疾患の発症による私傷病休職・復職・退職等　**Q3**

　受診命令の可否について，最高裁は，〔電電公社帯広局事件〕最判昭和61・3・13（労判470号6頁・裁判集民事147号237頁）において，「要管理者は，労働契約上，その内容の合理性ないし相当性が肯定できる限度において，健康回復を目的とする精密検診を受診すべき旨の健康管理従事者の指示に従うとともに，病院ないし担当医師の指定及び検診実施の時期に関する指示に従う義務を負担しているものというべきである。」と説示し，受診命令の有効性を明確に肯定した。同判決は，受診命令に従う義務が生じる根拠について，「労働契約」を挙げているところ，かかる義務は，労働契約上の信義則（労契法3条4項）や健康保持努力義務（安衛法66条の7第2項）などから導き出されるものと解される。ただし，従業員との間で受診義務の有無につき見解の相違が生じる事態を避けるうえで，就業規則に受診を命じることができる旨の定めを置くことが望ましい。

■就業規則規定例

> 第○条　頻繁な欠勤，遅刻，早退等により従業員の健康状態に問題があると認められる場合，会社は，当該従業員に対し，産業医又は会社が指定する医師の診察を受けることを命じることができる。

2　従業員が受診命令に従わない場合

　受診命令に従わない場合の措置として考えられるのは，まずは業務命令違反として懲戒処分をすることであるが，訓戒等の軽度の処分ならともかく，重い処分をすることはリスクが大きいといわざるを得ない。従業員の粗暴な言動から精神疾患が疑われることを理由に受診を命じたにもかかわらず，これを無視してなお粗暴な言動を繰り返すという場合には，当該従業員を健常な従業員として扱い，非違行為につき懲戒することになる。一方，受診命令を無視しつつ，欠勤や遅刻等が一向に改善されないという場合には，「精神又は身体の故障により業務の遂行に堪えられない」などとして，普通解雇す

第2部 各　　論
第1章　労働関係の展開段階ごとのメンタルヘルスQ＆A

ることも可能である。〔青森県教委等（市立新城中学校）事件〕青森地判平成4・12・15（労判625号26頁）では，校長の受診命令を拒否しつつ，「妨害電波・不法電波・不正電波の妨害が多く，それらの妨害やゆすりたかりなどに対処するためである」などと言って欠勤を続けた中学校教諭につき，これを分限免職とした処分が適法とされている。また，休職中の者に対し，復職の可否判断のために受診命令を発するという場合には，これに従わない者に対しては，**Q8**に示すとおり，治癒がないとして復職を認めない扱いが正当化される。

VIII 精神疾患の発症による私傷病休職・復職・退職等 **Q4**

4 休職期間中に病状を報告させることはできるか

Q 休職期間中に病状を報告させることはできますか。

A 病状の報告を求めることは可能であるが，無用なトラブルを避けるためには，就業規則に報告義務を明記しておくべきである。

［解　説］

　会社が休職者に対し，定期的に診断書を提出させるなどの病状報告義務を課すことは可能であると解される。休職者は，会社から解雇を猶予されている以上，休職期間中は療養に努めなければならず，そのためには，定期的な医師の診察を受け，その指示に従って治療を行う義務を負うものと考えられるからである。また，会社の側でも，休職者の病状を随時把握しておくことは，これを復職の可否判断の資料としたり，今後の人員の配置や採用計画の資料としたりするうえで必要なことであって，これらを考慮すれば，就業規則上の根拠があればもちろん，これがない場合であっても，休職者に対して病状の報告義務を課すことは認められるであろう。もっとも，当然ながら，

■就業規則規定例

> 第○条　私傷病により休職する従業員は，休職期間中，主治医の指導に従い療養に努めるとともに，原則として毎月，傷病等の状態及び休職の必要性等を記した医師の診断書等を添えて会社に傷病等の現況を報告しなければならない。
> 2　前項のほか，会社の指示があったときは，休職中の従業員は，随時，前項と同様の報告をしなければならない。

第2部 各　　論
第1章　労働関係の展開段階ごとのメンタルヘルスQ＆A

■病状報告命令書

病状報告命令書

　貴殿は，平成○○年○月○日より，私傷病休職を取得していますが，休職期間開始より3か月を経過したにもかかわらず，会社に対して病状を報告していません。ついては，主治医の診察を受けたうえで，平成○○年○月○日までに，診断書を会社へ提出するとともに，病状を報告するよう業務命令します。

平成○○年○月○日

　　　　　　　　　　　　　　　東京都○○区○○町○丁目○番○号
　　　　　　　　　　　　　　　　○○株式会社　　○　○　○　○
　　　　　　　　　　　　　　　東京都○○区○○丁目○番○号
　　　　　　　　　　　　　　　　　　　　　　　○　○　○　○　殿

規則に診断書提出義務を記しておく方が明瞭であるし，その場合には，会社は随時に提出を求めることができる旨定めておく方が望ましい。

Ⅷ　精神疾患の発症による私傷病休職・復職・退職等　Q 5

5 復職を認める際の回復の程度

Q 復職を認める際の回復の程度はどのように考えればよいですか。

A 復職の可否については復職の可否については最高裁判決の判旨に従い，復職当初は本来の業務を遂行できなくても，負担を軽減した業務であれば担当させることが可能かどうかをまずは検討すべきである。すぐに本来の業務ができないからといって，上記の検討なしに復職を認めないとすることは，危険を伴う。

解　説

　休職期間満了前に傷病が治癒した場合には，休職は終了し，復職することになるが，休職・復職をめぐる実際の紛争は，復職の要件である治癒の有無について争われることが多い。復職を認められないと，多くの場合，休職者は休職期間満了に伴い解雇又は退職扱いとなるからである。
　この点について，かつての裁判例には，「病気休職者が，復職するための事由の消滅としては従前の職務を通常の程度に行える健康状態に復したときをいうものというべきである」として，従前の職務より軽度の作業をなし得るだけでは，復職の要件を満たさないとするものがあったが（〔平仙レース事件〕浦和地判昭和40・12・16労民集16巻6号1113頁・判時438号56頁），その後，復帰当初は肉体的疲労の少ない事務中心の業務のみを行わせるなどして，徐々に通常勤務に復させていくことも充分に考慮すべきであると判示して，休職期間満了による自然退職の取扱いを無効とする裁判例も現れた（〔エール・フランス事件〕東京地判昭和59・1・27労判423号23頁・判時1106号147頁）。
　このような状況において，〔片山組事件〕最判平成10・4・9（労判736号15頁・判タ972号122頁・判時1639号130頁）は，バセドウ病と診断された現場監

第 2 部 各 論
第 1 章 労働関係の展開段階ごとのメンタルヘルス Q & A

督者が，負担の少ない内勤の事務作業に従事することを会社に申し出たのに対し，会社が同人に無給の自宅治療命令を発したという事案において，「労働者が職種や業務内容を特定せずに労働契約を締結した場合においては，現に就業を命じられた特定の業務について労務の提供が十全にはできないとしても，その能力，経験，地位，当該企業の規模，業種，当該企業における労働者の配置・異動の実情及び難易等に照らして当該労働者が配置される現実的可能性があると認められる他の業務について労務の提供をすることができ，かつ，その提供を申し出ているならば，なお債務の本旨に従った履行の提供があると解するのが相当である。」として，自宅治療期間中の賃金を支払うよう会社に命じた。この事案は，休職・復職に関するものではなく，精神疾患も関係していなかったが，最高裁の上記説示は，以後，精神疾患を含めた私傷病休職者の復職の場面において，治癒があったか否かの判断に踏襲されることとなった（〔全日本空輸事件〕大阪高判平成13・3・14労判809号61頁〔むち打ち症の事案〕，〔キヤノンソフト情報システム事件〕大阪地判平成20・1・25労判960号49頁〔自律神経失調症等の事案〕等）。

　以上の裁判所の判断を踏まえると，休職者から復職希望がされた場合，会社としては，復職希望者の能力，経験，地位，当該企業の規模，業種，当該企業における労働者の配置・異動の実情及び難易等に照らして，当該労働者が配置される現実的可能性があると認められる他の業務があるかどうかを，まずは検討しなければならない。最高裁も，企業の規模等によっては「配転の現実的可能性がない」という状況があることも想定しており，また，配置すべき業務を新たに創設することまで求めているわけではないと考えられるので，上記の各要素を十分に精査したうえで，復職を認めるのか，認めないのかを慎重に判断する必要がある。

　〔片山組事件〕最高裁判決以後も，復職を認めずにした解雇を有効とする裁判例も少なくない。例えば，〔独立行政法人N事件〕東京地判平成16・3・26（労判876号56頁）では，裁判所は，〔片山組事件〕最高裁判決の枠組みを踏襲しながらも，復職にあたって検討すべき「従前の職務」は，当該従業員が休職前に実際に担当していた職務ではなく，通常の職員が本来行うべ

Ⅷ 精神疾患の発症による私傷病休職・復職・退職等 **Q5**

き職務であるとし（休職前に当該従業員がしていた業務は，病状や本人の希望を考慮した単純な事務作業であり，同法人において通常の職員がこなす業務ではなかった），結論として，「当初軽易な職務に就かせれば程なく従前の職務を通常に行うことができると予測できる場合とは解されない」ことを理由に解雇を有効とした。短期間で本来の業務をなし得る程度に回復するかという点につき厳格に判断した裁判例であり，立証の目標を設定するうえで実務上参考になる点が多い（他に〔横浜市学校保健会（歯科衛生士解雇）事件〕東京高判平成17・1・19労判890号58頁〔頸椎症性脊髄症の事案〕等）。

第2部 各　論
第1章　労働関係の展開段階ごとのメンタルヘルスＱ＆Ａ

6　会社が医師を指定すること・主治医の診療記録等の開示を求めることは可能か

Q　会社が，復職希望者に対して受診する医師を指定することは可能ですか。また，主治医の診療記録等の開示を求めることは可能ですか。

A　合理的な理由があれば，会社が医師を指定することは可能である。ただし，ここでも就業規則に定めを置く方が望ましい。

　　解　説

1　会社が医師を指定することの可否

　復職の可否判断に際しては，医師の診断書が重要な役割を果たすのであるが，実際には，主治医の診断と実際の就業能力の回復度合いとの間に乖離がみられる場合が少なくないようである。ここで問題となるのが，主治医の診断に疑念を抱いた場合に，会社は自らの指定する医師（精神科医である産業医が望ましいが，産業医が精神科医でない場合には，他の精神科医を指定すべきである）の診察を受けるよう従業員に命令することができるかということである。

　会社は労務管理上，従業員の心身の健康を損なうことがないよう注意する義務を負っているところ，休職者の病状に関する情報が多いほど，復職の可否に関する客観的な判断が可能になるということができる。一方で，従業員の側にも医師選択の自由があるとはいえ，主治医の受診が禁止されるわけではなく，他の医師の診察を受けたところで格別の負担が増えるわけでもないことからすれば，主治医の診断に不審な点があるなど，他の医師の診断を求めることにつき合理的な理由がある場合には，就業規則上の明確な定めの有無にかかわらず，会社指定医の受診を命じる業務命令は認められるものと解

Ⅷ 精神疾患の発症による私傷病休職・復職・退職等 **Q6**

される。
　この点については，〔電電公社帯広局事件〕最判昭和 61・3・13（労判 470 号 6 頁・裁判集民事 147 号 237 頁）が，「一般的に個人が診療を受けることの自

■就業規則規定例

> 第○条　従業員から復職申請があった場合，会社は，復職の可否を判断するため，復職希望者に対し，産業医又は会社が指定する医師の診察を受けることを命じることができる。

■受診命令書

> ### 受診命令書
>
> 　貴殿は，平成○○年○月○日に復職の申請をしましたが，その後に予定した当社との面談に遅刻したうえ，遅刻の理由は「朝お腹が痛かった」というものでした。また，面談中も，最近の生活状況について質問をされると，貴殿は「朝は調子があまり良くない」，「はじめは午後からの出勤にしてほしい」と述べ，さらには「今日は調子が悪い」と言うので，会社は面談を中止せざるを得ませんでした。
> 　このような事情からすると，会社としては，主治医の「復職可能と判断します」との診断結果には疑問を持たざるを得ません。そこで会社は，同診断結果にかかわらず，さらに貴殿の健康状態を調べる必要があると判断しました。ついては，平成○○年○月○日までに，当社の指定する下記病院を受診し，診断結果を速やかに会社宛てに報告するよう業務命令します。
>
> 平成○○年○月○日
>
> 　　　　　　　　　　　　　　東京都○○区○○町○丁目○番○号
> 　　　　　　　　　　　　　　○○株式会社　　○　○　○　○
> 　　　　　　　　　　　　　　東京都○○区○○町○丁目○番○号
> 　　　　　　　　　　　　　　　　　　　○　○　○　○　殿

第2部 各　　論
第1章　労働関係の展開段階ごとのメンタルヘルスQ＆A

由及び医師選択の自由を有することは当然であるが，……要管理者が労働契約上負担としていると認められる前記精密検診の受診義務は，具体的な治療の方法についてまで健康管理従事者の指示に従うべき義務を課するものでないことは明らかであるのみならず，要管理者が別途自ら選択した医師によって診療を受けることを制限するものでもないから，健康管理従事者の指示する精密検診の内容・方法に合理性ないし相当性が認められる以上，要管理者に右指示に従う義務があることを肯定したとしても，要管理者が本来個人として有している診療を受けることの自由及び医師選択の自由を侵害することにはならない」と判示している。

また，〔全国電気通信労組事件〕東京地判平成2・9・19（労判568号6頁・判タ759号205頁・判時1374号114頁）では，使用者がその指定する医師の診断を受けるよう復職希望者に求めたのに対し，同人がこれを拒否したことにつき，裁判所は，「原告としては正当な理由がない限り被告の受診要求に応じるべきであったのであり，これを拒否した以上，被告がその復職を認めなかったことを不当とすることはできない」と判示している。

2　主治医の診療記録等の開示を求めることは可能か

会社が医師を指定することができるとしても，一度の診察だけで，必ずしも同指定医が主治医と同程度に正確な病状把握をなし得るわけではない。長期間に及ぶ診察や治療（特に投薬等）の履歴は，会社指定医の診断の正確性を担保するうえで欠かせない場合もある。そこで，会社指定医としては，主治医の診療に関する情報（カルテ，看護記録，及びレセプト等）の提供を受ける必要が生じるのであるが，これらの情報は従業員のプライバシーに関わるものであり，かつ秘匿性が高いことから，提供を受ける際には，当該従業員の同意が不可欠である。

また，会社としても，労務管理の担当者が主治医と面談するなどして職場や業務の実情，及び職場での当該従業員の勤務状況等を説明し，改めて復職の可否につき意見を求めるという対応も検討対象となるところ，これについても，当該従業員の同意を得るべきである。

Ⅷ 精神疾患の発症による私傷病休職・復職・退職等 **Q6**

　以上の必要性を説明したうえで，復職希望者が同意書を提出した場合には，主治医に対し診療記録等の開示を求めたり，主治医と面談して情報提供をしたりすることが可能となる。

■就業規則規定例

> 第○条　従業員から復職申請があった場合，会社は，復職の可否を判断するため，復職希望者に対し，主治医宛ての医療情報開示同意書（会社又はその産業医，指定医，指定カウンセラー等が，従業員の主治医から，従業員の診療記録，カウンセリング記録，レセプト等の写しの提供を受けたり，従業員の病状に関して直接説明を受けたりすることにつき従業員が同意する旨の文書をいう）を提出するよう命じることができる。

■医療情報開示同意書

医療情報開示同意書

　私は，貴社又は貴社の指定する医師が，私の主治医である○○クリニックの○○医師より，私に関する診療記録，看護記録，カウンセリング記録，レセプト，及びレントゲン写真等（初診以来今日までに作成されたもの及び今後作成されるもの）の写しの提供を受けたり，私の病状に関する直接の聞き取り説明を受けたりすることにつき同意いたします。

平成○○年○月○日

　　　　　　　　　　　　　　東京都○○区○○町○丁目○番○号
　　　　　　　　　　　　　　○○株式会社　　○　○　○　○
　　　　　　　　　　　　　　東京都○○区○○町○丁目○番○号
　　　　　　　　　　　　　　　　　　　　○　○　○　○　殿

第2部 各　　論
第1章　労働関係の展開段階ごとのメンタルヘルスＱ＆Ａ

7　主治医と会社指定医の意見が食い違った場合

Q　主治医と会社指定医の意見が食い違った場合はどうすればよいですか。

A　主治医の診断結果に疑義があり，会社指定医の診断結果が実態に整合し信頼できるとして，復職を認めないという判断をするのであれば，後に紛争化することを想定し，復職希望者の言動等を入念に記録しておくべきである。

[　解　説　]

　復職の可否について，主治医の意見と会社指定医の意見との間に齟齬が生じることも珍しいことではない。この場合には，復職希望者との面談の結果や双方の医師による診断結果の説明等を踏まえ，会社は慎重に判断を下さなければならない。医師の見解が分かれた事案では，裁判所は，復職希望者の外形的な観察から推察される回復の程度（職務遂行能力や言動など）を重視しつつ，どちらの診断が信頼できるかを判断しているようである。そうすると，裁判を見据えたとき，会社がその指定医の意見に基づいて，復職を認めないとする場合には，同指定医の診断を裏づける資料（復職希望者との面談記録，復職希望者の言動等の観察記録等）を充実させておく必要がある。

　具体的な裁判例としては，うつ病を理由とする休職者の復職の可否が争われた〔Ｂ学園事件〕大阪地決平成17・4・8（労判895号88頁）において，裁判所は，主治医が休職者の立場に配慮して，休職者に有利になるように診断内容を供述した可能性も否定できないと指摘しつつ，会社指定医の診断結果を採用し，復職できるほど回復したとは認めなかった。また，〔日本通運（休職命令・退職）事件〕東京地判平成23・2・25（労判1028号56頁）でも，

Ⅷ 精神疾患の発症による私傷病休職・復職・退職等 **Q7**

産業医と主治医の意見が著しく対立する中で，裁判所は，復職が困難である旨の産業医の意見の方が説得的であるとしてこれを採用している。一方，〔独立行政法人Ｎ事件〕東京地判平成 16・3・26（労判 876 号 56 頁）では，会社指定医の診断がない状況において，主治医の「現時点で当面業務内容を考慮した上での通常勤務は可能である」旨の診断書の信用性が否定されている点が注目される。

　実務においては，復職可否の判断は（医師ではなく）会社が行うこと，主治医や産業医，会社指定医による所見等はその参考資料であること等を就業規則に明記しておくとよい。

第2部 各 論
第1章 労働関係の展開段階ごとのメンタルヘルスQ&A

8 復職希望者が診療記録等の開示に応じない場合の対応・休職事由の存続／消滅の立証責任

Q 復職希望者が診療記録等の開示に応じない場合にはどうすればよいですか。また，復職の可否判断につき休職事由の存続／消滅の立証責任はどちらにありますか。

A 復職希望者が開示に応じないために，治癒の有無が不明である場合には，治癒がないものとして扱うことが正当化される。このように，休職事由の存続／消滅に関しては，復職希望者が同事由の消滅について立証責任を負う。

解　説

1　復職希望者が診療記録等の開示に応じない場合の対応

　復職希望者が，診療記録の開示や主治医との面談・意見聴取等に関する同意書の提出要請に応じない場合，会社が復職を認めないという態度をとることが許容されるだろうか。この点について裁判所は，〔大建工業事件〕大阪地決平成15・4・16（労判849号35頁）で，「職務復帰を希望するにあたって，復職の要件である治癒，すなわち，従前の職務を通常の程度行える健康状態に復したかどうかを使用者である債務者が債権者に対して確認することは当然必要なことであり，しかも，債権者の休職前の勤務状況及び満了日まで達している休職期間を考えると，債務者が，債権者の病状について，その就労の可否の判断の一要素に医師の診断を要求することは，労使間における信義ないし公平の観念に照らし合理的かつ相当な措置である。したがって，使用者である債務者は，債権者に対し，医師の診断あるいは医師の意見を聴取することを指示することができるし，債権者としてもこれに応じる義務がある

Ⅷ　精神疾患の発症による私傷病休職・復職・退職等　**Q 8**

というべきである。」と説示した。そのうえで，主治医への意見聴取を復職希望者が拒否するなどしたことについては，「債権者は，債務者に対し，債務者において就労することが可能であると判断できるだけの資料を提供すべきであった。しかし，債権者は，そのような資料を全く提出せず，結局，債務者は，債権者が治癒したと判断することができなかったのであるから，債務者が，就業規則……の規定を適用して行った本件解雇は，社会通念上相当な合理的理由があるといわざるを得ない。」として，休職期間満了による解雇を是認している。

　この判旨からすると，主治医からの情報提供を求めることに合理的な理由がある場合には，会社が従業員に対してその同意を求めることは，就業規則上の定めの有無にかかわらず可能であると考えられる。そして，情報提供の要請に応じない者は，治癒の事実の有無について不利益な判断がされたとしても，これを不当だということはできなくなる。ただし，ここでも情報提供義務につき就業規則上の根拠を備えている方が，無用な紛争を避けるためには有用である。

2　休職事由の存続／消滅の立証責任

　このように，復職希望者が受診命令に従わなかったり，診療記録の開示に同意しなかったりした場合には，その不利益は，復職希望者が負うことになる。すなわち，復職の要件である治癒（ただし，その内容は〔片山組事件〕最判平成10・4・9労判736号15頁・判タ972号122頁・判時1639号130頁により拡張されている）の立証責任は，復職希望者の側にあるということであり，復職希望者が受診命令に従わず，あるいは診療記録の開示に応じなかったことにより，治癒の有無が不明である場合には，これがなかったものとして，休職期間が満了する不利益を復職希望者が受忍しなければならないという結論になる（反対の論旨として，〔エール・フランス事件〕東京地判昭和59・1・27労判423号23頁・判時1106号147頁）。この点について明確に判断したのが〔国（在日米軍従業員・解雇）事件〕東京地判平成23・2・9（労判1052号89頁・判タ1366号177頁）である。この事件において，裁判所は，「労働者が業務外の傷病によ

325

第 2 部　各　論
第 1 章　労働関係の展開段階ごとのメンタルヘルス Q&A

り，……傷病休暇……を取得した場合は，被告がその最終日に有効となる解雇予告をして，労働契約の終了を主張・立証するのが抗弁となり，労働者が，再抗弁として，復職を申し入れ，回復して就労が可能になったことを立証したときは，労働契約の終了という法的効果が妨げられるという攻撃防御方法の構造であると解すべきである。」と説示したうえで，「原告は，その立証責任を負う傷病休暇の休職理由が解消していることの立証を尽くしていない」として，休職期間満了を理由とする解雇を有効とした。

　その後，〔第一興商（本訴）事件〕東京地判平成 24・12・25（労判 1068 号 5 頁）において，裁判所は，復職希望者の立証主題につきさらに議論を進めた。すなわち同判決は，〔片山組事件〕最判平成 10・4・9（労判 736 号 15 頁・判タ 972 号 122 頁・判時 1639 号 130 頁）の判旨を引用しつつ，「休職事由が消滅したことについての主張立証責任は，その消滅を主張する労働者側にあると解するのが相当であるが，使用者側である企業の規模・業種はともかくとしても，当該企業における労働者の配置，異動の実情及び難易といった内部の事情についてまで，労働者が立証し尽くすのは現実問題として困難であるのが多いことからすれば，当該労働者において，配置される可能性がある業務について労務の提供をすることができることの立証がなされれば，休職事由が消滅したことについて事実上の推定が働くというべきであり，これに対し，使用者が，当該労働者を配置できる現実的可能性がある業務が存在しないことについて反証を挙げない限り，休職事由の消滅が推認されると解するのが相当である。」と説示した。各業務の内容や人員配置に関する証拠が偏在するという実情を踏まえ，公平の観点から労働者側の立証責任の負担を軽減するものである。

　なお，〔伊藤忠商事事件〕東京地判平成 25・1・31（労経速 2185 号 3 頁）では，前掲〔片山組事件〕最判平成 10・4・9 の判旨に基づく主張は，①復職希望者の職種や業務内容が特定されていないこと，及び②復職希望者が他職種において就労できる現実的可能性とその意思の存在という 2 つの要件事実によって構成される別個の再抗弁であると理解されている。もっとも，同事件で裁判所は，「原告は，被告に総合職として雇用されたものであるし，休

VIII 精神疾患の発症による私傷病休職・復職・退職等　Q8

職期間中,一貫して総合職としての復職を希望していたものと認められる」と認定したうえで,総合職以外の配置可能性を吟味することなく,「総合職としての複雑な業務の遂行に堪え得る程度の精神状態にまで回復していたとは,およそ認めるに足りないといわざるを得ないから,原告が被告の総合職としての『他職種』において就労できる現実的可能性についても,同様に立証が尽くされていないというほかない」と説示し,復職希望者の再抗弁を認めなかった。

第 2 部 各　論
第 1 章　労働関係の展開段階ごとのメンタルヘルス Q&A

9　リハビリ出社・リハビリ出勤

Q リハビリ出社・リハビリ出勤とはどのような制度ですか。

A リハビリ出社・出勤とは，休職期間中に，復職へ向けた準備として，あるいは復職の可否を判断するために，一定期間継続して定時に出社したり，出社後に一定時間軽作業をしたりする制度をいう。

解　説

　休職期間中に，復職へ向けた準備として，あるいは復職の可否を判断するために，一定期間継続して定時に出社したり，出社後に一定時間軽作業をしたりする制度を設ける場合がある。単に出社するだけの場合をリハビリ出社，軽作業を行う場合をリハビリ出勤と呼んだりする（以下，合わせて「リハビリ出勤等」という。なお，「模擬出勤」，「通勤訓練」，「試し出勤」等，その呼称は統一されてはいない）。リハビリ出勤等の制度を設けることは，会社の義務ではないので（〔光洋運輸事件〕名古屋地判平成5・7・28労民集40巻4・5号463頁・労判567号64頁・判タ750号192頁），その制度設計には，会社の広い裁量が及ぶ。
　リハビリ出勤等は，休職期間中の復職へ向けた準備措置であるから，通常は，これを実施している間は休職期間が進行することになる。したがって，リハビリ出勤等をしてみたものの，これに堪えられずに再度自宅療養に戻った場合には，休職期間は中断されない。
　リハビリ出社中は無給とするものが多いが，リハビリ出勤については，軽作業とはいえ一定の労働に従事させる以上は，賃金が発生すると考えるべきである。もっとも，その額については，その労働の対価として相当な額を支払えば足りる。これらの点については，やはり就業規則に明記しておくことが望ましい。

Ⅷ　精神疾患の発症による私傷病休職・復職・退職等　**Q9**

　リハビリ出勤等を実施している最中も，会社は従業員に対して安全配慮義務を負っているので，会社は当該従業員の状態を随時観察し，これらの措置によりかえって病状が増悪することのないよう留意する必要がある（以上のほか，リハビリ出勤等については，厚労省が定めた「心の健康問題により休業した労働者の職場復帰支援の手引き」〔平成21・3・23基安労発0323001号〕6（3）「試し出勤制度等」を参照）。

　以上の経過を経て，「復職可能」との医師の診断を得た場合には，休職者を復職させることになる。

第2部　各　論
第1章　労働関係の展開段階ごとのメンタルヘルスQ＆A

10 復職時の業務軽減措置及びそれに伴う賃金減額措置

Q 復職時に業務軽減措置を講じる必要がありますか。また，それに伴い賃金を減額することはできますか。

A 精神疾患に関しては，復職後の負荷によって症状が再発することも少なくないことから，医師や本人の意見を尊重したうえで，復職後しばらくの間は，業務の軽減措置を検討すべきである。業務負荷の軽減措置に伴い賃金を減額するには，就業規則にその旨の規定を置く必要がある。

　解　説　

1　復職時の業務軽減措置

　メンタル不全による休職から職場復帰した従業員に対し，会社がその健康状態に配慮して，あるいは当該従業員の申出により，しばらくは業務の負荷を軽減して就労させることがある。精神疾患に関しては，いったんは治癒したとはいえ，再発することも少なくないことからすれば，安全配慮義務を負う立場の会社としては，復職間もない時期におけるかかる配慮は必要なことである。これらの配慮を欠いた場合には，会社が再発の責任を負わねばならない場合もある。〔ネスレ日本事件〕神戸地判平成9・5・23（労判738号60頁・判タ964号157頁）や〔日本メール・オーダー事件〕東京地判平成16・7・29（労判882号75頁）では，復職後の通常業務によって，傷病の再発と業務との間の因果関係及び会社の安全配慮義務違反が肯定されている（ただし，頸肩腕症候群の事案）。

2 業務軽減措置に伴う賃金の減額

　復職後の業務軽減措置に伴い，これに見合った賃金の減額をすることは許されるか。この点については，就業規則上の根拠の有無が分水嶺になる。すなわち，業務軽減措置に伴い，賃金が減少することや減少額（又はその算定方法）等が明記されていれば，かかる措置も正当化されると解される。これに対し，このような規定がないのであれば，賃金を減額することはできない。ただし，この場合でも，就業規則上，欠勤や早退につき，相当額を賃金から控除することができるのであれば，勤務時間の短縮措置につき，早退等に準じる扱いをすることは許されよう。

　では，業務を軽減することを理由に，あるいはその手段として，復職者を配転したうえで賃金を減額することはどうか。これについても，やはり就業規則上の根拠，すなわち，配転後の職務と賃金との関係が明確に規定されていれば，これに基づき賃金を減額することは可能と解される。〔デイエファイ西友事件〕東京地決平成9・1・24（判時1592号137頁）では，裁判所は，「配転と賃金とは別個の問題であって，法的には相互に関連しておらず，労働者が使用者からの配転命令に従わなくてはならないということが直ちに賃金減額処分に服しなければならないということを意味するものではない。使用者は，より低額な賃金が相当であるような職権への配転を命じた場合であっても，特段の事情のない限り，賃金については従前のままとすべき契約上の義務を負っているのである。」と判示して，配転が賃金減額の根拠とならないことを示したが（ただし，勤務態度の不良を理由とする配転であり，復職に際しての配転ではない），これを反対解釈すれば，就業規則上，配転と賃金が結びついている場合には，双方は「法的に相互に関連」しているものとして，賃金減額の根拠となるといえよう。

　さらには，業務の軽減を理由に降格をし，これとともに賃金を減額する場合はどうか。降格には，職制上の役職を下げるものと，職能資格制度上の資格を下げるものの2種類があり，このうち前者は就業規則上の定めがなくてもできるが（〔星電社事件〕神戸地判平成3・3・14労判584号61頁・判タ771号139

第2部 各　　論
第1章　労働関係の展開段階ごとのメンタルヘルスQ＆A

頁），後者は就業規則上の根拠が必要だとされている（〔アーク証券事件〕東京地決平成8・12・11労判711号57頁・判タ949号132頁・判時1591号118頁）。もっとも，降格に伴い賃金を減額する際には，いずれの場合であっても，やはり降格後の身分と賃金との関係が就業規則に明記されていなければならない。

　裁判例をみると，就業規則上の根拠がないことを理由に賃金の減額が無効とされた例が目立つ（〔渡島信用金庫（懲戒解雇）事件〕札幌高判平成13・11・21労判823号31頁，〔マルマン事件〕大阪地判平成12・5・8労判787号18頁）。

■就業規則規定例

> 第○条　復職後の職務内容，勤務時間その他の労働条件に関しては，休職の直前のもの（ただし，休職の直前に業務の軽減措置がとられていた場合は，同措置がとられる前の業務。以下同じ）を基準とする。ただし，傷病からの回復の程度等，諸般の事情を考慮し，復職時に休職の直前と同程度の質及び量の業務に復することが困難であり，業務の軽減等の措置をとる場合には，その措置の程度に応じた降格や給与の減額等の調整をすることがある。

Ⅷ 精神疾患の発症による私傷病休職・復職・退職等　Q11

11 休職期間の通算制度及び休職期間の通算規定と就業規則の不利益変更

Q 休職・復職を繰り返す者について，休職期間を通算することはできますか。また，休職期間の通算規定を設けることは，就業規則の不利益変更にあたりますか。

A 就業規則に明記すれば，休職期間の通算は可能である。ただし，通算が就業規則の不利益変更にあたる場合には，労働契約法10条所定の手続によることが必要である。

──解　説──

1　休職期間の通算制度

　休職期間中に傷病が治癒した場合，当該休職者は復職することになるが，復職後に症状が再発するということも，こと精神疾患に関してはたびたび起きることである。この場合，就業規則に通算規定（初回の休職と2回目の休職の期間を通算する旨の規定）がない場合には，改めて欠勤→休職というプロセスを経て，就業規則に定めた休職期間が再度開始することになる。

　近年，このように休職と復職を繰り返すという事例が多発し，その対策が急務となっている。そこで多くの企業では，復職しても，それまでの休職期間の残日数が元に戻るのではなく，2回目の休職の期間を当該残日数に制限するという内容の規定を置くようになってきている。また，休職発令の前段階である欠勤期間についても，一定期間内に断続的な欠勤があった場合には，これを通算することとしたり，復職者については再度の休職に至るまでの欠勤期間を短縮したりして，休職を発令しやすくする内容の規定を置く場合もある。これらの対策によって，従業員が休職と復職を延々と繰り返すと

333

第2部 各　論
第1章　労働関係の展開段階ごとのメンタルヘルスQ＆A

いう事態を，かなりの程度防止することができる。

2　休職期間の通算規定と就業規則の不利益変更

　もっとも，既に休職制度を設けている企業において，新たに通算規定を定める場合には，就業規則の不利益変更の問題が生じる。この点については，〔野村総合研究所事件〕東京地判平成20・12・19（労経速2032号3頁）において，裁判所は，欠勤期間の通算を容易にする内容の規則の変更（旧規定では，「欠勤後一旦出勤して3か月以内に再び欠勤するとき……は，前後通算する」となっていたのを，「欠勤後一旦出勤して6か月以内または，同一ないし類似の事由により再び欠勤するとき……は，欠勤期間は中断せずに，その期間を前後通算する」という内容に変更した）は，労働者にとって不利益な変更であることを否定できないとしつつも，「近時いわゆるメンタルヘルス等により欠勤する者が急増し，これらは通常の怪我や疾病と異なり，一旦症状が回復しても再発することが多いことは被告の主張するとおりであり，現実にもこれらにより傷病欠勤を繰り返す者が出ていることも認められるから，このような事態に対応する規定を設ける必要があったことは否定できない。……そうすると，この改定は，必要性及び合理性を有するものであり，就業規則の変更として有効である」と判示し，その効力を認めた。同判決が示すとおり，休職期間や欠勤期間を通算することは必要かつ合理的な措置というべきであり，労働契約法10条に定める適正な手続の下で規則を改定すれば，極端に復職が困難となるような内容でない限り，通算規定の効力が否定される事態は想定しづらいと考えられる。

■就業規則規定例

> 第〇条　復職した従業員が，同一又は同種の傷病により，以下の各号の一に該当する場合には，会社は従業員に対し，再度休職を命ずることができる。
> 第〇号　復職後〇か月を経過するまでの間に，欠勤，遅刻又は早退の合計日数が〇〇日に達した場合
> 　2　再度の休職期間は，初回の休職期間から復職前の休職日数を控除した残りの期間とする。

Ⅷ 精神疾患の発症による私傷病休職・復職・退職等 **Q12**

12 休職期間の満了に伴う自然退職規定・休職開始前や休職期間満了前の解雇の有効性

Q 休職期間の満了に伴う自然退職規定は有効ですか。また，休職開始前や休職期間満了前に解雇することは可能ですか。

A 「休職期間満了時に休職事由が消滅していないときは，自動的に退職する」旨の就業規則の定めは有効である。また，傷病が休職期間中に治癒しないことが客観的に明らかである場合には，休職を命じることなく，もしくは休職中その満了を待たずに，普通解雇することも可能である。

解　説

1　休職期間の満了に伴う自然退職規定の有効性

　休職期間が満了しても復職が困難である場合には，就業規則に基づき解雇又は自然退職となる。解雇通知の発信やその到達が不要となる点で，解雇より自然退職とする方が簡便であり，通知の不到達に起因する無用な紛争を回避することもできる。また，解雇予告手当を支払う義務が生じないという点でも，自然退職とした方が会社には有利である。

　自然退職規定の有効性については，〔学校法人電気学園事件〕東京地判昭和30・9・22（労民集6巻5号588頁・判タ51号52頁）等でその効力が肯定され

■就業規則規定例

> 第○条　休職期間が満了しても休職事由が消滅しない場合には，従業員は，休職期間の満了をもって退職する。

ている。

2 休職開始前や休職期間満了前の解雇の有効性

休職制度の適用のある従業員であっても、傷病が休職期間中に治癒しないことが客観的に明らかであれば、休職開始前に、もしくは休職期間中その満了を待たずに、当該従業員を解雇することができるだろうか。休職制度が解雇猶予のための措置であることからすれば、このような解雇も正当化されるものと解される。〔岡田運送事件〕東京地判平成 14・4・24（労判 828 号 22 頁）では、休職開始を待つことなく、脳梗塞を発症した従業員を会社が解雇したという事案につき、裁判所は、「休職制度があるからといって、直ちに休職を命じるまでの欠勤期間中解雇されない利益を従業員に保障したものとはいえず、使用者には休職までの欠勤期間中解雇するか否か、休職に付するか否かについてそれぞれ裁量があり、この裁量を逸脱したと認められる場合にのみ解雇権濫用として解雇が無効となると解すべきである。」としたうえで、「仮に休職までの期間 6 か月及び休職期間 3 か月を経過したとしても就労は不能であったのであるから、被告が原告を解雇するに際し、……休職までの欠勤期間を待たず、かつ、休職を命じなかったからといって、本件解雇が労使間の信義則に違反し、社会通念上、客観的に合理性を欠くものとして解雇権の濫用になるとはいえない。」と説示して、解雇を有効とした。

ただし、上記の事例や交通事故等で重篤な後遺症が残った場合などはともかく、精神疾患については慎重に判断すべきであろう。〔K 社事件〕東京地判平成 17・2・18（労判 892 号 80 頁）では、会社が躁うつ病の従業員を「休職しても良くなる見込みはない」として解雇したのに対し、裁判所は、「治療により回復する可能性がなかったということはできない」として、その効力を否定した。この事案では、被解雇者は、一度休職し、復職した後で症状が再発したという事情があったのだが、会社においては、医師から「休職期間中に回復が見込めない」旨の意見を得ていたわけでもなかった。休職期間中に治癒しないことの立証責任は、会社が負うべきところ、この証明には、当然ながら医師の診断書を要する。

Ⅷ 精神疾患の発症による私傷病休職・復職・退職等　**Q12**

■就業規則規定例

> 第○条　休職期間中に治癒する見込みがないと認められる場合には，会社は，従業員の申請にかかわらず，休職を命じることなく，当該従業員を解雇することがある。

第 2 部　各　論
第 1 章　労働関係の展開段階ごとのメンタルヘルス Q & A

13　うつ病等に罹患し，頻繁に欠勤している従業員に対して退職勧奨することは可能か

Q　うつ病等の精神疾患が原因で，頻繁に欠勤している従業員に対し，退職勧奨することは可能でしょうか。

A　退職を勧奨すること自体は違法ではないので可能だが，これを執拗に繰り返したり，侮辱的な言辞を用いたりした場合には，勧奨行為は違法性を帯びる。また，私傷病休職制度がある場合には，制度の存在とその内容を告知すべきであり，これをしないまま単に退職を勧めることは適切ではない。

［　解　説　］

　退職勧奨は，基本的に使用者が社員に自発的な退職を促すものであり，それ自体を直ちに違法ということはできないが，「労働者に対して不当な心理的圧力を加えたり，又は，その名誉感情を不当に害するような言辞を用いることによって，その自由な退職意思の形成を妨げることは許されず，そのようなことがされた退職勧奨行為は，もはや，その限度を超えた違法なものとして不法行為を構成することとなる」（〔兵庫県商工会連合会事件〕神戸地姫路支判平成 24・10・29 労判 1066 号 28 頁）。例えば，従業員が退職しない意思を明確にしているにもかかわらず，執拗に退職勧奨を続けることは，当該従業員に対し不当な心理的圧力を加えるものと評価される。
　精神疾患を理由とする退職勧奨は，業務の遂行が困難である以上，一応合理的な理由がないとはいえないし，その手段が穏当なものである限りは，従業員の自由な意思の形成を不当に妨げるものでもない。しかしながら，会社に私傷病休職制度がある場合には，当該従業員に対し，少なくとも制度の存在とその内容を告知し，これを利用するか否かの判断をゆだねる必要があろ

Ⅷ　精神疾患の発症による私傷病休職・復職・退職等　**Q13**

うと思われる。

　事案は幾分異なるが，その言動から明らかに精神的な不調を抱えていると思われる欠勤者に対し，精神科医の受診を命じたり，診断結果に基づく休職等の処分を検討したりすることなく，会社が正当な理由のない欠勤と断じて諭旨退職処分とした事案において，裁判所は，「精神的な不調のために欠勤を続けていると認められる労働者に対しては，精神的な不調が解消されない限り引き続き出勤しないことが予想されるところであるから，使用者である上告人としては，その欠勤の原因や経緯が上記のとおりである以上，精神科医による健康診断を実施するなどした上で……，その診断結果等に応じて，必要な場合は治療を勧めた上で休職等の処分を検討し，その後の経過を見るなどの対応を採るべきであり，このような対応を採ることなく，被上告人の出勤しない理由が存在しない事実に基づくものであることから直ちにその欠勤を正当な理由なく無断でされたものとして諭旨退職の懲戒処分の措置を執ることは，精神的な不調を抱える労働者に対する使用者の対応としては適切なものとはいい難い」と判示し，同処分を無効とした（〔日本ヒューレット・パッカード事件〕最判平成24・4・27労判1055号5頁・判タ1376号127頁・判時2159号142頁）。

　この考え方からすれば，精神疾患を理由に退職勧奨をする場合でも，休職制度を利用するか，これを利用せずに退職するかを従業員に選択させることが，使用者として尽くすべき最低限の措置だと考えられる。休職制度を告知せずに退職勧奨をした場合には，退職後に従業員が，意思表示の瑕疵を主張したり，自由な意思ではなかったと主張したりして，退職の効力を争ってくることが多分に想定される。このほか，少なくとも会社は，制度利用に関する期待権侵害等の不法行為責任を追及されることがあり得る。精神疾患を抱えている以上，就業規則に休職の手続が明記されていることをもって，従業員の自己責任を主張することは困難であろう。

　なお，精神疾患に罹患している従業員に対し，執拗に退職勧奨を繰り返したり，侮辱的な言辞を用いて勧奨したりした場合には，疾患の増悪を理由に別途損害賠償を求められることも想定されるので注意が必要である。

第 2 部　各　　論
第 1 章　労働関係の展開段階ごとのメンタルヘルス Q & A

14　休職・復職に関し，会社がなすべき予防的措置

Q　休職・復職に関し，会社がなすべき予防的措置とはどのようなものですか。

A　日常の安全衛生管理体制の整備は別論として，まずは就業規則や関係諸規程の整備が肝要である。

〔　解　説　〕

　Q1から**Q13**を踏まえると，日常の安全衛生管理体制の整備は別論として，休職・復職の問題に関して会社のなすべき予防措置というのは，就業規則や関係諸規程の整備に尽きるといっても過言でないように思われる。すなわち，①休職命令を発令する条件，②受診命令を発令する条件，③診断書等の随時提出義務，④会社指定医の受診義務，⑤主治医の診療記録等の開示義務，そして⑥休職期間や欠勤期間の通算規定等を定めておくことが有用であり，これらの規定によって，休職と復職をめぐる紛争の大半を早期に解決することができるものと考えられる。

　ただし，就業規則等を整備したとしても，精神疾患の発症が疑われる従業員や休職者に対し，会社が直ちに上記のような業務命令を発し，これに従わない場合には処分を行うといった運用をすべきでないことは当然である。当該従業員との間の信頼関係を維持するためには，まずは穏当な方法で休職等に関する会社の考え方を伝え，これに従うよう忍耐強く促すことが肝要である。このような努力によって従業員が会社の態度を評価すれば，紛争化のリスクを回避しやすくなり，結果として会社の負担も小さくなる場合が多い。これに対して，会社の側でいたずらに対決姿勢を強めれば，紛争化リスクは

高まるうえ，このような態度は，後の訴訟等においても不利な事情となりかねない。

■岩野　高明■

第 2 部　各　論
第 1 章　労働関係の展開段階ごとのメンタルヘルス Q&A

IX　過労自殺等が起きた場合の実務対応

1　過労自殺の労災認定をめぐる問題

Q　過労自殺案件の労災認定での留意点を教えてください。

A　「労働者による故意による死亡」ではないとされるために「故意の欠如」の推定が認められるか否かが最大の留意点となる。

［解　説］

　自殺の労災認定については，「労働者による故意による死亡」として，労災保険給付の支給対象とされないことが多い（労災保険法12条の2の2第1項）。しかし，精神障害に関する平成11年9月に「心理的負荷による精神障害等に係る業務上外の判断指針」（平成11・9・14基発544号）（以下，本節において「判断指針」という）が示されて以降，業務により ICD‒10 の F0 から F4 に分類される精神障害を発病したと認められる者が自殺を図った場合には，精神障害によって正常な認識，行為選択能力が著しく阻害され，あるいは自殺行為を思いとどまる精神的抑制力が著しく阻害されている状態に陥ったものと推定し，業務起因性を認めるとされるようになった（菅野463頁）。

　なお，この判断指針は，平成21年4月に改正され，その後平成23年12月には「心理的負荷による精神障害の認定基準」（平成23・12・26基発1226第

Ⅸ 過労自殺等が起きた場合の実務対応 **Q1**

1号）（以下，本節において「認定基準」という）が示され，その結果「判断指針」は廃止されることとなり，現在はこの「認定基準」で運用されている。認定基準によれば，過労自殺の場合の労災認定においては，下記のような過程により，労災認定で行われることとなっており，判断指針による取扱いが引き継がれている。

業務における心理的負荷 → 業務上の障害 → 故意の欠如の推定 → 自殺 → 労災認定

以下，裁判例を概観する。

自殺の労災認定をめぐる類型には，①いわゆる過労自殺の類型（過労自殺型）と，②業務上の傷病により療養中の労働者がその疾病の苦痛・増悪等を理由にうつ病になり自殺する類型（業務上傷病原因型）がある。

旧労働省は，まず，②の類型の労災認定について，「自殺が業務上の負傷又は疾病に発した精神異常のためかつ心神喪失の状態において行われ，しかもその状態が当該負傷又は疾病に原因しているときのみを業務上の死亡」とする旨の通達を示していた（昭和23・5・11基発1391号）。そして，裁判例は，この基準よりは緩やかに，業務上の負傷と傷病との間の「明確かつ強度の因果関係」（〔佐伯労基署長控訴事件〕福岡高判平成6・6・30判タ875号130頁）あるいは「相当因果関係」（〔岸和田労基署長事件〕大阪地判平成9・10・29労民集48巻5・6号584頁・労判728号72頁・判タ962号145頁）が認められれば足りるとしたが，結論的には，因果関係を否定した。

これに対して，①の過労自殺型の場合について，従前，厚労省は，前述の昭和23年5月11日基発第1391号通達の立場を堅持して，極めて例外的にしか労災認定をしてこなかった（昭和59・2・14基収330号等）。しかし，裁判例は，海外出張中の新入社員の入社後間もなくの2か月に及ぶインド出張中の自殺について，現地でのトラブルから反応性うつ病にかかり自殺したとして，業務上の理由によるものとして，ストレスなどによる自殺について労災保険の適用を裁判上初めて認めたほか（〔加古川労基署長事件〕神戸地判平成8・

343

第2部 各 論
第1章 労働関係の展開段階ごとのメンタルヘルスQ＆A

4・26労判695号31頁・判タ926号171頁)，〔大町労基署長事件〕長野地判平成11・3・12（労判764号43頁・判タ1059号144頁）も，過労死判例における緩やかな労災認定基準である「内在危険現実化説」を，労働者の反応性うつ病罹患と業務との関係に援用し，従来の過労自殺の判断枠組みをより柔軟にした。同判決では，過労自殺に関しても，従来，過労死に関していわれているとおり，業務の過重性の存否が決め手となり，それが，医学経験則上，反応性うつ病を罹患させるに足りる程度又はそれを発生させ得る高度の蓋然性を有する程度に認められれば，反応性うつ病は業務に内在した危険の現実化と推認され，他にその関係を否定する特段の事情のない限り，業務と反応性うつ病罹患と，さらには，その自然的経過としての自殺行動・その結果（死亡・負傷）との相当因果関係を認め得るところとなる，とされた。

　このような流れを受け，旧労働省も，平成11年9月14日に判断指針を公表しそれが，①対象疾病を発病していること，②対象疾病の発病前おおむね6か月の間に，業務による強い意心理的負荷が認められること，③業務以外の心理的負荷及び個体側要因により対象疾病を発病したとは認められないことのいずれの要件も満たす精神障害を業務上と認め，自殺については，前記精神障害においては，病態として自殺念慮が出現する蓋然性が高いとされていることから，業務による心理的負荷によってこれらの精神障害が発病したと認められる者が自殺を図った場合には，精神障害によって正常の認識，行為選択能力が著しく阻害され，又は自殺を思いとどまる精神的な抑制力が著しく阻害されている状態で自殺したものと推定し，業務起因性を認めることとする認定基準に引き継がれたのである。なお，また，判断指針の対象疾病のうち，主として業務に関連して発病する可能性のある精神障害は，ICD-10のF0からF4に分類される精神障害とされており，これは，旧基準及び従前の労災認定の実態がおおむねうつ病等（ほぼF4の分類）に限定されていたことからすると認定対象を拡大したものと評価されるが，いわゆる心身症は，認定基準においても対象疾病には含まれていない。しかし，心身症による自殺については，過労自殺損害賠償事件においてではあるが，既に，心身症と自殺との因果関係を定め，企業の損害賠償責任を認めるものもあり

Ⅸ　過労自殺等が起きた場合の実務対応　**Q1**

(〔東加古川幼児園事件〕大阪高判平成 10・8・27 労判 744 号 17 頁・判時 1685 号 41 頁)，今後，同基準の改正もあり得るところである。

第 2 部 各　論
第 1 章　労働関係の展開段階ごとのメンタルヘルス Q & A

2　労働者の健康に影響を及ぼす長時間労働

Q 業務における心理的負荷が強く労災認定と評価されるのはどの程度の時間外労働時間数が基準となりますか。

A 認定基準によれば，①発症直前の 1 か月に 160 時間以上ないしは発症直前の 3 週間に 120 時間以上，②発症直前の 2 か月連続して 120 時間以上ないしは 3 か月連続して 100 時間以上，③他の出来事の前後に恒常的な月 100 時間程度の時間外労働があった等の場合に，労災認定されることになる。

［解　説］

　現行の認定基準においては，長時間労働に従事することが精神障害発病の原因になり得ることから，長時間労働を次のとおりの 3 つの視点から評価する。
① 「特別な出来事」としての「極度の長時間労働」
　発病直前の極めて長い労働時間を評価する。
　【「強」となる例】
　・発病直前の 1 か月におおむね 160 時間以上の時間外労働を行った場合
　・発病直前 3 週間におおむね 120 時間以上の時間外労働を行った場合
② 「出来事」としての長時間労働
　発病前の 1 か月から 3 か月間の長時間労働を出来事として評価する。
　【「強」となる例】
　・発病直前の 2 か月間連続して 1 か月当たりおおむね 120 時間以上の時間外労働を行った場合

Ⅸ 過労自殺等が起きた場合の実務対応 **Q2**

　・発病直前の3か月間連続して1か月当たりおおむね100時間以上の時間外労働を行った場合
③　他の出来事と関連した長時間労働
　出来事が発生した前や後に恒常的な長時間労働（月100時間程度の時間外労働）があった場合，心理的負荷の強度を修正する要素として評価する。
【「強」となる例】
　・転勤して新たな業務に従事し，その後月100時間程度の時間が労働を行った場合
　　なお，上記の各時間外労働時間数は目安であり，この基準に至らない場合でも，心理的負荷を「強」と判断することがあることには留意する必要がある。
このようなことから考えれば，使用者側からすれば，おおよその基準ではあるが，過労死や過労自殺に該当する労災事故が起きないようにするためには，次のような基準が一般的に定立できると思われる。
①　毎月の時間外労働は，多くても100時間以内までとしておくこと。
②　月100時間以上になる月があっても，これを連続で行わないようにする。
③　いくら多くても，月160時間は超えないようにする。

第2部 各　　論
第1章　労働関係の展開段階ごとのメンタルヘルスQ＆A

3　労働者の健康に影響を及ぼす職場のストレス要因（セクハラ，パワハラ等）

Q　最近，長時間労働以外にも精神疾患等の原因がクローズアップされていますが，どのような要因があげられますか。

A　セクハラやパワハラ，そして職場における「いじめ」が挙げられる。

解　説

　労働者が，身体の健康だけでなく，精神的な面からも健康で業務を遂行できるようにするためには，労働時間が適正に保たれているだけでなく，職場における対人関係も含めた職場環境が良好に保たれている必要があるが，この職場における対人関係にトラブルが生じると，そこから心の健康が害され，時と場合によれば，それを原因として，労働者が精神疾患に罹患してしまうことがある。

　そのような場合として，まず，あげられるのが，職場における「セクハラ」である。セクハラは，判断指針においても，職場における心理的負荷を評価する際の出来事の類型として，対人関係のトラブルが挙げられており，その具体的出来事として明記されているが，その後，厚労省は，「セクシュアルハラスメントによる精神障害等の業務上外の認定について」（平成17・12・1基労補発1201001号）において，前記判断指針におけるセクハラのとらえ方や心理的負荷の強度の評価について統一を図るための見解を示したが，その中で，「職場の上司，同僚，部下，取引先等との通常の人間関係から生じる通例程度のストレスは出来事として評価すべきではないが，セクシュアルハラスメントなど特に社会的にみて非難されるような場合には，原則として

348

業務に関連する出来事として評価すべきである」と説明している。

認定基準によれば，セクハラ事案における労災請求に際しては，心理的負荷の評価について，次の事項に留意する必要があるとされている。

① セクハラ被害者は，勤務を継続したいとか，セクハラ行為者からのセクハラ被害をできるだけ軽くしたいとの心理などから，やむを得ずセクハラ行為者に迎合するようなメール等を送ることやセクハラ行為者の誘いを受け入れることがあるが，これらの事実がセクハラを受けたことを単純に否定する理由にならないこと。

② セクハラ被害者は，被害を受けてからすぐに相談行動をとらないことがあるが，この事実が心理的負荷が弱いと単純に判断する理由にはならないこと。

③ セクハラ被害者は，医療機関でもセクハラを受けたということをすぐに話せないこともあるが，初診時にセクハラの事実を申し立てていないことが心理的負荷が弱いと単純に判断する理由にはならないこと。

④ セクハラ行為者が上司でありセクハラ被害者が部下である場合，前者が正規職員であり，後者が非正規労働者である場合等，セクハラ行為者が雇用関係上セクハラ被害者に対して優越的な立場にある事実は，心理的負荷を強める要素となり得ること。

次に挙げられるのが，職場における「パワハラ」である。パワハラについては，一般的には，「同じ職場で働く者に対して，職務上の地位や人間関係などの職場内の優位性を背景に業務の適正な範囲を超えて精神的・身体的苦痛を与える又は職場環境を悪化させる行為」（平成24年3月15日「職場のパワーハラスメントの予防・解決に向けた提言」職場のいじめ・嫌がらせ問題に関する円卓会議）と定義されよう。より具体的にいえば，部下の人間性を否定するような叱咤激励をするとか，怒鳴り散らして指導するとか，上司の思うように動かない部下に対して嫌味をいったり，不利益な取扱いをしたりするようなことがこれに該当する。

認定基準には，パワハラに関しては，後述するように，別表1「業務による負荷評価表」出来事類型29項において触れられている（第2部第1章Ⅶ末掲

第2部 各　論
第1章　労働関係の展開段階ごとのメンタルヘルスQ&A

載の別表1参照）。

　なお，最近，パワハラによる自殺事案での労災認定裁判例が続出しているのは注目に値する。

　その契機となったのが，〔国・静岡労基署長（日研化学）事件〕東京地判平成19・10・15（労判950号5頁・判タ1271号136頁）であり，被災者がうつ病になり自殺したのは「上司の言動で過重な心理的負荷を受け，精神疾患を発症させた」として労災を認め，遺族補償給付を支給しなかった静岡労基署長の処分を取り消した。その後，同様な裁判例として，〔名古屋南労基署長（中部電力）事件〕名古屋高判平成19・10・31（労判954号31頁・判タ1294号80頁），〔国・奈良労基署長（日本ヘルス工業）事件〕大阪地決平成19・11・12（労判958号54頁），〔国・渋谷労基署長事件〕東京地判平成21・5・20（労判990号119頁・労タ1316号165頁・判時2059号146頁）があげられる。

　最後にあげられるのが，職場における「いじめ」である。職場には，いろいろな個性をもった労働者が多数集まって働いており，気の合わない者同士が一緒に仕事をすることもままあることであることから，本来仕事の場である職場では行ってはならない「いじめ」が社員間で行われることが，不可避的に生じてくる。いじめによる自殺が問題となった判例でも，使用者側の安全配慮義務の存否が争われたが，使用者側のいじめ防止義務が認められている（〔川崎市水道局事件〕東京高判平成15・3・25労判849号87頁，〔誠昇会北本共済病院事件〕さいたま地判平成16・9・24労判883号38頁）。

　この3つの要因は，事案においては，複合的要因として現れる場合も多く，注意する必要があるが，特に，「パワハラ」と「いじめ」に関しては，複合的要因となることが多く，厚労省は，「上司の『いじめ』による精神障害等の業務上外の認定について」と題する通達（平成20・2・6基労補発0206001号）が示すように，業務指導の範囲を逸脱した上司のいじめ（パワハラ）によって精神障害が発症した場合，その業務上外認定は，従来の「職場における心理的負荷評価表」の「上司とのトラブルがあった」に該当するとしての心理的負荷の強度は「II」で事情により修正して「III」と評価していたが，その後，平成21年に判断指針が一部改正され，「ひどい嫌がらせ，いじめ，又

は暴行を受けた」という項目が追加され，平均的な心理負荷の強度が「Ⅲ」と認定された経緯がある。厚労省は，判断指針の一部改正において，上司からの嫌がらせやいじめなどについて，その内容・程度が業務指導の範囲を逸脱し，人格や人間性を否定するような言動が認められれば，当該項目で評価すると説明し，この態度を，認定基準別表1出来事類型29項でも維持している。

なお，認定基準においては，セクハラ，パワハラ，いじめのように，出来事が繰り返されるものについては，発病の6か月よりも前にそれが開始されている場合でも，発病前6か月以内の期間にも継続しているときは，開始時からのすべての行為を評価の対象とすることになっている点には留意すべきである。

第2部 各　　論
第1章　労働関係の展開段階ごとのメンタルヘルスQ&A

4　基礎疾患のある労働者の過労死・過労自殺への対応

Q 被災労働者に基礎疾患が存在する場合，労災認定は認められないのですか。

A 被災労働者の基礎疾患によって対象疾病が発病したことが医学的に明らかであると判断できなければ労災認定を受けることができる余地がある。

解　説

　被災労働者に基礎疾患が存在する場合，労災認定は認められないかといえば，必ずしもそういうわけではない。判断指針の公表後においても，業務起因性の行政基準としては，「業務による明らかな過重負荷が加わることによって，血管病変等がその自然経過を超えて著しく増悪し，脳・心臓疾患が発症する場合があり，そのような経過をたどり発症した脳・心臓疾患は，その発症にあたって，業務が相対的に有力な原因であると判断し，業務に起因することの明らかな疾病として取り扱うものである」として，相対的有力原因説が維持されていることから，基礎疾患の存在だけで，業務起因性が否定されることはないといってよかったが，認定基準によっても，個体側要因の評価として，その存在が確認できた場合は，それが発病の原因であると判断することの医学的な妥当性を慎重に検討して，「業務以外の心理的負荷または個体側要因によって発病したことが医学的に明らかであると判断できない場合」であるか否かについて判断することになる。業務による強い心理的負荷が認められる事案であって個体側要因によって発病したことが医学的にみて明らかな場合としては，例えば，就業年齢前の若年期から精神障害の発病と

IX 過労自殺等が起きた場合の実務対応　Q4

寛解を繰り返しており，請求に係る精神障害がその一連である場合や，重度のアルコール依存状況がある場合等がある。このような場合に該当すれば，労災認定は不可能である。

第2部 各 論
第1章 労働関係の展開段階ごとのメンタルヘルスQ&A

5　メンタル不調・精神疾患再発への対応

Q メンタル不調者が休職期間が満了するので，職場に復帰したいと申し出てきました。今後の労務管理上，留意すべき点を教えてください。

A 休職前の業務が提供できない場合でも「治癒」が認められる場合もあるので他の業務への従事可能性や本人の意思，あるいは業務軽減措置をとって休業前の業務に従事させることの可能性等を総合的に考慮して判断すべきである。なお，労災により休職していたメンタル不調者の場合は認定基準「第7」による取扱いを十分に留意する必要がある。

解　説

　まず，復帰する条件として，休職の原因となっていた精神疾患が「治癒」しているかどうかの判断をしなければならない。この点，最高裁においては，バセドウ病に罹患し，現場作業に従事できないと申し出た労働者に対し，休職命令を発し，復帰までの4か月間を欠勤扱いとして賃金を支給しなかった使用者に対する賃金請求の事例で，労働契約締結の時点で職種や業務内容を特定していない場合には，たとえ従前の業務が提供できないとしても，労働者の能力・経験・地位，企業の規模，業種，労働者の配置，異動の実情及び難易等に照らして，労働者が配置される現実的可能性があると認められる他の業務について労務の提供をすることができ，かつその業務の提供を申し出ているならば，債務の本旨に従った履行の提供があるといえると判断するに至り（〔片山組事件〕最判平成10・4・9労判736号15頁・判タ972号122頁・判時1639号130頁），その後の判例実務に大きな影響を与えることとなっ

IX 過労自殺等が起きた場合の実務対応 **Q5**

た。この〔片山組事件〕最高裁判決から得るべき実務上の指針としては，休職を命じていた従業員の復職可能性の判断にあたっては，労働契約締結時に職種が限定されておらず，他の業務も存在する相当程度の規模の会社においては，休職前の業務への復帰は不可能であっても，当該従業員が他の業務へ従事することは可能か，異動の実情に照らし，従業員への他の業務への配置は可能か，あるいは業務軽減措置をとって休職前の業務に従事させることができないか，そうした場合のコストはどのくらいかかるかを総合的に検討のうえ，判断しなければならないということである。

　なお，以上のことは，職種を限定していない社員のことを前提としているが，職種を限定している社員の場合であれば，従前の業務を通常程度に遂行できない場合は，原則として労働契約に基づく債務の本旨に従った履行の提供はできない状況にあると考えることができるものの，ほかに現実的に配置可能な部署ないし担当できる業務が存在し，会社の経営上もその業務を担当させることにそれほど問題がないときは，例外的に，会社は，社員が希望する限りは，ほかに現実的に配置可能な部署ないし担当できる業務に就かせなければならないことになる（〔カントラ事件〕大阪高判平成14・6・19労判839号47頁）。

　復職が可能かどうかを使用者が判断する際の具体的な手続としては，復職可能を証明する診断書を労働者に提出させ，その内容が信用できなければ，主治医への面談を求めるか，労働者に産業医や指定医による診断を受けさせ，復職可能かどうか判断することになろう。主治医への面談や産業医や指定医による診断を拒否する労働者がいた場合の対応については，でき得る限り，就業規則等の内規で，このような場合の主治医面談や産業医や指定医の診断を義務づけるような規定を準備しておき，それを合理的理由もなく労働者が拒否した場合は，復職可能かどうか判断できないことを理由として，復職を認めず，労働者を解雇ないしは退職扱い（規定が必要）することにならざるを得ない。

　なお，復職が可能かどうか判断できない場合に，リハビリ勤務をさせる場合があるが，前述した〔片山組事件〕最高裁判決の趣旨から考えれば，この

355

第2部 各　　論
第1章　労働関係の展開段階ごとのメンタルヘルスQ＆A

ような制度を取り入れて，でき得る限り復職希望者の復職支援をすべきとも考えられ，厚労省の「心の健康問題により休業した労働者の職場復帰支援の手引き」においては，結果として早期の復帰に結びつけることが可能となり，より高い職場復帰率をもたらすことができると指摘し，この制度を推奨している。さらに，平成17年10月より，独立行政法人高齢・障害者雇用支援機構が，全国の地域障害者職業センターで，精神障害で休職していた労働者を対象とした「リワーク支援」を行っており，このような第三者機関を使っての職業復帰支援を行うこともできる。

　なお，認定基準に，療養と治癒に関し，以下のような取扱いが示されており，注意すべきである。

① 　心理的負荷による精神障害は，その原因を取り除き，適切な療養を行えば全治し，再度の就労が可能となる場合が多いが，就労が可能状態ではなくとも治癒（症状固定）の状態にある場合もある。

【例】

・医学的なリハビリ療法が実施された場合には，それが行われている間は療養期間となるが，それが終了した時点で通常は治癒（症状固定）となる。

・通常の就労が可能な状態で，精神障害の症状が現れなくなった又は安定した状態を示す「寛解」との診断がなされている場合には，投薬等を継続している場合であっても，通常は「治癒」（症状固定）の状態にある。

② 　療養期間の目安を一概に示すことは困難であるが，例えば，薬物が奏功するうつ病について，9割近くが治療開始から6か月以内にリハビリ勤務を含めた職場復帰が可能となり，また，8割近くが治療開始から1年以内，9割以上が治療開始から2年以内に治癒（症状固定）となるとする報告がある。

③ 　対象疾病がいったん治癒（症状固定）した後において，再びその治療が必要な状態が生じた場合は，新たな発病として取り扱い，改めて認定要件に基づき業務上外を判断することとなる。

④　治癒後，症状の動揺防止のため長期間にわたり投薬等が必要とされる場合には，アフターケア（平成19・4・23基発0423002号）を，一定の障害を残した場合には，障害補償給付をそれぞれ適切に実施する。

第2部 各　論
第1章　労働関係の展開段階ごとのメンタルヘルスQ＆A

6　精神疾患で何度も休職を繰り返す社員の取扱い

Q 精神疾患で何度も休職を繰り返す社員の取扱いについて，留意すべき点を教えてください。

A このような社員は「業務に耐えられない社員」ということで「普通解雇」することとなるが，解雇権濫用とならないように休職期間が満了し職務復帰が不可能となった場合は，当然退職あるいは普通解雇となる旨を就業規則等に定めておくべきである。

解　説

　休職制度の趣旨が，社内における解雇の猶予制度であるという点から考えると，何度も休職を繰り返す社員は，「身体又は精神の障害等により業務に耐えられないと認められたとき」というような普通解雇事由に該当する場合がほとんどと思われるので，解雇するのが相当と考えられる。解雇の際に，解雇権濫用の法理（労契法16条）が適用されることは，当然である。
　そこで，できるだけ解雇しやすくするためには，休職を繰り返して取得する余地ができるだけないようにすべく，休職規程を整備する必要がある。例えば，「休職後6か月以内に，同一事由もしくは類似事由により欠勤又は不完全な労務提供が認められる場合は，休職とする。ただし，休職期間は残存期間とし，その期間が3か月に満たない場合は3か月とする。」というような規定が妥当であり，休職期間の残存がなくなり，職場復帰が不可能となった段階で，当然退職あるいは普通解雇となる旨を定めておくべきである。
　ただ，この規定の整備の際に注意すべきは，就業規則の不利益変更（労契法10条）として無効にならないよう留意する点である。この点，裁判例で，

Ⅸ　過労自殺等が起きた場合の実務対応　**Q6**

一定日数の欠勤後に休職が命じられる規程をもつ会社で，欠勤日数の前後通算について「欠勤後いったん出勤して3か月以内に再び欠勤するとき」とされていたのを，「欠勤後いったん出勤して6か月以内又は，同一ないし類似の事由により再び欠勤するとき」と変更したことが争われた事件で，「近時いわゆるメンタルヘルス等により欠勤する者が急増し，これらは通常の怪我や疾病と異なり，一旦症状が回復しても再発することが多いことは被告の主張するとおりであり，現実にもこれらにより傷病欠勤を繰り返す者が出ていることも認められるから，このような事態に対応する規定を設ける必要があったことは否定できない。」として，過半数組合の異議がないとの意見も得ている状況を踏まえ，当該変更を有効としている点は注目される（〔野村総合研究所事件〕東京地判平成20・12・19労経速2032号3頁）。

■中　村　　　博■

第2章

係争化した場合・
紛争の段階ごと・紛争予防策の
Q&A

I 労災としての精神疾患，過労自殺等が起こった場合についての基礎 **Q1**

I 労災としての精神疾患，過労自殺等が起こった場合についての基礎

1 労災としての精神疾患，過労自殺等が起こった場合の責任類型

Q 労災としての精神疾患の発症や過労自殺等が起こった場合には，どのような類型の責任が発生しますか。

A 労災が発生した場合に発生する危険のある責任は，①刑事責任（禁錮，罰金などの刑罰），②民事責任（労働基準法上の労災補償責任，労災民事賠償責任），③行政責任（業務停止など），④社会的責任（マスコミなどへの公表など）である。

[解 説]

Iでは，労災の実務を知る基礎として労働災害や職業病（一括して，「労災」ともいう）全般についての基礎知識を確認する（なお，労働災害や職業病全般については，菅野445頁以下，西村健一郎『社会保障法入門〔補訂版〕』（有斐閣，平成22年），西村健一郎『社会保障法』（有斐閣，平成15年）325頁以下，荒木・労働法216頁以下，岩出・講義(下)895頁以下等，及びこれらの引用する文献・判例参照）。

もし不幸にも労災が発生した場合に誰にどのような責任が発生するか。すべての労災に必ず発生するわけではないが，予想される責任類型としては，次の4つがある。

① 刑事責任（禁錮，罰金などの刑罰）

第 2 部 各 論
第 2 章 係争化した場合・紛争の段階ごと・紛争予防策の Q & A

② 民事責任（労働基準法上の労災補償責任，労災民事賠償責任）
③ 行政責任（業務停止など）
④ 社会的責任（マスコミなどへの公表など）

である。

刑事責任としては，労災を発生させると労働安全基準法違反がなかったか労基署の調査が行われ，違反があれば，労働安全衛生法違反のほか刑法211条の業務上過失致死罪に問われることもある。民事責任としては，事業者は過失の有無にかかわらず業務起因性がある限り労働基準法上の災害補償責任を負うが，労災が発生し企業側に落ち度（過失）がある場合には，労働基準法上の災害補償責任に加えて，民法上の損害賠償責任命令等の行政処分が行われることがあり，さらに労基署から是正勧告や厳重注意等の処分を受けることもあり，さらに改善しない場合には刑事責任を問われることがある。社会的責任としては，重大な労災や度重なる労災により顧客からの取引停止等を突きつけられ，さらにマスコミに報道されることで企業の評判が著しく低下する事態に陥ることにもなる。

これらの責任を負うのは，労働契約上の雇い主である事業者（個人企業では事業経営者）であり，実際に法人を運営する事業所長（工場長），部長，課長，係長等であり，事業者より権限委譲を受けた履行補助者である現場監督等である。

Ⅰ 労災としての精神疾患，過労自殺等が起こった場合についての基礎 **Q2**

2　労働基準法・労災保険法による労災補償

Q 労働基準法・労災保険法による労災補償はどのようになされていますか。

A 労働基準法によって労災補償制度が設けられており，同制度による療養補償，休業補償，打切補償，障害補償，遺族補償，分割補償，葬祭料を担保する労災保険による補償給付がなされる。

　解　説　

　労働基準法は，「第8章　災害補償」において，災害補償制度を設けている。労働者が業務上負傷し，疾病にかかり，又は，死亡した場合は，使用者に，療養補償（労基法75条），休業補償（労基法76条），打切補償（労基法81条），障害補償（労基法77条），遺族補償（労基法79条），分割補償（労基法82条），葬祭料（労基法80条）を支給する制度を設け，この制度によって後述**Q5**の民事上の損害賠償請求制度による損害回復の困難を克服し，労働者の保護を図っている。

　しかし，労働基準法による業務上の災害補償制度は，使用者に支払能力がない場合には補塡不能である。労働基準法による業務上労災補償制度の限界を補完するものとして，政府が保険制度として管掌（運営）し，使用者は義務としてこれに加入し保険料を納め，労災を被った労働者がこの保険によって補償を受けられるものが労災保険法に基づく労災保険制度である（労災保険制度全般に関しては，西村健一郎『社会保障法』（有斐閣，平成15年）325頁以下参照）。

　現在，労災補償制度は，労働基準法上の災害補償と労災保険法の2本立て

365

第2部　各　論
第2章　係争化した場合・紛争の段階ごと・紛争予防策のQ＆A

の制度によって営まれているが，両者の調整については，使用者は，労災保険法に基づいて保険給付がなされるべき場合には，その価額の限度において労働基準法上の労災補償の責めを免れる，と規定されている（労基法84条1項）（〔神奈川都市交通事件〕最判平成20・1・24労判953号5頁は，労働者も，労働基準法76条に定める休業補償と同一の事由について，労災保険法12条の8第1項2号，14条所定の休業補償給付を受けるべき場合においては，使用者は，労働基準法84条1項により，同法76条に基づく休業補償義務を免れる，とこの理を確認している）。

　労働基準法上の災害補償の特色としては，①業務上の災害に対する使用者の無過失責任であること（無過失責任），②補償は，療養補償を除き，被災労働者，遺族が実際に被った全損害ではなく，平均賃金に対する定率によって算定されること（賠償額の定額化），③補償の履行が行政官庁の指導，罰則をもって確保される仕組みがとられていることの3点があげられる。

Ⅰ 労災としての精神疾患，過労自殺等が起こった場合についての基礎 **Q3**

3 労働安全衛生法等の違反における制裁

Q 労災における労働安全衛生法等の違反に対して，行政処分・指導・是正勧告等による責任追及はどのようになされますか。また，刑事罰としてはどのような罰が課されますか。

A 行政処分・指導・是正勧告等としては，労働安全関係法規違反の有無に関する調査のための出頭命令（安衛法100条），違反の場合には行政より関係業務計画変更や差止め命令（安衛法88条7項），建設物等の全部又は一部の使用の停止又は変更命令（安衛法98条1項）が下される。刑事罰としては，労働安全衛生法115条の2以下に，各義務の内容に応じて罰則が定められている。

[解 説]

労働安全衛生法等に違反した場合，以下のような制裁がある。

1 行政処分・指導・是正勧告等

労災が起きた場合，労基署により，労働安全のルールを定めた労働安全衛生法，その細則である労働安全衛生規則等の労働安全関係法規の違反の有無に関する調査が行われ，労基署は事業者，労働者，機械等貸与者，建築物貸与者又はコンサルタントに対し，必要な事項を報告させ，又は出頭を命ずることができる（安衛法100条）。

労働安全衛生法や労働安全衛生規則には，事業者（事業を行う者で，労働者を使用する者。個人経営の場合はその事業主）が，労災を防止するために，守らなければならない膨大な規定がある。

上記の調査・報告によりそれらの規定に違反していれば，厚生労働大臣，

第 2 部 各　論
第 2 章　係争化した場合・紛争の段階ごと・紛争予防策の Q & A

都道府県労働局長又は労働基準監督署長が，関係規定に沿って，事業者，注文者，機械等貸与者又は建築物貸与者等に対する関係業務計画変更や差止め命令（安衛法 88 条 7 項），建設物等の全部又は一部の使用の停止又は変更命令を下すことができる（安衛法 98 条 1 項）。

2　刑事罰

　上記 1 の調査により，各違反があるとされた場合で，悪質な違反と認められれば，行政上の指導等にとどまらず，各規定の定める処罰を受けることがある。労働安全衛生法は，最高で，7 年以下の懲役から，300 万円の罰金まで，各義務の内容に応じて罰則を定めている（安衛法 115 条の 2 以下）。

　道路交通法違反でも法律を知らなかったという弁解が通らないように，労働安全衛生法などの違反についても規定を知らなかったでは済まされない。また，労働安全衛生法の特徴として，両罰規定があり（安衛法 122 条），現場の監督者らの労働安全衛生法違反について，法人を含む事業者も一緒に罰せられることがある（例えば，東京労働局の平成 24 年度の労働安全衛生法案件での刑事告発件数は 41 件で，対前年比で 41％も増加している。休業 4 日以上の労災が発生した場合は，そのつど遅滞なく，所轄の労基署に労働者死傷病報告書を提出することになっているところ，労災の発生事実を隠ぺいするため，労働者死傷病報告書を提出しなかったり虚偽内容を記載して提出することを「労災かくし」という。平成 24 年の労災かくしの送検事案は 14 件で過去 10 年間で最高水準であり，労働者死傷病報告書を遅滞なく提出しなかったものが 10 件，虚偽内容を報告したものが 4 件であった。詳細は，厚労省東京労働局平成 25 年 5 月 10 日発表「平成 24 年度司法処理状況の概要について」厚労省 HP 参照）。実際にも，既に，過労死認定，過労死民事責任と絡んだ事案において，健康診断に関する労働安全衛生法違反をめぐる刑事判決が示されている（大阪地判平成 12・8・9 判時 1732 号 152 頁。行政広報誌等の雑誌の編集業等を営む被告法人とその代表者である被告人が，被告人は被告法人の業務に関して，従業員の健康診断を法律どおり実施できる体制を確立せず，独自の経営理念に基づき労働基準法に定める手続を履行しないまま，就業時間についてはフレックスタイム制度を，給与については年俸制度をとっているとし，時間外労働や休日労働について特段の配慮をせず，割増賃金を支払わなか

Ⅰ 労災としての精神疾患，過労自殺等が起こった場合についての基礎　**Q3**

ったとして，労働安全衛生法違反及び労働基準法違反の事案において一切の情状を総合し，いずれも罰金40万円とした事例）。

第2部 各 論
第2章 係争化した場合・紛争の段階ごと・紛争予防策のQ&A

4 労災における刑法上の業務上過失致死傷の罪

Q 労災において，刑法上の業務上過失致死傷の罪が適用されることがありますか。

A 労災においても，刑法上の業務上過失致死傷罪の適用があり得る。

[解 説]

　労災においても，刑法上の業務上過失致死傷の適用があり得る。刑法は「業務上必要な注意を怠り，よって人を死傷させた者は，5年以下の懲役若しくは禁錮又は100万円以下の罰金に処する。」と定めている（刑法211条前段）。

　「業務上必要な注意」とは，事故の発生を予想して，それを防止するための必要な措置を講ずることである。

　労働安全衛生法は，労災の防止のための最低基準を定めており，事業者に対して労災防止の事前予防のための安全衛生管理措置の遵守を求めている。労働安全衛生法3条は，事業者は，「快適な職場環境の実現と労働条件の改善を通じて職場における労働者の安全と健康を確保するようにしなければならない。」としており，ここにいう健康には，心の健康（メンタルヘルス）も含まれている。平成17年の労働安全衛生法改正により面接指導制度が導入され，平成18年には「労働者の心の健康の保持増進のための指針」が公示され，企業がメンタルヘルス対策に取り組むことが法令上も明確に求められている。業務上，労働者の生命，身体，健康に対する危険防止の注意業務を怠って死傷事故を起こした場合，業務上過失致死傷罪（刑法211条）に問われる場合がある。そうなった場合，作業指示を行った上司，管理監督者等に対

して，業務上過失致死罪の嫌疑について警察による捜査が行われることになる。

第2部 各 論
第2章 係争化した場合・紛争の段階ごと・紛争予防策のQ&A

5 労災における被災労働者や遺族からの損害賠償請求

Q 労災において，被災労働者や遺族からの損害賠償請求はどのようになされますか。

A 被災労働者又は遺族は労働安全衛生法違反等があった事業者に対して民法上の損害賠償請求ができる。過失等と損害との因果関係やそれらの存在を主張・立証する責任は被災労働者又は遺族にあることから，民事上の損害賠償請求制度による損害回復は困難を極める。

〔 解 説 〕

1 過失責任主義に基づく損害賠償請求

　労災が生じた場合，その損害について使用者に労働安全衛生法違反などがあって，判例（〔川義事件〕最判昭和59・4・10民集38巻6号557頁・労判429号12頁・判タ526号117頁）やこれを明文化した労働契約法5条の措定する安全配慮義務違反や，不法行為としての責任が発生する場合，被災労働者又は遺族に対して，事業者には民法上の損害賠償義務があり，被災労働者又は遺族は事業者に対して民法上の損害賠償請求ができる構造になっている（第1部Ⅶ1参照）。

　しかし，安全配慮義務違反に基づく債務不履行責任の追及によると，過失責任主義に基づく不法行為制度に基づく賠償請求によるとを問わず，基本的に過失責任主義に基づく損害賠償責任制度の下では，被災者である労働者や遺族が，使用者の故意・過失ないし個別の安全配慮義務の特定（安全配慮義務違反による債務不履行責任により損害賠償を求める場合にも，訴訟の実際の場面では，被災者側に，「安全配慮義務違反の内容を特定し，かつ，義務違反に該当する事実を主張・

Ⅰ　労災としての精神疾患，過労自殺等が起こった場合についての基礎　**Q 5**

立証する責任」があるとされている。例えば，〔航空自衛隊芦屋事件〕最判昭和 56・2・16 民集 35 巻 1 号 56 頁・判タ 440 号 93 頁・判時 996 号 47 頁参照），過失等と損害との因果関係やそれらの存在を主張・立証する必要があり，被災者側にも過失があれば過失相殺によって賠償額が減額され，また，訴訟遂行には，一般的にいって，多くの費用や労力が必要とされるため，民法上の損害賠償制度によってその被害の迅速・簡易な回復を図ることは困難な場合も少なくない。

2　労災保険があっても，被災労働者や遺族から損害賠償請求が起こる

また，労災保険があっても，被災労働者や遺族は，①企業に対する損害賠償請求や，②民法 536 条 2 項に基づく全額の賃金請求を求めることができる場合がある。

事業者に労働安全衛生法違反などの過失があって，判例（前掲〔川義事件〕最判昭和 59・4・10）やこれを明文化した労働契約法 5 条の指定する安全配慮義務違反や，不法行為として責任が発生する場合，労災保険給付でカバーされない損害については，前述の労働者側の負担はあるものの，事業者には民法上の損害賠償義務があり，被災労働者又は遺族は事業者に対して次の 3 の請求も含めて民法上の損害賠償請求ができる構造になっている。このため，事業主としては，労災発生の場合，常に，この賠償請求を受けるリスクがある。

3　平成 23 年高裁判決

ただし，労災認定されたことが当然に労災事故そのものの存在や使用者の賠償責任を肯定することに直結するものではない（例えば，〔ユニプラ事件〕東京高判平成 22・10・13 労経速 2087 号 28 頁や〔佃運輸事件〕神戸地姫路支部判平成 23・3・11 労判 1024 号 5 頁では，労災認定がされながら労災賠償責任は否定されている）。

注目すべきは，最近，有力学説において，労災民事賠償事件の上記 2 ②の賃金全額の請求原因として，民法 536 条 2 項「債権者の責めに帰すべき事由によって債務を履行することができなくなったときは，債務者は，反対給付

第2部 各 論
第2章 係争化した場合・紛争の段階ごと・紛争予防策のQ&A

を受ける権利を失わない。」の帰責事由(債権者の責めに帰すべき事由)が，上記2①の場合の過失・帰責事由と変わらないとして，同項に基づく請求を認める見解が示され(第1部Ⅷ1参照)，裁判例でもこれをも認める高裁裁判例が現れ(〔東芝深谷工場事件〕東京高判平成23・2・23労判1022号5頁・判時2129号121頁・労経速2101号3頁。地裁レベルでは，〔同事件〕(原審)東京地判平成20・4・22労判965号5頁，〔新聞輸送事件〕東京地判昭和57・12・24労民集33巻6号1160頁・労判403号68頁・判時1071号142頁。同項の適用を否定するのが〔アジア航測事件〕大阪地判平成13・11・9労判821号45頁)たことである。なぜなら，これを認めた場合，労働基準法76条や労災保険法14条の適用の余地がなくなり，労災補償制度を設けた趣旨や，使用者の保険利益を喪失させる解釈として重大な疑問がある。もし，かかる解釈が定着するような事態を迎えた場合には，労働基準法，労災保険法につき，賃金支払の場合の使用者の国に対する労災保険給付相当額に対する求償を認めるような調整を行うような，立法的対応が必要であろう(従前にも，同様な問題といえる，企業が損害賠償義務を履行した場合に，将来給付分が控除されないとしたら，その将来給付分は，本来，企業が賠償しなければ国から被災者や遺族に対して支払われたはずのものであるとして，企業が，被災者側に支払った将来給付分の損害賠償金について，本来保険給付がなされるべきものを国に代わって立替払いしたとして代位請求したところ，〔三共自動車事件〕最判平成元・4・27民集43巻4号278頁・労判542号6頁・判タ697号177頁は，労働者の業務上の災害に関して損害賠償債務を負担した使用者は，賠償された損害に対応する労災保険法に基づく保険金給付請求権を代位取得しないと判示している。そこで，企業の労災保険給付の全面負担を踏まえた立法的な解決が求められるのである)。

I 労災としての精神疾患，過労自殺等が起こった場合についての基礎 **Q6**

6 労災における社会的責任，いわゆるIR面での留意点

Q 労災についての社会的責任や，いわゆるIR（Investor Relations：投資家向け広報）面で留意すべき点を教えてください。

A 労災が発生した場合，企業イメージを損なうことで，IR面に与える影響も小さくない。

―― 解 説 ――

　たび重なり労災が発生した場合や，多くの死傷者を出した重大災害にとどまらず，過労死，過労自殺等についても，その発生，提訴，労災認定，賠償命令判決等のすべてが，とりわけ上場会社等においては，企業イメージを損ない，いわゆるIR（Investor Relations：投資家向け広報）上の支障となることは否めない。公共事業における指名停止や顧客からの取引停止等の社会的責任を追及される機会が多くなり，マスコミや世論から厳しい目で見られ，評判を著しく落とすことになる。特に，最近では，いわゆるブラック企業のレッテルを張られ，人材確保上の困難を来す場合もある。

　また，これに関連して，前記**Q31**の是正勧告等とは異なり，官公庁から，労災発生企業への発注停止等がなされる場合があることにも留意しなくらばならない。

　そこで，企業は労災防止対策に積極的に取り組み，労働者への安全衛生教育を実施し，安全で安心な職場づくりを心がけなくてはならない。労災が発生してしまった場合，二次災害を発生させないように現場対応をし，迅速に事故状況の把握と原因調査を行い，遅滞なく労基署に必要な届出を行う。再発防止策として，設備や道具の改善，作業手順の改訂，社内安全教育につい

第2部 各　　論
第2章　係争化した場合・紛争の段階ごと・紛争予防策のQ&A

て検討を行いすみやかに実施し，必要があればマスコミに発表する等して，企業イメージやIR面での影響を最小限におさえるべきである。

■岩　出　　誠■

Ⅱ 労災認定をめぐる行政手続・訴訟等への事業主の参加

Ⅱ 労災認定をめぐる行政手続・訴訟等への事業主の参加

1 労災審査手続の内容と労災審査手続への事業主の参加の可否

Q 労災審査手続に事業主が参加することはできますか。また，労災認定の審査手続についても教えてください。

A 被災労働者又は遺族は，労基署長が行った保険給付に関する決定に対して不服がある場合は，まず労災保険審査官に審査請求し，その決定についてなお不服がある場合は，労働保険審査会に再審査請求を行う。この間の労災の審査請求手続に事業主は参加できない。

― 解 説 ―

　労災保険法上は，労災保険給付が認められなかった場合，労働者災害補償保険審査官，労働保険審査会の2段階にわたる審査請求を行う。それでも被災労働者又は遺族がこの判断に不満な場合，処分をなした労基署長ではなく，国を被告として処分取消訴訟を提起することができる（行訴法11条1項1号）が，この間の審査請求手続には，事業主の参加は法制度上認められていない。

　なお，労災審査手続の概要は以下のとおりである。

　被災労働者又は遺族が，労基署長が行った保険給付に関する決定（支給・

第2部 各 論
第2章 係争化した場合・紛争の段階ごと・紛争予防策のQ&A

不支給）に対して不服がある場合，労働者災害補償保険審査官に不服申立て（審査請求）をすることができる。審査請求は，監督署長の決定の通知を受けた日の翌日から60日以内に文書又は口頭で直接審査官に請求するか，所轄の監督署又は最寄りの監督署を通して審査官に請求する。労災保険審査官に対して行った審査請求に対する決定についてなお不服がある場合は，労働保険審査会に再審査請求をすることができる。再審査請求は，労災保険審査官の決定書の謄本が送付された日の翌日から60日以内に必ず文書で労働保険審査会に行う（所轄の監督署又は最寄りの監督署もしくは労災保険審査官を経由してもよい）。なお，労災保険審査官に対して審査請求をした日から3か月を経過しても審査決定がない場合は，労働保険審査会に再審査請求をすることができる。

　一般に，行政処分に不服がある場合は，裁判所に行政訴訟ができるが，労災保険給付に関する処分は，不服申立て前置主義がとられ，労働保険審査会の裁決を経なければ裁判所へ訴訟することはできない。ただし，労働保険審査会に対して再審査請求をした日から3か月を経過しても裁決がない場合は，訴訟することができる。被災労働者又は遺族が，上記二段階にわたる労災の審査決定内容に不服がある場合，はじめて国を被告として労災認定処分取消訴訟を提起することができる（行訴法11条1項1号）。

Ⅱ 労災認定をめぐる行政手続・訴訟等への事業主の参加　**Q2**

2　労災保険給付・不支給・支給取消認定やその他労災審査手続等への事業主の情報提供等

Q 事業主が労災審査手続等へ情報提供することはできますか。

A 事業主が，労基署の調査に協力したり，不支給事由の通報をすることは，それが不当な目的ではなく真実相当性を有する限り許される。

［解説］

〔立川労基署長（ジャムコ〔休業補償〕）事件〕東京地判平成18・2・23（労判914号38頁）において，労災保険法による補償給付を適正に行うために，補償給付の支給要件の存否等について，労基署長が事実関係の調査を行うことは当然であり，その調査の対象は，被災労働者のみならず，使用者，同僚従業員等から事情聴取をすることは当然に許されており，また使用者も労災保険制度の費用を負担する者として，補償給付が適正に支給されていない場合に，その旨を労基署長に通報したり情報提供することは，何ら責められるべきものでないとして，労基署長が使用者からの通報に基づき行った意見聴取，実地調査の手続に違法性はないとされ，原告の休業補償給付等不支給処分の取消しを求める訴えがいずれも退けられた。このような判例の流れから考えると，事業主が，労基署の調査に協力したり，不支給事由の通報をすること自体は，それが不当な目的によらず，いわゆる真実相当性を有する限り，許され，これを端緒として，労基署の判断として，労災保険給付・不支給・支給取消し等をなすことには，事業主の行為にも労基署の処分にも違法性はないと考えることができる。

第 2 部 各　論
第 2 章　係争化した場合・紛争の段階ごと・紛争予防策の Q&A

3　労災行政訴訟への事業主の参加をめぐる検討課題

Q　事業主が労災行政訴訟へ参加することは認められますか。

A　原則として認められないが，労災認定が，直接的に事業主の法律上，事実上の利害関係に結びつく場合であれば，認められる余地がある。

解　説

1　レンゴー事件決定

　これまで，事業主が労基署長を補助するため（以下「行政協力型」という），又は，労働者等を補助するため（以下「労働者等協力型」という），訴訟に参加することの許否についてあまり議論されていなかったが，労災認定は，実際上，事業主のいわゆる労災民事責任を導きやすくし，あるいは，いわゆる労災上積み保険・補償制度等の適用要件となるなど，労災行政訴訟の帰趨は事業主にとっても大いに事実上・法律上の利害関係を有するものであるところ，最高裁が，〔レンゴー事件〕最決平成 13・2・22（労判 806 号 12 頁・判タ 1058 号 119 頁・判時 1745 号 144 頁）（以下，「レンゴー事件決定」という）において，行政協力型についてであるが，初めて，一定の要件の下での参加を認め得るとの判断を示した（同判決の分析の詳細については，岩出誠「労災認定をめぐる行政訴訟と事業主の補助参加の可否」労判 820 号（平成 14 年）5 頁以下参照）。レンゴー事件決定の指摘する一定の要件とは，端的にいえば，労働保険徴収法のメリット制による保険料増額の可能性である。そこから，同決定は，当該事業の事業主は，労基署長を補助するために労災保険給付の不支給決定の取消訴訟に参加をすることが許されるとしたものである。

2 労災行政訴訟において，事業主の訴訟参加は，労働保険徴収法のメリット制による保険料増額の可能性のある場合に限られるか

ここで問題となるのが，労災行政訴訟において，事業主の訴訟参加は，行政協力型の訴訟類型について，労働保険徴収法のメリット制による保険料増額の可能性のある場合に限られるかである。例えば，同決定によれば，この徴収法上のメリット制の適用を受けない中小零細企業においては，参加の利益が否定されることになるがその妥当性については，問題が残る。

まず，レンゴー事件決定は，安全配慮義務違反による損害賠償を求める訴訟を提起された場合に不利益な判断がされる可能性があることをもって補助参加の利益（本案訴訟の結果についての法律上の利害関係）があるということはできないとし，その理由として，①「本案訴訟における業務起因性についての判断は，判決理由中の判断であって」，②「不支給決定取消訴訟と安全配慮義務違反に基づく損害賠償請求訴訟とでは，審判の対象及び内容を異にする」との極めて形式的な判示をしているが，現在の労災民事賠償事件の実態において，とりわけ業務との因果関係が問題となる，本件のごとき過労死・過労自殺等においては，労災認定と損害賠償の関係は，社会的紛争の実態としても，法理論的にも，「心理的負荷による精神障害の認定基準」（平成23・12・26基発1226第1号）等の新しい認定基準の影響もあり，ますます密接不可分となっている。

いずれにせよ，とりわけ過労死等において，労災認定と事業主の損害賠償義務が，労働時間管理を中心とした健康配慮義務の問題と密接に絡んでくることは，古くから労災認定裁判例において明らかであったうえ（〔浦和労基署長事件〕東京高判昭和54・7・9労民集30巻4号741頁・労判323号26頁・判タ389号48頁，岩出・健康管理152頁参照），過労死等の各新認定基準を引き出した重要な契機が，それぞれ，恒常的長時間残業等を問題にした最高裁判決であったことからも自明のところと解さざるを得ない（過労自殺についての損害賠償請求事件である〔電通事件〕最判平成12・3・24民集54巻3号1155頁・労判779号13頁・

第2部 各 論
第2章 係争化した場合・紛争の段階ごと・紛争予防策のQ&A

判タ1028号80頁，過労死認定についての〔横浜南労基署長事件〕最判平成12・7・17労判785号6頁・判タ1041号145頁・判時1723号132頁等参照）。

　以上によれば，同決定には疑問があり，参加の利益をより柔軟に判断すべきものと解される。

3　事業主の訴訟参加の機会とその限界

　ここで，レンゴー事件決定の射程範囲はどこまで及ぶのかが問題となるが，実務上問題となるのが，各企業内で，労災保険給付とは別に，いわゆる労災上積み補償規定（協定）（以下「上積み規定」という）などに基づき，保険給付を上回る補償制度が設けられている場合に，その適用要件が，政府による労災認定が認められかつ労働災害総合保険等に加入していない場合である。つまり，このような場合は労災認定が直接的に事業主の法律上・事実上の利害関係に結びつく場合にあたるため，事業主が，その上積み補償債務を回避すべく，レンゴー事件決定の場合と同様に行政協力型の労災行政訴訟への参加が認められてしかるべきと考えられる。

　なお，多くの企業は，上積み規定に基づく補償の原資として，労働災害総合保険等の損害保険や生命保険に加入している。その中で，もっとも普及しているのが，相対的に保険料が低廉な労働災害総合保険である（ただし，この保険では職業病は給付対象とされていないが，過労死や過労自殺等については，労災認定を条件として同保険ではカバーするものも増えているが一律ではないことに留意する必要がある）。この場合，労働災害総合保険の保険金の支払要件として，労災認定が定められている。また，その保険料についても，労働保健徴収法と同様に，要件は異なるがメリット制が組み込まれている。したがって，労働災害総合保険の場合も，まず，労災認定が直接的に事業主の法律上・事実上の利害関係に結びつく場合にあたるため，事業主が，その保険料の増額を回避すべく，行政協力型の労災行政訴訟への参加が認められることになるものと考えられる。

　他方，理論的には，事業主が，労働者等との示談を円滑に進めることを期待して，その原資を求めるべく，労働災害総合保険等の適用を求めるため，

Ⅱ 労災認定をめぐる行政手続・訴訟等への事業主の参加 **Q3**

労働者等協力型にて，労災行訴に参加することもあり得る。しかし，多くの場合は，参加をなすまでもなく，労働者等への立証への協力で足りる場合が多いであろうが，労働者等の弁論活動に問題がある場合，事業主には，このような類型においても参加の利益が認められるべきであろう。

■中　村　　博■

Ⅲ 精神疾患，過労自殺等への被災者側への実務対応上の留意点

1 精神疾患，過労自殺の労災認定申請への対応上の注意点

Q 精神疾患や過労自殺を原因として，労働者本人又は遺族により労災申請がなされた場合，事業者としてどのような対応をとる必要がありますか。また，その際の注意点として，どのようなことがありますか。

A 事業者としては，労働者側からの労災申請に協力をする場合でも，その時点で不明確な事実を安易に認めることは避けるべきである。労働基準監督署対して事情を説明するに際しても慎重な対応が求められるケースがある。

解説

1 事業主としての対応

労働者が労災を申請した場合，会社はどのような対応をとるかについて順番にみていく。

(1) 労災保険給付等請求書の証明

労働者が業務上の理由により精神疾患に罹患するなどした場合には，労働者等が休業補償給付等の労災保険給付の請求（労災保険法12条の8第2項）を

Ⅲ　精神疾患，過労自殺等への被災者側への実務対応上の留意点　**Q1**

労基署長に対して行うことになる。その際，事業主は，労災保険給付等の請求書において，①負傷又は発病の年月日，②災害の原因及び発生状況等の証明をしなくてはならない（労災則12条の2第2項等）。

「証明」とは，具体的には，「……に記載したとおりであることを証明します。」という欄に，日付・事業の名称・事業場の所在地・事業主の氏名を記載して，押印をすることが求められる。

なお，ここでいう「事業主」とは，労働者の雇い主を指すのが原則であるが，建設業については元請人であるとされている（労働保険徴収法8条，同施行規則7条）。例えば，建設現場で下請会社を使いながら工事を進めていたところ下請会社の作業員が事故に遭ったケースでは，元受会社が事業主として証明する。

(2)　事業主が証明できない場合

事業主が証明に協力できない場合はどうすればよいか。

現実に，時間外労働があった労働者が自殺した場合，労働者の遺族が「災害の原因及び発生状況」に「長期にわたる超過勤務により，平成○年○月○日，死亡した。」と記載したうえで，事業主に対して証明を求めてくることがある。

事業主としては，「長期にわたる超過勤務により……死亡」という法律的又は医学的な因果関係をその時点で認めることができないのが通常で，事業主が上述の証明を拒まざるを得ないことがある（この場合，事業主としては，日付・事業の名称・代表者等を記載して押印するのみということになる）。

この点，事業主の証明は，上述したとおり，①負傷又は発病の年月日及び時刻，②災害の原因及び発生状況等を証明するものであって，それが労災であることを証明するものではない。労災であるか否かはあくまでも労基署が判断することである。

労働者側は，事業主（会社）が証明をしてくれない以上は，その証明のないまま労災保険給付等の請求書を提出するほかない。ただ，その場合でも，労基署に対し，会社に労災の証明をしてもらえなかった事情等を記載した文

385

第2部 各 論
第2章 係争化した場合・紛争の段階ごと・紛争予防策のＱ＆Ａ

書を添えて提出すれば受理される。この文書は、特別な用紙が用意されているわけではなく、書式が決まっているわけでもない。書き方などについては、まずは労基署に相談すればわかる。実務上は、「事故証明不提出の理由書」などという表題を付けて、「事業者（会社）に証明を拒まれたため証明のないまま請求書を提出せざるを得ないが、請求書を受理して欲しい」という内容の文章を記載することが多いようである。

　事業主としては、労働者側に対して、「災害の原因及び発生状況」を、客観的状況、すなわち、「平成○○年○月○日、死亡に至った。なお、把握している同日直近6か月の当社における当該労働者の稼働状況は別紙のとおり。」などにとどめる記載とするように打診（記載変更の打診）をすることが考えられる。労働者側が記載の変更に応じないで、事業主の証明なく労基署に請求書を提出した場合、事業主は、証明に協力できない理由を労基署に了知させるために、記載変更の打診の書面を担当の労基署に提出し、証明を無下に断ったわけではないこと、事業主として認識可能性の範囲内の事実であれば証明する意図があったことを伝えることが考えられる。

(3) 労働者死傷病報告の提出

　事業者は、労働災害により労働者が死傷した場合には、労働者死傷病報告を労基署長に対して提出しなければならない（労基則57条、労安衛則97条）。

　休業4日以上の場合には遅滞なく提出し、休業4日未満の場合には3か月ごとに提出しなければならない（労基則57条2項、労安衛則97条2項）。

　労働者死傷病報告を提出すべき場合は、下記①ないし④の場合である。
　① 労働者が労働災害により、負傷、窒息又は急性中毒により死亡し又は休業したとき
　② 労働者が就業中に負傷、窒息又は急性中毒により死亡し又は休業したとき
　③ 労働者が事業場内又はその附属建設物内で負傷、窒息又は急性中毒により死亡し又は休業したとき
　④ 労働者が事業の附属寄宿舎内で負傷、窒息又は急性中毒により死亡し

Ⅲ　精神疾患，過労自殺等への被災者側への実務対応上の留意点　**Q1**

又は休業したとき

なお，事業主は，故意に労働者死傷病報告を提出しなかったり，虚偽の内容を記載した労働者死傷病報告を所轄労基署長に提出すると，いわゆる"労災かくし"として，処罰を含めた厳正な処分がなされるので注意されたい（安衛法100条・120条5号）。

2　近時の裁判所の判断を受けての対応

過労死ないし過労自殺（過労死等）の労災認定の場合は，直接的には遺族と労基署との労災認定をめぐる争いの問題なのだが，結局，過労死等した従業員の勤務状態，「過重負荷」の有無が問題とされ，企業は，遺族と労基署の双方から当時の勤務状態の証拠調べに協力を求められることになる（現在，労基署には，過労死等の労災認定基準の具体的要因を記入する定型的報告書の書式が置かれ，申請後の労基署の調査において，申請者，事業主双方がこれに記入することが求められ，認定の迅速化が図られている。実務的には，この報告書にとどまらず，申請者からは，医学的鑑定書や代理人弁護士の意見書等が提出されている。詳細は，岩出誠＝藤倉眞編『労働事件実務マニュアル』（ぎょうせい，平成11年）217頁以下等参照）。**特に遺族の側からは企業に対して，勤務状況報告書などに関する証明の依頼がなされる**。

しかし，前述のような損害賠償請求の多発化の中では，企業としては，従前以上に慎重な対応をとることが求められる。

第2部 各 論
第2章 係争化した場合・紛争の段階ごと・紛争予防策のQ&A

2 過労死等の労災認定行政訴訟への補助参加の当否・要否の検討

Q 労働者が労基署を被告として提起した労災認定行政訴訟に，使用者が関与して，労災認定を否定するための訴訟活動をすることができますか。

A 労災が認定されることにより，使用者がメリット制による保険料増額の可能性があるとき，補助参加人として当該訴訟に関与することができる場合がある。

1 労災行訴提起までの事業主の参加不能

労災保険法上では，労災保険給付の申請が認められなかった場合，労働保険審査官，労働保険審査会への2段階にわたる審査請求を行ったうえでも，被災労働者又は遺族がその結果に不満である場合等に，処分をなした労基署長を被告として処分取消訴訟（以下，「労災行訴」という）を提起することができるが，この間の審査請求には事業主の参加は認められていない。

2 労災行訴への事業主の参加をめぐる検討課題

労災が認定されると，実際上，事業主のいわゆる労災民事責任を導きやすくし，あるいは，いわゆる労災上積み保険・補償制度等の適用要件となるなど，労災行訴の帰趨は事業主にとって大いに事実上・法律上の利害関係がある。しかるに，事業主が労基署長を補助するため（以下「行政協力型」という），又は，労働者等を補助するため（以下「労働者等協力型」という），訴訟に参加することの許否について従前あまり議論されてこなかった。

そのような状況下で，最高裁判所が，〔レンゴー事件〕最決平成13・2・22（労判806号12頁・判夕1058号119頁・判時1745号144頁）において，行政協

Ⅲ　精神疾患，過労自殺等への被災者側への実務対応上の留意点　**Q 2**

力型についてであるが，初めて，一定の要件の下で事業主の労災行訴参加を認め得るとの判断を示した。

3　事業主の労災行訴参加の要件

事業主が労災行訴に参加する一定の要件とは，労働保険徴収法のメリット制による保険料増額の可能性である。

労働保険徴収法12条3項は，事業主の負担の具体的公平を図る等の目的のため，その事業の業務災害に関して行われた保険給付額に応じて保険料を変動させるメリット制を採用している。具体的には，一定規模以上の事業においては，業務災害に関して行われた保険給付の額が増減した場合には，労災保険料率を一定範囲内で引き上げ又は引き下げるものとされているので，労災保険給付の不支給決定の取消判決が確定すると，労災保険給付の支給決定がされて保険給付が行われ，次々年度以降の保険料が増額される可能性がある。そこから，〔レンゴー事件〕最高裁決定は，事業主は，労災行訴に参加をすることが許されるとした。

しかし，本決定によれば，メリット制の適用を受けない中小零細企業においては，損害賠償の危険があっても，参加の利益が否定されることになる。その判断には疑問があるが，実務的にはこれに対応しなければならない。なお，各企業内で，労災保険給付とは別に，いわゆる労災上積み補償規定などに基づき，保険給付を上回る補償制度が設けられている場合に労災認定は直ちに事業主の同規定に従った補償債務を発生させることになり，事業主が，その上積み補償債務を回避すべく，労災行訴への参加が認められることになるものと考えられるが，これらは判例上では決着していない問題である（詳細は岩出誠「労災認定をめぐる行政訴訟への事業主の補助参加の可否」労判820号（平成14年）5頁参照）。

第2部 各 論
第2章 係争化した場合・紛争の段階ごと・紛争予防策のQ&A

3 労災認定への協力以外の免責による確認書取得等への工夫

Q 過労自殺等をした遺族との関係で，見舞金の支払を前提に，遺族が損害賠償を求めないことを約束してもらうことで，労災認定に協力することはできますか。また，その際の留意点があれば教えてください。

A 過労自殺等への損害賠償請求が多発する現状では，遺族との交渉において，一定の見舞金の支払を前提に損害賠償請求を求めない確認書を取り交わしたうえで，労災認定に協力することが適切である場合がある。

[解 説]

　Q1で述べたとおり，過労自殺等の労災認定の場合は，直接的には遺族と労基署との労災認定をめぐる争いの問題であるが，結局，亡くなった従業員の勤務状態，「過重負荷」の有無が問題とされ，企業に対して遺族と労基署の双方から当時の勤務状態の証拠調べに協力を求められることになる。特に遺族の側からは企業に対して，勤務状況報告書などに関する証明の依頼がなされることになり，ここで，安全配慮義務違反の賠償請求が絡んでくる。
　過労死等への損害賠償請求事件が増える前までは，企業としては，労災認定により過労死等を出したことによる企業イメージの悪化の問題は別として，直接遺族に対する損害賠償による経済的負担の問題がなかったため，積極的に勤務状況に関する報告や証明書への協力をすることができた。しかし，この種の裁判の多発化の流れの中では，企業としては，労災申請への協力により従前以上に慎重な対応をとらざるを得ないケースもある。
　そこで，企業は，当該過労死等の遺族との交渉において，一定の見舞金の支払を前提として，遺族が損害賠償を求めないことを文書で約束したうえで

Ⅲ 精神疾患，過労自殺等への被災者側への実務対応上の留意点 **Q3**

勤務状況報告書を提出することを提案する方法がある。大手企業の過労死のケースでも，裁判で損害賠償を求められると，敗訴の場合には，労災保険に入っていながら，判例が，慰謝料はもちろん（〔青木鉛鉄事件〕最判昭和62・7・10民集41巻5号1202頁・労判507号6頁・判タ658号81頁），特別支給金も（〔コック食品事件〕最判平成8・2・23民集50巻2号249頁・労判695号13頁・判タ704号57頁），さらには，大きな将来の年金給付を損害金から控除することを認めていないため，莫大な損害賠償を求められる可能性があることを踏まえ（〔三共自動車事件〕最判昭和52・10・25民集31巻6号836頁・判タ357号218頁・判時870号63頁，最大判平成5・3・24民集47巻4号3039頁・判タ853号63頁・判時1499号51頁〔退職年金受給者の死亡による損害賠償の範囲と遺族年金控除の可否〕），数千万円の慰謝料相当の見舞金を支払い，会社との間の民事賠償事件を示談で解決したうえで，過労死等の労災認定を受けるのに会社も協力する約束をした事例などが少なからず存在することが参考となろう。

第2部 各　論
第2章　係争化した場合・紛争の段階ごと・紛争予防策のQ&A

4 弁護士会への弁護士法23条の2による照会請求

Q 弁護士会照会により，労基署に対して，労災認定のために使った資料の提供を受けることができますか。

A 照会先を管轄の労働基準監督署にし，照会事項として，事故発生日時・態様・当事者・受傷の部位や程度・障害等級などと記載し，弁護士会から照会すると，労基署から回答が得られるのが通常である。

【解説】

　弁護士会照会とは，弁護士法23条の2を根拠にして弁護士に認められた証拠収集手段である。弁護士の職務の公共性から，真実の発見と公正な判断に寄与するため，弁護士が受任事件について，証拠資料を収集し，事実を調査するなど，その職務活動を円滑に執行するために設けられた制度といえる。

　特色は，判断権者が裁判所ではなく弁護士会であること，紛争の相手方に知られずに調査を行うことが可能であること，訴訟提起前であっても利用できることなどである。照会先は，「公務所」又は「公私の団体」で，個人は除外されているが，法人格の有無，規模の大小は問わない。

　照会を受けた相手は，一般的に照会に応じる義務はあるとされているが，理由なく拒否した場合であっても制裁を受けることはないといわれている。

Ⅲ　精神疾患，過労自殺等への被災者側への実務対応上の留意点　**Q4**

■弁護士会照会申出書

○照第　　　　　　　号

平成○○年○月○日

○○弁護士会会長殿

　　　　　　　事務所所在地　〒○○○-○○○○
　　　　　　　　　　　　　　○○県○○市○-○-○　○○ビル○階
　　　　　　　　　　　　　　○○○○法律事務所
　　　　　　　　　　　　　　　電　話　○○-○○○○-○○○○
　　　　　　　　　　　　　　　ＦＡＸ　○○-○○○○-○○○○
　　　　　　　　　　　　　　○○弁護士会所属・登録番号○○○○
　　　　　　　　　　　　　　　　　　弁護士　○　○　○　○

　　　　　　　　　照　会　申　出　書

　私は，弁護士法第23条の2第1項に基づき，次のとおり照会の申出をいたします。

1　照会先（公務所又は公私の団体）
　　所在地　〒○○○○-○○○○
　　　　　　○○県○○市・・・・・
　　　　電　話　○○-○○○○-○○○○
　　名　称　○○労働基準監督署

2　受任事件
　　当事者　　原告　○　○　○　○
　　　　　　　被告　○　○　○　○
　　事件数

3　照会を必要とする理由
　上記受任事件は，原告が死亡する直近6か月の労働時間，事業者の安全配慮義務の履行状況，事業場の安全管理体制，原告が死亡した状況等が問題となっているところ，それらを知るためには○○労基署が保持する資料が必要であるため。

4　照会事項
　平成○○年○月頃に実施した○○氏による現場調査に関して保持している災害調査復命書，現場の写真，関係者からの聴き取り調査書，勤務時間表等の内容。なお，ご回答に代えて写しの送付でも結構です。

　　　　　　　　　　　　　　　　　　　　　　　　　　　　　　　以上

第2部　各　論
第2章　係争化した場合・紛争の段階ごと・紛争予防策のQ＆A

5　精神疾患，過労自殺に関する労災民事訴訟に関する示談

Q 精神疾患や過労自殺をした労働者や遺族との交渉において，早期に示談を締結する必要性についてどのように考えればよいですか。また，示談をするとして，解決のために支払う金額はどの程度が妥当であると考えられますか。

A 労災民事訴訟における損害賠償額の高額化の傾向をみると，遺族との信頼関係がある間に示談交渉を進めることが適切な場合が多い。

解　説

1　事案による早期示談への努力の必要性

近時の判例等の動向を踏まえると，企業としては，当該従業員の勤務状況と健康管理に対して，同人の健康状態（高血圧等）の悪化を防止できたにもかかわらずこれを放置して継続的疲労を重ねさせ過重業務を強いていたなどの事情がある場合には，遺族に示談を申し出て経済的な損害は労災保険によることとして，慰謝料のみを支払う示談を成立させることが適切な場合がある。

なお，示談をする場合，職業病に関する安全配慮義務違反による損害賠償事件の裁判所の判断の傾向や最近の過労死等の損害賠償事件判例を参考にすると，被災労働者自身のもっている基礎疾病，素因や健康の自己管理上の責任などを考慮して約3割ないし5割程度の過失相殺の援用による損害額の減額を提示して交渉することは不当とはいえない（例えば，〔川崎製鉄事件〕岡山地倉敷支判平成10・2・23労判733号13頁では基礎疾病と飲酒等の素因の寄与を50％と

Ⅲ　精神疾患，過労自殺等への被災者側への実務対応上の留意点　**Q5**

し，酒を控えなかったことでさらに80％の過失相殺を認め，過労自殺でも，〔東加古川幼児園事件〕（控訴審）大阪高判平成10・8・27労判744号17頁・判時1685号41頁では80％の過失相殺が認められている）。

　大手企業の過労死のケースでも，企業が，数千万円の慰謝料相当の見舞金を支払い，会社との間の民事賠償事件を示談で解決することには，上記判例による不利益を回避し損害を減少させる効用・妥当性があると思われる。実際にも，少なからぬ大企業が，このような示談・和解契約を締結したことが伝えられている（報道事例では，〔静岡労働基準監督署長事件（日研化学）事件〕東京地判平成19・10・15労判950号5頁・判タ1271号136頁・労経速1989号7頁〔パワハラによる自殺の裁判例では労災認定の先例〕，労災認定前に企業と遺族が一定の和解金による和解が成立していたことが報じられている）。なお，この場合の見舞金は，多くの場合，東京三弁護士会交通事故処理委員会の「損害賠償算定基準」の死亡時の慰謝料における「一家の支柱」の基準額2800万円をベースに3000万円程度を支払うケースが多いことが報じられている。

　また，いかに判例が，損害賠償額から労災保険の将来分の年金給付の控除を当然には認めないとしても（最大判平成5・3・24民集47巻4号3039頁・判タ853号63頁・判時1499号51頁），当事者間で将来給付分の控除を踏まえた示談をすることは可能である。過失相殺も考慮すると，実際には相当な減額があり慰謝料だけで足りる場合もあるはずである。筆者が関係した労災事件では，労使どちらの立場に立った場合にも極力この方向での示談ができるように努力している。

　しかし，このような示談ができるのは，事故後になっても労使の信頼関係が維持されていることが基本である。加えて，実際には被災者側に付いた弁護士の方針（被災者の意向として年金給付から補償されればよいと考えているような場合でも，一時金で弁護士報酬を多くとることを目的とするか，企業の体力に応じた労使の調和ある妥協点を追求するか）にも影響を受けるので被災者側にどのような考え方の弁護士が付くかに注意をする必要がある。

2 事例の検討

例えば，労災が認定される前に，被災労働者遺族との示談・和解契約の締結に関し，労働者の自殺（以下「本件自殺」という）につき，約3000万円を目処とする一定額の見舞金を支払う形での和解契約が締結できそうな場合，これを進めるべきであろうか。

まず，本件和解の見舞金の金額が3000万円であることは，上記実例につき説明したとおり，一般的賠償基準に照らし，妥当なものといえる。上記実例は，いずれも，労災認定申請前（実際には申請せずに，又は，申請後に不支給決定で，終了している事案も含まれていると推認される）の和解での支払事案であることからもその金額支払の社会的相当性は裏づけられると考える。

また，本件和解にて，労災認定されなかった場合にも一定の見舞金を支払うことについても妥当性があるといえる。なぜなら，現在までの多くの過労自殺損害賠償認容裁判例のほとんどが，労災認定の有無とは直接の関係なく賠償を認めているからである（〔電通事件〕最判平成12・3・24民集54巻3号1155頁・労判779号13頁・判タ1028号80頁，前掲〔東加古川幼児園事件〕大阪高判平成10・8・27，〔同事件〕（上告審）最決平12・6・27労判795号13頁等）。

そして，本件自殺において，仮に，労災認定されなかった場合にも，遺族から，健康配慮義務違反を理由とする訴訟提起されるのに十分な事情があれば，訴訟において過失相殺等により減額が結果的に得られたとしても，判決による解決までの時間と労力，社内外への影響等を考慮すると，それらのリスクを排除する意味でも，上記見舞金の支払を含む本件和解は十分に妥当性を有する場合がある。

3 その他注意点

被災者への支払が労災保険給付に影響を与えないようにするために，上積み補償ないし慰謝料の支払であることを明らかにすることが重要である。通達も，これらの上積み補償や慰謝料については，労災保険給付に影響を与えない旨を明らかにしている（昭和56・10・30基発696号）。

Ⅲ　精神疾患，過労自殺等への被災者側への実務対応上の留意点　**Q5**

■労災民事賠償に関する示談書

示　談　書

　甲野太郎の遺族らを甲とし，○○株式会社を乙とし，甲乙は以下のとおり示談する。
1　乙は，甲野太郎が真摯に業務を遂行したこと，甲野太郎が乙に多大な貢献をしてくれたことに対して深く感謝し，甲野太郎が乙在職中に亡くなったことに哀悼の意を表し，ご冥福を祈る。
2　乙は，甲に対して，慰謝料として金○○○万円を，○月末日限り，甲代理人弁護士○○○○の下記口座に乙振込手数料負担にて銀行振込の方法により支払うものとする。

記

○○○○銀行　○○支店　普通預金口座
口座番号・・・・・番　　○○○○名義
3　甲乙は，本示談書の内容について第三者に公開しない。
4　甲野太郎の死亡に関して，甲乙間に本合意書のほかに債権債務がないことを確認する。

　以上のとおり合意したので，本示談書2通を作成し，甲，乙署名捺印のうえ各自各1通保有する。

　平成　　年　　月　　日

　　　　　　　　　甲　住所
　　　　　　　　　　　氏名

　　　　　　　　　乙　住所
　　　　　　　　　　　氏名

397

第2部 各　　論
第2章　係争化した場合・紛争の段階ごと・紛争予防策のＱ＆Ａ

　以上のような示談の成立のためには，災害補償規程の整備やこれを裏づける損害保険会社の上積み労災保険である労働災害総合保険などへの加入の必要がある。特に，過労死等のように，労災認定が微妙な死傷病に対しては，労災認定が受けられない場合には上記総合保険ではカバーされないことや，その場合にも遺族からの被害感情が企業に強く向けられることを予想して，別個の傷害保険や生命保険などへ加入することが必要である。

■竹　花　　元■

Ⅳ 裁判所における労災民事賠償請求事件処理における留意点 **Q1**

Ⅳ 裁判所における労災民事賠償請求事件処理における留意点

1 簡裁の労使関係調停とその利用上の実務的留意点

Q 労災民事賠償請求事件において，簡易裁判所の調停手続を利用することはできますか。

A 労災民事賠償事件においても調停手続を利用でき，調停が成立すれば確定した判決と同じ効力が得られる。

［解 説］

1 調停制度の概要

(1) 調停制度の概要

　簡易裁判所における民事調停（以下単に「調停」という）は，訴訟と異なり，裁判官のほかに一般市民から選ばれた調停委員2人以上が加わって組織した調停委員会が当事者の言い分を聴き，法律的な評価をもとに条理に基づいて歩み寄りを促し，当事者の合意によって実情に即して争いを解決するという手続である（民調法1条以下）。

　調停は，民事に関する争いを取り扱うものであり，労災民事賠償請求事件も対象となる。

第 2 部 各　　論
第 2 章　係争化した場合・紛争の段階ごと・紛争予防策の Q & A

　調停は，訴訟や労働審判ほどには手続が厳格ではないため，誰でも簡単に利用できるうえ，当事者は法律的な制約にとらわれず自由に言い分を述べることができるという利点がある。
　そのため，当事者本人が申立てを行い，自身で手続を遂行することも十分可能であり，調停は幅広く利用されている。
　労災民事賠償請求事件の中でも，特に過労死等の事件では，立証上の困難のある場合もあり（例えば，労働時間や業務内容に関する資料が，使用者側に偏在しており，遺族等の側に証拠資料がほとんどない場合），このような場合に調停制度のもつ役割は大きい。
　なお，平成 23 年 4 月から，東京簡易裁判所において，労働問題に精通した弁護士を調停委員として参加させて行う労使関係調停が試験的に始まっている。現在は，民事調停法の枠内で試験的に実施されているものであるが，今後，紛争解決事例が増加すれば同調停が制度化され，東京以外の地域の主要都市でも実施される予定である（ロア・ユナイテッド法律事務所編『実務解説労働争訟手続法』（青林書院，平成 24 年）99 頁）。

(2)　調停の手続
　調停の申立ては，相手方の住所等を管轄する簡易裁判所に対して行う（当事者の合意があれば，地方裁判所も利用することが可能である〔民調法 3 条〕）。
　地方裁判所で行われる訴訟においては，代理人は弁護士でなければならないが（民訴法 54 条 1 項本文），調停においては，調停委員会の許可を得れば，弁護士以外の者を代理人とすることができる（民調則 8 条）。
　調停手続は非公開で進められ，当事者の申立て又は職権で，事実の調査や証拠調べがなされる（民調法 12 条の 7）。
　さらに，労災事故の場合には，現場の状況を確認することが必要となるときもある。そのような場合には，当該現場で調停を行うことも可能である（「調停委員会は，事件の実情を考慮して，裁判所外の適当な場所で調停を行うことができる。」〔民調法 12 条の 4〕）。

(3) 利害関係人の参加

調停の結果について利害関係を有する者は，調停委員会の許可を受けて，調停手続に参加することができ，また，調停委員会も，相当であると認めるときは，その者を調停手続に参加させることができる（民調法11条）。

例えば，パワー・ハラスメントが原因で精神疾患を生じた場合に，使用者を相手方として調停を申し立てた後，パワー・ハラスメントを行った上司を利害関係人として参加させ，三者間で調停を行うことができ，これにより，三者間の法的紛争を統一的かつ一挙に解決することができる。

2 調停制度利用上の留意点

(1) 調停が成立した場合の効果

話合いがまとまると，裁判所書記官がその内容を調書に記載して，調停が成立する。この調書には，確定した判決と同じ効力があり（民調法16条），原則として，後から不服を申し立てることはできない。

この調書において，金銭の支払など一定の行為をすることを約束した場合には，当事者はこれを守る必要がある。もし一方当事者がその約束した行為をしない場合には，他方当事者は，調停の内容を実現するため，強制執行を申し立てることができる。

(2) 調停が成立しなかった場合のその後の手続

お互いの意見が折り合わず，話合いの見込みがない場合，調停不成立として，手続は打ち切られることになる（民調法14条）。

ただし，話合いの見込みがない場合でも，裁判所が，適切と思われる解決案を示すことがある。これを「調停に代わる決定」といい（民調法17条），この決定についてお互いが納得すれば調停が成立したのと同じ効果が生じるが，どちらかが2週間以内に異議を申し立てると，決定はその効力を失い，調停は成立しなかったことになる（民調法18条）。

調停が成立しなかった場合に，なお紛争の解決を求めるときは，訴訟を起こすことができる。訴訟は，紛争の対象となっている金額が，140万円以下

の場合には簡易裁判所に，140万円を超える場合には地方裁判所に提起する。

　調停打切りの通知を受けてから2週間以内に同じ紛争について訴訟を起こした場合には，調停の申立て時に訴えの提起があったものとみなされるので(民調法19条)，調停申立ての際に納めた収入印紙の額は，訴訟提起に必要な収入印紙の額から差し引くことができるが，そのためには調停不成立証明書(調停を行っていた簡易裁判所が発行する)を入手する必要がある。

(3)　調停申立書の記載内容

　調停の申立ては，申立書を裁判所に提出して行う(民調法4条の2第1項)。

　調停申立書には，当事者及び法定代理人，並びに，申立ての趣旨及び紛争の要点を記載するが(民調法4条の2第2項)，その具体例を示すと■**労災民事賠償に関する調停申立書**のとおりである。

Ⅳ 裁判所における労災民事賠償請求事件処理における留意点 **Q1**

■労災民事賠償に関する調停申立書

調停申立書

平成○○年○○月○○日

○○簡易裁判所民事部　御中

　　　　　　　　　　　　　申立人代理人　弁護士　　　　甲

　　　〒○○-○○○○
　　　　○○県○○市○○町○○丁目○○番○○号
　　　　申立人　　　　A

　　　〒○○-○○○○
　　　　○○県○○市○○町○○丁目○○番○○号（送達場所）
　　　　　ＴＥＬ　○○-○○○○-○○○○
　　　　　ＦＡＸ　○○-○○○○-○○○○
　　　　上記申立人代理人　弁護士　　　　甲

　　　〒○○-○○○○
　　　　○○県○○市○○町○○丁目○○番○○号
　　　　相手方　B株式会社
　　　　　上記代表者代表取締役　　　　C

損害賠償請求調停事件
調停事項の価額　　金○○円
貼用印紙額　　　　金○○円

第1　申立ての趣旨
　　相手方は，申立人に対し，金○○円及びこれに対する平成○○年○○月○○日から支払済まで年5分の割合による金員を支払えとの調停を求める。

第2部 各 論
第2章 係争化した場合・紛争の段階ごと・紛争予防策のＱ＆Ａ

第2 紛争の要点
 1 関係当事者の地位
 (1) 申立外Ｄ
　　Ｄは，昭和〇〇年〇〇月〇〇日に申立人とＥの長男として出生した（甲第1号証）。下記2記載の事故（以下，「本件労災事故」という）当時，〇〇歳であり，独身であった。なお，Ｅは，平成〇〇年〇〇月〇〇日に既に死亡している。
　　Ｄは，私立〇〇大学を卒業した後，平成〇〇年〇〇月〇〇日，相手方に入社し，本件労災事故にて死亡するまで相手方に在籍していた。
 (2) 相手方の概要
　　相手方は，〇〇県〇〇市〇〇町〇〇丁目〇〇番〇〇号に本社工場をもつ自動車部品の企画・開発・製造及び販売をその主な目的とする株式会社である（甲第2号証）。

 2 本件労災事故
 (1) 事故の発生日時　　平成〇〇年〇〇月〇〇日午後〇〇時頃
 (2) 発生場所　　　　　相手方本社工場内
 (3) 事故態様　　　　　大型プレス機械にＤの頭部が挟まれた。
 (4) 事故の結果　　　　脳挫傷等により，Ｄが，平成〇〇年〇〇月〇〇日午後〇〇時頃，死亡した。

 3 相手方の責任―安全配慮義務違反と因果関係
 (1) 相手方の安全配慮義務
　　相手方は，使用者として，「労働者が労務提供のため設置する場所，設備もしくは器具等を使用し又は使用者の指示のもとに労務を提供する過程において，労働者の生命及び身体を危険から保護するよう配慮すべき」安全配慮義務を負っている（最判昭和59・4・10民集38巻6号557頁・労判429号12頁等）。
 (2) 相手方の安全配慮義務違反に基づく債務不履行責任又は不法行為責任
　　しかるに，相手方は本件労災事故につき，以下のとおり，不法行為ないし安全配慮義務違反（債務不履行）による損害賠償責任を免れない。
　　すなわち，相手方は，プレス機械に，事故を回避するに足りる安全装

Ⅳ　裁判所における労災民事賠償請求事件処理における留意点　**Q1**

置を付けないままに，Dにプレス機械を使用させ，もって，本件労災事故を発生させたものであり，労働安全衛生規則131条1項，2項等に違反する不法行為責任により，又は前記安全配慮義務に違反し，これにより本件労災事故が発生したものである。

4　損害賠償額
 (1)　逸失利益　金○○円
　　　Dの死亡時の年齢が○○歳と若年のため，賃金センサス男性大卒全年齢平均をもとに，30歳までの生活費控除率を0.5，結婚による家族の支柱としての生活が予想される31歳から労働可能年齢である67歳までの生活費控除率を0.3とし，中間利息控除につきライプニッツ係数を使って計算すると，総額で金○○円となる。
 (2)　慰謝料　金30,000,000円
　　　Dは本件労災事故の際にまだ○○歳であり，死亡時の同人の恐怖・苦痛・無念さの大きさは計り知れないものがあることは明らかであり，このような精神的ショックを癒すための慰謝料としては，金30,000,000円を下らない。
 (3)　葬祭費用　金1,500,000円
　　　葬祭費用については，香典返しを除いた合計金額である金1,500,000円が，相当因果関係にある損害である。
 (4)　弁護士費用　金○○円
　　　弁護士費用については，前記(1)〜(3)請求金額の10％である金○○円を下るものではない。
 (5)　小括
　　　以上から，Dが本件労災事故により被った損害は，少なくとも前記(1)〜(4)の合計額である金○○円であり，それを申立人が相続を原因として承継した。

5　結論
　　以上のことから，申立人は，相手方の債務不履行責任あるいは不法行為責任を追及するために，Dから法定相続した損害賠償請求権及び平成○○年○○月○○日以降完済に至るまで年5分の遅延損害金請求権に基づ

き，申立ての趣旨記載の調停を求める次第である。

　　　　　　証　拠　方　法
　　甲第1号証　戸籍謄本
　　甲第2号証　会社登記簿謄本

　　　　　　添　付　書　類
　　1　申立書副本　　　　　1通
　　2　甲号証写し　　　　　各2通
　　3　会社登記簿謄本　　　1通
　　4　委任状　　　　　　　1通

Ⅳ　裁判所における労災民事賠償請求事件処理における留意点　**Q2**

2　労働審判制度とその利用上の実務的留意点

Q 労働審判手続はどのように行われますか。また，利用する際の留意点を教えてください。

A 労働審判手続の内容は以下のとおりであるが，特に第1回期日が勝負である。申立書，答弁書の内容を充実させるべき点，及び期日においては連続した質問・回答が中心となるので，十分な事前準備が必要な点に留意すべきである。

解　説

1　労働審判制度の概要

労働審判とは，個別労働関係民事紛争に関し，裁判官と労働関係に関する専門的な知識経験を有する者が，事件を審理し，調停による解決の見込みがある場合にはこれを試み，その解決に至らない場合には，権利関係を踏まえつつ事案の実情に即した解決をするために必要な解決案（労働審判）を定める手続をいう（労審法1条）。

通常の民事訴訟の判決では，要件事実が立証できるか否かにより，請求認容か棄却かという All or Nothing の判断がなされることになるが，労働審判の場合には，「権利関係を踏まえつつ事案の実情に即した解決をするために必要な」判断を柔軟に行うことができることが特色である。

2 手続の対象・当事者

(1) 手続の対象

　労災民事賠償請求事件も,「労働契約の存否その他の労働関係に関する事項について個々の労働者と事業主との間に生じた民事に関する紛争」(労審法1条)であるから,労働審判の対象となる。

　なお,過労死等の場合の遺族による損害賠償請求についても,死亡した労働者の生存中に事業主との間における「労働契約に関する事項について生じた民事に関する紛争」として対象となる(菅野和夫ほか『労働審判制度―基本趣旨と法令解説〔第2版〕』(弘文堂,平成19年) 57頁)。

(2) 当事者

(a) 使用者の合併等の場合

　労災事故後に合併,吸収分割が行われた場合や,事業譲渡でも包括承継が認められる場合には,合併先や譲受先事業主を「事業者」として労働審判の申立てをすることができる(菅野ほか・前掲書57頁)。

(b) 労働者派遣の場合

　労働者派遣の場合であっても,条文上(「労働者と使用者との間」ではなく)「労働者と事業主との間」とされていることから,直接の雇用契約はない,派遣労働者による派遣先企業に対する請求も対象になると解されている(菅野881～882頁)。

(c) 直接加害者に対する請求の場合

　労働審判の対象はあくまで労働者と事業主との間の紛争であるので,他の従業員による暴行,セクハラ,パワハラ等に関する労災民事損害賠償事件で,直接的加害者たる他の従業員に対する損害賠償請求は,労働審判の対象とはならない。

　もっとも,直接的加害者を調停時に利害関係人として参加させることにより(労審法29条2項,民調法11条),労働者・加害者・事業主の三者間の紛争を一挙に解決することが可能である。

3 労働審判委員会の構成

　労働審判手続は，裁判官である労働審判官1名，労働関係に関する専門的な知識経験を有する労働審判員2名で組織する労働審判委員会で行う。労働審判員は，事件ごとに指定される（労審法10条）。

　労働審判員2名は，実際には，労使団体の推薦者の中から選任されるが，労働審判の進行にあたっては，労働審判委員会3人でそろって調停の勧告をし，調停について詳細な説明をする。労働審判員は，労働者側・使用者側という立場ではなく，中立かつ公正な立場のものとされており（労審法9条），どちらが使用者側か，労働者側かということも明らかにされないようになっている。

　例えば，労働審判員が労使に分かれて，使用者側の審判員が使用者側に対して説明をしたり説得をしたりするということもなく，この点で労働委員会の労使委員とは異なっている。

4 申立て

(1) 管轄裁判所

　労働審判の申立ては，相手方の住所・居所・営業所・事務所所在地を管轄する地方裁判所のほか，紛争が生じた労働関係に基づいて当該労働者が現に就業し，もしくは最後に就業した事業所所在地を管轄する地方裁判所に申し立てることができる（なお，合意により管轄を決めることもできる〔労審法2条〕）。

　なお，労働審判制度の運用開始（平成18年4月1日）当初は，各地方裁判所の本庁のみこれを取り扱うことになっていたが，平成22年4月1日から，東京地裁立川支部，福岡地裁小倉支部でも取扱いが開始されている。

(2) 申立書・答弁書等

　(a) 記載内容の原則

　申立書には，「申立ての趣旨」，「申立ての理由」，「予想される争点及び争点に関連する重要な事実」，「予想される争点ごとの証拠」，「当事者間におい

第2部 各　　論
第2章　係争化した場合・紛争の段階ごと・紛争予防策のQ＆A

てされた交渉その他の申立てに至る経緯の概要」等を記載する（労審法5条3項，労審則9条1項）。

具体的には，本項末尾の■労災民事賠償に関する労働裁判手続申立書のようなものが考えられる。

答弁書には，「申立ての趣旨に対する答弁」，「申立書記載事実に対する認否」，「答弁を理由づける具体的な事実」，「予想される争点及び当該争点に関連する重要な事実」，「予想される争点ごとの証拠」，「当事者間においてされた交渉その他の申立てに至る経緯の概要」等を記載する（労審則16条1項）。

具体的には，本項末尾の■労災民事賠償に関する労働審判手続・答弁書のようなものが考えられる。

(b)　記載における実務的留意点—申立書や答弁書の記載の充実と時系列表
　(ア)　申立書や答弁書の記載の充実

労働審判制度の運用開始当初は，A4版4頁程度の申立書や答弁書と，陳述書の利用，審尋での処理が想定されていたが，現在の運用では，申立書や答弁書の記載の充実が必要といえる。

なぜなら，裁判所により運用の差異はあり得るが，東京地裁では，証拠は労働審判員には事前にも事後にも送付されないため，労働審判員の心証形成が申立書と答弁書のみでなされる可能性が大きいからである。

また，申立書や答弁書の記載を「ですます」調に変えただけの陳述書などは，実際上，労働審判委員会の心証形成には寄与しない。むしろ，陳述書で述べるべき内容を，申立書や答弁書の内容として記載すべきである。

　(イ)　時系列表の添付

事実関係の時系列表（5W1Hで，関連する行為，文書の作成等一切の事象を時系列で整理記載したもの）は，通常の訴訟における事実認定でも使われているが，労働審判員もこれを重視して，自ら作成している場合も多いとのことである。

良い結果を得ようとするならば，労働審判員の作業を先取りして，申立書や答弁書に時系列表を添付しておくことが，特に，関連する事実関係が長期間にわたって発生しているような場合は不可欠といえる。

410

Ⅳ　裁判所における労災民事賠償請求事件処理における留意点　**Q2**

(3)　代 理 人

　原則として，弁護士でなければ代理人となることができない。

　例外的に，当事者の権利利益の保護及び労働審判手続の円滑な進行のために必要かつ相当と認めるときは，裁判所は弁護士でない者を代理人とすることを許可することができるとされている（労審法4条）。

(4)　複数名による労働審判の共同申立て

　複数名による労働審判の共同申立てについては，裁判所は，労働審判が「個々の労働者と事業主との間に生じた民事に関する紛争」（労審法1条）を解決すべく設けられたという制度趣旨や，3回の回数制限との関係で迅速な処理が困難になるとの配慮から，原則として，これを認めない立場を表明している。

　しかし，実際には，例外的とはいえ，複数名による労働審判の共同申立てが受理され，調停により，迅速かつ妥当な解決がなされたとの報告もあることから，当事者双方が，複数名による労働審判の共同審理に異議がない場合には，積極的に共同申立てを行い，共同審理を求めるべきであるといえる。

5　手続の進行

(1)　第1回期日の調整

　当事者，特に相手方を困惑させるのは，第1回期日は，申立て後40日以内に指定され，その期日の変更は原則としてできない（労審則13条）ことである。

　実務上の取扱いとして，期日指定後1週間以内程度の間であれば，上記40日の範囲内で調整が可能な場合もあり得る。

　しかし，いずれにしても，相手方となる場合の多い使用者側にとっては，第1回期日に十分な主張・立証を行うための準備が大変である。

　通常の訴訟と同じ感覚で，第1回期日間際になって弁護士事務所に駆け込み，準備が不十分なまま期日を迎え，その結果裁判所に不利な心証を形成されてしまうということが往々にしてある。もちろん，審判の内容に不服があ

れば異議を申し立てることにより通常訴訟に移行できるが (労審法21条・22条)，不利な審判内容を覆すのは容易ではない。

(2) 進行の原則

第1回期日までに申立人・相手方から提出された申立書，答弁書，証拠，証拠説明書以外は，口頭主義が貫徹され，相手方の答弁に対する反論やこれに対する再反論も期日において口頭で行う (労審則17条)。

口頭での主張を補充する書面 (補充書面) の提出も認められるが (労審則17条)，これはあくまで補充であり，期日における即座の回答等の対応によって審判委員会の心証が形成されていくことが基本であるので，そのことを念頭に置いた対応が必要である。

6 迅速な審理

(1) 口頭主義と職権主義

(a) 職権的な審尋中心の審理

労働審判手続においては，特別の事情がある場合を除き，3回以内の期日で審理を終結しなければならないとされ (労審法15条2項)，迅速な審理が要求されている。

審理の進行は，労働審判官 (裁判官) が担当し，原則として非公開で行われる (労審法16条)。

証拠調べについては，労働審判委員会は，職権で自ら事実の調査ができ，当事者の申立て又は職権で，必要な証拠調べができるとされているが (労審法17条1項)，実際の運用は，労働審判委員会による口頭での審尋が中心となっている。

審尋の進め方は，口頭での連続した質問・回答による。証拠としてのVTR，テープなども，決定的なセクハラ，パワハラシーンなどの場合には，検証を上申して採用されることもあり得るが，あまり期待はできない。

(b) 審理進行の実態

期日はおおむね，1回目約2ないし3時間，2回目1ないし1.5時間，3

回目 1 ないし 1.5 時間程度である。

　労働審判委員会が一定の心証を得た段階で，1 回目から調停が試みられている。

(2) 記録は残らない

　特に必要がある場合を除き，期日の内容を調書等の記録に残すことは想定も実施もされておらず（労働審判法 14 条 3 項で調書を作成するのは裁判官が命じた場合に限られている），当事者がテープ録音することも禁じられている。

　なぜなら，口頭で主張しあるいは審尋をして，労働審判委員会はその場で判断をして調停案を出し，調停がまとまらなければそのまま審判をするという制度として構想され，書類を残しておいてそれを後でじっくり読んで判断するということは考えられていないからである。また，労働審判手続は，その手続中で何か証拠を残して，後の訴訟のために活用するといった手続ではないと解されているからである。

7　調　　停

　調停の成立による解決の見込みがある場合には，調停が試みられる（労審法 1 条，労審則 22 条 1 項）。事案に即して，第 1 回期日からも調停が試みられるのが，労働審判制度の特徴である。

　調停が成立した場合，裁判上の和解と同一の効力が与えられ（労審法 29 条，民調法 16 条），それが記載された調書に基づき強制執行をすることが可能である。

8　労働審判

　労働審判委員会は，調停による解決に至らなかったときは，当事者間の権利関係及び労働審判手続の経過を踏まえて労働審判を行う（労審法 1 条・20 条 1 項）。

　労働審判に不服のある当事者は，2 週間以内に書面にて異議の申立てをすることができ（労審法 21 条 1 項，労審則 31 条 1 項），その場合，労働審判はその

効力を失う(労審法21条3項)。異議の申立てがないときは，労働審判は，裁判上の和解と同一の効力を有する(労審法21条4項)。

通常，労働審判は口頭で告知され(労審法20条6項)，この場合，審判調書は後で作成される(労審法20条7項)。ただし，異議が出されて通常訴訟に移行する場合，申立書のみが訴訟担当裁判官に回付される。

なお，労働審判委員会は，事案の性質上，労働審判手続を行うことが紛争の迅速かつ適正な解決のために適当でないと認めるときは，労働審判を行うことなく労働審判事件を終了させることができる(労審法24条1項)。もっとも，労働審判法24条1項の適用は，かなり制限的であるといえる。

9 取下げ

労働審判の申立ての取下げは，労働審判が確定するまでは，いつでも可能であり(労審法24条の2)，相手方の同意は不要である。

10 訴訟手続への移行

(1) 訴訟への移行

労働審判に対して異議の申立てがあった場合には，労働審判手続申立てに係る請求については，労働審判手続の申立ての時に，労働審判がなされた地方裁判所に訴えの提起があったものとみなされる(労審法22条1項)。

労働審判を行うことなく労働審判事件が終了した場合についても同様である(労審法24条2項)。

(2) 移行時の実務的諸問題

(a) 訴訟手数料の追納

訴えがあったものとみなされる場合の手数料(収入印紙)については，労働審判手続の申立てについて納めた手数料の額を控除した額の手数料を納めれば足りる。

(b) 訴状に代わる準備書面・答弁書・証拠等の提出

法令では求められていないが，東京地裁等では，申立書の内容に，労働審

判での審理内容を踏まえた争点整理と反論，補充主張を加えた「訴状に代わる準備書面」の提出を原告に求め，その提出を待って第1回期日を指定する運用をしている。

被告に対しても，同様に整理された，「訴状に代わる準備書面」への答弁書の提出が求められている。

なお，訴訟担当裁判官には申立書しか引き継がれないため，原告・被告ともに，改めて証拠等を提出しなければならない。

(c) **労働審判官の訴訟担当の可能性**

前述のとおり，労働審判事件が係属していた地方裁判所に訴えの提起があったものとみなされるため，特に裁判官の数が少ない裁判所においては，労働審判の時と同じ裁判官が訴訟を担当することもあり得る。

11 労働審判と他の手続との選択基準

以上の労働審判手続の特色・長短を踏まえ，様々なADR等の裁判外手続や裁判手続をどのように使い分けるか，あるいは段階的に利用するかを，事案ごとに判断することになる。

例えば，事案としては結構複雑であり，あるいは法律上の争点も結構あるものの，労使双方が何とか早期に解決したいと考えているような，調停が成立する見込みが高い事案であれば，まずは労働審判手続が試されてよい。

また，仮に調停の成立は困難だとしても，労働審判が下されれば，相手方もそれを受け入れ，訴訟に移行しないことが予想される場合も，労働審判手続が選択されることになるであろう。

逆に，当事者間の対立が非常に激しく，調停成立の見込みがなく，労働審判に対しても異議申立てが行われることが予想される場合には，労働審判を申し立てても意味がないので，最初から仮処分や訴訟を選択すべきである。

12 使用者側が労働審判手続を利用する場合の実務的留意点

(1) 使用者側からの申立て

過労による心身の障害，健康被害の事案で，過重労働が容易に認められ，

主たる争点が過失相殺等の損害金額の調整にあるような，使用者側にとって早期に話合いにより解決すべき事案においては，使用者側から，債務不存在確認や一定額を超える損害金支払債務の不存在確認という形で労働審判の申立てを行うことも考えられる。

(2) 労働組合が関与している場合の留意点

　既に労働組合から団体交渉申入れが行われているなど労働組合が関与している場合には，使用者側としては，労働審判手続に労働組合を利害関係人として参加させ，個別・集団労使紛争も一挙的に解決する必要がある。そうしておかないと，団交問題や別に提起された労働委員会の審査事件だけが残ってしまうからである。

　裁判所が事務的煩雑さ（法人登記のない多くの組合の場合，組合規約や組合委員長選任の総会議事録等の提出等が必要）から労働組合の参加に躊躇する場合もあり得るが，使用者側としては，参加手続を怠らないことが重要である。

Ⅳ　裁判所における労災民事賠償請求事件処理における留意点　**Q2**

■労災民事賠償に関する労働審判手続申立書

労働審判手続申立書

平成〇〇年〇〇月〇〇日

〇〇地方裁判所民事部　御中

　　　　　　　　　　　　　　申立人代理人　弁護士　　　　甲

　　　〒〇〇-〇〇〇〇
　　　　〇〇県〇〇市〇〇町〇〇丁目〇〇番〇〇号
　　　　申立人　　　　A

　　　〒〇〇-〇〇〇〇
　　　　〇〇県〇〇市〇〇町〇〇丁目〇〇番〇〇号
　　　　甲法律事務所（送達場所）
　　　　ＴＥＬ　〇〇-〇〇〇〇-〇〇〇〇
　　　　ＦＡＸ　〇〇-〇〇〇〇-〇〇〇〇
　　　　上記申立人代理人　弁護士　　　　甲

　　　〒〇〇-〇〇〇〇
　　　　〇〇県〇〇市〇〇町〇〇丁目〇〇番〇〇号
　　　　相手方　B株式会社
　　　　　上記代表者代表取締役　　　　C

損害賠償請求労働審判事件
労働審判を求める事項の価額　　金〇〇円
貼用印紙額　　　　　　　　　　金〇〇円

第1　申立ての趣旨
　1　相手方は，申立人に対し，金〇〇円及びこれに対する平成〇〇年〇〇月〇〇日から支払済まで年5分の割合による金員を支払え

417

第2部 各 論
第2章 係争化した場合・紛争の段階ごと・紛争予防策のQ&A

との労働審判を求める。

第2 申立ての理由
 1 関係当事者の地位
  (1) 申立外D
    Dは，昭和〇〇年〇〇月〇〇日に，申立人とEの長男として出生した（甲第1号証）。下記2記載の事故（以下，「本件労災事故」という。）当時，〇〇歳であり，独身であった。なお，Eは，平成〇〇年〇〇月〇〇日に既に死亡している。
    Dは，私立〇〇大学を卒業した後，平成〇〇年〇〇月〇〇日，相手方に入社し，本件労災事故にて死亡するまで相手方に在籍していた。
  (2) 相手方の概要
    相手方は，〇〇県〇〇市〇〇町〇〇丁目〇〇番〇〇号に本社工場をもつ，自動車部品の企画・開発・製造及び販売をその主な目的とする株式会社である（甲第2号証）。

 2 本件労災事故（甲第3号証）
  (1) 事故の発生日時　平成〇〇年〇〇月〇〇日午後〇〇時頃
  (2) 発生場所　　　　相手方本社工場内
  (3) 事故態様　　　　大型プレス機械にDの頭部が挟まれた。
  (4) 事故の結果　　　脳挫傷等により，Dが，平成〇〇年〇〇月〇〇日午後〇〇時頃，死亡した（甲第4号証）

 3 相手方の責任─安全配慮義務違反と因果関係
  (1) 相手方の安全配慮義務
    相手方は，使用者として，「労働者が労務提供のため設置する場所，設備もしくは器具等を使用し又は使用者の指示のもとに労務を提供する過程において，労働者の生命及び身体を危険から保護するよう配慮すべき」安全配慮義務を負っている（最判昭和59・4・10民集38巻6号557頁・労判429号12頁等）。
  (2) 相手方の安全配慮義務違反又は不法行為責任
    しかるに，相手方は本件労災事故につき，以下のとおり，不法行為な

Ⅳ　裁判所における労災民事賠償請求事件処理における留意点　**Q2**

いし安全配慮義務違反（債務不履行）による損害賠償責任を免れない。

　すなわち，相手方は，Dが，プレス機械に関して経験のない未熟練者であって，相手方から安全上の教育や指揮を受けていなかったにもかかわらず，また，プレス機械に，事故を回避するに足りる安全装置を付けないままに，Dにプレス機械を使用させ，もって，本件労災事故を発生させたものであり，労働安全衛生規則131条1項，2項等に違反する不法行為責任により，又は前記安全配慮義務に違反し，これにより本件労災事故が発生したものである。

4　損害賠償額
(1)　逸失利益　金〇〇円

　Dの死亡時の年齢が〇〇歳と若年のため，賃金センサス男性大卒全年齢平均をもとに，30歳までの生活費控除率を0.5，結婚による家族の支柱としての生活が予想される31歳から労働可能年齢である67歳までの生活費控除率を0.3とし，中間利息控除につきライプニッツ係数を使って計算すると，総額で金〇〇円となる。

(2)　慰謝料　金30,000,000円

　Dは本件労災事故の際にまだ〇〇歳であり，死亡時の同人の恐怖・苦痛・無念さの大きさは計り知れないものがあることは明らかであり，このような精神的ショックを癒すための慰謝料としては，金30,000,000円を下らない。

(3)　葬祭費用　金1,500,000円

　葬祭費用については，香典返しを除いた合計金額である金1,500,000円が，相当因果関係にある損害である。

(4)　弁護士費用　金〇〇円

　弁護士費用については，前記(1)～(3)請求金額の10％である金〇〇円を下るものではない。

(5)　小括

　以上から，Dが本件労災事故により被った損害は，少なくとも前記(1)～(4)の合計額である金〇〇円であり，それを申立人が相続を原因として承継したものである。

第2部 各　　論
第2章　係争化した場合・紛争の段階ごと・紛争予防策のＱ＆Ａ

第３　予想される争点及び争点に関する重要な事実

　　本件で予想される争点は，相手方の安全配慮義務違反又は不法行為責任の存否である。

　　この点，本申立て前において，相手方は，プレス機械に関しては，初期研修において安全教育をＤに行ったと主張している（甲第８号証）。

　　しかし，初期研修において，プレス機械の具体的な操作方法，注意点等について教育がなされた事実はない（甲第５号証）。

　　また，当該プレス機械には，身体が挟まれないように防護柵が設置されているということもなかった（甲第６号証）。

　　以上のことからすれば，相手方が労働安全衛生規則131条１項，２項等に違反し，又は前記安全配慮義務に違反していることは明らかである。

第４　申立てに至る経緯の概要

　　申立人は，申立代理人を通じ，相手方に対し，平成○○年○○月○○日付受任通知兼損害賠償請求書を送付したが（甲第７号証），これに対し，相手方は，安全配慮義務違反が存在しないとして，請求を拒絶する旨の回答をした（甲第８号証）。

第５　結論

　　以上のことから，申立人は，相手方の債務不履行責任あるいは不法行為責任を追及するために，Ｄから法定相続した損害賠償請求権及び平成○○年○○月○○日以降完済に至るまで年５分の遅延損害金請求権に基づき，申立ての趣旨記載の労働審判を求める次第である。

証　拠　方　法
甲第１号証　戸籍謄本
甲第２号証　会社登記簿謄本
甲第３号証　労働者死傷病報告
甲第４号証　死亡診断書
甲第５号証　○○○○の陳述書
甲第６号証　プレス機械の写真
甲第７号証　損害賠償請求書

Ⅳ　裁判所における労災民事賠償請求事件処理における留意点　**Q2**

甲第8号証　回答書

附　属　書　類
1　申立書写し　　　　　4通
2　甲号証写し　　　　各2通
3　証拠説明書　　　　　2通
4　資格証明書　　　　　1通
5　委任状　　　　　　　1通

第2部 各　　論
第2章　係争化した場合・紛争の段階ごと・紛争予防策のQ&A

■労災民事賠償に関する労働審判手続・答弁書

平成○○年（労）第○○○号　損害賠償請求労働審判事件
申立人　A
相手方　B株式会社

答　弁　書

平成○○年○○月○○日
○○地方裁判所民事第○部労働審判委員会　御中

〒○○○-○○○○　○○県○○市○○町○○丁目○○番○○号
　　　　　　　　乙法律事務所（送達場所）
　　　　　　　　　　TEL　○○○-○○○-○○○○
　　　　　　　　　　FAX　○○○-○○○-○○○○
　　　　　　　　相手方代理人　弁護士　　　乙

第1　申立ての趣旨に対する答弁
　　　本件申立てにかかる請求を棄却する。

第2　申立書に記載された事実に対する認否
　1　第2について
　　(1)　1について
　　　ア　(1)について
　　　　　第1段落は，Dの年齢を除き不知。
　　　　　第2段落は，認める。
　　　イ　(2)について
　　　　　認める。
　　(2)　2について
　　　　認める。
　　(3)　3について
　　　　(1)の判例の存在は認める。

Ⅳ　裁判所における労災民事賠償請求事件処理における留意点　**Q2**

　　　　(2)は否認し争う。
　　(4)　4について
　　　　否認し争う。
　2　第3について
　　　否認し争う。
　3　第4について
　　　認める。
　4　第5について
　　　争う。

第3　予想される争点及び争点に関連する重要な事実
　1　本件の争点は，申立人が申立書「第3」で指摘するとおりである。
　2　相手方は，Dにプレス機械の業務に従事させる前に，初期研修を実施し，プレス機械の構造から具体的な操作方法，注意点等について教育している（乙第1号証）。
　　初期研修は，Dら従業員にマニュアルを配布し，それに沿って行われたが，同マニュアル○頁～○頁に上記事項が記載されている（乙第2号証）。
　　また，Dが初めて実際にプレス機械を操作する際も，管理者がDをプレス機械まで連れて行き，同機械の状態と実際の作業工程，事故が発生しないように遵守すべき事項を説明している（乙第3号証）。
　　よって，これらの注意等をDが遵守していれば，プレス機械に身体を挟まれる事故が生じる可能性はない。
　　さらに，プレス機械には，身体が挟まれないように防護柵が設置されており（乙第4号証），従業員が通常の操作を行っていたならば，身体を挟まれる危険性などまったく生じないような措置がとられていた。
　3　以上の事実からすれば，相手方は，労働安全衛生規則上の義務を履行しているのみならず，Dの生命及び身体を危険から保護する万全の措置を講じているのであり，安全配慮義務違反など存在しない。

　　　　　　　　　　　　附　属　書　類
　　　　　　　　1　答弁書写し　　　　　　3通

423

第2部 各　論
第2章　係争化した場合・紛争の段階ごと・紛争予防策のQ＆A

```
   2  乙号証写し      各1通
   3  証拠説明書      1通
   4  委任状         1通
```

3 文書提出命令とその利用上の実務的留意点

Q 文書提出命令においては、どのようなことが審理されますか。また、判断の実例を教えてください。

A 文書提出命令の申立てにおいては、取調べの必要性及び文書提出義務の存否を中心に管理が行われる。判断の実例は以下のとおりである。

【解 説】

1 文書提出命令

(1) 意 義

労災民事賠償請求事件において、当事者が十分な立証を行うためには、手持ち証拠以外の相手方又は第三者が所持している文書も証拠とする必要がある。そこで、民事訴訟法は、文書提出命令の制度を設けている（民訴法221条）。

文書提出命令とは、文書の提出義務を負う者が、当該文書を提出しない場合に、当事者の書面による申立てによって裁判所から発せられる命令をいう（東弁・実務550頁）。

(2) 申立て・審理

(a) 申 立 て

訴訟当事者は、文書提出命令申立てを行う際は、「文書の表示」、「文書の趣旨」、「文書の所持者」、「証明すべき事実」、「文書の提出義務の原因」を明らかにする（民訴法221条1項）。

第2部 各　　論
第2章　係争化した場合・紛争の段階ごと・紛争予防策のＱ＆Ａ

　具体的な書式例を，本項目末尾■書式　労災民事賠償に関する文書提出命令申立書に記載する。
　上記「文書の表示」及び「文書の趣旨」の記載は，対象文書を特定認識させるとともに，当該文書を取り調べる必要性及び当該文書の提出義務の存否を判断する資料を提供するものであるから，これらを特定して申立てを行うのが原則である。
　もっとも，文書の作成・所持に直接関与しなかった者においては，具体的な記載をすることが困難な場合もある。そこで，申立てを行う際に文書の特定が著しく困難である場合には，文書の所持者がその申立てに係る文書を識別することができる事項を明らかにすれば足り，裁判所が，文書の所持者にこれを明らかにするよう求める手続が設けられている（民訴法222条1項）。
　ただし，上記概括的な「文書の表示」及び「文書の趣旨」の記載から，文書の所持者が不相当な時間や労力を要しないで申立てに係る文書あるいはそれを含む文書グループを他の文書・文書グループから区別することすらできない場合には，「文書の表示」及び「文書の趣旨」の特定を欠いており，申立ては不適法なものとして却下される（「昭和31年9月から昭和33年8月頃までの間に本件工場において製造していた又は製造していた可能性のある全ての製品名が記載された文書」等の記載では，特定を欠いているとした〔ニチアス（石綿曝露・文書提出命令）事件〕奈良地決平成25・1・31労判1077号14頁・判時2191号123頁など）。

　(b)　審　　理
　裁判所は，①申立てに係る文書が存在し，これを相手方又は第三者が所持しており，②取調べの必要性があり（民訴法223条），かつ，③文書所持者に提出義務（民訴法220条）があると認める場合は，決定で当該文書の所持者に対してその提出を命じる（民訴法223条1項前段）。

(3)　効　　果
　当事者が文書提出命令に従わないときや，相手方の使用を妨げる目的で提出義務がある文書を滅失させ，その他これを使用することができないようにしたときは，裁判所は，当該文書の記載に関する相手方の主張を真実と認め

ることができる（民訴法 224 条 1 項・2 項）。

　また，これらの場合で，相手方が，当該文書の記載に関して具体的な主張をすること及び当該文書により証明すべき事実を他の証拠により証明することが著しく困難であるときは，裁判所は，その事実に関する相手方の主張を真実と認めることができる（民訴法 224 条 3 項）。

(4) 提出義務

　提出命令の前提となる，提出義務のある文書は，「引用文書」（民訴法 220 条 1 号），「引渡し，閲覧可能文書」（同条 2 号），「利益，法律関係文書」（同条 3 号）のほか，一定の除外事由（①証言拒絶，②公務・職務上の秘密文書，③医師等の職務上の守秘義務事項や技術もしくは職業上の秘密事項で黙秘義務が免除されていないものが記載された文書，④自己使用文書，⑤刑事事件記録等の文書）に該当しない文書（同条 4 号）である。

2　実務的留意点

(1) 申立て前の検討を要する

　訴訟において，相手方や第三者から証拠を収集するための方法としては，上記の文書提出命令のほか，調査嘱託（民訴法 186 条），文書送付嘱託（民訴法 226 条），文書提出命令（民訴法 221 条・223 条 1 項）があるが，以下の点に注意しなければならない。

　調査嘱託の場合，嘱託先からの報告は，申立人の有利，不利にかかわらずそのまま証拠となる（最判昭和 45・3・26 民集 24 巻 3 号 165 頁・判タ 248 号 114 頁・判時 591 号 66 頁）。

　文書送付嘱託の場合，送付された文書は当然に証拠となるものではないが，当該文書は裁判所に送付されてくるため，その段階で相手方も見ることになる。したがって，申立人に不利な内容が記載されており，申立人が証拠提出しなかったとしても，相手方が当該文書を自らの証拠として利用することになる。

　文書提出命令の場合も，文書送付嘱託と同様である。

第2部 各 論
第2章 係争化した場合・紛争の段階ごと・紛争予防策のQ&A

すなわち，これらの手段によって収集された文書等は，申立人に有利であると不利であるとにかかわらず証拠となることから，申立て前に，文書の内容を予想するなどして有利・不利につき検討しておく必要がある。

(2) 要件を充足しているかどうかの吟味を要する

また，文書提出命令の前提となる文書提出義務（民訴法220条）や文書の取調べの必要性が厳格に考えられていることは，以下のとおりである。

以下，雇主企業等に対する命令と，官公署等に対する文書提出命令等の事例を紹介する（ロア・ユナイテッド法律事務所『労災民事訴訟の実務』（ぎょうせい，平成23年）190頁以下）。

3 雇主企業等に対する命令

(1) 文書提出命令認容例

① 〔商工組合中央金庫事件〕大阪地決平成10・12・24（労判760号35頁・金判1059号14頁）
職員考課表。

② 〔京ガス事件〕京都地決平成11・3・1（労判760号30頁）
賃金台帳。

③ 〔住友金属事件〕大阪地決平成11・10・14（労判776号44頁）
履歴台帳。

④ 〔塚越運送事件〕大阪高決平成15・6・26（労判861号49頁）
運送会社の一部門が不採算であるとして同部門所属の運転手に対して行われた人事異動の無効を争った本案訴訟において，会社が提出した同部門以外の部分を黒塗りにした売上振替集計表につき，同集計表は民事訴訟法220条1号所定の文書（引用文書）にあたるとされ，同条4号ニ（もっぱら文書の所持者の利用に供するための文書）には該当しないとして，原本の提出が認められた例。

⑤ 〔全日本検数協会（文書提出命令）事件〕神戸地決平成16・1・14（労判868号5頁）

Ⅳ 裁判所における労災民事賠償請求事件処理における留意点 **Q3**

就業規則の一方的変更によって，賃金の減額や自宅待機，一時帰休の強制という雇用契約上の不利益を受けたとして，本件賃金カットに合理性がないことを証明するために，「所得の計算に関する明細書」「退職給与引当金の換算算入に関する明細書」と「役員報酬手当て及び人件費の内訳書」の提出を申し立てたことに対し，記載事項，性質等に鑑みて民事訴訟法220条4号のいずれにも該当しないことからも，その保管者である相手方は，文書提出義務を負うとされ，相手方の経営状態が本件訴訟において赤字経営であることを積極的に主張していること，また公益法人であることからも秘匿すべき事項であるとは認められず，本件各文書の公開につき双方の不利益を比較衡量しても，開示によって所持者に見すごしがたい不利益が生ずるとは認められず，したがって，本件各文書はいずれも民事訴訟法220条4号ニの「専ら文書の所持者の利用に供するための文書」にあたらず，本件就業規則の変更の合理性が争点となっている本件訴訟において，相手方全体の収益状況，財務状態等が記載されていると考えられる本件各文書を取り調べる必要性が認められるとされた例。

⑥〔藤沢薬品工業（賃金台帳等文書提出命令）事件〕大阪高決平成17・4・12（労判894号14頁）

賃金差別訴訟において，比較対象者と相手方との賃金格差，昇格・昇級格差の有無を審理するにあたり，電子データの文書性を認め，賃金台帳，労働者名簿及び資格歴等につき開示が認められた例。

⑦〔ニチアス（石綿曝露・文書提出命令）事件〕奈良地決平成25・1・31（労判1077号14頁・判時2191号123頁）

アスベスト被害に基づく勤務先の会社に対する損害賠償請求に関し，争点の一つが，XらがA工場における勤務の過程で石綿に曝露した事実があるか否かであるところ，A工場のどの作業場所でどの時期に石綿粉じんが飛散していたかが明らかになれば，Xらが勤務の過程で石綿に曝露した事実があるか否かを推認する資料となり得るうえ，民事訴訟法220条4号所定の除外事由に該当しないとして，A工場において就労し

第2部　各　論
第2章　係争化した場合・紛争の段階ごと・紛争予防策のQ&A

ていた従業員のうち、「じん肺管理区分の決定を受けた者に関するじん肺管理区分決定通知書及び職歴票並びにじん肺健康診断に関する記録」、「労災認定を受けた者に関する労働者災害補償保険請求書の写し及び同請求書に添付された職歴証明書の写し」、「石綿健康管理手帳の交付を受けた者に関する石綿健康管理手帳交付申請書の写し及び同申請書に添付された職歴証明書の写し」の提出が命じられた例。

(2) 文書提出命令却下例
① 〔住友金属事件〕大阪地決平成11・10・14（労判776号44頁）
能力評価マニュアルについては却下された。
② 〔住友重機械工業（文書提出命令申立抗告）事件〕東京高決平成15・12・4（労判866号92頁）
組合員昇格差別をめぐる救済命令取消請求訴訟における組合員側から会社側への労働者名簿等の文書提出命令申立てにつき、組合員昇格差別の有無を判断するために、比較対象者らの履歴が必要であるとはいえず、その比較対象者らの労働者名簿、社員履歴台帳又は個人経歴表について証拠調べの必要があるとはいえないとされた例。
③ 〔松屋フーズ（パート未払賃金）事件〕東京地判平成17・12・28（労判910号36頁）
営業日誌等。
④ 〔A社文書提出命令申立事件〕神戸地尼崎支決平成17・1・5（労判902号166頁）
従業員たる地位の有無の確認請求、職場内のセクハラ行為不是正等による慰謝料請求をめぐる基本事件において、労働者側によりなされたセクハラ行為調査に関する会社側文書、労働局、捜査機関、社会保険機関の各関係文書の提出命令申立てにつき、ある文書が、その作成目的、記載内容、これを現在の所有者が所持するに至るまでの経緯、その他の事情から判断して、もっぱら内部の者の利用に供する目的で作成され、外部の者に開示することが予定されていない文書であって、開示すると

Ⅳ 裁判所における労災民事賠償請求事件処理における留意点 **Q3**

個人のプライバシーが侵害されたり個人ないし団体の自由な意思形成が阻害されたりするなど、開示によって所持者の側に看過しがたい不利益が生ずるおそれがあると認められる場合には、特段の事情がない限り、当該文書は民事訴訟法 220 条 4 号ニ所定の「専ら文書の所持者の利用に供するための文書」にあたる（最決平成 11・11・12 民集 53 巻 8 号 1787 頁・判タ 1017 号 102 頁・判時 1695 号 49 頁）ところ、相手方が作成した事情聴取書、本社への調査報告書、その他の調査資料、及び、相手方が作成した議事録、日報、稟議書の写しは、もっぱら相手方の内部の利用に供する目的で作成され、外部に開示することが予定されていない文書であって、開示されると相手方内部における自由な意思の表明に支障を来たし相手方の自由な意思形成が侵害されるなど看過しがたい不利益が生ずるおそれがあり、また、本件においては、上記各文書に関して、文書の所持者の特殊性、文書の作成者の特殊事情などは認められず、所持者である相手方に生じる看過しがたい上記不利益を補うほどの特段の事情は認められないとして、文書提出命令申立が却下された例。

⑤ 〔アイスペック・ビジネスブレイン（賃金請求）事件〕大阪高判平成 19・11・30（労判 958 号 89 頁）

在職中に使用していたパソコンに記録されているメールの発信・着信内容の電磁的記録につき、提出を求める文書は、証明すべき事実との関係において唯一の証拠とはいえず、裁判所の心証は既に提出されている証拠に加えて当該文書が提出され、さらに多数のメールが証拠として採用されたとしても、屋上屋を重ねるにすぎず、上記心証が左右されるものではないから、当該文書について証拠調べの必要性は認められないとされ、文書提出命令申立てが却下された例。

4 官公署等に対する文書提出命令等

(1) 情報公開法に基づく開示請求

〔大阪労働局長（行政文書不開示）事件〕大阪地判平成 17・3・17（労判 893 号 47 頁・判タ 1182 号 182 頁）では、労働基準法 36 条に基づく届出の開示請

第2部 各　論
第2章　係争化した場合・紛争の段階ごと・紛争予防策のQ&A

求において，被告が不開示とした情報につき，不開示情報1にある「過半数代表者の氏名」は，情報公開法〔平成15年法律第61号による改正前のもの〕5条「個人識別情報」にあたるが，「法令の規定により又は慣行として公にされ，又は公にされることが予定されている情報」にはあたらず，「人の生命，健康，生活又は財産を保護するために公にすることが必要と認められる情報」にも該当しないとして，同法5条の「不開示情報」にあたるとされた。

また，本件不開示情報2のうち36協定の時間外・休日労働をさせる必要のある具体的事由，業務の種類，労働者数の各情報は，これらの情報だけで当該事業者を特定することができ，かつ，これを開示することによって当該事業者の競争上重要な情報が公になり，その結果，当該事業者の正当な利益が害されるおそれがあると認められることから，情報公開法〔平成15年法律第61号による改正前のもの〕5条2号の「当該法人又は個人の正当な利益を侵害する情報」にあたるとされた。

ただし，「事業の名称等」を内容とする本件不開示情報2については，情報公開法〔平成15年法律第61号による改正前のもの〕5条2号ただし書に定める「生命等保護情報」にあたらないとされた。

本件協定に使用された過半数代表者，過半数代表者以外の労働者，使用者，事業者，労働組合各印影は，公開されれば，容易に複製されて私文書偽造などの犯罪に悪用されるおそれがあるとして，情報公開法〔平成15年法律第61号による改正前のもの〕5条4号にいう「公にすることにより犯罪の予防その他公共の安全と秩序に支障を及ぼすおそれがあると行政機関の長が認めることにつき相当の理由がある」と認めた。

上記不開示情報と認められた部分以外の36協定情報の開示については，同協定の監督署への届出，手続様式等について事業者に選択の余地はなく，これを開示することにより行政官庁に正確な事実の把握を困難にするなど実質的支障が生じるおそれは認められないとして，情報公開法〔平成15年法律第61号による改正前のもの〕5条6号の「国の機関等が行う事務事業の適正な遂行に支障を及ぼすおそれがある場合」にあたらないとされた。

結局，被告労働局長に対する原告の行政文書一部不開示決定のうち，一部

Ⅳ　裁判所における労災民事賠償請求事件処理における留意点　**Q3**

(「事業の名称等」を内容とする本件不開示情報2）を開示しないとした部分が取り消された。

(2) セクハラ事件に関する労働局等の保管文書に対する文書提出命令

　職場内のセクハラ行為不是正等による慰謝料請求等を基本事件とする前掲〔A社文書提出命令申立事件〕神戸地尼崎支決平成17・1・5では，労働者側からなされたセクハラ行為調査に関する会社側文書，労働局，捜査機関，社会保険機関の各関係文書の提出命令申立てが却下された。

　申立人の相手方に対する各告訴事件（休業手当の未払い，違法な資格喪失届の提出）に関し，相手方が捜査機関に提出した書類（原本，控え）は，民事訴訟法220条4号ホ（刑事事件に係る訴訟に関する書類もしくは少年の保護事件の記録又はこれらの事件において押収されている文書）に該当するから，この部分の文書提出申立ては理由がないとされたものである。

(3) 労災民事賠償事件における労基署保管の文書に対する文書提出命令―災害調査復命書等

　労災民事賠償請求事件等において，労基署の保管する資料に関しては，かつては提出が拒否されてきたが，近時，提出を命じる裁判例が現れている。

　(a) **下級審裁判例**

　まず，再下請会社の従業員たる申立人（原告）が，砂防施設設計の地質調査現場でモノレールを使用して資材運搬中に，モノレールが脱線して転落・負傷した事故について，元請会社と下請会社（被告）に対して損害賠償を請求した事件を基本事件とする〔廿日市労基署長（災害調査復命書等提出命令）事件〕広島地決平成17・7・25（労判901号14頁）は，以下のとおり判示し，文書の提出を命じた。

　すなわち，民事訴訟法220条4号の文理解釈によれば，除外事由の不存在について申立人（労働者）が主張立証責任を負うものの，申立人は申立てに係る文書を所持しておらず，当該文書の記載内容を具体的に認識することは困難であるから，文書を所持する相手方（労基署長）が提出義務のあること

433

第2部 各 論
第2章 係争化した場合・紛争の段階ごと・紛争予防策のQ&A

を争うときは、同条4号の除外事由（公務員の職務上の秘密に関する文書でその提出により公共の利益を害し、又は公務の遂行に著しい支障を生ずるおそれがあるもの等）に該当する具体的な事情を反証する必要があり、反証のない限り、除外文書に該当しないことが推認されるとした。

また、民事訴訟法220条4号ロが除外文書とされた趣旨から、「公共の利益を害し、又は公務の遂行に著しい支障を生ずるおそれがある」といえるためには、当該文書に記載された当該職務上の秘密の公開により、公共の利益を害し、又は公務の遂行に著しい支障を生ずる可能性が具体的に存しなければならないとした。

そのうえで、申立人が相手方に提出を求めた本件事故に係る災害調査復命書については、申立人、被告ら以外の個人氏名及び法人名を提出対象から除き、本件文書を当裁判所に提出することについて、公共の利益を害し、又は公務の遂行に著しい支障を生ずる具体的な可能性があるとはいえず、民事訴訟法220条4号ロ及びその他の除外文書に該当しないとされた。

そして、本件事故原因につき、申立人側の事情と本件モノレールの不具合が競合した可能性の有無について判断するために、本件提出対象文書を取り調べる必要性は高いとされ、同文書中に含まれる申立人、被告ら以外の個人氏名、法人名を除き、相手方に対し提出が命じられた。

(b) 〔金沢労基署長（有川製作所）事件〕最高裁決定

〔金沢労基署長（有川製作所）事件〕最決平成17・10・14（民集59巻8号2265頁・労判903号5頁・判タ1195号111頁）では、災害調査復命書のうち、①行政内部の意思形成過程に関する情報に係る部分については民事訴訟法220条4号ロ所定の文書に該当するものの、②労働基準監督官等の調査担当者が職務上知ることができた事業者にとっての私的な情報に係る部分は同号ロ所定の文書に該当しないとされた。

すなわち、「公務員の職務上の秘密」には、公務員の所掌事務に属する秘密だけでなく、公務員が職務を遂行するうえで知ることができた私人の秘密であって、それが本案事件において公にされることにより、私人との信頼関係が損なわれ、公務の公正かつ円滑な運営に支障を来すこととなるものも含

Ⅳ 裁判所における労災民事賠償請求事件処理における留意点 **Q3**

まれること，民事訴訟法220条4号ロにいう「その提出により公共の利益を害し，又は公務の遂行に著しい支障を生ずるおそれがある」とは，単に文書の性格から公共の利益を害し，又は公務の遂行に著しい支障を生ずる抽象的なおそれがあることが認められるだけでは足りず，その文書の記載内容からみてそのおそれの存在することが具体的に認められることが必要であることを前提として，①本件文書のうち，行政内部の意思形成過程に関する情報に係る部分は民事訴訟法220条4号ロ所定の「その提出により……公務の遂行に著しい支障を生じるおそれがあるもの」に該当しないとはいえないが，②被告会社にとっての私的な情報に係る部分はこれに該当しないというべきであるから，本件文書のうち，行政内部の意思形成過程に関する情報に係る部分については同号に基づく提出義務が認められないが，被告会社にとっての私的な情報に係る部分については上記提出義務が認められなければならない，とされたものである。

第 2 部 各　論
第 2 章　係争化した場合・紛争の段階ごと・紛争予防策の Q & A

■労災民事賠償に関する文書提出命令申立書

平成〇〇年（ワ）第〇〇〇〇〇号　損害賠償請求事件
原　　告　A
被　　告　B 株式会社

文書提出命令申立書

平成〇〇年〇〇月〇〇日
〇〇地方裁判所民事第〇〇部　御中

原告訴訟代理人弁護士　　　　　甲

第 1　文書の表示
　　　平成〇〇年〇〇月〇〇日午後〇時頃，〇〇県〇〇市〇〇町〇〇丁目〇〇番〇〇号所在の被告本社工場において発生した本件労災事故についての災害調査復命書（以下「本件文書」という。）

第 2　文書の趣旨
　　　本件文書は，本件労災事故の原因及び態様に関する具体的事実関係が記載されている文書である。

第 3　文書の所持者
　　　〇〇労働基準監督署長

第 4　証明すべき事実
　　　本件労災事故の原因及び態様に関する具体的事実関係，並びに，被告の安全配慮義務違反の事実

第 5　文書提出義務の原因
　　　民訴法 220 条 3 号前段又は第 4 号本文
　 1　民訴法 220 条 4 号前段該当性
　　　本件文書は，被災者 D の遺族である原告の遺族補償請求の当否を判断

Ⅳ 裁判所における労災民事賠償請求事件処理における留意点　Q3

するためにされた調査結果に基づき作成された文書であり，公正な労災保険行政の実現のために労災保険法上作成の予定された文書である。

　よって，本件文書は，単なる内部文書ではなく，被災者Dの遺族である原告の利益のために作成された文書というべきであり，○○労働基準監督署長には民訴法220条3号前段に基づく文書提出義務がある。

2　民訴法220条4号本文該当性

　⑴　本件文書には，被告本社工場における安全衛生管理体制，本件労災事故発生地，発生年月日時，発生状況，発生原因について，調査担当者が被告関係者から聴取した内容，被告から提出を受けた関係資料，被告本社工場内での計測，見分等に基づいて推測，評価，分析した事項が記載されており，民訴法220条4号ロの「公務員の職務上の秘密に関する文書」に該当するとの主張が文書所持者からなされることが考えられる。

　　しかしながら，本件文書には被告関係者からの聴取内容がそのまま記載されているわけではなく，聴取内容を取捨選択して，調査担当者の分析評価と一体化させたものが記載されているにすぎない。

　　そして，調査担当者には，事業場に立ち入り，関係者に質問し，帳簿，書類その他の物件を検査するなどの権限があり（労働安全衛生法91条，94条），労働基準監督署長等には，事業者，労働者等に対し，必要な事項を報告させ，又は出頭を命ずる権限があり（同法100条），これらに応じない者は罰金に処せられることとされていること（同法120条4号，5号）などからすれば，上記事項が本件事件において提出されても，関係者の信頼を著しく損なうことになるというわけではなく，以後調査担当者が労働災害に関する調査を行うにあたって関係者の協力を得ることが著しく困難になるというわけでもない。さらに，本件文書の提出によって，災害調査復命書の記載内容に実質的な影響が生ずるなどということも考えられない。

　　したがって，本件文書が本件事件に提出されることにより，公務の遂行に著しい支障が生ずるおそれが具体的に存在するわけではなく，同号ロの「その提出により公共の利益を害し，又は公務の遂行に著しい支障を生ずるおそれがあるもの」には該当しない（最決平成17・10・14民集59巻3号2265頁・労判903号5頁）。

　⑵　また，本件文書は，同号イ，ハ，ニ，ホにも該当しない。

第2部　各　　論
　　　第2章　係争化した場合・紛争の段階ごと・紛争予防策のQ＆A

(3)　本件労災事故の原因と態様を具体的に明らかにするためには，上記事項の記載された本件文書の提出が不可欠であるが，○○労働基準監督署長は，任意の提出を拒んでいるため，原告は，本申立てによらなければこれを入手することができない。

(4)　よって，○○労働基準監督署長には，民訴法220条4号本文に基づく文書提出義務がある。

Ⅳ　裁判所における労災民事賠償請求事件処理における留意点　**Q 4**

4 和解について

Q 労災民事賠償請求事件において，訴訟上の和解を行う場合の留意点は何ですか。

A 詳細は以下のとおりであり，特に労災保険給付との関係に留意する必要がある。

　　解　説

1　訴訟上の和解の概要

(1)　訴訟上の和解とは

　訴訟が終了するのは，終局判決の確定，訴えの取下げ，請求の放棄・認諾又は訴訟上の和解があった場合である。

　そのうち訴訟上の和解とは，訴訟係属中に，両当事者が，訴訟物をめぐる主張につき，相互に譲歩することによって訴訟の全部又は一部を終了させる期日における合意をいう。

　当事者が遠隔の地に居住していることその他の事由により出頭することが困難であると認められる場合において，その当事者があらかじめ裁判所等から提示された和解条項案を受諾する旨の書面を提出し，他の当事者が口頭弁論等の期日に出頭してその和解条項案を受諾したときは，当事者間に和解が調ったものとみなす「和解条項案の書面による受諾」制度（民訴法264条），当事者が，裁判所等の定めた和解条項に服する旨を記載した書面をもって共同の申立てをした場合に，和解条項が口頭弁論等の期日における告知その他の相当と認める方法による告知がなされたときに，両当事者間に和解が調っ

たものとみなす「裁判所等が定める和解条項」の制度（民訴法 265 条）もあるが，実務上多く利用されているのは，期日において両当事者が合意がなされた旨陳述し，裁判所がその合意を確認し，調書に記載するという方法である。

(2) 訴訟上の和解の効力

和解の内容が調書に記載されたときは，その記載は，確定判決と同一の効力を有する（民訴法 267 条）。

2 実務上の対応

(1) 和解の勧試

民事紛争は，両当事者による自主的で円満な解決が図られることが望ましい。そこで，裁判所は，訴訟がいかなる程度にあるかを問わず，和解を試み，又は受命裁判官もしくは受託裁判官に和解を試みさせることができるものとされている（民訴法 89 条）。

実務上は，弁論準備手続が進み，争点と証拠が整理された段階と，証拠調べが終了し，争点について裁判官が一定の心証を形成した段階に行われることが多い。

(2) 率直な意見の具申

和解の試みが行われた場合，和解の希望について，両当事者に率直な意見の具申が要請される。

また，裁判所が和解の可能性を判断するためにも，訴訟を提起する前に話合い・交渉があった場合には，その経過を裁判所に報告することが求められる。

実務では，必要に応じ，この経過報告や，和解の方針や内容，和解条項等につき，上申書等が各当事者から裁判所宛てに提出されることもある。

Ⅳ　裁判所における労災民事賠償請求事件処理における留意点　**Q4**

3　和解条項の概要と作成上の留意点

(1) 労災保険給付との関係

　労災民事賠償請求事件においては，別途，労災保険給付もなされている場合がある。

　この場合，労災保険金については，被災労働者・遺族の受けた既払い給付分だけが損害賠償額から控除され，将来の年金給付分は控除されないというのが最高裁の考え方である（〔三共自動車事件〕最判昭和52・10・25民集31巻6号836頁・判タ357号218頁・判時870号63頁，最大判平成5・3・24民集47巻4号3039頁・判タ853号63頁・判時1499号51頁）。

　また，労災保険では，通常の保険給付に加えて，特別支給金が給付される場合があるが，この特別支給金についても，最高裁は損害賠償額からの控除を認めていない（〔コック食品事件〕最判平成8・2・23民集50巻2号249頁・労判695号13頁・判タ904号57頁）。

(2) 実務上の対応

　しかし，和解においては，実質的に将来給付分等の控除を前提とした和解金支払の合意をすることは可能である。

　さらに，労災保険との調整による保険給付の支給停止などを招かないように，■**労災民事賠償請求に関する和解調書**のような形で和解を成立させることが多い。

441

第2部 各　　論
第2章　係争化した場合・紛争の段階ごと・紛争予防策のQ&A

■労災民事賠償請求に関する和解調書

和　解　条　項

1　被告は，原告に対し，本件事故に関し，労働者災害補償保険法，厚生年金保険法及び国民年金保険法に基づく既払分と将来給付分により塡補される損害を除くその余の損害について，金〇〇〇〇，〇〇〇円の和解金の支払義務のあることを認める。
2　被告は，原告に対し，前項の金員を平成〇〇年〇〇月〇〇日に限り，原告指定の銀行口座（〇〇銀行〇〇支店，普通預金口座，口座番号〇〇〇〇番，〇〇〇〇名義）宛振込送金して支払う。ただし，送金手数料は被告の負担とする。
3　原告及び被告は，本件の経過及び本和解条項の内容について第三者に口外しない。
4　原告は，その余の請求を放棄する。
5　原告と被告は，原告と被告との間には，本和解条項に定める以外には，何らの債権債務のないことを相互に確認する。
6　訴訟費用は各自の負担とする。

■木　原　康　雄■

V 過労自殺等への民事損害賠償の算定

1 民事上の損害賠償責任

Q 過労自殺等の労災が起こって労災保険からの給付が行われている場合でも，使用者はさらに損害賠償責任を負いますか。また，責任を負うとしたら，どのような損害を賠償する必要がありますか。

A 使用者に安全配慮義務違反や不法行為責任があると認められる場合は，さらに損害賠償責任を負う可能性がある。この場合，積極損害，逸失利益，休業損害，慰謝料などの損害を賠償する必要がある。

―― 解　説 ――

　使用者は，労災が起こった場合，労働基準法上の災害補償責任（労基法75条以下）を負うことになるが，労災保険法によって保険給付が行われる場合は，使用者は上記の補償責任を免れるとされている（労基法84条1項）。
　しかし，使用者に安全配慮義務違反（民法415条）や不法行為責任（民法709条・715条等）があると認められる場合，使用者は，民事上の損害賠償責任も負う必要がある。この場合，使用者は，労災保険からの給付金で塡補されない損害を賠償する必要がある。
　具体的に賠償する必要がある損害としては，積極損害，後遺障害逸失利

益，従業員死亡の場合にはその死亡逸失利益，休業損害，慰謝料（死亡，後遺障害，入通院）などがあげられる。なお，これらの損害については，労災保険との関係がどのようになるのかという問題がある。

V 過労自殺等への民事損害賠償の算定 **Q2**

2 積極損害

Q 使用者が民事上の損害賠償責任を負う積極損害には，具体的にどのようなものがありますか。

A 入院雑費，付添看護料，通院交通費・宿泊費，装具・器具購入費，家屋・自動車改造費，弁護士費用などがある。

解 説

　労災保険による保険給付は，治療費，休業補償や将来の逸失利益の補償を行うものであるため，補償の対象となっていない慰謝料や，積極損害については，使用者がこれを賠償する責任を負うことになる。判例も，精神的損害（慰謝料）や財産的損害のうちの積極損害（入院雑費，付添看護費等）は，労災保険による保険給付の補償対象には含まれないとしている（〔青木鉛鉄事件〕最判昭和62・7・10民集41巻5号1202頁・労判507号6頁・判タ658号81頁）。なお，被災した労働者又はその遺族からの使用者に対する損害賠償請求について，積極損害から，既に支払われた保険給付額を控除することは許されないことになる。

　具体的な積極損害としては，入院雑費，付添看護料，通院交通費・宿泊費，装具・器具等購入費，家屋・自動車等改造費，弁護士費用などが考えられる。これらの費用のうち，合理的な範囲内のものについて，使用者が賠償する義務を負うことになる。

　なお，弁護士費用については，近時，最高裁が，「労働者が，使用者の安全配慮義務違反を理由とする債務不履行に基づく損害賠償を請求するため訴えを提起することを余儀なくされ，訴訟追行を弁護士に委任した場合には，

445

第 2 部 各　論
第 2 章　係争化した場合・紛争の段階ごと・紛争予防策の Q＆A

その弁護士費用は，事案の難易，請求額，認容された額その他諸般の事情を斟酌して相当と認められる額の範囲内のものに限り，上記安全配慮義務違反と相当因果関係に立つ損害というべきである」と判断しているので（最判平成 24・2・24 判タ 1368 号 63 頁・判時 2144 号 89 頁），注意が必要である。

V 過労自殺等への民事損害賠償の算定　**Q3**

3　後遺障害逸失利益

Q　メンタルヘルスを理由とする労働災害によって従業員に後遺障害が発生した場合にも，使用者は民事上の損害賠償責任を負いますか。この場合，逸失利益はどのように算定されますか。

A　使用者が損害賠償責任を負う場合，労災保険による保険給付で填補されない逸失利益についても損害賠償責任を負う。後遺障害が生じた場合の逸失利益は，収入金額，労働能力喪失割合，稼働年数（労働能力喪失期間）などから算定する。

[　解　説　]

　労働災害が発生しなければ得られたであろう収入である逸失利益も，労災保険による保険給付では十分に填補されないので，填補されない損害については，使用者が民事上の損害賠償責任を負うことになる。
　被災した労働者に症状が固定して後遺障害が生じた場合の逸失利益については，一般的には次のように算定する。
　《後遺障害逸失利益の計算方法》
　　　　収入金額（年収）×労働能力喪失割合×稼働年数に対応する中間利息係数
　　　　　　　　　　　　（ライプニッツ係数等）
　収入額については，労災事故前の現実の収入を基準とするのが原則であるが，将来の昇給については，給与規定等から確実に昇給が見込まれるような場合には，これを考慮することは可能である。
　労働能力喪失割合は，労働省労働基準局長通牒（昭和32・7・2基発551号）「別表労働能力喪失率表」（**V**の末尾に掲載）を参考として，被災した労働者の

第2部 各 論
第2章 係争化した場合・紛争の段階ごと・紛争予防策のＱ＆Ａ

職業，年齢，性別，後遺症の部位，程度，労災事故直後の稼働状況等を総合的に判断して，具体的にあてはめて評価する。

また，稼働年数（労働能力喪失期間）は，原則として67歳までとするのが一般的である。そして，将来得られる収入を先に得ることに対して，その中間利息分を控除するために（一時金として先に受け取ると，利息分はもらいすぎということになる），稼働年数に対応するライプニッツ係数，あるいは新ホフマン係数を用いて計算することになる。

例えば，症状固定時の年齢が50歳で，年収600万円の男性給与所得者に後遺障害が生じ，後遺症によって労働能力が20％低下した場合の逸失利益は，次のように計算する（ただし，その他，収入の変化，将来の不利益等の事情を考慮することも考えられる）。

《計算式》
　　600万円 × 0.20 × 11.2741（50歳から67歳までの稼働年数17年に対応するライプニッツ係数）＝ 1352万8920円

なお，ライプニッツ係数は複利で利息を計算し，ホフマン係数は単利で利息を計算するため，ホフマン係数の方が中間利息の控除額がより少なくなる。この点，最高裁判例は，法的安定性及び統一的処理の見地から5％のホフマン係数で計算することを是認しているが（最判平成22・1・26判タ1321号86頁・判時2076号47頁），実務的には，特段の事情がない限り，ライプニッツ係数が用いられることが多い。

4 死亡逸失利益

Q 過労自殺によって労働者が死亡した場合，逸失利益はどのように算定しますか。

A 収入金額，稼働年数（就労可能期間）などから算定する。なお，後遺障害が生じた場合の逸失利益とは異なり，生活費を控除する。

解説

一般的には，次のように算定する。
《死亡逸失利益の計算方法》
　　収入金額（年収）× 稼働年数に対応する中間利息係数（ライプニッツ係数等）×（1 － 生活費割合）

収入金額の考え方や，稼働年数を原則として67歳までと考えることは，後遺障害の場合と同じである。また，死亡の場合は，生活費がかからなくなるため，その分を控除することになる。控除する生活費の割合は，一家の支柱の場合，被扶養者が1名のときは4割，2名のときは3割，女性（主婦，独身，幼児等も含む）のときは3割，男性（独身，幼児等を含む）のときは5割とするという取扱いが実務上行われることが一般的である。

例えば，妻と子供1名がいる年齢50歳，年収600万円の男性給与所得者の死亡逸失利益は，次のように計算する。
《計算式》
　　600万円 × 11.2741（50歳から67歳までの稼働年数17年に対応するライプニッツ係数）×（1 － 0.3）＝ 4735万1220円

第 2 部 各　論
第 2 章　係争化した場合・紛争の段階ごと・紛争予防策の Q & A

5　休業損害

Q　使用者は，労災保険から休業補償給付を受けている労働者に対して，さらに休業損害を支払う必要がありますか。

A　労災保険によって塡補されない分については，使用者が支払う必要がある。

〔 解　説 〕

　被災した労働者が療養している間に給与の支払がない場合，労災保険による休業補償給付を受けられる。そして，この場合の休業補償給付は，給付基礎日額（平均賃金）の 80％（休業補償給付が 60％，休業特別支給金が 20％）であるため，これによって塡補されない収入部分については，休業損害として，使用者に対する請求が認められることになる（理論的には，賃金請求権として認められることもありうる。〔東芝（うつ病・解雇）事件〕東京高判平成 23・2・23 労判 1022 号 5 頁・判時 2129 号 121 頁）。

　なお，労災保険による休業補償給付は，休業 4 日目以降の分から給付されるため，労働基準法上の休業補償義務は，最初の 3 日分については，使用者が負う必要がある。すなわち，上記の塡補されない収入分に加えて，休業当初 3 日分についても，使用者が支払う必要があることになる。

V 過労自殺等への民事損害賠償の算定 **Q6**

6 慰謝料（死亡・後遺障害・入通院）

Q 使用者が支払うべき慰謝料にはどのような種類がありますか。また，その算定方法はどのような基準が用いられますか。

A 死亡したことに対する慰謝料，後遺障害に対する慰謝料，入通院慰謝料などがある。また，その算定については，最終的には裁判所の判断になるが，交通事故のケースの基準を用いることもある。

[解　説]

　既に述べたとおり，判例は，精神的損害（慰謝料）や財産的損害のうちの積極損害（入院雑費，付添看護費等）は，労災保険による保険給付の補償対象には含まれないとしている（〔青木鉛鉄事件〕最判昭和62・7・10民集41巻5号1202頁・労判507号6頁・判タ658号81頁）。したがって，労災保険からの給付によって填補されない損害として，使用者に対する慰謝料請求が認められることになる。

　慰謝料の種類としては，死亡したことに対する慰謝料，後遺障害に対する慰謝料，さらには入通院慰謝料などが考えられる。

　慰謝料額の算定については，最終的には，裁判所の判断によることになるが，実際の請求額について，実務上は，交通事故のケースで一般的に用いられている基準が参考になる（いわゆる赤本と称される，財団法人日弁連交通事故センター東京支部『民事交通事故訴訟　損害賠償算定基準』による算定）。

　例えば，赤本によれば，死亡の場合，一家の支柱の死亡は2800万円，母親，配偶者の死亡は2400万円，その他の者の死亡は2000万円ないし2200万円という算定をするとされており，このような基準は一つの参考となる。

451

第2部 各　論
第2章　係争化した場合・紛争の段階ごと・紛争予防策のQ&A

　もちろん，個別具体的な事情によって，増減されることがあるため，これらの基準は，あくまでも一つの目安ということになる。
　なお，損害賠償の請求根拠について，債務不履行構成（民法415条，つまり，安全配慮義務違反を理由とするもの）とした場合，遺族固有の慰謝料は認められない（〔大石塗装・鹿島建設事件〕最判昭和55・12・18民集34巻7号888頁・判タ435号87頁・判時992号44頁参照）。

7 過失相殺・損益相殺

Q 損害賠償額について過失相殺や損益相殺がされる場合，具体的な金額の算定の際に，その先後関係はどうなりますか。

A 判例は，先に過失相殺をしたうえで損益相殺（保険の支給額の控除）をする，いわゆる「控除前相殺説」をとっている。

―― 解　説 ――

1　過失相殺

被災した労働者に，労災事故発生について過失がある場合は，使用者側に安全配慮義務違反あるいは過失があって民事上の責任が発生する場合であっても，当該労働者の過失の割合に応じて，損害賠償額が減額される。これが過失相殺である。

2　損益相殺

また，労災事故の発生によって被災した労働者（又は遺族）が損害を被ると同時に，同一の事由によって経済的な利益を得たときには，その経済的な利益を損害賠償額から減額することになる。これが損益相殺である。労災保険給付金のほか，会社の上積み補償金，厚生年金からの障害厚生年金や遺族厚生年金なども損益相殺の対象になる。

3　損益相殺と過失相殺の先後関係

具体的に損害額を算定する際に，労災保険による給付金額の控除（損益相

第2部 各 論
第2章 係争化した場合・紛争の段階ごと・紛争予防策のＱ＆Ａ

殺）と過失相殺のいずれを先に行うかが問題となる。具体的には，損害賠償額を算定するにあたり，過失相殺を先にして労災保険を控除するか，労災保険を控除してから過失相殺を行うかという問題である。

この場合，労災保険を控除してから過失相殺を行う方が，被災者又はその遺族が受け取る金額は多くなる。しかし，判例は，まずは相当な過失相殺を行ったうえで損害額を出して，その後に労災保険給付などの支給額を控除する，いわゆる「控除前相殺説」をとっている（〔大石塗装・鹿島建設事件〕最判昭和55・12・18民集34巻7号888頁・判タ435号87頁・判時992号44頁参照）。

なお，この考え方によると，第三者行為災害の場合について，労災保険法12条1項によって国に移転するとされる損害賠償請求権（政府が保険給付をした場合に移転する受給権者の第三者に対する損害賠償請求権）も，過失相殺により相殺された額になる（〔高田建設事件〕最判平成元・4・11民集43巻4号209頁・労判546号16頁・判タ697号186頁参照）。

V 過労自殺等への民事損害賠償の算定 **Q 8**

8 寄与度減額（心因的要因・既往症等）

Q メンタルヘルスを原因とする過労自殺等のケースで，労働者の心因的要因や既往症がある場合に，これらを考慮して損害賠償額が減額されることはありますか。また，この問題について裁判所はどのような立場をとっていますか。

A 労働者の心理的要因や既往症について，過失相殺などの理由で損害賠償額を減額する場合がある。裁判所も，このような減額を認めている。

解　説

　メンタルヘルスに起因する過労による自殺や，心臓や脳の疾患による死亡の場合は，労働者の心因的要因や，高血圧などの基礎疾患，既往症の存在などの要因について，損害の発生に関与した割合（寄与度）を考慮して，過失相殺などの理由で，使用者が負うべき損害賠償額の減額がなされる場合がある。損害の公平な分担という観点から導かれる考え方である。

　裁判例においては，例えば，〔電通事件〕（第1審）東京地判平成8・3・28（労判692号13頁・判タ906号163頁・判時1561号3頁）は，上記のような観点からの減額を一切しなかったが（ただし，会社が減額について主張していなかったという事情もある），〔同事件〕（控訴審）東京高判平成9・9・26（労判724号13頁・判タ990号86頁・判時1646号44頁）では，労働者の性格及びこれに起因する業務の状況，精神科の病院に行くなどの合理的行動をとることが可能であったこと，労働者の両親が勤務状況・生活状況を把握しながらこれを改善するための具体的措置をとらなかったことなどを考慮して，損害の公平な分担とい

455

第2部 各 論
第2章 係争化した場合・紛争の段階ごと・紛争予防策のQ&A

う理念に照らして，民法722条2項の過失相殺の規定を類推適用して，発生した損害のうちの7割を使用者に負担させることとして，第1審の賠償額を減額した（すなわち，労働者側の寄与による3割の減額を認めた）。もっとも，〔同事件〕（上告審）最判平成12・3・24（民集54巻3号1155頁・労判779号13頁・判タ1028号80頁）は，この原審判決の判断を違法とし，この部分の遺族の上告を認め，原審に差戻しを命じている。このような最高裁の判断は，過労死や過労自殺の損害賠償請求事件における過失相殺などの（類推）適用について，厳しい判断がなされる可能性があることを示すものであるといえる（なお，同事件は，差戻し審で和解によって終了している）。

ただし，上記の〔電通事件〕最高裁判決の後にも，労働者の自殺につき，使用者として従業員の精神面での健康状態に十分配慮し適切な措置を講ずべき義務に違反したとしつつ，本人の性格・心因的要素の寄与や会社への情報提供の不足を考慮して，民法722条の類推適用によって損害額から8割を減額した例（〔三洋電機サービス事件〕東京高判平成14・7・23労判852号73頁）や，使用者の対応が困難であったこと，自殺について本人の素因（精神疾患）に主たる原因があること，家族も労働者の症状に気づいて対処すべきであったことなどを理由として，過失相殺ないしは同類似の法理によって損害の7割を減額した例（〔みくまの農協事件〕和歌山地判平成14・2・19労判826号67頁・判タ1098号189頁）などが存在する。また，〔南大阪マイホームサービス事件〕大阪地堺支判平成15・4・4（労判854号64頁・判タ1162号201頁）でも5割の減額が認められ，〔名神タクシーほか事件〕神戸地尼崎支判平成20・7・29（労判976号74頁）でも6割の寄与度減額が認められている。

さらに，過失相殺の主張が信義に反するとして否定された〔NTT東日本北海道支店事件〕（控訴審）札幌高判平成18・7・20（労判922号5頁）が，〔同事件〕（上告審）最判平成20・3・27（労判958号5頁・判タ1267号156頁・判時2003号155頁）では，「過失相殺に関する規定（民法722条2項）の類推適用をしなかった原審の判断には，過失相殺に関する法令の解釈適用を誤った違法があるというべきである」として破棄・差戻しとなり，差戻審では，損害額から7割の過失相殺が行われた（〔同事件〕（差戻審）札幌高判平成21・1・30労

Ⅴ　過労自殺等への民事損害賠償の算定　**Q 8**

判 976 号 5 頁)。

　以上のような裁判所の判断からすると，訴訟において，使用者としては，損害の発生・拡大に，被災した労働者の心因的要因や既往症，その他の事情が寄与しているような場合には，当該寄与部分について過失相殺の主張をして，損害の減額を主張することが必要である（以上につき，ロア・ユナイテッド法律事務所編『労災民事訴訟の実務』(ぎょうせい，平成 23 年) 138 頁参照)。

■村木　高志■

第2部 各 論
第2章 係争化した場合・紛争の段階ごと・紛争予防策のQ&A

■労働能力喪失率表

別表第1（第2条関係）

等級	後遺障害	労働能力喪失率
第1級	1 神経系統の機能又は精神に著しい障害を残し，常に介護を要するもの 2 胸腹部臓器の機能に著しい障害を残し，常に介護を要するもの	100/100
第2級	1 神経系統の機能又は精神に著しい障害を残し，随時介護を要するもの 2 胸腹部臓器の機能に著しい障害を残し，随時介護を要するもの	100/100

別表第2（第2条関係）

等級	後遺障害	労働能力喪失率
第1級	1 両眼が失明したもの 2 咀嚼および言語の機能を廃したもの 3 両上肢を肘関節以上で失ったもの 4 両上肢の用を全廃したもの 5 両下肢をひざ関節以上で失ったもの 6 両下肢の用を全廃したもの	100/100
第2級	1 1眼が失明し，他眼の視力が0.02以下になったもの 2 両眼の視力が0.02以下になったもの 3 両上肢を手関節以上で失ったもの 4 両下肢を足関節以上で失ったもの	100/100
第3級	1 1眼が失明し，他眼の視力が0.06以下になったもの 2 咀嚼又は言語の機能を廃したもの 3 神経系統の機能又は精神に著しい障害を残し，終身労務に服することができないもの 4 胸腹部臓器の機能に著しい障害を残し，終身労務に服することができないもの 5 両手の手指の全部を失ったもの	100/100
第4級	1 両眼の視力が0.06以下になったもの	92/100

労働能力喪失率表

等級	後遺障害	労働能力喪失率
第4級	2　咀嚼及び言語の機能に著しい障害を残すもの 3　両耳の聴力を全く失ったもの 4　1上肢をひじ関節以上で失ったもの 5　1下肢をひざ関節以上で失ったもの 6　両手の手指の全部の用を廃したもの 7　両足をリスフラン関節以上で失ったもの	92/100
第5級	1　1眼が失明し，他眼の視力が0.1以下になったもの 2　神経系統の機能又は精神に著しい障害を残し，特に軽易な労務以外の労務に服することができないもの 3　胸腹部臓器の機能に著しい障害を残し，特に軽易な労務以外の労務に服することができないもの 4　1上肢を手関節以上で失ったもの 5　1下肢を足関節以上で失ったもの 6　1上肢の用の全廃したもの 7　1下肢の用を全廃したもの 8　両足の足指の全部を失ったもの	79/100
第6級	1　両眼の視力が0.1以下になったもの 2　咀嚼又は言語の機能に著しい障害を残すもの 3　両耳の聴力が耳に接しなければ大声を解することができない程度になったもの 4　1耳の聴力を全く失い，他耳の聴力が40センチメートル以上の距離では普通の話声を解することができない程度になったもの 5　脊柱に著しい奇形又は運動障害を残すもの 6　1上肢の3大関節中の2関節の用を廃したもの 7　1下肢の3大関節中の2関節の用を廃したもの 8　1手の5の手指又はおや指を含み4の手指を失ったもの	67/100
第7級	1　1眼が失明し，他眼の視力が0.6以下のなったもの 2　両耳の聴力が40センチメートル以上の距離では普通の話声を解することができない程度になったもの 3　1耳の聴力を全く失い，他耳の聴力が1メートル以上の距離では普通の話声を解することができない程度にな	56/100

第2部 各 論
第2章 係争化した場合・紛争の段階ごと・紛争予防策のQ&A

等級	後遺障害	労働能力喪失率
第7級	ったもの 4　神経系統の機能又は精神に障害を残し，軽易な労務以外の労務に服することができないもの 5　胸腹部臓器の機能に障害を残し，軽易な労務以外の労務に服することができないもの 6　1手の親指を含み3の手指を失ったもの又は親指以外の4の手指を失ったもの 7　1手の5の手指又は親指を含み4の手指の用を廃したもの 8　1足をリスフラン関節以上で失ったもの 9　1上肢に偽関節を残し，著しい運動障害を残すもの 10　1下肢に偽関節を残し，著しい運動障害を残すもの 11　両足の足指の全部の用を廃したもの 12　外貌に著しい醜状を残すもの 13　両側の睾丸を失ったもの	56/100
第8級	1　1眼が失明し，又は1眼の視力が0.02以下になったもの 2　脊柱に運動障害を残すもの 3　1手の親指を含み2の手指を失ったもの又は親指以外の3の手指を失ったもの 4　1手の親指を含み3の手指の用を廃したもの又は親指以外の4の手指の用を廃したもの 5　1下肢を5センチメートル以上短縮したもの 6　1上肢の3大関節中の1関節の用を廃したもの 7　1下肢の3大関節中の1関節の用を廃したもの 8　1上肢に偽関節を残すもの 9　1下肢に偽関節を残すもの 10　1足の足指の全部を失ったもの 11　脾臓又は1側の腎臓を失ったもの	45/100
第9級	1　両眼の視力が0.6以下になったもの 2　1眼の視力が0.06以下になったもの 3　両眼に半盲症，視野狭窄又は視野変状を残すもの 4　両眼のまぶたに著しい欠損を残すもの	35/100

労働能力喪失率表

等級	後遺障害	労働能力喪失率
第9級	5　鼻を欠損し，その機能に著しい障害を残すもの 6　咀嚼及び言語の機能に障害を残すもの 7　両耳の聴力が1メートル以上の距離では普通の話声を解することができない程度になったもの 8　1耳の聴力が耳に接しなければ大声を解することができない程度になり，他耳の聴力が1メートル以上の距離では普通の話声を解することが困難である程度になったもの 9　1耳の聴力を全く失ったもの 10　神経系統の機能又は精神に障害を残し，服することができる労務が相当な程度に制限されるもの 11　胸腹部臓器の機能に障害を残し，服することができる労務が相当な程度に制限されるもの 12　1手の親指又は親指以外の2の手指を失ったもの 13　1手の親指を含み2の手指の用を廃したもの又は親指以外の3の手指の用を廃したもの 14　1足の第1の足指を含み2以上の足指を失ったもの 15　1足の足指の全部の用を廃したもの 16　外貌に相当程度の醜状を残すもの 17　生殖器に著しい障害を残すもの	35/100
第10級	1　1眼の視力0.1以下になったもの 2　正面を見た場合に複視の症状を残すもの 3　咀嚼又は言語の機能に障害を残すもの 4　14歯以上に対し歯科補綴を加えたもの 5　両耳の聴力が1メートル以上の距離では普通の話声を解することが困難である程度になったもの 6　1耳の聴力が耳に接しなければ大声を解することができない程度になったもの 7　1手の親指又は親指以外の2の手指の用を廃したもの 8　1下肢を3センチメートル以上短縮したもの 9　1足の第1の足指又は他の4の足指を失ったもの 10　1上肢の3大関節中の1関節の機能に著しい障害を残すもの	27/100

第 2 部 各　　論
第 2 章　係争化した場合・紛争の段階ごと・紛争予防策のＱ＆Ａ

等級	後遺障害	労働能力喪失率
第10級	11　1下肢の3大関節中の1関節の機能に著しい障害を残すもの	27/100
第11級	1　両眼の眼球に著しい調節機能障害又は運動障害を残すもの 2　両眼のまぶたに著しい運動障害を残すもの 3　1眼のまぶたに著しい欠損を残すもの 4　10歯以上に対し歯科補綴を加えたもの 5　両耳の聴力が1メートル以上の距離では小声を解することができない程度になったもの 6　1耳の聴力が40センチメートル以上の距離では普通の話声を解することができない程度になったもの 7　脊柱に変形を残すもの 8　1手のひとさし指，中指又は薬指を失ったもの 9　1足の第1の足指を含み2以上の足指の用を廃したもの 10　胸腹部臓器に障害を残すもの	20/100
第12級	1　1眼の眼球に著しい調節機能障害又は運動障害を残すもの 2　1眼のまぶたに著しい運動障害を残すもの 3　7歯以上に対し歯科補綴を加えたもの 4　1耳の耳殻の大部分を欠損したもの 5　鎖骨，胸骨，ろく骨，けんこう骨又は骨盤骨に著しい変形を残すもの 6　1上肢の3大関節中の1関節の機能に障害を残すもの 7　1下肢の3大関節中の1関節の機能に障害を残すもの 8　長管骨に変形を残すもの 9　1手の小指を失ったもの 10　1手のひとさし指，中指又は薬指の用を廃したもの 11　1足の第2の足指を失ったもの，第2の足指を含み2の足指を失ったもの又は第3の足指以下の3の足指を失ったもの 12　1足の第1の足指又は他の4の足指の用を廃したもの 13　局部に頑固な神経症状を残すもの	14/100

労働能力喪失率表

等級	後遺障害	労働能力喪失率
第12級	14　外貌に醜状を残すもの	14/100
第13級	1　1眼の視力が0.6以下になったもの 2　正面以外を見た場合に複視の症状を残すもの 3　1眼に半盲症，視野狭窄又は視野変状を残すもの 4　両眼のまぶたの一部に欠損を残し又はまつげはげを残すもの 5　5歯以上に対し歯科補綴を加えたもの 6　1手の小指の用を廃したもの 7　1手の親指の指骨の一部を失ったもの 8　1下肢を1センチメートル以上短縮したもの 9　1足の第3の足指以下の1又は2の足指を失ったもの 10　1足の第2の足指の用を廃したもの，第2の足指を含み2の足指の用を廃したもの又は第3の足指以下の3の足指の用を廃したもの	9/100
第14級	1　1眼のまぶたの一部に欠損を残し又はまつげはげを残すもの 2　3歯以上に対し歯科補綴を加えたもの 3　1耳の聴力が1メートル以上の距離では小声を解することができない程度になったもの 4　上肢の露出面に手のひらの大きさの醜いあとを残すもの 5　下肢の露出面に手のひらの大きさの醜いあとを残すもの 6　1手の親指以外の手指の指骨の一部を失ったもの 7　1手の親指以外の手指の遠位指節間関節を屈伸することができなくなったもの 8　1足の第3の足指以下の1又は2の足指の用を廃したもの 9　局部に神経症状を残すもの	5/100

第2部 各 論
第2章 係争化した場合・紛争の段階ごと・紛争予防策のQ&A

Ⅵ 過労自殺等への労災保険給付と損害賠償の調整と紛争発生予防措置

1 賠償額から控除される保険給付——労災保険による補償される損害の範囲

Q 過労死や過労自殺が起きて,遺族から損害賠償請求された場合,遺族が既に労災保険から給付を受けていた場合には,損害賠償額から控除することはできますか。

A 損害賠償額から控除される。ただし,労災保険給付は逸失利益の補償を行うものであり,慰謝料や積極損害を填補しない。

〔解 説〕

過労死や過労自殺等の遺族による民事損害賠償請求事件の訴訟では,既に遺族が労災保険給付から遺族補償給付を受けている場合,損害賠償額との調整が問題となる。

この点,既に受けた労災保険給付については,損害賠償額から控除される(労基法84条2項)。もっとも,労災保険給付は,逸失利益の補償を行うものであり,慰謝料や入院雑費・付添看護費等の積極損害を填補しないとされている(〔青木鉛鉄事件〕最判昭和62・7・10民集41巻5号1202頁・労判507号6頁・判タ658号81頁)。よって,会社は,労災保険給付を控除してなお残る逸失利益と慰謝料については,支払う必要がある。

Ⅵ 過労自殺等への労災保険給付と損害賠償の調整と紛争発生予防措置 **Q 2**

2 将来給付分は非控除

Q 過労死や過労自殺した従業員の遺族が遺族補償年金を受けている場合，既に支払われた遺族年金だけでなく，将来給付される遺族年金も，会社が支払うべき損害賠償額から控除することはできますか。

A 判例では，将来給付分の控除は認められない。ただし，**遺族補償年金の前払一時金の最高限度額**（給付基礎日額の 1000 日分）**までは損害賠償の履行が猶予されることはある。**

解 説

　遺族が遺族補償年金を受けている場合，将来給付分の遺族年金も損害賠償額から控除できるかという問題がある。会社としては保険料を支払っていることからも，控除されて当然と考えるところだが，最高裁の考え方は，損害の塡補となるのは現実に給付が行われたときだけであり，現実に保険給付が行われていない以上，たとえ将来にわたり継続して給付されることが確定していても，このような将来の給付額を損害賠償債権額から控除することを要しないとし，将来給付分の控除を認めていない（〔三共自動車事件〕最判昭和 52・10・25 民集 31 巻 6 号 836 頁・判タ 357 号 218 頁・判時 870 号 63 頁，最大判平成 5・3・24 民集 47 巻 4 号 3039 頁・判タ 853 号 63 頁・判時 1499 号 51 頁）。

　もっとも，これらの判決を受けて，労働者災害補償保険法が改正され，会社は，損害賠償責任を負う場合でも，障害補障年金又は遺族補償年金の前払一時金の最高限度額（給付基礎日額の 1000 日分）までは損害賠償の履行が猶予されることとなり，この猶予の間に前払一時金又は年金が支払われた場合は，その給付額の限度で損害賠償責任が免除されることとなった（労災保険

465

第2部 各　　論
第2章　係争化した場合・紛争の段階ごと・紛争予防策のQ＆A

法64条)。

　会社による履行猶予の主張が認められ，遺族補償年金の前払一時金最高限度額（給付基礎日額の1000日分）の履行の猶予を認め，今後，遺族らが遺族補償年金を受給することでその給付額の限度で損害賠償責任が免除されるので，控除を認めた判例がある（〔ハヤシ（くも膜下出血死）事件〕福岡地判平成19・10・24労判956号44頁・判時1998号58頁）。

　〔KYOWA（心臓病突然死）事件〕大分地判平18・6・15（労判921号21頁）は，遺族らが，時効により前払一時金の請求ができなかった事案であるが，遺族らは今後遺族年金を受給できることから会社の支払猶予を認め，請求可能であった遺族補償年金の前払一時金の最高限度額を，損益相殺として損害賠償額から控除することを認めた。

Ⅵ 過労自殺等への労災保険給付と損害賠償の調整と紛争発生予防措置 **Q3**

3 使用者による損害賠償義務の履行と国に対する未支給の労災保険金の代位請求

Q 会社は，遺族に損害賠償した後，遺族が国に対して有する労災保険給付の受給権について，遺族に代位して国に請求することはできますか。

A 判例では，代位は認められない。

― 解 説 ―

　労災保険の将来給付分が損害額から控除できないとした場合，会社は，従業員の遺族に損害賠償義務を履行した後，本来遺族に給付されるべき労災保険給付を遺族に代位して国に請求することはできないか，という問題が生じる。

　しかしながら，最高裁は，労働者災害補償保険法による保険給付は，業務上の事由又は通勤による労働者の負傷，疾病，障害又は死亡に対して迅速かつ公平な保護をすること等を目的としてされるものであり，損害を填補すること自体を目的とする損害賠償とは制度の趣旨，目的を異にするとし，代位請求を認めなかった（〔三共自動車事件〕最判平成元・4・27民集43巻4号278頁・労判542号6頁・判タ697号177頁）。

第2部 各　論
第2章　係争化した場合・紛争の段階ごと・紛争予防策のQ&A

4　特別支給金の非控除

Q　遺族が給付を受けている労災保険給付の遺族特別支給金についても，会社が支払うべき損害賠償額から控除することはできますか。

A　特別支給金については，控除できない。

―　解　説　―

　労災保険給付では，300万円の遺族特別支給金があるが（労働者災害補償保険特別支給金支給規則5条），これについても，損害額から控除できるかが問題となる。

　最高裁は，休業特別支給金，障害特別支給金の事案であるが労働者災害補償保険法上，労災保険給付は，使用者の労働基準法上の災害補償義務を政府が労災保険によって保険給付の形式で行うもので，業務災害又は通勤災害による労働者の損害の塡補の性質を有するが，特別支給金については，労働福祉事業の一環として，被災労働者の療養生活の援護等によりその福祉の増進を図るもので，労働者の損害の塡補の性質を有するということはできないとし，損害賠償額からの控除を認めなかった（〔コック食品事件〕最判平成8・2・23民集50巻2号249頁・労判695号13頁・判タ704号57頁）。

Ⅵ 過労自殺等への労災保険給付と損害賠償の調整と紛争発生予防措置　Q5

5　上積み補償制度の意義と必要性

Q　労災の上積み保障制度が必要であるとよく聞きますが，なぜ必要なのですか。

A　過労死や過労自殺の損害賠償請求では，逸失利益や慰謝料などが損害となり，数千万円単位の損害賠償額となることも少なくなく，労災保険給付だけではとても足りないことが多いからである。

〔解　説〕

　長時間労働などで従業員の過労死や過労自殺等を招いてしまった場合，従業員の遺族から損害賠償請求され，会社に健康配慮義務違反などの過失が認められると，亡くなった従業員の年齢，給与額，過失相殺の程度等にもよるが，数千万円単位，場合によっては1億円を超える損害と認定されることがある（〔電通事件〕最判平成12・3・24民集54巻3号1155頁・労判779号13頁・判タ1028号80頁，〔システムコンサルタント事件〕最決平成12・10・13労判791号6頁，〔関西医科大学研修医（過労死損害賠償）事件〕大阪高判平成16・7・15労判879号22頁，〔グルメ杵屋事件〕大阪地判平成21・12・21労判1003号16頁・判時2089号98頁，〔南大阪マイホームサービス（急性心臓死損害賠償）事件〕大阪地判平成15・4・4労判854号64頁・判タ1162号201頁・判時1835号138頁，〔オタフクソース事件〕広島地判平成12・5・18労判783号15頁・判タ1035号285頁等）。

　〔電通事件〕（第1審）東京地判平成8・3・28（労判692号13頁・判タ906号163頁・判時1561号3頁）では，労働者が24歳で死亡したため，労働者が60歳の定年まで36年間にわたり勤務していれば得られたであろう収入について，中間利息は控除されるものの，約9000万円の逸失利益が損害として認

定された。さらに，退職金として約600万円が損害として認定され，死亡慰謝料が2000万円認定され，弁護士費用として1000万円が認定され，合計約1億2600万円の損害賠償が命じられた。

　労災保険の遺族補償給付は，遺族補償年金と遺族補償一時金の2種類であり，遺族補償年金は，遺族の数に応じて給付基礎日額の何日分というように定められており，年金を受給すべき遺族がいない場合には，遺族補償一時金が支給されるが，その額は，最高で給付基礎日額の1000日分である。

　前述のように，労災保険給付は，慰謝料等の支払は塡補されないだけでなく，数千万円単位の損害賠償額が裁判で認められてしまうと，労災保険の遺族補償給付だけでは，これら損害額には到底及ばない。

　そこで，会社は，労災があった場合に，労災保険給付に加えて一定額又は実損害に応じた上積み補償がなされる保険などを契約し，上積み補償制度を作っておく必要があるのである。

Ⅵ 過労自殺等への労災保険給付と損害賠償の調整と紛争発生予防措置 **Q6**

6 上積み補償制度と労災保険給付との関係

Q 上積み補償制度を設けた場合，労災保険給付との関係はどのようになりますか。

A 原則として労災保険給付には影響を与えない。

―― 解　説 ――

　労災の上積み補償制度は，通常，労働災害の補償について法定補償の不足を上積みする趣旨で定められているので，原則として労災保険給付に影響を与えないとされている（昭和56・10・30基発696号）。使用者は，労災保険給付で塡補されない部分について，上積み補償制度で塡補すればよい。

7 上積み補償制度と損害賠償との関係

Q 上積み補償制度を設け制度により遺族に給付した場合，遺族からの損害賠償請求に際し，上積み補償制度によって給付した分は損害額から控除できますか。

A 上積み補償制度によって給付した分は損害額から控除できる。

〔解　説〕

　従業員の遺族からの民事損害賠償請求との関係では，会社が上積み補償を行った場合，その支払額分について，会社は損害賠償責任を免れると解されている。

　上積み補償制度を設けておけば，会社は，それ以上の支払をしなくてよいわけではなく，裁判で，上積み補償制度で定めた以上の損害が認定されれば，会社は，既に上積み補償制度によって支払った額を除いた損害賠償金を支払わなければならない。

　では，上積み補償制度の規程等に損害賠償の予定であることを明示する条項又は損害賠償請求権の放棄条項を設けた場合，そのような条項に効力があるであろうか。

　そのような条項は一般的に無効とはならず，実際の上積み額が実損害額と比べて著しく低額であるような場合について，個別に公序良俗違反（民法90条）となるのではないかという考え方もあるので（菅野478頁），実損害額に近い十分な上積み補償制度を用意し，損害賠償の予定であることを明示する条項又は損害賠償請求権の放棄条項を設けた場合には，それ以外の損害賠償責任を問われないという効果が一応期待できる。

Ⅵ 過労自殺等への労災保険給付と損害賠償の調整と紛争発生予防措置 **Q7**

　上積み補償規程では，上積み補償制度に基づいて支払った金額については，会社は損害賠償責任を免れることを規定上で明確にしておいた方がよい。

　上積み補償規程で，遺族補償について，受給資格者を定めておかなかった場合は，相続人に支払うことになるので，会社は，相続人，相続分の確認が必要となる。その場合，会社は，遺族に対し，被災労働者本人が生まれてから亡くなるまでの戸籍謄本類の提出を求め，相続人に漏れがないように確認する必要がある。また，相続分についても誤りがないように確認する必要がある。

　上積み補償規程で受給権者を定めた場合には，受給権者に支払えばよいので，受給権者を定めておくことが多いと思われる。一般的には，労働基準法上の定めに従うとすることが多く，労働基準法上は，先順位の者がいないときに次順位の者に受給資格があることとなっている。

　ただし，配偶者については，労働基準法の規定に従えば事実婚の者も含むので，法律上の妻もいる場合には，上積み補償規程が「労働基準法の規定に従う」とされているだけでは，どちらに受給資格があるのか支給時の判断に困るため，いずれを優先するか定めておくべきである。

　なお，遺族による民事損害賠償請求事件では，死亡による損害賠償請求権は，死亡した従業員に帰属し，相続人が相続により承継するというのが判例の立場であるので（大判大正15・2・16民集5巻3号150頁），遺族は，原則として法定相続分で権利を有することとなる。つまり，上積み補償制度によって受給資格者（例えば配偶者）のみに支払っても，支払った者（配偶者）の損害賠償額から上積み分を控除できるだけであり，他の相続人の損害賠償額からは控除できない。

第2部 各 論
第2章 係争化した場合・紛争の段階ごと・紛争予防策のQ&A

8 上積み補償の原資としての保険利用上の諸問題

Q 上積み補償制度を設けるにあたって保険を利用する場合，どのような点に注意する必要がありますか。

A 保険契約は，約款の内容によって決まるので，どのような場合に保険給付を受けることができるか確認して契約することが必要である。
　上積み補償制度では，受給権者を明確にしたり，会社が加入する団体生命保険を支払原資とする場合には，損害賠償の填補として支払うことを明記するなどの規程の整備が必要である。

　　　　　　　　　　解 説

　上積み補償規程の支払原資として損害保険会社の労働災害総合保険に加入している場合があるが，労災認定が受けられない場合には同保険から保険給付がなされないことが多く，また，保険によっては，疾病により労災認定されても保険給付されない場合もあるので，注意が必要である。保険給付の内容は約款の定めによって決まるので，保険加入の際には，いかなる場合に支給されるのか，約款のチェックが不可欠である。
　上積み補償規程の支払原資に充てるべく，従業員が傷害を負ったり，死亡したりした場合に備え，傷害保険や生命保険に加入していた場合，受給権をめぐって会社と従業員の争いになる例も多く，紛争が起こらないよう，上積み補償規程等の規定を整備しておくことが必要となる。
　団体生命保険契約は，会社が保険料を負担し，従業員が死亡した場合の退職金等の支払原資や，従業員に投資してきた人材開発費用の回収，従業員が急に死亡したことによる会社の損害への補填等様々なことを考慮し，被保険者を従業員，会社を受取人として契約する生命保険契約である。

Ⅵ 過労自殺等への労災保険給付と損害賠償の調整と紛争発生予防措置 **Q8**

■上積み補償規程例

災害補償規程

第1条（目的）

　本規程は，○○株式会社（以下「会社」という。）就業規則第●条に基づき，従業員が，業務上もしくは通勤途上（両者を一括して，業務上等という），又は業務外に，突発的事故により傷害を受けた場合，又は同傷害により死亡した場合等に，会社が行う補償に関する事項を定めるものである。ただし，試用期間中の者，定年後再雇用規程により再雇用された者，契約社員，日雇い及び臨時職員については本規定を適用しない。

第2条（業務上等又は業務外の認定基準）

　本規程における業務上，通勤途上又は業務外の認定については，労働基準法及び労災保険法の定めに基づき所轄行政庁の認定するところによるものとする。

第3条（業務上等の災害補償）

　会社は，職員等が，業務上等により，傷害を受けた場合，入院加療を受けた場合，後遺障害を受けた場合，又は死亡した場合，下記に定める補償をなすものとする。

　　(1)　労働基準法及び労災保険法所定の保険給付
　　(2)　(1)の上積み補償として会社加入の労働災害総合保険
　　(3)　突発的事故に因る死亡又は後遺障害の場合，(1)(2)の上積み補償として会社が加入する傷害保険・総合福祉団体定期保険による給付

2　前項(3)号の給付による補償については，同保険給付から，会社の本規程以外の規程又は会社の決定による当該従業員の退職金，弔慰金，見舞金，香典費用等の必要諸経費（一時所得税を含む）及び会社加入の傷害保険における当該従業員のため支払われた保険料を控除した残額を補償給付として支給するものとする。

第4条（各保険への加入）

　会社は，本規程による補償をなすため，試用期間を経過した従業員につき，同期間経過による本採用後1か月以内に，本規程に定める各保険，共済制度等の加入手続をなすものとする。

第5条（給付内容）
　　本規程による補償の給付の種類，内容，支払期限・免責，支払時期，保険代位，各保険の発行時期等については，労働基準法及び労災保険法，及び労働災害総合保険，積立普通傷害保険，並びに生命共済制度の各法令，約款の定めるところによるものとする。

第6条（遺族補償受給資格者）
　　本規程における各補償の遺族補償の受給資格者については，法令又は約款に特段の定めない限り，第一次的に労基法施行規則第42条〜45条の定めるところにより，これにより定められない場合には，民法の相続に関する定めによるものとする。上記遺族が適当と認め難い場合，又は，該当する者がいない場合は会社において決定する。ただし，同規則の定めにかかわらず，業務上災害についての受給者たる配偶者に関しては，婚姻届出のある者とする。

第7条（各種保険，共済手続への協力）
　　従業員は，本規程による各種保険，共済制度に関する保険加入手続及び保険金，共済金等の請求・変更手続に関し，会社の求めに応じ，所定の届出書，請求書等の作成を会社に委任し，又はそれらの作成に協力するものとする。

第8条（損害賠償との損益相殺）
　　従業員及びその遺族（以下，従業員等という）において会社に対して損害賠償請求権が発生する場合には，従業員等が本規定により受給する保険金等の諸給付については，損益相殺の対象となるものとし，その支給の限度にて，会社は従業員等に対する損害賠償義務を免れるものとする。

第9条（給付条件の改善）
　　会社は，本規程による各種給付条件につき，経済事情の変更等に対応して，その支給基準の適正化に努めるものとする。

第10条（付則）
　　本規程は，平成〇年〇月〇日から施行する。

Ⅵ 過労自殺等への労災保険給付と損害賠償の調整と紛争発生予防措置 **Q8**

　役員の場合などには，会社のリスクヘッジとしての保険であると認めて遺族の請求を否定した例もあるが（〔成和化成事件〕東京地判平成 11・2・26 労判 767 号 89 頁・労経速 1695 号 22 頁），一般の従業員の場合には，社内規定に基づいて支払われる退職金，弔慰金，あるいは労災の上積み補償金，支払った保険料等明確な経費を除いては，会社が取得することを認めない判例（〔布目組事件〕名古屋地判平成 7・1・24 判タ 891 号 117 頁・判時 1534 号 131 頁，〔東映視覚事件〕青森地弘前支判平成 8・4・26 労判 703 号 65 頁・判時 1571 号 132 頁）が多数ある。

　また，保険料や税金のほかに，会社が負担した経費を控除したいのであれば，上積み補償規程等で経費を控除すること，経費の種類や算定方法を定めておく必要がある。

　すなわち，裁判所は，法律構成は様々であるが，会社に支払われた保険金に対して，遺族から会社への保険金支払請求を認めている。

　団体定期保険の受給権をめぐる判例として，〔住友軽金属工業（団体定期保険第 2）事件〕（第 1 審）名古屋地判平成 13・3・6（労判 808 号 30 頁）は，団体定期保険契約を，第三者である被保険者（従業員）のためにする契約とし，被保険者（従業員）又はその遺族において契約の利益を享受する意思を表示したときは，保険契約者である会社に対し給付を請求する権利を取得すると判示した。

　そして，保険会社と，保険契約者である会社との間で，保険金の全部又は一部（保険金が死亡の場合に福利厚生制度に基づいて支払われる金額として社会的に相当な金額を超えて多額に及ぶ場合は保険金の少なくとも 2 分の 1）を社内規定に基づいて支払う金額に充当する趣旨で保険利用することを合意していたとし，この合意は，社内規定に基づく給付額が保険金によって充当すべき金額と一致するか，又はこれを上回るときは，社内規定に基づく給付額で足りるが，下回るときは差額分を保険金から支払うことを意味内容として含むとした。

　結論として，保険金から会社が支払った保険料総額を差し引いた 2 分の 1 の金額は約 2900 万円となるが，遺族補償として社会的に相当な額は 3000 万円であるとし，その額から，保険会社との保険契約の趣旨についての合意に照らし，社内規定に基づいて支払った給付額を控除し，未払い分の支払請求

第2部 各 論
第2章 係争化した場合・紛争の段階ごと・紛争予防策のQ&A

を認容した。

〔住友軽金属工業（団体定期保険第2）事件〕（控訴審）名古屋高判平成14・4・24（労判829号38頁）では，団体定期保険を維持するための経費について，保険金額が社会的に相当な金額を超える場合には，原則として相当額を超える部分について経費に充てることを許容すべきであるが，原則として保険金額の2分の1の限度において経費に充てることを許容すべきとし，結論として第1審判決を維持した。

なお，一般的には，第三者のためにする契約ではなく，保険契約の効力発生とともに，会社と従業員の間で，従業員の福利厚生・遺族の生活保障等の保険契約の趣旨目的から，会社は，保険金を受領したうえ，その全部又は相当部分を退職金や弔慰金として支払う旨の合意が成立したとの法律構成をとっている判例が多い〔東映視覚事件〕青森地弘前支判平成8・4・26労判703号65頁・判時1571号132頁，〔秋田運輸事件〕名古屋地判平成10・9・16労判747号26頁・判時1656号147頁・金判1051号16頁・（控訴審）名古屋高判平成11・5・31労判764号20頁・金判1069号35頁，〔住友軽金属工業（団体定期保険第1）事件〕名古屋地判平成13・2・5労判808号62頁等）。

ところが，最高裁は，会社が，団体定期保険の本来の目的に照らし，保険金の全部又は一部を社内規定に基づく給付に充当すべきことを認識し，そのことを生命保険会社に確約していたとしても，このことから，社内規定に基づく給付額を超えて死亡保険給付を遺族等に支払うことを約束した根拠となるものではなく，他にそのような合意を推認すべき事由は見当たらないとして，原判決を破棄し，取り消した（〔住友軽金属工業（団体定期保険第2）事件〕（上告審）最判平成18・4・11労判915号51頁）。

もっとも，判決の補足意見は，本判決の結論は，会社が本件団体定期保険の保険金を保持すること自体を正当として認めることとは別問題であると指摘し，本件団体保険契約の運用について，団体定期保険の趣旨からの逸脱のみならず，従業員のほとんどの者が本件保険契約の存在さえ知らず，自分がその被保険者となっていることの認識もなかったことから，およそ黙示の同意を認め得るような状況にはなく，本件保険契約は，被保険者の同意を欠く

ものとして無効であったと指摘している。

　他人の生命に対する保険である団体生命保険契約が社会問題化したことも踏まえ，平成9年度以降は，会社を保険金受取人とする場合，従業員又は遺族の受領額を明記し，保険金額も退職金規定や弔慰金規程等により遺族に支払うことが確認できる額までとし，手続的にも，従業員へ保険付保を周知徹底し，従業員の個別同意をとることを要求した総合福祉団体定期保険が販売されており，旧来型の保険に対するこの最高裁判決の判断が実務的にどこまで影響するかは不明ではある。なお，総合福祉団体定期保険は，従業員又は遺族の取得額について，保険会社が会社に支払い，会社が社内規程に基づいて従業員又は遺族に支払うタイプと，保険会社から直接従業員又は遺族に対して支払うタイプとがあり，被保険者である従業員の同意を得れば，代替労働者の採用・育成費等の財源確保を目的に会社の取得分を認めるヒューマン・バリュー特約を付けることができるものもある。

　実務的には，団体生命保険に加入して，従業員に支払う退職金，弔慰金，労災の上積み補償金等の支払に充当する場合には，社内規定により，保険金がどの支払に充当されるかという点について，及び，保険について会社が支払った経費を控除する場合にはその種類や算定方法について明確にしておくことが重要となる。また，規定を作成するだけでなく，労働者への周知手続も行い，その内容が合理性を有していることが重要である（労契法7条・10条）。前述の〔住友軽金属工業（団体定期保険第2）事件〕最高裁判決は，会社が，団体定期保険の制度について，労働組合の執行役員へ口頭で説明することで，被保険者となる全従業員の同意に代えていたこと，従業員に保険契約を周知しておらず，ほとんどの従業員が保険契約の存在さえ知らなかったことから，保険契約が無効とされているからである。

　労災の上積み補償金等，損害賠償を保険金で塡補しようと考えている場合には，損害賠償の塡補を明記した規定を置かないままに保険金を支払うと，それらが退職金等とみなされ，損害の塡補という当初の目的が達成されないことがあるため，上積み補償制度を設けると同時に，その規程の作成・整備が必要である。

第 2 部 各　　論
第 2 章　係争化した場合・紛争の段階ごと・紛争予防策のＱ＆Ａ

9　上積み補償制度と死亡退職金との調整

Q　会社が加入する保険を死亡退職金の原資として考えていますが，上積み補償制度の支払原資にもしたい場合，どのような規程を作る必要がありますか。

A　死亡退職金は，退職金制度や退職金支払の合意の成立により，従業員の遺族に請求権が認められるものであり，損害賠償とは別に請求権が発生するので，上積み補償と死亡退職金に保険金を充当する際の優先順位がわかるように規程を整備しておく必要がある。

――― 解　説 ―――

　死亡退職金は，退職金規程などの創設により，同規定に基づいて支払われるものであり，何の調整規定もなければ，使用者は上積み補償給付とは別に支給しなければならない。
　死亡退職金は保険を原資とし，退職金支払後に残った金額を上積み補償の原資とすることを念頭に置いている場合には，上積み補償制度による給付は，当該従業員に支払われる死亡退職金を控除した残額から支払うことを定める等，その趣旨がわかるように記載をしておく必要がある。

Ⅵ 過労自殺等への労災保険給付と損害賠償の調整と紛争発生予防措置　**Q9**

■退職金規程

退職金規程

第1条（摘要範囲）
　　就業規則第〇条に定める職員の退職金については，本規程による。ただし，試用期間中の者，定年後再雇用規程により再雇用された者，契約社員，日雇い及び臨時職員については本規定を適用しない。
第2条（受給資格）
　　退職金は，職員が3年以上勤務した場合に支給する。
第3条（支給額）
　1　受給資格を有する職員が退職する場合は，退職後1か月以内に，勤続年数×基本支給額を乗じて算出した退職金を支給する。
　　　なお，退職事由を会社都合と自己都合に区分し，それぞれ次のことをいう。
　　　　ア　会社都合
　　　　　・定年退職
　　　　　・職員が役員に就任した時
　　　　　・業務上の事由による疾病・死亡
　　　　　・やむを得ない経営上の都合による解雇
　　　　イ　自己都合
　　　　　・前号以外の退職，解雇，死亡
　2　会社は，加入する〇〇総合福祉団体定期保険，〇〇傷害保険により，同保険契約の定めにより職員退職金として支払われる保険金が，会社又は職員本人又はその遺族に支給される場合には，その保険金の支給をもって，前項の退職金の全部又は一部の支払とすることがある。給付の種類，内容，支払期限・免責，支払時期，保険代位，各保険の発行時期等については，各法令，約款の定めるところによるものとする。
第4条（受給権者）
　1　第3条による退職金の支給を受ける者は，職員本人又はその遺族で，死亡当時本人の収入により生計を維持していた等の会社が正当と認めた遺族に支給する。
　2　前項の遺族の範囲及び支給順位については労働基準法施行規則第42

条〜45条の遺族補償の順位の規定を準用する。ただし，上記遺族が適当と認め難い場合，又は本人の意思により受取人を指定した場合，あるいは上記に該当する者がいない場合は会社において決定する。
　3　前項の配偶者は，婚姻届出のある者とする。
第5条（勤続年数の算出）
　1　勤続年数は入社の日から起算し退職の効力発生日又は死亡の日までとする。ただし，欠勤及び休職期間は算入しない。
　2　勤続年数に1年未満の端数がある場合にはこれを切り捨てる。

Ⅵ 過労自殺等への労災保険給付と損害賠償の調整と紛争発生予防措置 **Q10**

10 上積み補償制度と弔慰金・見舞金との調整

Q 弔慰金・見舞金について，会社が加入する保険を原資として考えており，上積み補償制度の支払原資にもしたい場合，どのような規程を作る必要がありますか。

A Q9同様，弔慰金・見舞金は，弔慰金・見舞金制度や弔慰金・見舞金支払の合意の成立により，従業員の遺族に請求権が認められるものであり，損害賠償とは別に請求権が発生するので，上積み補償と弔慰金・見舞金に保険金を充当する際の優先順位がわかるように規程を整備しておく必要がある。

解　説

　弔慰金・見舞金についても，通常，弔慰金・見舞金規程の創設，就業規則等による規定，あるいは，会社の慣習などにより支給されているものであり，何の調整規定もなければ，使用者は上積み補償給付とは別に弔慰金・見舞金を支給しなければならない。

　死亡退職金と同様，弔慰金・見舞金についても，保険を原資とし，弔慰金・見舞金支払後に残った金額を上積み補償の原資とすることを念頭に置いている場合には，上積み補償制度による給付は，当該従業員に支払われる弔慰金・見舞金を控除した残額から支払うことを定める等，調整規定を定めておく必要がある。

■石　居　　　茜■

資料

メンタルヘルスに関する裁判例

❶〔電通事件〕最判平成 12・3・24

労働者の業務負荷に関する使用者の安全配慮義務，及び過失相殺の可否

❶〔電通事件〕最判平成 12・3・24

○掲　載

民集 54 巻 3 号 1155 頁・労判 779 号 13 頁・判タ 1028 号 80 頁

○事　案

Xらの長男Aは，大学を卒業し，平成 2 年 4 月，大手広告代理店である Y 社に入社した。Aは，同年 6 月，Y 社のラジオ関係部署に配属されたが，当初から，長時間に及ぶ残業が常態化した。Aは，平成 3 年 7 月には，業務の遂行と睡眠不足の結果，心身ともに疲労困ぱいした状態になり，遅くとも同年 8 月上旬頃に，うつ病に罹患した。そして，同月 27 日午前 6 時頃に帰宅した後，午前 10 時頃に風呂場で死亡（自殺）しているのが発見された。

原審は，Y 社の安全配慮義務違反を認めつつも，AやXらの対応（精神科の受診や休暇の取得等をしていない，XらもAを心配するだけでそれ以上の措置をとらなかった等）にも責任の一端があるとして，Y 社の過失相殺の主張を一部認めた（7 割を Y 社が負担）。これに対して双方が上告。

○判　旨

「一審被告の民法 715 条に基づく損害賠償責任を肯定した原審の判断について検討する。」

「労働者が労働日に長時間にわたり業務に従事する状況が継続するなどして，疲労や心理的負荷等が過度に蓄積すると，労働者の心身の健康を損なう危険のあることは，周知のところである。労働基準法は，労働時間に関する制限を定め，労働安全衛生法 65 条の 3 は，作業の内容等を特に限定することなく，同法所定の事業者は労働者の健康に配慮して労働者の従事する作業を適切に管理するように努めるべき旨を定めているが，それは，右のような危険が発生するのを防止することをも目的とするものと解される。これらのことからすれば，使用者は，その雇用する労働者に従事させる業務を定めてこれを管理するに際し，業務の遂行に伴う疲労や心理的負荷等が過度に蓄積して労働者の心身の健康を損なうことがないよう注意する義務を負うと解するのが相当であり，使用者に代わって労働者に対し業務上の指揮監督を行う権限を有する者は，使用者の右注意義務の内容に従って，その権限を行使すべきである。」

「一審被告のラジオ局ラジオ推進部に配属された後にAが従事した業務の内容

は，主に，関係者との連絡，打合せ等と，企画書や資料等の起案，作成とから成っていたが，所定労働時間内は連絡，打合せ等の業務で占められ，所定労働時間の経過後にしか起案等を開始することができず，そのために長時間にわたる残業を行うことが常況となっていた。起案等の業務の遂行に関しては，時間の配分につきAにある程度の裁量の余地がなかったわけではないとみられるが，上司であるBらがAに対して業務遂行につき期限を遵守すべきことを強調していたとうかがわれることなどに照らすと，Aは，業務を所定の期限までに完了させるべきものとする一般的，包括的な業務上の指揮又は命令の下に当該業務の遂行に当たっていたため，右のように継続的に長時間にわたる残業を行わざるを得ない状態になっていたものと解される。ところで，一審被告においては，かねて従業員が長時間にわたり残業を行う状況があることが問題とされており，また，従業員の申告に係る残業時間が必ずしも実情に沿うものではないことが認識されていたところ，Bらは，遅くとも平成3年3月ころには，Aのした残業時間の申告が実情より相当に少ないものであり，Aが業務遂行のために徹夜まですることもある状態にあることを認識しており，Cは，同年7月ころには，Aの健康状態が悪化していることに気付いていたのである。それにもかかわらず，B及びCは，同年3月ころに，Bの指摘を受けたCが，Aに対し，業務は所定の期限までに遂行すべきことを前提として，帰宅してきちんと睡眠を取り，それで業務が終わらないのであれば翌朝早く出勤して行うようになどと指導したのみで，Aの業務の量等を適切に調整するための措置を採ることはなく，かえって，同年7月以降は，Aの業務の負担は従前よりも増加することとなった。その結果，Aは，心身共に疲労困ぱいした状態になり，それが誘因となって，遅くとも同年8月上旬ころにはうつ病にり患し，同月27日，うつ病によるうつ状態が深まって，衝動的，突発的に自殺するに至ったというのである。

原審は，右経過に加えて，うつ病の発症等に関する前記の知見を考慮し，Aの業務の遂行とそのうつ病り患による自殺との間には相当因果関係があるとした上，Aの上司であるB及びCには，Aが恒常的に著しく長時間にわたり業務に従事していること及びその健康状態が悪化していることを認識しながら，その負担を軽減させるための措置を採らなかったことにつき過失があるとして，一審被告の民法715条に基づく損害賠償責任を肯定したものであって，その判断は正当として是認することができる。」

「原審は，一審被告の賠償すべき額を決定するに当たり，民法722条2項の規定を適用又は類推適用して，弁護士費用以外の損害額のうち3割を減じた。しかしながら，右判断のうち次の各点は，是認することができない。」

「身体に対する加害行為を原因とする被害者の損害賠償請求において，裁判所は，加害者の賠償すべき額を決定するに当たり，損害を公平に分担させるという損害賠償法の理念に照らし，民法722条2項の過失相殺の規定を類推適用して，損害の発

❶〔電通事件〕最判平成 12・3・24

生又は拡大に寄与した被害者の性格等の心因的要因を一定の限度でしんしゃくすることができる（最高裁昭和 59 年（オ）第 33 号同 63 年 4 月 21 日第一小法廷判決・民集 42 巻 4 号 243 頁参照）。この趣旨は，労働者の業務の負担が過重であることを原因とする損害賠償請求においても，基本的に同様に解すべきものである。しかしながら，企業等に雇用される労働者の性格が多様のものであることはいうまでもないところ，ある業務に従事する特定の労働者の性格が同種の業務に従事する労働者の個性の多様さとして通常想定される範囲を外れるものでない限り，その性格及びこれに基づく業務遂行の態様等が業務の過重負担に起因して当該労働者に生じた損害の発生又は拡大に寄与したとしても，そのような事態は使用者として予想すべきものということができる。しかも，使用者又はこれに代わって労働者に対し業務上の指揮監督を行う者は，各労働者がその従事すべき業務に適するか否かを判断して，その配置先，遂行すべき業務の内容等を定めるのであり，その際に，各労働者の性格をも考慮することができるのである。したがって，労働者の性格が前記の範囲を外れるものでない場合には，裁判所は，業務の負担が過重であることを原因とする損害賠償請求において使用者の賠償すべき額を決定するに当たり，その性格及びこれに基づく業務遂行の態様等を，心因的要因としてしんしゃくすることはできないというべきである。」

解説

　使用者の安全配慮義務には，過重な業務負荷によって労働者が疲労や心理的負荷を蓄積させ，これにより精神疾患を発症するという事態を防止する義務も含まれる。本判決は，労働者の過労自殺につき企業の責任を最高裁として認めた初の判決である。

　この事件では，原審において，労働者側の過失ないし心因的要素が考慮され，これに基づき民法の過失相殺の規定が適用ないし類推適用されたが（判旨は下記を参照），最高裁はこれを破棄し，上記のとおり判示した。

　一般に，不法行為によって心身に損害を被った場合，被害者の心因的要素が寄与して損害が拡大したというときは，過失相殺に関する民法 722 条 2 項の類推適用により，賠償額が減額され得る（最判昭和 63・4・21 民集 42 巻 4 号 243 頁）。これに対し，本最高裁判決は，労働者の性格が，同種の業務に従事する労働者の個性の多様さとして，通常想定される範囲を外れるものでない限り，これをしんしゃくしないとした点で，労働者の業務量や労働時間等に関する使用者の管理責任を厳格に捉えたものである。判旨は，その後の過労自殺に関する民事賠償請求事件の指標となった。

資料　メンタルヘルスに関する裁判例

■参考〔原審〕東京高判平成 9・9・26（労判 724 号 13 頁・判タ 990 号 86 頁・判時 1646 号 44 頁）

○判　旨

「（……もっとも，Ａの行う業務が右のようにいわば裁量労働の面を有し，Ａの長時間労働が控訴人の強制によるものではないとしても，控訴人が右長時間労働を許容ないし黙認していた以上，控訴人に責任が生じないことにならないのはいうまでもない。），Ａは，時間の適切な使用方法を誤り，深夜労働を続けた面もあるといえるから，Ａにもうつ病罹患につき，一端の責任があるともいえること，うつ病罹患の前あるいは直後には，Ａは精神科の病院に行くなり，会社を休むなどの合理的な行動を採ることを期待することも可能であったにもかかわらず，これをしていなかったこと（証人○○），被控訴人らＡの両親も，Ａの勤務状況，生活状況をほぼ把握しながら，これを改善するための具体的措置を採ってはいないこと（被控訴人らは，Ａの両親として独身のＡと同居し，Ａの勤務状況等をほぼ把握していたから，Ａのうつ病罹患及び自殺につき予見可能性があり，また，Ａの右状況等を改善する措置をとり得たことは明らかというべきである。そして，このような場合には，たとえＡが成人で社会的に独立していても，被控訴人らがＡの相続人として請求する損害賠償の額につき，右の被控訴人らの事情を斟酌することは許されるものと解する。）などの諸事情が認められ（なお，自殺には，一般的に行為者の自由意思が介在しているといわれるが，Ａの自殺は，前記認定の事実関係のもとでは，うつ病によるうつ状態の深まりの中で衝動的，突発的にされたものと推認するのが相当であり，Ａの自由意思の介在を認めるに足りない。），これらを考慮すれば，Ａのうつ病罹患ないし自殺という損害の発生及びその拡大について，Ａの心因的要素等被害者側の事情も寄与しているものというべきであるから，損害の公平な分担という理念に照らし，民法 722 条 2 項の過失相殺の規定を類推適用して，発生した損害のうち 7 割を控訴人に負担させるのが相当である。」

精神疾患に関する業務起因性判断

❷〔さいたま労基署長（日研化学）事件〕東京高判平成 19・10・11

○掲　載

労判 959 号 114 頁

❷〔さいたま労基署長（日研化学）事件〕東京高判平成19・10・11

○事　案
　被控訴人Xの夫であり，B社の大宮工場に勤務する同社の従業員であったAは，平成9年11月26日，B社在職中に自殺した。
　Xは，AがB社での業務により，心理的負担や過労を過度に蓄積させたことによってうつ病に罹り，その結果自殺に至ったのであるから，Aの死亡は業務上のものであるとして，控訴人Y（さいたま労働基準監督署長）に対し，労働者災害補償保険法に基づく遺族補償給付及び葬祭料の支給を請求した。Yは，当該各請求に係るAの疾病は業務に起因することの明らかな疾病とは認められないとして，Xの各請求につき不支給決定をした。そこでXは，不支給決定を不服として，その取消しを求めて提訴した。
　原審は，Aのうつ病発症とそれに基づく自殺には業務起因性があるとして不支給決定を取り消したところ，これを不服としてYが控訴した。

○判　旨
　「当該業務が危険か否かの判断は，当該労働者を基準とすべきではなく，あくまでも平均的な労働者，すなわち，何らかの素因（個体側の脆弱性）を有しながらも，当該労働者と同程度の職種・地位・経験を有し，特段の勤務軽減までを必要とせず，通常の業務を支障なく遂行することができる程度の健康状態にある者を基準とするべきである。」
　「Aは平成5年に品質管理課に配属され，平成8年10月1日に品質管理責任者に，平成9年4月1日に品質管理係長に就任したが，これらの昇任の前後を通じて担当業務の内容に大きな変動はなく，検査及び品質管理の仕事をこなしてきたが，Aは現場でのトラブル処理に一人では適切な判断ができないことが一度ならずあり，このトラブル対応についての不適応は，Aの業務遂行能力の低下がその原因であって，Aの脆弱性・反応性の強さを示す事情ということができるのであるから，Aの業務が一般的に強度の心理的負荷を伴うものであったということはできない。そして，Aは平成8年12月から平成9年3月にかけて株取引で大きな損失を被ったのであり，このことがAにきわめて多くの心理的負荷を与え，本件うつ病発症の決定的な原因となったものと見るべきである。そしてAが取り組んでいた規格書改訂作業は，専門知識を必要とはされず，それほど長時間を要するものでもなく，Aの従前の能力を前提にすれば，特に難しい作業であったということはできず，一般的に強度の心理的負荷を伴う業務であるといえないから，この作業によって，うつ病を急激に悪化させ，自殺に至ったという相当因果関係を認めることはできない。」

資料　メンタルヘルスに関する裁判例

解説

　精神疾患について業務起因性を判断する際，その基準を健康状態ないし性格傾向の点で平均的な労働者に置くか（平均的労働者基準説），もしくは労働者集団中の最も脆弱な労働者に置くか（平均的労働者最下限基準説）は，議論の分かれるところである。裁判例を見ると，前者がやや優勢であり，本判決もこれを採用しているが，地裁レベルでは後者を採用するものも散見される。下記の〔名古屋南労基署長（中部電力）事件〕名古屋地判平成18・5・17（労判918号14頁）は後者を採用した例であるが，同事件の控訴審判決（名古屋高判平成19・10・31労判954号31頁・判タ1294号80頁）では，「不支給決定取消し」という結論は異ならないものの，前者の説が採用されている。

　最高裁は，前掲〔電通事件判決〕最判平成12・3・24において，「ある業務に従事する特定の労働者の性格が同種の業務に従事する労働者の個性の多様さとして通常想定される範囲を外れるものでない限り，その性格及びこれに基づく業務遂行の態様等が業務の過重負担に起因して当該労働者に生じた損害の発生又は拡大に寄与したとしても，そのような事態は使用者として予想すべきもの」と説示しているが，この判旨のみからは，直ちに本論点につき最高裁がどちらの説を採用しているのかを読み解くことは困難である。いずれにしても，現段階では下級審の判断は安定していないので，使用者としては，後者の説（平均的労働者最下限基準説）をも踏まえた対応が必要になる。

■参考〔名古屋南労基署長（中部電力）事件〕名古屋地判平成18・5・17（労判918号14頁）

　〇事　案

　　原告Xの夫Aは，工業高校を卒業後，訴外B電力会社に勤務し，火力発電所等において一貫して現場の技術職として業務に従事してきたが，平成9年8月に火力センター工事第1部環境整備課燃料グループに配属され，デスクワーク中心の業務に従事した。Aは，平成11年8月1日に環境整備課の主任に昇格したが，同年9月下旬頃，うつ病を発症し，これによる心神耗弱状態の下で同年11月8日に焼身自殺をした。

　　Xは，Aの死亡は業務に起因するものであるとして，被告Y（名古屋南労働基準監督署長）に労災保険法の遺族補償年金及び葬祭料の支給を請求したが，Yは業務による精神的負荷がAの精神障害の有力な原因とはいえないとして，Aの死亡を業務外と判断した。Xは，Yの処分を不服として愛知労働者災害補償保険審査官に対し処分取消しの審査請求をし，労働保険審査会に対しても再審査請求をしたが，いずれも受理後3か月を経過しても決定や採決がなされな

❷〔さいたま労基署長（日研化学）事件〕東京高判平成 19・10・11

かった。このため，Xは，Yの不支給決定の取消しを求める訴えを裁判所に提起した。

○ 判　旨

「業務とうつ病の発症，増悪との間の相当因果関係の存否を判断するに当たっては，うつ病に関する医学的知見を踏まえて，発症前の業務内容及び生活状況並びにこれらが労働者に与える心身的負荷の有無や程度，さらには，当該労働者の基礎疾患等の身体的要因や，うつ病に親和的な性格等の個体側の要因等を具体的かつ総合的に検討し，社会通念に照らして判断するのが相当である。」

「また，相当因果関係の判断基準である，社会通念上，当該精神疾患を発症させる一定以上の危険性の有無については，同種労働者（職種，職場における地位や年齢，経験等が類似する者で，業務の軽減措置を受けることなく日常業務を遂行できる健康状態にある者）の中でその性格傾向が最もぜい弱である者（ただし，同種労働者の性格傾向の多様さとして通常想定される範囲内の者）を基準とするのが相当である。」

「Aは，平成9年8月1日に同人が燃料グループに配属された以後，日常的担当業務に従事したこと自体や，CのAに対する業務上の指導等によって，継続的かつ恒常的に心理的負荷を募らせていった状況に置かれていたこと，Aが，平成11年8月1日，主任に昇格したことによって，相当程度の心理的負荷を受けたこと，平成11年度にAが従事した業務は，業務量や業務の内容だけに着目すれば，さほど困難又は複雑な性質の業務ではなかったが，上記状況に置かれていたことや増加傾向にあった時間外労働と相まって，Aに対し，相当程度の心理的負荷を与えていたと推認できること，平成11年8月以降，時間外労働時間数が顕著に増加したことによって，Aは，精神的・肉体的な疲労を蓄積させ，強い心身的負荷を受けたこと，業務以外の出来事による心身的負荷が強度なものであったとは認められないこと，Aはうつ病に親和的な性格傾向を有してはいたが，通常人の正常な範囲を逸脱したものではなかったことを総合考慮すれば，業務外の要因による心身的負荷はさほど強度のものとは認められず，Aのうつ病は，Aが継続的かつ恒常的に心理的負荷を募らせていった状況の下，時間外労働の増加を伴う業務に従事したこと及び主任に昇格したことによる心身的負荷とAのうつ病に親和的な性格傾向が相乗的に影響し合って発症したものであると認めるのが相当である。」

資料　メンタルヘルスに関する裁判例

業務上の傷病と民法536条2項の適用の有無

❸〔東芝（うつ病・解雇）事件〕東京高判平成23・2・23

○掲　載

労判1022号5頁・判時2129号121頁

○事　案

原告Xは、平成2年4月に被告Y社に入社し、平成12年11月頃から新しい液晶ディスプレイの製造ラインを立ち上げるためのプロジェクトに携わることになった。プロジェクトにおいてXは「ドライ工程」のリーダーを務めることとなったが、Xがライン立ち上げのリーダーになるのは初めてのことであった。

同年12月以降、Xは、午前8時ないし9時前頃に出勤し、帰宅は午後11時を過ぎることも多くなった。Xは、担当したドライ工程において発生したトラブルの対応にも追われるようになり、平成13年2月には、上司から対策業務を行うよう指示を受けた。このため、Xは、対策スケジュールを立てたが、会議では前倒しするようさらに指示が出され、Xの「無理です」との回答に対し、出席者からアドバイス等はなされなかった。その後もトラブルは続き、同月8日に開催された会議では、Xはデータを提出することができず、このことについて上司より叱責を受けた。平成13年3月以降、Xは平日に新規導入装置の立ち上げ業務を行い、土日は主にトラブル対応のために出勤するようになった。4月11日、Xが神経科クリニックを受診したところ、不眠、焦燥感、不安感、抑うつ気分等の診断がされた。

Y社には、業務外の傷病による長期欠勤についての定めがあり、勤続11年であったXにおいては、まず最長15か月の「欠勤」に入り、当該欠勤期間を超えて欠勤するときは最長20か月の「休職」が命じられ、休職期間を満了したときは解雇されることとなっていた。Xは、平成15年1月10日に休職を開始し、平成16年9月9日に休職期間満了による解雇となった。これに対してXが提訴。第1審判決は解雇を無効としたため、Y社が控訴。Xも請求を追加した。

○判　旨

「第1審被告は、本件の第1審原告のように労働者が労務提供の能力及び意思を有していない場合には、民法536条2項の適用により賃金の支払を請求することができない旨主張するが、雇用契約上の賃金請求権について同条項の適用を排除する明文規定はなく、債権者である使用者の責めに帰すべき事由により債務者である労働者が債務の履行として労務の提供をすることができなくなる場合には、同条項の

❸〔東芝（うつ病・解雇）事件〕東京高判平成23・2・23

適用があるものと解すべきである。そして，労務の提供をすることができなくなる事態には，労働者の労務提供の意思を形成し得なくする場合も，労務提供の能力を奪う場合もあり得るのであるから，労働者において労務提供の意思を有していなくとも，それが労務提供の意思形成の可能性がありながら，当該労務者の判断により労務の不提供を判断したなどの特段の場合であればともかく，使用者の責めに帰すべき事由により労働者が労務提供の意思を形成し得なくなった場合には，当然に同条項の適用があるものと解すべきであって，業務上の疾病として本件鬱病を罹患した第1審原告の状況は，使用者の責めに帰すべき事由により労働者が労務提供の意思を形成し得なくなった場合に当たる。第1審被告は，第1審原告が業務上発病した鬱病であるとすれば不合理に治療が長引いている旨主張するが，そのことから，第1審原告において，労務提供の意思を形成することができるにもかかわらず，労務提供をしようとしないものと認めることはできず，他にそのような事実を認めるに足りる証拠もない。

　また，第1審被告は，使用者は，労災事故が起きたときには労災保険から損害を塡補させる目的で労災保険料を負担していたにもかかわらず，本来，民事賠償責任額から控除することができる労災保険給付金が支給されずに損害額の減縮が認められないという不合理に陥る旨主張する。しかし，労基法及び労災保険法上の『休業補償』の趣旨は，労働者が業務上の疾病等による労務提供不能の状態に陥った場合について，それは企業の営利活動に伴う現象であるから企業活動によって利益を得ている使用者に損害の塡補を行わせ労働者を保護することが相当であるとの見地から，労働者の最低生活を保障するため，使用者に帰責事由がない場合であっても，平均賃金の6割に当たる部分の支払を，罰則により担保しながら，使用者に義務付けるとともに，労働者の保護を十全なものとするために労災保険制度による補償も合わせて定めたものであると解される。このような制度目的に照らすと，使用者に帰責事由がある業務上の疾病等による労務提供不能の場合に，労基法ないし労災保険法によって，民法536条2項の適用を排除し，雇用契約の継続を否定しなければならないと解すべき合理性はなく，第1審被告の指摘する使用者の不利益があるとしても，雇用契約の継続を否定し，同条項の適用が排除されるとの解釈をすべき理由とはならないというべきである。そして，労働者につき同条項の適用により賃金請求権が認められる場合には，労災保険法14条1項は，休業補償給付の要件として，労働者が業務上の負傷又は疾病による療養のため労働することができないために賃金を受けないことを規定していることから，使用者において未払賃金を受領したときに，労働者が受領済みの休業補償給付金は，法律上の原因を欠く不当利得であったことが確定するにすぎない。」

資料　メンタルヘルスに関する裁判例

> 解　説

　過重労働によって精神疾患を発症し，これにより就労が不能となった場合には，「債権者の責めに帰すべき事由によって債務を履行することができなくなったときは，債務者は，反対給付を受ける権利を失わない」とする民法536条2項の適用があるかどうかが議論されてきた。適用を肯定するならば，債務者たる労働者は，反対給付たる賃金を受ける権利を失わないことになる。

　本判決は，「使用者に帰責事由がある業務上の疾病等による労務提供不能の場合」には，民法536条2項の適用がある旨を明確に判示したものである。これによれば，労働者は，既に受給した労災保険法に基づく休業補償給付金に加え，使用者から休業期間中の賃金をも受け取ることになるが，前者は不当利得として処理することになる。

受診命令の可否

❹〔電電公社帯広事件〕最判昭和61・3・13

○掲　載

　労判470号6頁・裁判集民事147号237頁

○事　案

　Xは，昭和45年4月にY公社に採用されて以来，電話交換作業に従事してきたが，昭和49年7月，頸肩腕症候群に罹患しているとの診断を受けてしばらく休養加療し，同年9月に職場復帰してからは，軽易な机上作業に担務替えとなり，さらに昭和50年9月には，Y公社により上記疾病につき業務上の認定を受けた。

　Y公社は，昭和45年頃から電話交換職を中心として発生した頸肩腕症候群につき，病因の究明，予防及び回復のための諸施策を講じたが，発症後3年以上経過しても軽快しない長期罹患者が残った。これに対処するため，Y公社は，昭和53年7月，長期罹患者等を対象とする総合精密検診を実施する旨決定した。

　Y公社は，同年9月，Xにその旨を伝達して受診を促したが，Xがこれに消極的な態度を示していたため，同年10月3日，Xに対して受診するよう業務命令を発したところ，Xはこれを拒否した。Y公社は，同年10月27日，再度受診の機会を与えて翻意を促すため，検診を受診するよう改めて業務命令を発したが，Xは，これをも拒否した。このためY公社は，同年11月14日，Xに対し，受診拒否は，

❹〔電電公社帯広事件〕最判昭和 61・3・13

就業規則所定の懲戒事由（「上長の命令に服さないとき」）に該当するとして，懲戒戒告処分をした。

Xは，総合精密検診の実施場所を指定して発せられた業務命令は，労働者に使用者の指定した医師の健康診断を受けることを拒否する権利，すなわち医師選択の自由を保障した労働安全衛生法66条5項ただし書に違反するから無効であり，また，受診を命じるに当たって，具体的な検診項目も明示しなかったから，この点からも上記業務命令は無効である旨主張した。

○ 判　旨

「要管理者は，労働契約上，その内容の合理性ないし相当性が肯定できる限度において，健康回復を目的とする精密検診を受診すべき旨の健康管理従事者の指示に従うとともに，病院ないし担当医師の指定及び検診実施の時期に関する指示に従う義務を負担しているものというべきである。もっとも，具体的な労働契約上の義務の存否ということとは別個に考えると，一般的に個人が診療を受けることの自由及び医師選択の自由を有することは当然であるが，公社職員が公社との間の労働契約において，自らの自由意思に基づき，右の自由に対し合理的な制限を加え，公社の指示に従うべき旨を約することが可能であることはいうまでもなく（最高裁昭和25年（オ）第7号同27年2月22日第二小法廷判決・民集6巻2号258頁），また，前記のような内容の公社就業規則及び健康管理規程の規定に照らすと，要管理者が労働契約上負担としていると認められる前記精密検診の受診義務は，具体的な治療の方法についてまで健康管理従事者の指示に従うべき義務を課するものでないことは明らかであるのみならず，要管理者が別途自ら選択した医師によって診療を受けることを制限するものでもないから，健康管理従事者の指示する精密検診の内容・方法に合理性ないし相当性が認められる以上，要管理者に右指示に従う義務があることを肯定したとしても，要管理者が本来個人として有している診療を受けることの自由及び医師選択の自由を侵害することにはならないというべきである。」

「被上告人は，当時頸肩腕症候群に罹患したことを理由に健康管理規程26条所定の指導区分の決定がされた要管理者であったのであるから，前述したところによれば，被上告人には，公社との間の労働契約上，健康回復に努める義務があるのみならず，右健康回復に関する健康管理従事者の指示に従う義務があり，したがって，公社が被上告人の右疾病の治癒回復のため，頸肩腕症候群に関する総合精密検診を受けるようにとの指示をした場合，被上告人としては，右検診について被上告人の右疾病の治癒回復という目的との関係で合理性ないし相当性が肯定し得るかぎり，労働契約上右の指示に従う義務を負っているものというべきである。」

解　説

一般に，主治医の判断の信頼性に疑義がある場合には，使用者が，主治医以外の

医師の判断（セカンド・オピニオン）を求めることにより，主治医の判断の妥当性を確認する必要性が高い。本判決は，「疾病の治癒回復という目的との関係で合理性ないし相当性が肯定し得るかぎり」，労働者は，使用者の受診命令に従う義務を負っている旨判示しているところ，主治医の診断と実際の労働者の言動との間に齟齬がある場合には，労働者の健康状態を把握する目的で，使用者がその指定する医師の受診を労働者に命ずることができることになる。このような使用者・労働者間の見解の不一致は，実務では度々生じているところであり，これを調整するうえで，本判決の意義は大きい。

復職可能判断の基準

❺〔片山組事件〕最判平成 10・4・9

○ 掲　載

労判 736 号 15 頁・判タ 972 号 122 頁・判時 1639 号 130 頁

○ 事　案

Xは，昭和 45 年に Y 社に入社し，建築工事現場で現場監督として就業してきたが，平成 2 年夏，体調に異変を感じたため病院を受診したところ，バセドウ病と診断された。平成 3 年 2 月以降，X は，次の現場監督業務が生じるまでの期間の一時的な業務として，図面作成等の事務作業に従事していたが，同年 8 月，新たな工事現場での監督業務に従事するよう Y 社から業務命令を受けた。

X は Y 社に対し，バセドウ病に罹患していることを理由として，現場作業に従事することはできない旨申し出た。Y 社は，同年 9 月 30 日，X の健康面・安全面を考慮し，X に対し自宅で疾病を治療すべき旨の命令（自宅治療命令）を発した。なお，自宅治療中は，賃金は支払われない。

これに対し，X は，現場作業をすることはできなくとも，事務作業をすることはできるとして，その旨の記載のある医師の診断書を Y 社に提出した。Y 社は，診断書に「現場監督業務に従事し得る」旨の記載がなかったことから，X に対する自宅治療命令を維持した。

その後，平成 4 年 1 月には，工事現場監督としての業務に支障がない程度に X が回復したことから，X は，同年 2 月 5 日より現場監督として職場復帰をしたが，その後，Y 社に対して自宅治療期間中の賃金を求めて提訴した。争点は，X の申し出た事務作業が「債務の本旨に従った労務の提供」といえるかどうかである。原審

❺〔片山組事件〕最判平成 10・4・9

はこれを否定したところ，Xが上告した。

○判　旨

「労働者が職種や業務内容を特定せずに労働契約を締結した場合においては，現に就業を命じられた特定の業務について労務の提供が十全にはできないとしても，その能力，経験，地位，当該企業の規模，業種，当該企業における労働者の配置・異動の実情及び難易等に照らして当該労働者が配置される現実的可能性があると認められる他の業務について労務の提供をすることができ，かつ，その提供を申し出ているならば，なお債務の本旨に従った履行の提供があると解するのが相当である。そのように解さないと，同一の企業における同様の労働契約を締結した労働者の提供し得る労務の範囲に同様の身体的原因による制約が生じた場合に，その能力，経験，地位等にかかわりなく，現に就業を命じられている業務によって，労務の提供が債務の本旨に従ったものになるか否か，また，その結果，賃金請求権を取得するか否かが左右されることになり，不合理である。」

「前記事実関係によれば，上告人は，被上告人に雇用されて以来 21 年以上にわたり建築工事現場における現場監督業務に従事してきたものであるが，労働契約上その職種や業務内容が現場監督業務に限定されていたとは認定されておらず，また，上告人提出の病状説明書の記載に誇張がみられるとしても，本件自宅治療命令を受けた当時，事務作業に係る労務の提供は可能であり，かつ，その提供を申し出ていたというべきである。そうすると，右事実から直ちに上告人が債務の本旨に従った労務の提供をしなかったものと断定することはできず，上告人の能力，経験，地位，被上告人の規模，業種，被上告人における労働者の配置・異動の実情及び難易等に照らして上告人が配置される現実的可能性があると認められる業務が他にあったかどうかを検討すべきである。そして，上告人は被上告人において現場監督業務に従事していた労働者が病気，けがなどにより当該業務に従事することができなくなったときに他の部署に配置転換された例があると主張しているが，その点についての認定判断はされていない。そうすると，これらの点について審理判断をしないまま，上告人の労務の提供が債務の本旨に従ったものではないとした原審の前記判断は，上告人と被上告人の労働契約の解釈を誤った違法があるものといわなければならない。」

解説

本判決は，休職者の復職可否判断に関するものではなく，精神疾患に関するものでもないのだが，実務上，精神疾患を理由とする休職者の復職可否判断につき，その後の企業の対応に大きな影響を及ぼした。

休職者が，休職期間中に元の職務を遂行できる程度に回復しなければ，期間満了時に解雇ないし退職となるというのが多くの企業で採用されている休職制度であ

る。しかしながら，本判決によれば，労働契約で職種や業務内容が限定されていない場合には，休職期間中に元の職務に従事できる程度に回復しなかったとしても，休職者が，他の軽度の作業に従事することを申し出たときは，会社は，当該休職者の能力，経験，地位，会社の規模，業種，当該会社での労働者の配置・異動の実情及び難易等を考慮しつつ，当該休職者が配置される現実的可能性のある他の業務があるかどうかについて，慎重に吟味しなければならなくなる。

　ところで，上記の諸事情を考慮した結果，仮に配置可能な業務があったとしても，使用者が，際限なく軽度の作業を受領し続けなければならないということにはならないものと解される。最高裁のいう「配置される現実的可能性があると認められる業務」というのも，あくまで臨時的・一時的な措置としての業務であって，一定期間の軽減措置を講じたとしても，その後に本来の業務に従事できないのであれば，別途退職もしくは解雇とすることもやむを得ない場合があるのではなかろうか。今後の裁判例の集積を待ちたい。

精神疾患が疑われる従業員への対処

❻〔日本ヒューレット・パッカード事件〕最判平成24・4・27

○掲　載

　労判1055号5頁・判タ1376号127頁・判時2159号142頁

○事　案

　Xは，平成12年にY社に入社したが，平成20年4月以降，Y社に対し，以下のようなXに対する職場での嫌がらせ，内部の情報の漏洩等を申告し，その調査を依頼した。被害事実の要旨は，過去約3年間の長きにわたり，Xの日常生活が仔細に監視され，Xの情報（業務上の情報及びプライバシーに係る情報の双方）が，Y社の従業員等により共有されており，Y社の従業員（会社において，Xと仕事上のつきあいが一切ない者を含む）が，Xに対しそのような情報を仄めかすこと等で，Xに嫌がらせをしているというものである。Xの主張する具体的な本件被害事実の内容は多岐にわたるが，概ね以下のようなものである。

　——Xは，平成18年5月以前から，秋葉原にある某メイド喫茶に通っていた。ところが，同年5月頃，Xと当該メイド喫茶のウェイトレスの間でいざこざが発生した。これがきっかけとなり，この頃から，加害者集団が雇った専門業者，協力者らによるXに対する盗撮・盗聴・つけまわしが始まった。このようなストーキン

❻〔日本ヒューレット・パッカード事件〕最判平成 24・4・27

グ行為の結果蓄積された情報は，インターネットの掲示板，メーリングリスト，ソーシャルネットワーキングサービス（SNS）等を通じて X の見えないところで加害者集団により共有された。さらに，加害者集団は，X の上司や同僚を脅迫したり，欺罔したりすることにより，約 10 名程の Y 社社員を使って，X に対して仄めかし等による嫌がらせをさせ，X を威迫した。――

　X は，平成 20 年 4 月 8 日以降，有給休暇を取得して出社しなくなり，個人的に本件被害事実への対応，調査を進めた。X は，同月 22 日，有給休暇も残り少なくなったことから，マネージャーに休職の特例を認めてもらえるように，人事部門への確認を依頼した。Y 社は，同月 30 日，X に対し，「就業規則や前例，慣例を鑑みても，今回のような理由で休職を許可することはできない」と回答した。

　X の有給休暇は，平成 20 年 6 月 3 日にはすべて消化された状態となったが，X は，翌 4 日以降同年 7 月 30 日まで欠勤を継続したことから，Y 社は X に対し，同年 9 月 30 日をもって諭旨退職処分とした。

　これに対し，X が同処分の効力を争って提訴。第 1 審判決は X の請求を棄却したが，原審はこれを取り消し，同処分を無効とした。Y 社が上告。

○ 判　旨

　「原審の適法に確定した事実関係等によれば，被上告人は，被害妄想など何らかの精神的な不調により，実際には事実として存在しないにもかかわらず，約 3 年間にわたり加害者集団からその依頼を受けた専門業者や協力者らによる盗撮や盗聴等を通じて日常生活を子細に監視され，これらにより蓄積された情報を共有する加害者集団から職場の同僚らを通じて自己に関する情報のほのめかし等の嫌がらせを受けているとの認識を有しており，そのために，同僚らの嫌がらせにより自らの業務に支障が生じており自己に関する情報が外部に漏えいされる危険もあると考え，上告人に上記の被害に係る事実の調査を依頼したものの納得できる結果が得られず，上告人に休職を認めるよう求めたものの認められず出勤を促すなどされたことから，自分自身が上記の被害に係る問題が解決されたと判断できない限り出勤しない旨をあらかじめ上告人に伝えた上で，有給休暇を全て取得した後，約 40 日間にわたり欠勤を続けたものである。

　このような精神的な不調のために欠勤を続けていると認められる労働者に対しては，精神的な不調が解消されない限り引き続き出勤しないことが予想されるところであるから，使用者である上告人としては，その欠勤の原因や経緯が上記のとおりである以上，精神科医による健康診断を実施するなどした上で（記録によれば，上告人の就業規則には，必要と認めるときに従業員に対し臨時に健康診断を行うことができる旨の定めがあることがうかがわれる。），その診断結果等に応じて，必要な場合は治療を勧めた上で休職等の処分を検討し，その後の経過を見るなどの対応を

採るべきであり，このような対応を採ることなく，被上告人の出勤しない理由が存在しない事実に基づくものであることから直ちにその欠勤を正当な理由なく無断でされたものとして諭旨退職の懲戒処分の措置を執ることは，精神的な不調を抱える労働者に対する使用者の対応としては適切なものとはいい難い。

そうすると，以上のような事情の下においては，被上告人の上記欠勤は就業規則所定の懲戒事由である正当な理由のない無断欠勤に当たらないものと解さざるを得ず，上記欠勤が上記の懲戒事由に当たるとしてされた本件処分は，就業規則所定の懲戒事由を欠き，無効であるというべきである。」

解 説

労働者が精神疾患に罹患していることが疑われる場合，使用者が当該労働者をどのように扱えばよいかは難しい問題である。一つは，診断書の提出がない以上，健常者として扱い，欠勤や非違行為等の問題行動があれば，懲戒処分や解雇等で対処する方法であり，いま一つは，精神疾患の疑いがある以上，精神科の受診を促し，この結果発病が確認されれば，治療のため休職をさせる方法である。最高裁は，本判決で，後者の方法を採用すべきことを明らかにした。

なお，精神疾患に関しては，患者自身に病識がないことも少なくないところ，労働者が受診の勧めに応じない場合も想定される。この場合の使用者の対処としては，①さらに受診命令を発するなどして，さらに労働者の健康状態の確認に努めるか（その結果，発病が確認されれば，休職を命ずるなどの措置を検討することになろう），②受診勧告によって使用者としての義務を果たしたとして，以後は健常者として扱うかのいずれかになると思われるが，この場合も，やはり①の方が無難であろう。

復職の可否に関する立証責任

❼〔国（在日米軍従業員・解雇）事件〕東京地判平成23・2・9

○掲 載

労判1052号89頁・判タ1366号177頁

○事 案

Xは，平成13年9月，在日米軍に代わって人事労務の一部を担当するYとの間で労働契約を締結し，平成14年3月以降は，常用従業員として，無線操作等の業務に従事していた。Xは，平成14年6月以降，交通事故によるとXが主張する傷

❼〔国（在日米軍従業員・解雇）事件〕東京地判平成 23・2・9

病（低髄液圧症候群及び胸郭出口症候群）を理由に，傷病休暇（有給）を繰り返して取得するようになった。X は，平成 18 年 10 月 1 日から平成 18 年 11 月 6 日の間は傷病休暇（有給），平成 18 年 11 月 7 日から平成 20 年 5 月 6 日の間は傷病休暇（無給）を取得したが，無給休暇期間（1 年 6 か月）の満了日までに復職できなければ，X・Y 間の契約上，X は解雇されることになる。

　X は，在日米軍民間人人事部の担当者に職場復帰を希望していることを伝え，これを受け，在日米軍から主治医に対し，職場復帰可能性の有無を回答してほしい旨の照会がされたところ，主治医が復帰に消極な回答をしたことから（「（復職日に）要求されている職務に従事することが不可能である」，「（慣らし期間なしでは）現時点では職場復帰は不可能である」，「復職するには，作業内容の見直し，負荷の軽減が必要である」），Y は X に対し，平成 20 年 4 月 4 日，同年 5 月 6 日をもって X との労働契約を終了する旨の解雇予告をした。X は，在日米軍民間人人事部と面談し，主治医の診断書（復職の可否については曖昧に記載されている）を提出するなどしたが，最終的に，Y が X の傷病は治癒していないと結論づけて解雇したため，X が訴えを提起した。

○ 判　旨

　「労働者が業務外の傷病により，1 年 6 か月間の傷病休暇（無給）を取得した場合は，被告がその最終日に有効となる解雇予告をして，労働契約の終了を主張・立証するのが抗弁となり，労働者が，再抗弁として，復職を申し入れ，回復して就労が可能になったことを立証したときは，労働契約の終了という法的効果が妨げられるという攻撃防御方法の構造であると解すべきである。これは，労働契約上の傷病休暇の制度が，業務外の傷病による長期間に及ぶ労務の提供を受けられない状況に対する解雇猶予を目的とする制度であるから，労働契約上の猶予期間が終了することで，労働を終了とし得ることが原則となると考えるのが相当であること，原告は，本件訴訟の段階でカルテの証拠化を拒否しており，個人情報保護の観点からしても，労働者個人の健康状態に関する情報は，原則として当該労働者個人の支配領域にある情報であることという事情を考慮すれば，労働者に回復して就労可能であることの立証責任を負わせるのが合理的であるということができるのである。」

　「原告は，労働契約上猶予されている傷病休暇（無給）の終了日までに，復職することを被告に申し入れ，回復して就労が可能になったことを客観的証拠を示す等して立証することになる。そして，前記前提事実のとおり，原告は，米軍民間人人事部の乙山に対し，被告による解雇予告の手続が開始する前の平成 20 年 3 月 17 日に復職を申し入れているから，本件の争点は，原告が，無給の傷病休暇の最終日までに自らが回復して就労可能な状態になったことを立証しているかという点に尽きることになる。」

資料　メンタルヘルスに関する裁判例

> 解　説

　判旨のとおり，復職の可否の争いについては，復職を希望する労働者の側に，「復職を申し入れたこと」及び「傷病から回復して就労が可能になったこと」を主張・立証すべき責任があると解される。
　これに対し，復職希望者が，〔片山組事件〕（最判平成10・4・9）の判旨に基づく主張をする場合には，復職希望者が主張・立証すべき事項は，「職種の限定がないこと」，「配置される可能性がある業務について労務の提供をすることができること」，及び「当該労務の提供を申し出たこと」となる。そして，下記の裁判例によれば，配置される可能性のある業務があることを復職希望者が立証すれば，休職事由消滅につき事実上の推定が及ぶ結果，使用者の側において，当該業務に復職希望者を配置できない具体的な事情を反証する責任が生ずる。

■参考〔第一興商（本訴）事件〕東京地判24・12・25（労判1068号5頁）
　○事　案
　　Xは，平成11年4月，Y社との間で総合職として期間の定めのない雇用契約を締結したが，平成20年8月中旬，視界の中心が発光して見えなくなり，テレビやパソコンといった発光体が全て白色になり見えなくなるという視覚障害を生じたことから，就業規則に基づき，平成21年1月7日から1年間の休職を命じられた。
　　Xの症状につき，主治医は，中心を外すように工夫して目を使うことにより，Xは文字を読んだり書いたりすることができる旨説明したうえで，Xは復職が可能であり，それを認めてあげてほしい旨の意見ないし要望を述べた。また，同医師は，Xの復職の可否については産業医への確認が必要であると指摘したうえで，同医師自身もY社の産業医と面談したい旨申し入れたが，Y社課長はこれに応じなかった。
　　その後，Xは，視覚障害者のための補助器具を導入するなどの措置により，業務を行うことが可能である旨の要望書を提出したが，Y社はこれを聞き入れることなく，平成22年1月6日付でXを退職扱いとした。
　○判　旨
　　「労働者が，職種や業務内容を特定することなく雇用契約を締結している場合においては，現に就業を命じられた特定の業務について労務の提供が十全にはできないとしても，その能力，経験，地位，当該企業の規模・業種，当該企業における労働者の配置，異動の実情及び難易等に照らし，当該労働者が配置される現実的可能性があると認められる他の業務について労務の提供をするこ

❼〔国(在日米軍従業員・解雇)事件〕東京地判平成23・2・9

とができ、かつ、その提供を申し出ているのであれば、なお債務の本旨に従った履行の提供があると解するのが相当である(最高裁判所平成10年4月9日第一小法廷判決・裁判集民事188号1頁参照)。
　また、休職事由が消滅したことについての主張立証責任は、その消滅を主張する労働者側にあると解するのが相当であるが、使用者である企業の規模・業種はともかくとしても、当該企業における労働者の配置、異動の実情及び難易といった内部の事情についてまで、労働者が立証し尽くすのは現実問題として困難であるのが多いことからすれば、当該労働者において、配置される可能性がある業務について労務の提供をすることができることの立証がなされれば、休職事由が消滅したことについて事実上の推定が働くというべきであり、これに対し、使用者が、当該労働者を配置できる現実的可能性がある業務が存在しないことについて反証を挙げない限り、休職事由の消滅が推認されると解するのが相当である。」
　「これを本件についてみるに、前記アのとおり、原告は、本件休職命令後、視覚障害者支援センターに通学して本件コースを修了し、かつ、I_1医師によるロービジョンケアも受けて、その視力は、依然として矯正不能ではあるものの幾分かの回復をみせており、主治医であるD_1医師やI_1医師は、いずれも視覚障害者補助具の活用により業務遂行が可能である旨の意見を述べているところ、上記各医師の意見を排斥するに足りる証拠を被告は提出していない。また、原告は、現に交通機関を用いて1人で視覚障害者支援センターや病院まで通っていたのであって、この点からも、被告が主張するように、本件休職期間満了当時、原告が日常生活を営むことすら困難な状態にあったなどということはできない。以上に加えて、被告において勤務していた当時の原告がパワーポイント等による企画書等の資料作成に長けていたことは、前記1で認定した事実からも明らかである上、本件休職期間満了時点での事情ではないものの、原告が視覚障害を負った状況下でもパワーポイント等のソフトを用いて企画書を作成できていたこと(〈証拠略〉)なども併せ考慮するならば、原告は、本件休職期間満了時点にあっても、事務職としての通常の業務を遂行することが可能であったと推認するのが相当である。
　これに対し、被告は、D_1医師及びI_1医師の診断は客観性を欠くとか、個々の部門の業務内容を列挙して原告を配属できる業務は存在しない旨主張するが、被告は、原告に産業医の診察を受けさせたり、原告の復職の可否について産業医の意見を求めた形跡すらないものであって、復職不可とした被告の判断こそ客観性を欠くというべきであるし、前記認定のとおり、被告は、多様な部門を擁する大企業であることからすれば、高々月額26万円程度(後記4(ママ)参照)の給与水準の事務職が、被告の内部に存在しないとは考えにくいと

いうべきである。被告が主張するところの真意は，前記1で認定・説示したような従前の原告の言動，態度やその配属部門に与えた影響等に照らすと，特に人間関係等の情意面において原告が円滑に業務を遂行できるとは思われないという点にもあるものと思われ，その点は理解できないわけではない。しかしながら，復職の可否の判断は，基本的に労働者の心身の健康状態を初めとした客観的事情に基づいて決せられるべきものであって，そのような原告の従前の言動，態度等を過度に強調することは相当でないといわざるを得ない。」

事項索引

あ

ＩＲ	375
安全配慮義務	6,8,288,329,330,372,489
──の具体的内容	8
労働安全衛生法上の──	9
労働者の──	10
安全配慮義務違反	390,443
EAP	5,178
いじめ	350
慰謝料	444,464,469,470
遺族特別支給金	468
遺族年金	465,466
遺族補償給付	470
遺族補償年金	465,466,470
──の前払一時金	465,466,470
１年単位の変形労働時間制	96,99
１か月単位の変形労働時間制	90
逸失利益	464,469
１週間単位の変形労働時間制	105
一斉付与	118,123
一般健康調査票（GHQ-12）	19
一般定期健康診断	18,26
うつ対策推進方策マニュアル調査票	19
上積み補償規程	382,474,475,477
上積み補償給付	480,483
上積み補償金	477,479
上積み補償制度	469-474,479,480,483
エイズ指針	63
衛生委員会	19,54,133
衛生推進者	19

か

解雇権濫用の法理	358
解雇猶予措置	32
会社指定医の診断	223
過失相殺	12,291,292,373,394,453-457,469
過失等と損害の因果関係	372,373
過重労働	15,216
過重労働による健康障害防止のための総合対策	16
片山組事件	354
家庭の問題等を原因とするメンタルヘルス不調	28
過労死	387,388,464,465,469
過労自殺	343,384,387,390,394,464,465,469
関係業務計画変更	367,368
完全月給制	32
管理監督者	171
既往歴	65,70
基礎疾患	352
希望降格制度	191,192
休業損害	444,450
休憩時間	120
休　日	120,124
休職期間中の賃金	305
休職期間の通算	333
休職規程	358
休職事由の存続／消滅の立証責任	325
休職命令	307,340
行政責任	363
業務起因性	20,342,344
業務軽減措置	330,355
業務災害	245,468
業務上過失致死傷罪	370
業務上必要な注意	370
寄与度減額	455,456
勤務状況報告書	387,390
計画的付与制度	164
型式検定等の対象器具の追加	23,225
刑事責任	363,364
経歴詐称	73
健康管理義務	11,12
労働者の──	10

507

事項索引

健康情報 …………………………… 228,229
健康診断 ………… 61,131,214,215,218,219
　　――の時間中の賃金 ………………… 220
　　――の費用 ……………………………… 220
　　法定外の―― ………………………… 223
健康診断結果に基づき事業者が講ずべき措置に関する指針（健診後措置指針）…… 17
　　――の解雇回避義務 ………………… 27
健康配慮義務 …… 13,26,30,82,89,116,138,157,171
健康保険の傷病手当 ………………………… 32
健康保持努力義務 ………………………… 11,311
コアタイム …………………… 111,117,119,123
後遺障害逸失利益 ……………………… 443,447
降　格 ……………………………………… 188,218
公共職業安定所 …………………………… 66
控除前相殺説 ……………………………… 453,454
口頭主義 …………………………………… 412
心の健康づくり計画 ……………………… 55
心の健康問題により休業した労働者の職場復帰支援の手引き ………………………… 36
個人情報 …………………………………… 228,229
雇用管理に関する個人情報のうち健康情報を取り扱うに当たっての留意事項について …………………………………………… 28
雇用管理の分野における個人情報保護に関するガイドライン（雇用管理ガイドライン）…………………………………………… 67
今後の職場における安全衛生対策について …………………………………………… 20
今後の労働安全衛生対策について
　　……………………………… 22,23,217,219,225

さ

災害補償制度 ……………………………… 365
　　労働基準法による業務上の―― …… 365
災害補償の履行 …………………………… 366
再審査請求 ………………………………… 378
在宅勤務 …………………………………… 141
「裁判所等が定める和解条項」の制度
　　………………………………………… 440
採用の自由 ………………………………… 62
裁量労働制 ………………………………… 123,145

差止め命令 ………………………………… 367,368
36協定 ……………………………………… 127
産業医 ……………………………………… 19
産業保健業務従事者 …………………… 18,19,28
自覚症状及び他覚症状の有無の検査
　　………………………………………… 18,24
時間単位付与制度 ………………………… 169
事業主の訴訟参加 ………………………… 377
事業場外労働のみなし労働時間制 …… 135
事業場における労働者の健康保持増進のための指針（健康保持増進指針）……… 77
自　殺 ……………………………………… 4,342
自殺者数 …………………………………… 20
私傷病休職 ………………………………… 263,264
私傷病休職制度 …………………… 263,303,358
私傷病による休業 ………………………… 32
自然退職規定 ……………………………… 335
示　談 ……………………………………… 394
死亡逸失利益 ……………………………… 444,449
死亡退職金 ………………………………… 480,483
社会的責任 ………………………………… 363
　　労災についての―― ………………… 375
従業員支援プログラム …………………… 6
従業員の健康に関する情報 ……………… 14
受診勧奨 …………………………………… 18
受診義務 …………………………………… 214,215
受診に応じない場合の対応 ……………… 35
受診命令 …… 34,214,310-312,325,340,496,498,502
　　会社指定医の―― …………………… 262
出　向 ……………………………………… 181
出頭命令 …………………………………… 367
受動喫煙防止対策 ………………… 23,204,205,225
試用期間 …………………………………… 78
上司の「いじめ」による精神障害等の業務上外の認定について ………………………… 350
症状固定 …………………………………… 356
昇　進 ……………………………………… 186
使用の停止又は変更命令 ……………… 367,368
昭和23・5・11基発1391号 ……………… 343
昭和59・2・14基収330号等 …………… 343
職業性ストレス簡易調査票 ……………… 19
職種変更権 ………………………………… 200
嘱託産業医 ………………………………… 19

事項索引

職能資格制度……………186,188,189,203
職場環境の改善………………………26
職場適応援助者(ジョブコーチ)による支援事業…………………………53
職場におけるメンタルヘルス対策検討会………………………………20
職場におけるメンタルヘルス対策検討会報告書……………………………20
職場のいじめ・嫌がらせ問題に関する円卓会議…………………208,209
職場復帰支援………………37,42,55
職場復帰支援(リワーク支援)事業
　………………………………53,356
職場復帰に関する意見書……………43
職場復帰判断基準……………………48
所定労働時間労働…………………135
処分取消訴訟……………………377,388
真実相当性…………………………379
心身症………………………………344
心身の健康(労契法5条)……………7
診断書提出義務(報告義務)……313,314
新ホフマン係数……………………448
深夜割増賃金………………………172
心理的負荷による精神障害の認定基準
　………………213,245,250,253,381
心理的負荷による精神障害の労災認定基準…………………………212
診療記録等の開示…………………320
ストレスチェック……………226,227
ストレス調査…………………………18
ストレス程度等の把握…………18,26
精神疾患……………………………245
――に起因する無断欠勤の懲戒処分…33
精神障害等による労災請求件数………5
精神的健康の状況を把握するための検査等…………………………24
精神的な不調のために欠勤を続けている労働者…………………………33
生命,身体等の安全(労契法5条)……7
整理解雇………………………………80
セクシュアルハラスメント
　……211-213,245,250,259,260,348,349
セクシュアルハラスメントによる精神障害等の業務上外の認定について………348
セスディー(CES–D)…………………19
積極損害……………443,445,451,464
積極的な予見義務……………………14
セルフケア義務………………………11
素因減額………………………………12
総合福祉団体定期保険……………479
相対的有力原因説…………………352
訴訟上の和解………………………439
訴状に代わる準備書面…………414,415
訴訟への補助参加…………………388
損益相殺……………………453,466

た

代　休………………………………125
第12次労働災害防止計画………23,225
退職勧奨……………………………338
退職金…………………………477-479
試し出勤制度…………………………50
断続的な欠勤…………………306,308
団体生命保険…………………474,479
団体定期保険…………………477-479
治　癒………………………………354
中間利息……………………………469
弔慰金…………………477-479,483
調査嘱託……………………………427
長時間労働…………………………346
調　停……………………399,400,413
調停に代わる決定…………………401
賃金減額…………………………218,219
通勤災害……………………………468
通常の労務の提供の意思と能力………31
定期健康診断…………………………15
転　籍………………………………184
電通事件…………83,89,116,128,138,157,172
特別加入(労災保険)………………193
特別支給金…………………………468
特別な出来事………………………346
途中付与……………………………122

509

事項索引

な

内在危険現実化説 …………………… 344
内　定 …………………………………… 71,74
　　——の取消し ……………………… 71
日本ヒューレット・パッカード事件 … 275
年次有給休暇 …………………… 162,172

は

賠償額の定額化 ………………………… 366
配　転 …………………………… 148,181,193
配転命令権 ………………… 174,175,176,179
パワーハラスメント …… 207-210,245,250,280
反応性うつ病 …………………………… 345
PIP ……………………………………… 196
必要な配慮（労契法5条）……………… 7
ヒューマン・バリュー特約 …………… 479
病歴詐称 ………………………………… 72
復職可能性 ……………………………… 355
　　——における医学的判断への労働者の協
　　力義務 ……………………………… 11
復職可能判断 …………………………… 498
復職の可否 ………… 315,318,322,324,499,502,504
復職判定委員会 ………………………… 52
物理的作業環境 ………………………… 204
不服申立て前置主義 …………………… 378
不法行為責任 …………………………… 443
プライバシー ………………… 61,63,65,239
プライバシー侵害 ……………………… 15
ブラック企業 …………………………… 375
不利益な取扱い …………………… 218,219
振替休日 ………………………………… 125
フレックスタイム制 …… 110,111,115,116,123
文書送付嘱託 …………………………… 427
文書提出命令 ……………………… 425,427
平均的労働者基準説 …………………… 492
平均的労働者最下限基準説 …………… 492
平成19・4・23基発0423002号 ……… 357
平成24年改正労働安全衛生法案 …… 22,24
変形休日制 ……………………………… 126
変形労働時間制 ………………………… 88

弁護士会照会 …………………………… 392
法定外休日 ……………………………… 126
法定外受診義務 ………………………… 34
法定休日 ………………………………… 124
法定相続分 ……………………………… 473
保健師 …………………………………… 29
本採用拒否 ……………………………… 79

ま

民事責任 ………………………………… 363
民法536条2項「債権者の責めに帰すべき
　事由」 ………………………………… 373
民法536条2項に基づく全額の賃金請求
　………………………………………… 30,373
民法536条2項の任意規定的性格 ……… 32
民法上の損害賠償請求 ……………… 30,372
無過失責任 ……………………………… 366
メリット制 ………………………… 380,389
面接指導 ………………… 15,16,24,216-219
　　——の指導時間と賃金 ……………… 27
　　——の費用 ………………………… 220
　　企業指定医師以外の—— …………… 27
面接指導受容義務 ……………………… 11
メンタルヘルス ……………… 9,245,246,270
メンタルヘルス関連の検診項目 ……… 26
メンタルヘルス推進担当者 …………… 54
メンタルヘルス対策 ……… 19,23,225,226
メンタルヘルスに関する調査票 ……… 19
メンタルヘルス不調 ………… 4,5,16,19,354

ら

ライプニッツ係数 ……………………… 448
利害関係人 ………………………… 401,408
リハビリ出社（出勤）…………… 328,355
リフレッシュ休暇 ……………………… 56
両罰規定 ………………………………… 368
労災かくし ……………………………… 368
労災審査手続 …………………………… 377
労災申請 ………………………………… 384
労災認定 ………………………………… 474
労災発生企業への発注停止等 ………… 375

510

事項索引

労災防止協力努力義務……………………11
労災保険給付…………464,467,468,470,471
労災保険給付等請求書……………………384
労働保険審査会……………………378,388
労災保険審査官……………………378,388
労災保険法に基づく労災保険制度………365
労災補償制度……………………………31,365
労災民事賠償事件の賃金全額の請求原因
　…………………………………………………31
労使委員会………………………………146,160
労働安全衛生法……………………………15
　——の改正…………………………………225
労働安全衛生法の一部を改正する法律案要
　綱…………………………………………23
労働基準法…………………………………473

労働組合……………………………………479
労働契約上の付随的義務……………………7
労働災害総合保険………………………382,474
労働者災害補償保険法…………………465,468
労働者死傷病報告…………………………386
労働者の心の健康の保持増進のための指針
　…………………………………………………11,28
労働審判……………………………………407
労働能力喪失割合…………………………447

わ

「和解条項案の書面による受諾」制度
　…………………………………………………439

511

判例索引

大審院

大判大正 15・2・16 民集 5 巻 3 号 150 頁 …………………………………… 473

最高裁判所

最判昭和 44・2・27 民集 23 巻 2 号 441 頁・判タ 232 号 276 頁・判時 548 号 19 頁 ……… 290
最判昭和 45・3・26 民集 24 巻 3 号 165 頁・判タ 248 号 114 頁・判時 591 号 66 頁 ……… 427
最大判昭和 48・12・12 民集 27 巻 11 号 1536 頁・判タ 302 号 112 頁・判時 724 号 18 頁〔三菱樹脂事件〕………………………………………………………………… 62,65,66,78
最判昭和 50・2・25 民集 29 巻 2 号 143 頁・判時 767 号 11 頁〔自衛隊車両整備工場事件〕
…………………………………………………………………………… 11,274,288
最判昭和 52・10・25 民集 31 巻 6 号 836 頁・判タ 357 号 218 頁・判時 870 号 63 頁〔三共自動車事件〕……………………………………………………………… 391,441,465
最判昭和 54・7・20 民集 33 巻 5 号 582 頁・労判 323 号 19 頁・判タ 399 号 32 頁〔大日本印刷事件〕……………………………………………………………………… 71,72
最判昭和 54・11・13 判タ 402 号 64 頁〔住友化学事件〕……………………………… 122
最判昭和 55・5・30 民集 34 巻 3 号 464 頁・労判 342 号 16 頁・判タ 417 号 72 頁〔電電公社近畿電通局事件〕……………………………………………………………… 71
最判昭和 55・12・18 民集 34 巻 7 号 888 頁・判タ 435 号 87 頁・判時 992 号 44 頁〔大石塗装・鹿島建設事件〕……………………………………………………… 452,454
最判昭和 56・2・16 民集 35 巻 1 号 56 頁・判タ 440 号 93 頁・判時 996 号 47 頁〔航空自衛隊芦屋事件〕………………………………………………………… 8,289,373
最判昭和 56・4・14 民集 35 巻 3 号 620 頁・判タ 442 号 55 頁・判時 1001 号 3 頁 ……… 240
最判昭和 59・4・10 民集 38 巻 6 号 557 頁・労判 429 号 12 頁・判タ 526 号 117 頁〔川義事件〕……………………………………………………… 7-9,288,372,373,404,418
最判昭和 61・3・13 労判 470 号 6 頁・裁判集民事 147 号 237 頁〔電電公社帯広局事件〕
……………………………………………………… 11,34,217,223,273,311,319,496
最判昭和 61・7・14 労判 477 号 6 頁・判タ 606 号 30 頁・判時 1198 号 149 頁〔東亜ペイント事件〕………………………………………………………………… 175,200
最判昭和 62・7・10 民集 41 巻 5 号 1202 頁・労判 507 号 6 頁・判タ 658 号 81 頁〔青木鉛鉄事件〕……………………………………………………………… 391,445,451,464
最判昭和 63・4・21 民集 42 巻 4 号 243 頁 ……………………………………………… 489
最判平成元・4・11 民集 43 巻 4 号 209 頁・労判 546 号 16 頁・判タ 697 号 186 頁〔高田建設事件〕……………………………………………………………………… 454
最判平成元・4・27 民集 43 巻 4 号 278 頁・労判 542 号 6 頁・判タ 697 号 177 頁〔三共自動車事件〕……………………………………………………………… 32,374,467

判例索引

最大判平成 5・3・24 民集 47 巻 4 号 3039 頁・判タ 853 号 63 頁・判時 1499 号 51 頁
 ……………………………………………………………………………… 351,395,441,465
最判平成 8・2・23 労判 690 号 12 頁〔JR 東日本（本荘保線区）事件〕……………… 197
最判平成 8・2・23 民集 50 巻 2 号 249 頁・労判 695 号 13 頁・判タ 704 号 57 頁〔コック食
 品事件〕……………………………………………………………………… 391,441,468
最判平成 10・4・9 労判 736 号 15 頁・判タ 972 号 122 頁・判時 1639 号 130 頁〔片山組事
 件〕……………………… 32,48,199-201,265,266,315-316,325,326,354,355,498,504
最決平成 11・11・12 民集 53 巻 8 号 1787 頁・判タ 1017 号 102 頁・判時 1695 号 49 頁… 431
最判平成 12・3・24 民集 54 巻 3 号 1155 頁・労判 779 号 13 頁・判タ 1028 号 80 頁〔電通
 事件〕……………………… 5,10,13,83,89,116,128,138,157,172,290,291,293,381-382,396,456,469,487,492
最決平成 12・6・27 労判 795 号 13 頁〔東加古川幼児園事件〕……………………… 290,396
最判平成 12・7・17 労判 785 号 6 頁・判タ 1041 号 145 頁・判時 1723 号 132 頁〔横浜南労
 基署長事件〕……………………………………………………………………………… 382
最決平成 12・10・13 労判 791 号 6 頁〔システムコンサルタント事件〕…………… 5,469
最決平成 13・2・22 労判 806 号 12 頁・判タ 1058 号 119 頁・判時 1745 号 144 頁〔レンゴ
 ー事件〕………………………………………………………………………… 380,388,389
最判平成 13・4・26 労判 804 号 15 頁・判タ 1063 号 113 頁・判時 1751 号 173 頁〔愛知県
 教育委員会事件〕…………………………………………………………………………… 215
最判平成 15・4・18 労判 847 号 14 頁・判タ 1127 号 93 頁・判時 1826 号 158 頁〔新日鉄事
 件〕…………………………………………………………………………………………… 181
最判平成 15・9・12 民集 57 巻 8 号 973 頁・判タ 1134 号 98 頁・判時 1837 号 3 頁〔早稲田
 大学講演会名簿提出事件〕……………………………………………………………… 240
最決平成 17・10・14 民集 59 巻 8 号 2265 頁・労判 903 号 5 頁・判タ 1195 号 111 頁〔金沢
 労基署長（有川製作所）事件〕………………………………………………………… 434
最判平成 18・4・11 労判 915 号 51 頁〔住友軽金属工業（団体定期保険第 2）事件〕…… 478
最判平成 20・1・24 労判 953 号 5 頁〔神奈川都市交通事件〕…………………………… 50,366
最判平成 20・3・27 労判 958 号 5 頁・判タ 1267 号 156 頁・判時 2003 号 155 頁〔NTT 東
 日本北海道支店事件〕…………………………………………………………………… 456
最判平成 21・12・18 労判 1000 号 5 頁・判タ 1316 号 129 頁・判時 2068 号 159 頁〔ことぶ
 き事件〕……………………………………………………………………………………… 172
最判平成 22・1・26 判タ 1321 号 86 頁・判時 2076 号 47 頁…………………………… 448
最判平成 24・2・24 判タ 1368 号 63 頁・判時 2144 号 89 頁………………………… 290,446
最判平成 24・4・27 労判 1055 号 5 頁・判タ 1376 号 127 頁・判時 2159 号 142 頁〔日本ヒ
 ューレット・パッカード事件〕…………………………… 14,33,34,275,276,339,500

高等裁判所

東京高判昭和 54・7・9 労民集 30 巻 4 号 741 頁・労判 323 号 26 頁・判タ 389 号 48 頁〔浦
 和労基署長事件〕………………………………………………………………………… 381
東京高判昭和 58・12・14 労民集 34 巻 5・6 号 922 頁・判タ 515 号 137 頁〔EC 委員会事
 件〕……………………………………………………………………………………………… 79
東京高判昭和 61・11・13 労判 487 号 66 頁・判タ 634 号 131 頁・判時 1216 号 137 頁〔京
 セラ事件〕………………………………………………………………… 34,41,217,224

判例索引

仙台高秋田支判平成4・12・25労判690号13頁〔JR東日本（本荘保線区）事件〕……197
福岡高判平成6・6・30判タ875号130頁〔佐伯労基署長控訴事件〕…………………343
東京高判平成7・8・30労民集46巻4号1210頁・労判684号39頁〔富国生命事件〕
………………………………………………………………………………………264,307
名古屋高判平成9・7・25労判729号80頁・判タ961号179頁〔愛知県教育委員会事件〕
………………………………………………………………………………………………215
東京高判平成9・9・26労判724号13頁・判タ990号86頁・判時1646号44頁〔電通事件〕……………………………………………………………………………………455,490
大阪高判平成10・8・27労判744号17頁・判時1685号41頁〔東加古川幼児園事件〕
…………………………………………………………………………………345,395,396
名古屋高判平成11・5・31労判764号20頁・金判1069号35頁〔秋田運輸事件〕………478
大阪高判平成13・3・14労判809号61頁〔全日空事件〕………………………49,265,316
札幌高判平成13・11・21労判823号31頁〔渡島信用金庫事件〕………………190,332
名古屋高判平成14・4・24労判829号38頁〔住友軽金属工業（団体定期保険第2）事件〕
………………………………………………………………………………………………478
大阪高判平成14・6・19労判839号47頁〔カントラ事件〕……………………………40,355
東京高判平成14・7・23労判852号73頁〔三洋電機サービス事件〕…………………292,456
東京高判平成15・3・25労判849号87頁〔川崎市水道局事件〕…………210,290,292,350
大阪高決平成15・6・26労判861号49頁〔塚越運送事件〕……………………………428
名古屋高判平成15・7・8労判856号14頁〔豊田労基署長（トヨタ自動車）事件〕……286
東京高決平成15・12・4労判866号92頁〔住友重機械工業（文書提出命令申立抗告）事件〕……………………………………………………………………………………430
大阪高判平成16・7・15労判879号22頁〔関西医科大学研修医（過労死損害賠償）事件〕
……………………………………………………………………………………………5,469
東京高判平成17・1・19労判890号58頁〔横浜市学校保健会（歯科衛生士解雇）事件〕
………………………………………………………………………………………267,317
大阪高決平成17・4・12労判894号14頁〔藤沢薬品工業（賃金台帳等文書提出命令）事件〕……………………………………………………………………………………429
東京高判平成17・4・20労判914号82頁〔A保険会社上司（損害賠償）事件〕……210
東京高判平成18・5・10判タ1213号178頁・判時1941号168頁〔リサイクルショップ損害賠償請求〕………………………………………………………………………………7-8
札幌高判平成18・5・11労判938号68頁〔サン石油（視力障害者解雇）事件〕…………73
札幌高判平成18・7・20労判922号5頁〔NTT東日本北海道支店事件〕……………14,456
東京高判平成19・4・26労判940号33頁〔オリエンタルモーター（賃金減額）事件〕
………………………………………………………………………………179,190,202
東京高判平成19・10・11労判959号114頁〔さいたま労基署長（日研化学）事件〕
………………………………………………………………………………………249,490
福岡高判平成19・10・25労判955号59頁・判タ1273号189頁〔山田製作所（うつ病自殺）事件〕…………………………………………………………………………………293
名古屋高判平成19・10・31労判954号31頁・判タ1294号80頁〔名古屋南労基署長（中部電力）事件〕…………………………………………………………………248,350,492
大阪高判平成19・11・30労判958号89頁〔アイスペック・ビジネスブレイン（賃金請求）事件〕……………………………………………………………………………………431

515

判例索引

東京高判平成 20・5・22 労判 968 号 58 頁・判時 2021 号 116 頁〔松本労働基準監督署長事件〕……… 10
東京高判平成 20・7・1 労判 969 号 20 頁・判時 2048 号 16 頁〔みずほトラストシステムズ（うつ病自殺）事件〕……… 289
東京高判平成 20・11・12 労経速 2022 号 13 頁〔亀戸労基署長（千代田梱包）事件〕……… 10
札幌高判平成 21・1・30 労判 976 号 5 頁〔NTT 東日本北海道支店事件〕……… 456-457
高松高判平成 21・4・23 労判 990 号 134 頁・判時 2067 号 52 頁〔前田道路事件〕……… 251,291
広島高松江支判平成 21・5・22 労判 987 号 29 頁〔三洋電機コンシューマエレクトロニクス事件〕……… 210
広島高判平成 21・6・5 労判 1990 号 100 頁・判時 2068 号 85 頁〔オーク建設（損害賠償請求）事件〕……… 11
東京高判平成 21・7・28 労判 990 号 50 頁〔アテスト（ニコン熊谷製作所）事件〕……… 289,290,293
東京高判平成 21・11・4 労判 996 号 13 頁・労経速 2055 号 13 頁〔東京都自動車整備振興会事件〕……… 189
札幌高判平成 22・8・10 労判 1012 号 5 頁〔国・旭川労基署長（NTT 東日本北海道支店）事件〕……… 197
東京高判平成 22・10・13 労経速 2087 号 28 頁〔ユニプラ事件〕……… 30-31,373
東京高判平成 23・1・26 労判 1025 号 5 頁……… 276
東京高判平成 23・2・23 労判 1022 号 5 頁・判時 2129 号 121 頁・労経速 2101 号 3 頁〔東芝（うつ病・解雇）事件〕……… 31,374,450,494
東京高判平成 23・9・14 労判 1036 号 14 頁〔阪急トラベルサポート（派遣添乗員・第 1）事件〕……… 139
東京高判平成 23・12・27 労判 1042 号 15 頁〔コナミデジタルエンターテイメント事件〕……… 189-190
東京高判平成 24・3・7 労判 1048 号 6 頁〔阪急トラベルサポート（派遣添乗員・第 2）事件〕……… 139
東京高判平成 24・3・7 労判 1048 号 26 頁〔阪急トラベルサポート（派遣添乗員・第 3）事件〕……… 139

地方裁判所

東京地判昭和 30・9・22 労民集 6 巻 5 号 588 頁・判タ 51 号 52 頁〔学校法人電気学園事件〕……… 335
浦和地判昭和 40・12・16 労民集 16 巻 6 号 1113 頁・判時 438 号 56 頁〔平仙レース事件〕……… 315
東京地決昭和 54・3・27 労経速 1010 号 25 頁〔アロマカラー事件〕……… 265
大阪地判昭和 55・2・18 労判 338 号 57 頁・判タ 422 号 136 頁・判時 981 号 103 頁〔大阪府立中宮病院松心園事件〕……… 13
東京地判昭和 57・12・24 労民集 33 巻 6 号 1160 頁・労判 403 号 68 頁・判時 1071 号 142 頁〔新聞輸送事件〕……… 30,374
東京地判昭和 59・1・27 労判 423 号 23 頁・判時 1106 号 147 頁〔エール・フランス事件〕……… 265,268,315,325

判例索引

大阪地判昭和 62・3・31 労判 497 号 65 頁〔徳洲会事件〕.................................. 173
静岡地富士支決昭和 62・12・9 労判 511 号 65 頁〔ニュートランスポート事件〕............ 265
東京地判昭和 63・4・27 労判 517 号 18 頁〔日本プレジデントクラブ事件〕................ 173
名古屋地判平成元・7・28 労民集 40 巻 4・5 号 463 頁・労判 567 号 64 頁・判タ 750 号 192 頁〔光洋運輸事件〕.. 51, 328
東京地判平成 2・9・19 労判 568 号 6 頁・判タ 759 号 205 頁・判時 1374 号 114 頁〔全国電気通信労組事件〕.. 320
神戸地判平成 3・3・14 労判 584 号 61 頁・判タ 771 号 139 頁〔星電社事件〕.............. 331
東京地判平成 3・3・22 労判 586 号 19 頁・判タ 760 号 173 頁・判時 1382 号 29 頁〔空港グランドサービス・日航事件〕.. 34, 217, 218, 224
東京地判平成 3・4・26 労判 594 号 117 頁〔麻布税務署事件〕............................ 35
東京地決平成 4・1・31 判時 1416 号 130 頁〔三和機材事件〕............................. 184
青森地判平成 4・12・15 労判 625 号 26 頁〔新城中学校事件〕....................... 35, 312
名古屋地判平成 7・1・24 判タ 891 号 117 頁・判時 1534 号 131 頁〔布目組事件〕......... 477
東京地判平成 7・3・30 労判 667 号 14 頁・判タ 876 号 122 頁・判時 1529 号 42 頁〔HIV 感染者解雇事件〕.. 242
神戸地姫路支判平成 7・7・31 労判 688 号 59 頁・判タ 958 号 200 頁〔石川島興業事件〕.... 14
東京地判平成 8・3・28 労判 692 号 13 頁・労判 906 号 163 頁・判時 1561 号 3 頁〔電通事件〕.. 455, 469
神戸地判平成 8・4・26 労判 695 号 31 頁・判タ 926 号 171 頁〔加古川労基署長事件〕
.... 194, 343-344
青森地弘前支判平成 8・4・26 労判 703 号 65 頁・判時 1571 号 132 頁〔東映視覚事件〕
.... 477, 478
大分地判平成 8・6・3 判タ 911 号 96 頁・判時 1586 号 142 頁〔大分県警事件〕............ 33
東京地決平成 8・12・11 労判 711 号 57 頁・判タ 949 号 132 頁・判時 1591 号 118 頁〔アーク証券事件〕.. 332
東京地決平成 9・1・24 判時 1592 号 137 頁〔デイエファイ西友事件〕................... 331
神戸地判平成 9・5・23 労判 738 号 60 頁・判タ 964 号 157 頁〔ネスレ日本事件〕......... 330
名古屋地判平成 9・7・16 労判 737 号 70 頁・判タ 960 号 145 頁〔豊田通商事件〕......... 244
大阪地判平成 9・10・29 労民集 48 巻 5・6 号 584 頁・労判 728 号 72 頁・判タ 962 号 145 頁〔岸和田労基署長事件〕.. 343
東京地決平成 9・10・31 労判 726 号 32 頁・判タ 964 号 150 頁・判時 1629 号 145 頁〔インフォミックス事件〕.. 80
岡山地倉敷支判平成 10・2・23 労判 733 号 13 頁〔川崎製鉄事件〕....................... 394
札幌地判平成 10・7・16 労判 744 号 29 頁・判時 1671 号 113 頁〔協成建設事件〕......... 178
名古屋地判平成 10・9・16 労判 747 号 26 頁・判時 1656 号 147 頁・金判 1051 号 16 頁〔秋田運輸事件〕.. 478
大阪地決平成 10・12・24 労判 760 号 35 頁・金判 1059 号 14 頁〔商工組合中央金庫事件〕
.... 428
東京地判平成 11・2・26 労判 767 号 89 頁・労経速 1695 号 22 頁〔成和化成事件〕........ 477
京都地決平成 11・3・1 労判 760 号 30 頁〔京ガス事件〕.................................. 428
長野地判平成 11・3・12 労判 764 号 43 頁・判タ 1059 号 144 頁〔大町労基署長事件〕.... 344

517

判例索引

大阪地判平成 11・10・4 労判 771 号 25 頁〔東海旅客鉄道事件〕……………………………… 49
大阪地決平成 11・10・14 労判 776 号 44 頁〔住友金属事件〕……………………………… 428,430
東京地判平成 12・4・27 労判 782 号 6 頁・判タ 1079 号 221 頁・判時 1723 号 23 頁〔JR 東日本横浜土木技術センター事件〕……………………………………………………………… 93
大阪地判平成 12・5・8 労判 787 号 18 頁〔マルマン事件〕…………………………………… 332
広島地判平成 12・5・18 労判 783 号 15 頁・判タ 1035 号 285 頁〔オタフクソース事件〕………………………………………………………………………………… 5,185,287,469
大阪地判平成 12・8・9 判時 1732 号 152 頁……………………………………………… 287,368
東京地八王子支判平成 12・11・9 労判 805 号 95 頁〔富国生命事件〕…………… 14,264,307
名古屋地判平成 13・2・5 労判 808 号 62 頁〔住友軽金属工業（団体定期保険第 1）事件〕……………………………………………………………………………………………… 478
名古屋地判平成 13・3・6 労判 808 号 30 頁〔住友軽金属工業（団体定期保険第 2）事件〕……………………………………………………………………………………………… 477
東京地判平成 13・4・12 労判 805 号 51 頁・判時 1754 号 160 頁〔中労委（青山会）事件〕……………………………………………………………………………………………… 62
大阪地判平成 13・11・9 労判 821 号 45 頁〔アジア航測事件〕……………………………… 31,374
和歌山地判平成 14・2・19 労判 826 号 67 頁・判タ 1098 号 189 頁〔みくまの農協事件〕……………………………………………………………………………………………… 456
東京地判平成 14・4・24 労判 828 号 22 頁〔岡田運送事件〕………………………………… 336
大阪地判平成 15・4・4 労判 854 号 64 頁・判タ 1162 号 201 頁・判時 1835 号 138 頁〔南大阪マイホームサービス事件〕…………………………………………………………… 5,456,469
大阪地決平成 15・4・16 労判 849 号 35 頁〔大建工業事件〕……………………………… 11,273,324
東京地判平成 15・5・28 労判 852 号 11 頁・判タ 1136 号 114 頁〔東京都（警察学校・警察病院 HIV 検査）事件〕……………………………………………………………………… 66
東京地判平成 15・6・20 労判 854 号 5 頁〔B 金融公庫事件〕……………………………… 66
神戸地判平成 16・1・14 労判 868 号 5 頁〔全日本検数協会（文書提出命令）事件〕…… 428
東京地判平成 16・3・26 労判 876 号 56 頁〔独立行政法人 N 事件〕………… 48,267,304,316,323
鳥取地判平成 16・3・30 労判 877 号 74 頁〔鳥取県・米子市（中学校教諭）事件〕……… 46
東京地判平成 16・7・29 労判 882 号 75 頁〔日本メール・オーダー事件〕……………… 330
さいたま地判平成 16・9・24 労判 883 号 38 頁〔誠昇会北本共済病院事件〕…………… 350
長崎地判平成 16・9・27 判時 1888 号 147 頁〔長崎新聞事件〕…………………………… 292
神戸地尼崎支決平成 17・1・5 労判 902 号 166 頁〔A 社文書提出命令申立事件〕…… 430,433
東京地判平成 17・2・18 労判 892 号 80 頁〔K 社事件〕…………………… 45,265,273,336
大阪地判平成 17・3・17 労判 893 号 47 頁・判タ 1182 号 182 頁〔大阪労働局長（行政文書不開示）事件〕……………………………………………………………………………… 431
京都地判平成 17・3・25 労判 893 号 18 頁・判時 1895 号 99 頁〔エージーフーズ事件〕……………………………………………………………………………………………… 292
東京地判平成 17・3・31 労判 894 号 21 頁・判タ 1194 号 127 頁〔アテスト（ニコン熊谷製作所）事件〕……………………………………………………………………………… 293
大阪地決平成 17・4・8 労判 895 号 88 頁〔B 学園事件〕………………………… 267,268,322
広島地決平成 17・7・25 労判 901 号 14 頁〔廿日市労基署長（災害調査復命書等提出命令）事件〕……………………………………………………………………………………… 433
甲府地判平成 17・9・27 判時 1904 号 41 頁・判タ 1216 号 182 頁・判時 1915 号 108 頁〔社

判例索引

会保険庁（うつ病自殺）事件〕……………………………………289-290,292
東京地判平成 17・12・28 労判 910 号 36 頁〔松屋フーズ（パート未払賃金）事件〕……430
名古屋地判平成 18・1・18 労判 918 号 65 頁〔富士電機 E&C 事件〕…………14,15
東京地判平成 18・1・27 労経速 1933 号 15 頁〔フジスタッフ事件〕……………………79
名古屋地判平成 19・1・24 労判 939 号 61 頁・判時 1990 号 68 頁〔ボーダフォン（ジェイフォン）事件〕…………………………………………………177,181,184,291
東京地判平成 18・2・6 労判 911 号 5 頁〔農林漁業金融公庫事件〕………………………264
東京地判平成 18・2・23 労判 914 号 38 頁〔立川労基署長（ジャムコ〔休業補償〕）事件〕
…………………………………………………………………………………379
福岡地判平成 18・4・12 労判 916 号 20 頁〔八女労基署長（九州カネライト）事件〕
…………………………………………………………………………………248-249
名古屋地判平成 18・5・17 労判 918 号 14 頁〔名古屋南労基署長（中部電力）事件〕
…………………………………………………………………………………248,492
大分地判平成 18・6・15 労判 921 号 21 頁〔KYOWA（心臓病突然死）事件〕……………466
名古屋地判平成 18・9・29 労判 926 号 5 頁・判タ 1247 号 285 頁〔ファーストリテイリング（ユニクロ店舗）事件〕………………………………………………209,292
東京地判平成 18・12・15 労判 935 号 75 頁〔日本ストライカー事件〕…………………200
長野地判平成 19・3・30 判時 2021 号 134 頁・労経速 2011 号 25 頁〔松本労働基準監督署長事件〕……………………………………………………………………10
東京地判平成 19・3・30 労判 942 号 52 頁〔日本瓦斯（日本瓦斯運輸整備）事件〕………41
東京地判平成 19・5・24 労判 945 号 5 頁・判タ 1261 号 198 頁・判時 1976 号 131 頁〔国・八王子労基署長（パシフィックコンサルタンツ）事件〕……………………194,249
大阪地判平成 19・6・6 労判 952 号 64 頁〔国・中央労基署長（興国鋼線索）事件〕…182,183
東京地判平成 19・10・15 労判 950 号 5 頁・判タ 1271 号 136 頁〔国・静岡労基署長（日研化学）事件〕………………………………………………………251,350,395
福岡地判平成 19・10・24 労判 956 号 44 頁・判時 1998 号 58 頁〔ハヤシ（くも膜下出血死）事件〕……………………………………………………………………466
大阪地決平成 19・11・12 労判 958 号 54 頁〔国・奈良労基署長（日本ヘルス工業）事件〕
…………………………………………………………………………………350
大阪地判平成 20・1・25 労判 960 号 49 頁〔キヤノンソフト情報システム事件〕…49,268,316
東京地判平成 20・1・29 労判 950 号 98 頁〔国・三田労基署長（インターモーダルエンジニアリング）事件〕………………………………………………………10
東京地判平成 20・3・10 労経速 2000 号 26 頁〔マガジンハウス事件〕…………………200
東京地判平成 20・4・22 労判 965 号 5 頁〔東芝深谷工場事件〕……………………31,374
東京地判平成 20・5・12 労判 963 号 98 頁〔国・さいたま労基署長（上尾中央総合病院）事件〕……………………………………………………………………10
東京地判平成 20・5・19 労経速 2022 号 26 頁〔亀戸労基署長（千代田梱包）事件〕………10
松山地判平成 20・7・1 労判 968 号 37 頁・判時 2027 号 113 頁〔前田道路事件〕…………251
神戸地尼崎支判平成 20・7・29 労判 976 号 74 頁〔名神タクシーほか事件〕……………456
大阪地判平成 20・9・26 労経速 2025 号 26 頁〔ケイビィ事件〕……………………………80
東京地判平成 20・11・26 労判 981 号 91 頁・判タ 1299 号 173 頁〔東京都ほか（警視庁海技職員）事件〕……………………………………………………………290
東京地判平成 20・12・8 労判 981 号 76 頁・判タ 1319 号 120 頁〔JFE スチール（JFE シス

519

判例索引

テムズ）事件〕·· 182,183,293
東京地判平成 20・12・19 労経速 2032 号 3 頁〔野村総合研究所事件〕················ 334,359
東京地判平成 21・1・30 労判 980 号 18 頁〔ニュース証券事件〕························· 80
東京地判平成 21・4・27 労判 986 号 28 頁〔学校法人聖望学園ほか事件〕············· 189
東京地判平成 21・5・20 労判 990 号 119 頁・判タ 1316 号 165 頁・判時 2059 号 146 頁
　〔国・渋谷労基署長事件〕·· 350
大阪地判平成 21・5・25 労判 991 号 101 頁〔国・気象庁気象衛星センター事件〕········ 33
東京地判平成 21・11・16 労判 998 号 47 頁・判タ 1340 号 152 頁・判時 2074 号 155 頁〔日
　野市（病院副委員長・降格）事件〕·· 189
大阪地判平成 21・12・21 労判 1003 号 16 頁・判時 2089 号 98 頁〔グルメ杵屋事件〕
　··· 5,12,469
鹿児島地判平成 22・2・16 労判 1004 号 77 頁・判タ 1322 号 95 頁・判時 2078 号 89 頁〔康
　正産業事件〕·· 12
東京地判平成 22・3・18 労判 1011 号 73 頁〔西濃シェンカー事件〕·················· 49,51
東京地判平成 22・6・11 労判 1025 号 14 頁··· 276
東京地判平成 23・1・25 労経速 2104 号 22 頁〔X 株式会社事件〕························· 34
横浜地判平成 23・1・26 労判 1023 号 5 頁〔国（護衛艦たちかぜ）事件〕··············· 291
東京地判平成 23・2・9 労判 1052 号 89 頁・判タ 1366 号 177 頁〔国（在日米軍従業員・解
　雇）事件〕··· 11,268,325,502
東京地判平成 23・2・25 労判 1028 号 56 頁〔日本通運（休職命令・退職）事件〕········ 322
東京地判平成 24・3・9 労判 1050 号 68 頁〔ザ・ウィンザー・ホテルズインターナショナ
　ル事件〕·· 210,267
神戸地姫路支部判平成 23・3・11 労判 1024 号 5 頁〔佃運輸事件〕····················· 373
岡山地判平成 24・4・19 労判 1051 号 28 頁〔U 銀行（パワハラ）事件〕·········· 179,210
東京地判平成 24・4・25 労経速 2146 号 3 頁〔平塚労基署長事件〕······················ 286
東京地判平成 24・7・17 労判 1057 号 38 頁〔株式会社コアズ事件〕···················· 189
東京地判平成 24・7・18 労経速 2154 号 3 頁〔日本ヒューレット・パッカード事件〕······ 35
前橋地判平成 24・9・7 労判 1062 号 32 頁〔萬屋建設事件〕····························· 290
東京地判平成 24・9・28 労判 1062 号 5 頁〔学校法人専修大学事件〕················ 31,51
甲府地判平成 24・10・2 労判 1064 号 52 頁・判時 2180 号 89 頁〔日本赤十字社（山梨赤十
　字病院）事件〕·· 290
神戸地姫路支判平成 24・10・29 労判 1066 号 28 頁〔兵庫県商工会連合会事件〕······ 338
東京地判平成 24・11・28 労判 1069 号 63 頁〔国・横浜西労基署長（ヨコハマズボルタ）
　事件〕··· 286
東京地判平成 24・12・25 労判 1068 号 5 頁〔第一興商（本訴）事件〕···· 265-266,269,326,504
東京地判平成 25・1・31 労経速 2185 号 3 頁〔伊藤忠商事事件〕···················· 50,326
奈良地決平成 25・1・31 労判 1077 号 14 頁・判時 2191 号 123 頁〔ニチアス（石綿曝露・
　文書提出命令）事件〕··· 426,429
東京地判平成 25・5・22 労経速 2187 号 3 頁〔ヒロセ電機事件〕························ 139
東京地判平成 25・7・23 労経速 2187 号 18 頁〔ファニメディック事件〕················ 125

520

メンタルヘルスの法律問題
企業対応の実務

2014年3月15日　初版第1刷印刷
2014年4月10日　初版第1刷発行

　　　　　　　ⒸⒸ編　者　ロア・ユナイテッド
　廃　検　　　　　　　法律事務所
　止　印　　発行者　逸見慎一

発行所　東京都文京区　株式　青林書院
　　　　本郷6丁目4の7　会社

振替口座 00110-9-16920／電話 03(3815)5897～8／郵便番号 113-0033

印刷・シナノ印刷㈱　落丁・乱丁本はお取り替え致します。
Printed in Japan　ISBN978-4-417-01618-2

JCOPY 〈㈳出版者著作権管理機構　委託出版物〉
本書の無断複写は著作権法上での例外を除き禁じられています。
複写される場合は、そのつど事前に、㈳出版者著作権管理機構
（電話 03-3513-6969，FAX 03-3513-6979，e-mail: info@
jcopy.or.jp）の許諾を得てください。